사이버안보와 법

한국사이버안보법정책학회 편

김재광 · 박영철 · 박인수
이성엽 · 정준현 · 정태진

CYBERSECURITY AND LAW

머 리 말

　북한이 2020년 1년 동안 전 세계에서 사이버공격을 가장 많이 벌인 국가 가운데 하나라는 분석보고서가 나올 정도로 북한의 사이버공격은 지속되고 있다. 북한의 사이버공격 대상은 정부, 기업 등 다양했고, 특히 개인정보 탈취에 집중되고 있으므로 고도의 경각심이 필요하다.

　「국가사이버안전관리규정」(대통령 훈령)이 노무현 정부에서 제정된 뒤로 공공부문에 대해서는 국가정보원의 국가사이버안전센터가 사이버안보를 담당해 왔으나, 법치주의와 법치행정의 관점에서 행정규칙인 「국가사이버안전관리규정」의 법령으로의 격상의 필요성과 함께 사이버안보에 관한 일반법의 제정 필요성이 학계에서 강하게 제기되었다. 이러한 주장의 배경에는 사이버안보가 국가안보적인 측면에서 매우 중요하다는 사실을 인식하였기 때문이다. 故 노무현 대통령께서 「국가사이버안전관리규정」을 제정한 것은 사이버안보가 국가안보적인 측면에서 매우 중요하다는 사실을 국가지도자로서 명확히 인식하였기 때문이라고 생각된다.

　주지하다시피 그동안 다수의 사이버안보에 관한 법률안이 국회에 제출되었으나 논쟁만 무수히 남기고 실질적인 심사 없이 국회 임기종료로 자동 폐기되는 과정을 반복하였다. 그 원인으로는 사이버안보를 둘러싼 여야 간 합의 실패에 따른 것이다. 대부분의 전문가들은 사이버안보문제는 국가안보에 관한 것이기 때문에 사이버안보 입법의 여야 간 합의를 매우 중요한 입법적 고려요소로 주장하고 있다. 따라서 국가 품격 차원에서도 여야 간 합의에 따른 입법이 이루어지는 것이 바람직하다. 선진 외국의 사이버안보 입법 사례는 여야 간 합의의 품위 있는 아름다운 입법 관행을 잘 보여주고 있다. 타산지석(他山之石)으로 삼을 필요가 있다.

다행히 2020년 말에 「국가정보원법」이 개정되어 사이버안보가 국가정보원의 직무로 신설되었다. 사이버안보의 중요성을 감안하면 뒤늦은 감이 없지 않지만 입법이 이루어진 것은 국가안보를 위해 다행스런 일이 아닐 수 없다. 이미 잘 알고 있듯이 미국, 일본, 중국, 유럽연합 등 주요 국가들은 사이버안보 관련 법제를 국가안보전략의 일환으로 전략적이고 체계적으로 정비하고 있다. 그런 측면에서 문재인 정부에서 「국가정보원법」 개정을 통해 사이버공격에 체계적이고 조직적으로 대응할 수 있도록 법제도적 기반을 마련한 것은 매우 중요한 의미를 가진다. 필자는 문재인 정부가 참여정부 2기에 해당하는 만큼 사이버안보에 관한 입법에 당연히 나설 것이라는 기대를 2018년 한국사이버안보법정책학회 학회지 「사이버안보법정책논집」의 「권두언」에서 이미 밝힌 바 있다. 입법이 이루어진 「국가정보원법」의 개정을 통한 사이버안보의 국가정보원의 직무로의 신설에서 더 나아가, 앞으로 사이버안보에 관한 일반법의 제정도 문재인 정부에서 잘 마무리하여 사이버안보를 통한 국가안보를 반석(盤石)에 올려놓아 주기를 기대한다.

사단법인 한국사이버안보법정책학회는 역사는 그리 길지 않지만 사이버안보 관련 법적 문제를 성실하게 연구하는 학술단체이다. 학회장으로 필자들과 함께 이 책을 기획한 것은 사이버안보의 중요성을 국민들도 알아야 할 필요가 있고 학회 또한 학회의 책무로서 국민들에게 사이버안보의 중요성을 알릴 필요성이 있다고 생각하였기 때문이다. 그것은 사이버안보가 국가안보의 문제와 함께 국민안전과 직결되는 가장 중요한 현안문제 중의 하나이기 때문이다. 위에서 밝혔듯이 사이버공격이 개인정보 탈취에 집중되고 있음을 한시도 잊어서는 아니될 것이다.

이 책은 사이버안보를 중점적으로 연구하는 한국사이버안보법정책학회의 6명의 회원이 필자로 참여하고 있다. 필자들은 모두 학회 임원으로 학회 창립 초기부터 사이버안보법을 위해 많은 봉사를 하신 권위 있는 전문가들이다. 옥고(玉

稿)를 게재하여 주신 필자들에게 이 자리를 빌어 깊이 감사드리는 바이다. 특히 정준현 명예회장님과 박인수 고문님께 감사드린다. 그리고 학회 고문으로서 많은 기여를 하시다가 지금은 국민권익위원회 부위원장 겸 중앙행정심판위원장으로 계신 김기표 위원장님과 선문대 국제관계학과 교수이신 허태회 고문님께도 감사를 드린다.

사이버안보와 관련한 법적 쟁점은 다양하게 존재하고 있다. 이 책은 그중에서 법현실적으로 중요하다고 생각되는 사이버안보에 관한 법적 쟁점 11가지(① 사이버안보와 법치주의, ② 헌법과 사이버안보, ③ 사이버공간의 안보위협과 법적 통제, ④ 사이버안보와 입법, ⑤ 국가사이버안보법의 제정 필요성 및 고려요소, ⑥ 사이버안보 관련 법안과 행정법, ⑦ 사이버 위협정보 공유, ⑧ 사이버안보와 개인정보, ⑨ 인공지능과 사이버안보, ⑩ 국외 사이버공격 주체에 대한 법적 조치, ⑪ 영국의 수사·정보기관의 사이버안보 공조체계)를 정리한 것이다.

사이버안보와 관련한 법적 쟁점 11가지는 학술지에 발표된 학술논문을 단행본체계에 맞추어 수정·보완한 것이기는 하나, 학술논문의 성격이 강한 것은 불가피하였다. 이 점에 대해서는 독자님들의 양해를 구하는 바이다. 앞으로도 여건이 허락된다면, 사이버안보 관련 중요한 법적 쟁점을 지속적으로 발굴하여 독자님들의 눈높이에 맞춘 단행본을 출간하여 사이버안보의 중요성을 알리고자 한다. 독자님들의 따뜻한 성원과 격려를 부탁드린다.

이 자리를 빌려 감사를 드려야 할 분들이 있다. 먼저 학회 임원들과 회원들에게 깊은 감사를 드린다. 어려운 여건 속에서도 학회 발전을 위해 살신성인(殺身成仁)해 주셨기 때문이다. 다음으로는 본서 발간을 위한 행정사무를 맡아 수고해 준 학회 사무국장인 양지수 교수와 학회 부국장인 신지영 박사 및 바쁜 시간을 쪼개어 3차례의 교정을 맡아준 학회 부국장인 김진용 박사에게 감사를 드리며 학운을 비는 바이다. 그 밖에 비록 이름을 밝힐 수는 없지만 뜻있는 많은 분들의 도움과 성원이 있었음을 알리며 깊이 감사드리는 바이다.

마지막으로 어려운 출판환경에도 불구하고 본서의 출간을 흔쾌히 허락해 주신 박영사의 안종만 회장님과 안상준 대표님께 감사드린다. 그리고 각종 지원을 아끼지 않으신 기획부의 조성호 이사님과 노현 이사님, 그리고 오치웅 대리님께 감사드린다. 여러모로 부족한 이 책이 좋은 책이 될 수 있도록 조언을 아끼지 않으신 편집부의 김선민 이사님과 제작부의 우인도 이사님께 감사드린다. 마지막으로 훌륭한 편집과 꼼꼼한 교정을 해주신 심성보 위원님께 깊이 감사드린다. 수차례에 걸친 필자의 수정보완 요청에도 따뜻하게 격려해주신 마음을 오래도록 기억할 것이다. 또한 훌륭한 표지디자인을 해주신 박현정 님을 비롯한 박영사 관계자 여러분에게 깊이 감사드린다.

2021년 2월

사단법인 한국사이버안보법정책학회 회장 **김재광 씀**

차 례

제1장 사이버안보와 법치주의

제2장　헌법과 사이버안보

제3장　사이버공간의 안보위협과 법적 통제

제4장　사이버안보와 입법

제5장 국가사이버안보법의 제정 필요성 및 고려요소

[이성엽]

제6장 사이버안보 관련 법안과 행정법

제7장　사이버위협정보 공유

[박영철]

제8장　사이버안보와 개인정보보호

[이성엽]

제9장   인공지능과 사이버안보

[박영철]

제10장 국외 사이버공격 주체에 대한 법적 조치

[정태진]

제11장   영국의 수사 · 정보기관의 사이버안보 공조체계

[정태진]

제1장

사이버안보와 법치주의

박인수* **

제1절 서론

　현실공간을 사이버공간에서 모사하는 사이버물리시스템(Cyber Physical System: CPS)의 조작과 작동은 AI의 딥러닝(Deep-learning), 사물인터넷(IoT)의 초연결성 강화, 빅데이터와 블록체인 확대, 드론과 무인자율자동차 나아가 로봇 등 기계장치의 정밀화 등과 같은 제4차 산업혁명의 발전과 성과에 의해 괄목할 만한 성과를 거듭하고 있다.

　사이버공간 활용과 CPS가 금융·상거래·의료·스마트시티·교통·운송 등 거의 모든 생활 영역에서의 혁명적 편의성과 경제적 효과를 가져왔으며, 이는 더욱 사용 간편하고 용도를 확대하여 갈 것으로 전망해 볼 수 있다. 그러나 이러한 사이버공간에서는 적극적 효과뿐만 아니라 이면(裏面)에서는 개인정보 유출로 인한 프라이버시 문제·산업스파이에 의한 산업정보 및 기술 해커 문제·국방을 비롯한 국가기밀 전반에 대한 침입 및 공격의 문제 등과 같은 치명적

　* 이 논문은 Erin E. Murphy(영남대학교 법학전문대학원 교수)와 공저한 것임.
　** 이 논문은 「유럽헌법연구」 제31호(유럽헌법학회, 2019. 12), 459-491쪽에 게재한 것임.
　　[원제] 사이버안보와 법치주의 - 글로벌 법치주의의 시론

인 부정적 효과를 수반하고 있다는 점에서 사이버공간은 접근에서부터 조작 작동에까지 세심한 관찰과 통제가 요구되는 영역이라 할 수 있다.

사이버공간에서의 안전 보장, 사고 방지 및 침해 구제를 위한 법적·제도적 장치의 필요성은 급속히 증대하고 있음에 반해 현행 국가사이버안보 관련 법제는 「정보통신망법」을 비롯하여 분야별 또는 적용대상별로 개별적·산발적으로 사이버안보에 관한 규정을 두고 있는 정도에 불과한 실정이다. 개별법 간의 체계정합성의 문제, 사물인터넷 시대에 대비한 융합보안법제의 미비문제 등을 고려할 때 사이버안보 기본법의 제정 필요성은 긴급하면서도 절박한 실정이라 할 수 있다.[1]

일반법이 제정되어 있지 아니한 상황에서 우리나라에서는 2005년 1월 31일 대통령 훈령 제141호로 「국가사이버안전관리규정」을 제정하였으며, 2013년 9월 2일 제5차 일부 개정에 의한 대통령 훈령 제316호로 국가사이버안보 일반을 규율하는 정도이므로 사이버공간에서의 안전문제가 법적인 측면에서 현안적인 과제임에도 불구하고 답보 상태에 머무르고 있다.

사이버안보 관련 법률안은 이미 19대 국회에서 서상기·하태경·한선교 의원 등이 각각 대표발의하였으나, 19대 국회 임기만료로 자동폐기된 바 있으며,[2] 20대 국회에서도 2016. 5. 30. 이철우 의원 등 122명의 의원이 발의한 「국가 사이버안보에 관한 법률안」과 2017. 1. 3. 정부입법안의로 제출한 「국가사이버안보법안」이 있었으나, 20대 국회의 임기만료로 자동폐기되었다.

국가사이버안보법이 가까운 시일 내에 제정될 가능성은 희박하게 전망할 수 있다. 국가사이버안보법안에 대한 구체적 논의는 「국가정보원법」의 개정이 선행되어야만 가능할 것으로 보는데, 2020년 12월 말에 「국가정보원법」이 국회본회의를 통과함으로써 국가사이버안보법의 제정에도 예상과 달리 탄력이 붙을 것으로 본다.[3]

---

1 김재광, "사이버안보 위협에 대한 법제적 대응방안", 「법학논고」 제58집(한국사이버안보법 정책학회, 2017. 5), 164-166쪽 참조.
2 김기표, "종합토론문", 「한국사이버안보법정책학회·입법이론실무학회 2017 동계학술대회」, 96쪽 참조.

　　제4차 산업혁명 시대가 빠르게 진행되는 첨단 정보화사회에서 사이버안보를 준비하고 구현하기 위해서는 국내적 법치주의만으로는 대응하기 어려운 상황인 만큼 한편 국가사이버안보법의 제정이 하루 속히 이루어지도록 정치력을 집중하여야 할 뿐만 아니라, 다른 한편으로는 국제적인 평화교류 공조규범을 세밀하고 철저하게 협약하고 실천하는 노력도 수반되어야 할 것으로 본다.[4] 제4차 산업시대의 경우에는 국가적 규범 대응으로서의 법치주의 정도 수준으로서는 부족하며, 얼굴 없는 사이버공격이나 테러에 대응하기 위한 국경 없는 글로벌 수준의 규범 공조가 필수적이라 할 수 있다.

　　사이버공간에서의 공격이나 스파이 · 테러 · 범죄 등이 발생하는 경우 피해의 정도는 가공할 만한 수준으로 이루어지며 경우에 따라서는 회복 불가능한 수준으로까지도 갈 수 있을 것으로 본다. 최근에 발생한 사이버공간에서의 위협과 침해 사례, 사이버안보를 확보하기 위한 국제적 협력을 살펴본 후, 새로운 방향으로서의 법치주의 구현을 위한 논리를 구상해 보고자 한다.

제2절 사이버공간에서의 법치주의의 위기

　　사이버공간을 통한 해킹과 테러 · 범죄행위 등과 같은 사이버공격행위는 제4차 산업혁명이 진전됨에 따라 양적으로 확대하고 있을 뿐만 아니라 질적으로도 고도의 과학기술과 접목되어 발생함으로 인하여 개인과 사회 나아가 국가에게 다양한 형태의 법익 침해를 야기하고 있으며 나아가 기존의 법률적 쟁점이나 해석으로는 해결할 수 없거나 또는 구제할 수 없는 경우까지도 초래함으로써 현대 법치주의는 심각한 위기에 직면하고 있다.

3　박인수, "헌법과 사이버안보", 「법학논총」 제39권 제1호(전남대학교 법학연구소, 2018. 2), 49쪽 참조.

4　사이버안보를 둘러싼 국제동향에 관하여는 정준현, "고도정보화사회의 국가사이버안보 법제에 관한 검토", 「법학논총」 제37권 제2호, 455-460쪽 참조.

Ⅰ. 사이버공격의 사례

사이버공격은 1988년 "웜(Worm)"에 의한 디도스(DDoS)[5] 발생 사건 이후 사이버 스파이·테러·범죄 등의 목적으로 다양하게 이루어지고 있으며, 최근에는 선거과정에의 개입 등과 같은 정치적 영역[6]도 공격 대상이 되고 있으며, 심지어 사이버 전쟁(Cyber war)[7]으로까지 확대되고 있는 실정이다.

다음의 사례들을 사이버공격의 최근 대표적 경우로 볼 수 있을 것이다.

- 러시아에 의한 미국 대통령 선거 해킹 이슈(2016-2017)[8]
- 사드(THAAD) 여파로 인한 중국발 보복 해킹 공격의 확산(2017. 3)[9]
- 북한 추정 해커에 의한 사이버사령부 해킹(2016. 12)[10]
- 북한의 대량 정보유출 사이버공격(2016. 6)[11]
- 방글라데시 금융 사이버공격(2019. 6)[12]
- 노르웨이 비스마(Visma)의 클라우드 보안 공격(2019. 2)[13]

---

5 Hilarie Orman, *The Morris worm: A fifteen-year perspective*, IEEE Security & Privacy 1.5, 35-43(2003).

6 Benjamin Jensen, *The cyber character of political warfare*, Brown J. World Aff. 24, 159 (2017).

7 사이버전쟁은 사이버공간에서 일어나는 일체의 전쟁을 말하는 것으로, 전면적 사이버전쟁으로서는 파이어세일 공격(firesale attack)이라고 하기도 한다.

8 2015년과 2016년에 민주당 전국위원회(Democratic National Committee: DNC) 서버가 해킹당했으며, 당시 유출된 자료는 2만여 건의 이메일과 8천여 건의 첨부 자료들이었다. 출처: https://emptydream.tistory.com/4219 [빈꿈 EMPTYDREAM]

9 http://www.etnews.com/20170307000289

10 이용수, "북추정 해커, 무기개발·기무사 정보 등 대거 빼갔을 가능성", 조선일보, 2016. 12. 7.

11 이정현, "제4차 산업혁명의 등장과 사이버안보 위협", 「한국사이버안보법정책학회·입법이론실무학회 2017 동계학술대회 발표자료집」, 22쪽 참조.

12 Mehedi Hasa, Hackers steal $1.8 million from 2 private banks, Dhaka Tribune, June 23, 2019 10:32 PM, https://www.dhakatribune.com/business/banks/2019/06/22/hackers-steal-1-8m-from-2-private-banks

13 Jack Stubbs, *China hacked Norway's Visma to steal client secrets: investigators*, Reuters, February 6, 2019, https://www.reuters.com/article/us-china-cyber-norway-visma/china-hacked-norways-visma-to-steal-client-secrets-investigators-idUSKCN1PV141

- 우크라이나 전력공급 제어센터의 민간 인프라 사이버공격(2015. 12)[14]
- 러시아 사이버 스파이단에 의한 독일 기독민주당 사이버공격(2016. 4)[15]
- 북한에 의한 UN 무역제재 위원 이메일 해킹(2018. 3)[16]
- 멕시코 은행을 대상으로 약 2,000만 달러 절도 해킹(2018. 5)[17]
- 중국 정부에 의한 홍콩 시위자 간의 암호 통화에 대한 디도스 공격(2019. 6)[18]

아래는 그동안 발생한 사이버공격에 대한 목록의 일부로서 국가기관·민간 기업·민간인 및 국제기구 등을 대상으로 하는 공격 사례들을 정리한 것이다.

- 북한에 의한 미국 및 한국 국방부 포함 36개 기관을 대상으로 한 디도스 공격(2009. 7)[19]
- 이란 석유성을 비롯한 이스라엘, 시리아, 수단 등 중동지역 컴퓨터에서 발견된 사이버 스파이용 도구 공격(2012. 5)[20]
- 일본 외무성 해킹 공격(2013. 1)[21]

(last visited November 28, 2019).

14 Natalia Zinets, *Ukraine hit by 6,500 hack attacks, sees Russian 'cyberwar'*, Reuters, December 30, 2016, https://www.reuters.com/article/us-ukraine-crisis-cyber/ukraine-hit-by-6500-hack-attacks-sees-russian-cyberwar-idUSKBN14I1QC(last visited November 28, 2019).

15 Associated Press, *Russia 'was behind German parliament hack'* BBC News, May 13, 2016, https://www.bbc.com/news/technology-36284447(last visited November 28, 2019).

16 Edith M. Lederer, *UN probing 35 North Korean Cyber Attacks in 17 countries*, AP News, August 13, 2019, https://apnews.com/ece1c6b122224bd9ac5e4cbd0c1e1d80

17 Lily Hay Newman, *How Hackers Pulled off a $20 Million Mexican Bank Heist*, WIRED, March 15, 2019, https://www.wired.com/story/mexico-bank-hack/ (Last visited December 2, 2019).

18 Associated Press, *Telegram Boss Links Cyber Attack During HK Protests to China*, BBC News, June 13, 2019, https://www.bbc.com/news/business-48619804(last visited December 1, 2019).

19 Kim Zetter, *Lazy Hacker and Little Worm Set of Cyberwar Frenzy*, Wired, July, 2009, https://www.wired.com/2009/07/mydoom/(last visited November 28, 2019).

20 Kim Zetter, *Meet 'Flame,' The Massive Spy Malware Infiltrating Iranian Computers*, Wired, May 20, 2012, https://www.wired.com/2012/05/flame/(last visited November 28, 2019).

21 https://carnegieendowment.org/specialprojects/protectingfinancialstability/timeline(last vis

- 사우디아라비아 정부 웹사이트에 대한 #OpSaudi 디도스 공격(2013. 5)[22]
- Sandworm으로 불리워지는 러시아 정부 활동에 의한 NATO 컴퓨터에 대한 사이버 스파이 공격(2013. 8)[23]
- 해커의 악성화일에 의한 수많은 신체적 피해를 야기한 독일 제철소 사이버 공격(2014)[24]
- 이란 해커에 의한 라스베가스 카지노 사이버공격(2014. 12)[25]

Ⅱ. Nation 법치주의의 위기

제4차 산업시대의 특징이라 할 수 있는 초첨단 지능기술 정보시대가 도래하기 이전까지 법치주의는 Nation의 범주 내에서 구속력을 발휘하며 순기능적 작용을 행할 수 있었으나,[26] 초첨단사회의 사이버공간 내에서는 법치주의의 기능이 제한되며 경우에 따라서는 더 이상 순기능적 작용을 유지할 수 없게 되었다. 그 주된 이유는 단순한 정보시대에서는 정보와 기술의 발전 정도에 부합하는 속도로 입법이 가능할 수 있었으나, 사이버공간을 활용하여 예견 가능하지 않은 방법으로 공격을 감행할 수 있는 최첨단 정보사회에서는 사이

---

ited November 27, 2019).

22 Nicole Perlroth, *Saudi Web Sites Under Attack After Surveillance Accusations*, The New York Times, May 17, 2013, https://bits.blogs.nytimes.com/2013/05/17/saudi-web-sites-under-attack-following-surveillance-accusations/(last accessed December 1 2019).

23 Andy Greenberg, *Inside the Discovery of Sandworm, The World's Most Dangerous Hackers*, Vanity Fair, October 29, 2019, https://www.vanityfair.com/news/2019/10/the-discovery-of-sandworm-the-worlds-most-dangerous-hackers(last accessed December 1 2019).

24 Associated Press, *Hack Attack Causes 'Massive Damage' at Steel Works*, BBC News, December 22, 2014, https://www.bbc.com/news/technology-30575104(last accessed December 1, 2019).

25 Jose Pagliery, *Iran hacked an American Casino, U.S. Says*, CNN Business, February 27, 2015, https://money.cnn.com/2015/02/27/technology/security/iran-hack-casino/index.html(last accessed December 1, 2019).

26 Insoo Park, Global Rule of Law in the Fourth Industrial Age, Chinese Academy of Social Sciences 2019 Forum 12-13 October 2019, Belt and Road Forum on the International Rule of Law, p. 82.

버공격을 방지하거나 안보를 유지하기 위하여 Nation적 차원의 입법으로는 감당할 수 없게 되었다는 점에 있다고 할 수 있다. Nation 법치주의의 성패는 국민의 대표기관인 의회가 제정하는 입법의 시기와 내용에 좌우된다고 해도 과언이 아니며, 행정과 사법은 이를 보충적으로 지원하고 완성시켜주는 역할을 맡고 있는 것으로 이해할 수 있기 때문이다.

　과학과 기술의 첨단화, 정보의 가속화를 입법으로 수용할 수 없게 됨에 따라 법치주의의 기반이 되는 대의제 민주주의가 조금씩 무너지기 시작하여 급기야 심각한 경우로는 대의제가 붕괴되기 직전까지 이르러서도 이를 인식하고 있지 못하는 상황까지 발생하고 있다고 할 수 있을 것이다.[27] 대의제도의 점진적 장애 현상은 극단적 개인주의(Individualism)와 정치적 포퓰리즘의 출현이 만연하도록 하고, 또 서로 동반 상승 작용을 통하여 법치주의 자체를 심각한 위기로 밀어 넣고 있는 정도에 이르렀다고 평가할 수 있을 것으로 본다.[28]

　이러한 원인 등에 의한 법치주의의 위기가 도래함에 따라 첨단 기술을 활용하는 기업이나 단체들을 중심으로 국민 생활이 재구성되어지는 현상을 목도하게 되며 이는 결국 현재 국가를 중심으로 하여 설계되어 있는 국경 개념의 붕괴와 국가 기능 자체에 대한 신뢰감 상실로 표출할 수 있는 국가 해체의 위기까지도 염려하지 않을 수 없게 되었으며, 이는 또한 국가의 범주 내에서 보장되어지던 자유와 권리에 대해서도 방관할 수 없게 되는 상황이 되었다. 왜냐하면 국가권력보다 더 거대하고 빠른 속도로 다가오는 기업이나 단체에 의한 개인의 자유와 권리 침해에 대해 사후적으로 구제할 수도 없을 뿐만 아니

---

27 현재의 대의제도가 정권 획득을 목적으로 하는 정당을 기반으로 하여 정쟁을 일삼는 제도가 되어 있으며 헌법은 단순히 이러한 기능의 대의제도에 대한 법적 정당성을 부여하는 권원으로서만 작동하게 되면서 의회를 통하여 민생의 요청에 따른 법률을 시기 적절하게 형성하는 것은 가능하지 않게 되었으며 나아가 현재의 대의제도는 과학기술과 정보 생산 수준에 부합하는 국민생활을 유도할 수 있는 입법에 대한 해답을 제시한다는 명제에 대하여는 어떠한 대응도 할 수 없는 제도적 모순 하에 놓여 있다고 할 수 있다.

28 법치주의는 국가의 미래에 지속적인 안정성을 부여하며 사회를 재창조하도록 제도적 기반을 제공하는 것이다. 법치주의가 위기에 빠지면서 법적 안정성의 법익이 장애를 받게 되었으며 이는 결국 포퓰리즘적 사회를 더욱 만연하게 하고 있다고 할 수 있다. 즉, 포퓰리즘 사회와 법치주의의 위기는 상호 상승 작용을 하면서 사회의 불안정을 가속하고 있는 것으로 평가된다.

라 구제 그 자체가 무의미할 수도 있는 상태가 될 수도 있기 때문이라 할 수 있다.

최첨단 사회의 진입 단계에서 사이버공격에 노출되어 있는 국가가 봉착하고 있는 법치주의의 위기는 과학 기술의 진보 속도와 대의제를 토대로 하는 입법구축 속도와의 불균형성, 법의 기저가 되는 일반의사 적용범위의 시간적·공간적 안정성의 한계를 극복하고 있지 못하다는 점에서의 법 개념의 한계,[29] 나아가 빠른 속도로 팽창하고 있는 주관적 개인주의의 확산[30]에 있다고 볼 수 있다.

제3절 사이버안보와 국제적 협력

국가적 차원에서의 법치주의가 위기적 상황이라 하더라도 사이버공격에 대한 법적·제도적 장치를 구축하고 이를 지속적으로 추진해 나가는 것이 사이버안보를 확보하기 위해서는 무엇보다 중요하다고 할 수 있을 것이다. 그러나 국경 없이 넘나들 수 있는 불특정 사이버 해커와 스파이에 의한 위협과 공격에 대응하기에는 한계가 있을 것이며 글로벌적 차원에서의 규제와 협력이 불가피할 것이라 하겠다.

국제적 협력의 유형으로는 UN을 비롯한 글로벌적 차원의 경우와 아시아와 유럽과 같은 지역적 차원의 경우로 나누어 볼 수 있다.

I. UN에 의한 글로벌적 협력

사이버위협과 공포에 맞서기 위해 조직된 국제기구와 위원회 등이 이미

---

29 Insoo Park, Id., pp. 86-87.
30 다양한 정보의 홍수 속에서 자신의 모습을 투영하고 있는 인터넷 시대에서의 개인주의는 합리성, 객관성, 사회적 책임성을 배제하는 주관적 개인주의로 변화되고 있으며, 이는 결국 사회공동체의 가치에 대한 관념을 배제하도록 함으로써 사회로부터 고립된 은둔형, 회피형, 자기중심형 또는 안하무인형 개인생활에 익숙해지도록 하고 있다.

상당수 존재하고 있으므로[31] 사이버안보를 위한 글로벌적 협력은 아주 생소한 개념이라 할 수 없을 것으로 본다. 그러나 사이버공격에 대처할 수 있는 국제적 차원의 규범을 형성하는 것은 개별국가별 경험과 기술 정도 나아가 대응 능력 등이 모두 상이할 것이므로 결코 간단하게 이루어질 수 없을 것이라 하겠다.

그럼에도 불구하고 1990년 UN 총회에서는 컴퓨터 범죄에 관한 결의안을 채택한 바 있었으며, 10년 후에는 IT 이용 범죄 소탕 결의안에 따라 UN GGE(Group of Government Experts)[32]를 조직하여 활동하게 함으로써 사이버안보를 위한 글로벌적 규범을 제정할 수 있는 단초를 마련하였다. 현재로서는 UN GGE가 국제적 ICT 규범 제정과 법규 집행의 적정성 판단을 위한 전문가 그룹으로서 국제적 플랫폼(platform)으로 작용하고 있다고 할 수 있다.[33]

UN GGE 이외에도 1980년에 설립되어 UN 산하 독립연구소로 활동하고 있는 UN 군축연구소(United National Institute for Disarmament Research: UNIDIR)도 이러한 목적으로 활동하고 있다. UNIDIR은 연구와 학술에서의 자치가 보장되어 있지만, 지난 20년 이상의 기간 동안 ICT 안전 분야가 UNIDIR의 핵심 연구 영역이 되고 있으며 국제적 ICT 규범에 관한 연구를 국제적 협력과 정책 개발의 주요 대상으로 하고 있다.[34]

2016년에 UNIDIR은 사이버공간에서의 국가적 행동을 위한 국제 규범안을 마련하기 위하여 미국의 국제전략문제연구소(Center for Strategic and International Studies: CSIS)와 함께 공동으로 전문가 워크숍을 개최하여, 보고서 "UN, 사이버공간과 국제평화 및 안전: 21세기 복합성 대응방안(The United

---

31 사이버안보를 위한 연구단체로는 OWASP(The Open Web Application Security Project), ISSA(Information Systems Security Association), CIS(Center for Internet Security), Internet Security Alliance, CSA(Cloud Security Alliance), Cyber, Space & Intelligence Association 등이 있다.

32 UN, Office for Disarmament Affairs, Group of Governmental Experts https://www.un.org/disarmament/group-of-governmental-experts/(last visited December 1, 2019).

33 U.N. Economic and Social Council, *Effective Measures to Prevent and Control Computer-related Crime, Report of the Secretary-General*, January 29, 2002, https://www.unodc.org/pdf/crime/commissions/11comm/8e.pdf(last accessed November 29, 2019).

34 United Nations Institute for Disarmament Research, https://unidir.org/(last accessed December 1, 2019).

Nations, Cyberspace and International Peace and Security: Responding to Complexity in the 21st Century)을[35] 발간한 바 있다. 이 보고서에서는 전문가 워크숍을 토대로 한 이러한 국제적 규범을 제정함에 있어서의 과정과 문제점을 강조하고 있다. 본 보고서를 통하여 UNIDIR은 규범 제정과 확산을 위한 상당한 진척이 있었으나, 아직까지 국제적 평화와 안전이라는 측면에서의 ICT 국제규범 개요를 준비하기에는 어려웠다는 평가를 하면서 다음과 같은 다섯 가지의 주요 문제점을 지적하고 있다.[36] 즉, 첫째, 현존하는 국제법규 적용 방법에 대한 개별 국가 간의 의견 불일치, 둘째, 국제 규범을 국내법으로 전환 수용하는 문제에 대한 상당 국가의 반대, 셋째, 추천규범(the recommended norms)을 수용하는 데 필요한 재원과 수단의 부족, 넷째, 개별 국가 정책입안자들의 안전에 관한 인식 부족, 마지막으로 협력에 대하여 소극적이었던 참여자들 간의 깊은 불신감을 들고 있다.

GGE도 개별 국가와 국제규범 간의 법치주의를 모색하기 위한 자체 활동을 정리하여 2010년, 2013년, 2015년 보고서를 출간한 바 있으나, 2017년 6월 제5차 GGE에서는 사이버공간에서의 국제법적 규제에 대한 합의에 도달하지 못하여 보고서도 출간할 수 없게 되는 상황에 이르렀다.[37] 5차 GGE 회의에서의 주된 쟁점은 개별국가가 ICT 사용시 국제법 적용을 구체화하고 있는 보고서 원안 패러그래프 34에 관한 것이었다. 원안에 반대하는 입장은 ICT에 UN 헌장의 원칙을 적용하게 되면 사이버공간을 "군사화(militarization)"한다는 논거에 따른 것이었다.[38] 또한 사이버공간의 개방성과 자유에 대하여도 기본적인

---

35 UNIDIR, *The United Nations, Cyberspace and International Peace and Security: Responding to Complexity in the 21st Century*, https://www.unidir.org/files/publications/pdfs/the-united-nations-cyberspace-and-international-peace-and-security-en-691.pdf(last accessed November 29, 2019).

36 *Id.* at 2, 19, 24, 38, 52-56.

37 Anders Henriksen, *The End of the Road for the UN GGE Process: The future regulation of cyberspace, Journal of Cybersecurity*, 2019, 1-9, tyy009, https://doi.org/10.1093/cybsec/tyy009(last accessed December 1, 2019).

38 반대하는 국가의 논리는 군사적 약소국가가 사이버공격을 하는 경우 군사적 강대국가는 사이버대응을 넘어 실제적인 군사력을 행사할 수 있는 법적 근거로 작용할 수 있다는 점에서 반대하고 있다.

차이를 보여주었으며, 이러한 이데올로기적 차이는 2012년 두바이에서 개최
한 바 있는 국제통신협회(International Telecommunications Union)의 국제통신세
계회의에서도 표출된 바 있으므로 이미 수년 동안 지속된 내용이라 할 수 있
을 것이다. 많은 서방 국가들은 사이버공간에 대한 정부의 통제에 대한 우려
가 커지면서 1988년 국제통신규정에 대한 조약 개정에 서명하는 것도 거부하
게 되었다.[39]

　이러한 주요 조항과 이념에 대한 합의에 도달할 수 없었기 때문에 GGE
는 5차 합의를 작성하는 데 성공하지 못했으며 GGE의 미래는 불확실한 상태
에 놓여 있다고 할 수 있다.[40]

Ⅱ. 아시아와 유럽

　아세안(ASEAN)과 EU는 2019년 8월에 사이버안보협력 공동선언서(ASEAN-
EU Statement on Cybersecurity Cooperation)[41]를 발표하였다. 공동선언서에서는
정부와 민간영역을 포함한 비판적 정보인프라 보호(Critical Information
Infrastructure Protection: CIIP) 협력망 강화를 내용으로 하고 있다. 또한 아시아
와 유럽에서의 규범 형성과 국제법 집행에 공동 노력을 기울이며 나아가 기술
적 협력관계도 구축한다는 것을 내용으로 하고 있다.

　ASEAN과 EU의 성공적인 협력관계의 대표적 사례로는 싱가포르 사이버
안보 허브인 ICE 71[42]과 유럽의 주요 사이버안보 추진체이자 투자회사인 영국
소재 CyLon과의 공동 활동이라 할 수 있을 것이다. 이러한 자본과 기술정보와
성장의 협력관계가 ASEAN과 EU의 파트너십을 더욱 확고히 하여 갈 것으로
전망해 볼 수 있을 것이다.

---

39 Henriksen, at 4.

40 *Id.* at 1.

41 https://eeas.europa.eu/headquarters/headquarters-homepage_en/66196/ASEAN-EU%
20Statement%20on%20Cybersecurity%20Cooperation

42 https://ice71.sg/

Ⅲ. 2019년의 글로벌적 협력

　　제5차 GGE에서의 합의 불발에 따라 2018년 12월 UN헌장 적용문제에 관한 동의도 부결에 이르게 되자 UN 총회 제1위원회는 전체 총회와 GGE의 신임 25명의 위원을 포함하는 개방형 실무그룹(an Open-Ended Working Group)을[43] 통하여 이 문제를 해결하기 위한 방안을 수립하였다. 이러한 과제를 해결하기 위해 UNIDIR도 UN에게 ICT와 국제 평화 및 안보에 대한 참여를 확대할 것을 권고한 바 있다.[44]

　　글로벌 차원에서의 규범 구축을 위한 활동뿐만 아니라 지역적 차원에서의 규범 구축을 위한 공동 활동도 지속적으로 나타나고 있다. 지역적 규범 구축 활동은 글로벌 차원의 관점에 서 있는 특정 국가에 의한 교섭 방해를 피할 수 있는 장점이 있기 때문에 적정한 시간적 범위 내에서 규범의 표준화에 성공할 수 있는 가능성이 높다고 할 수 있을 것이다.[45] 그러나 이러한 지역적 규범은 인터넷의 글로벌적 성격을 고려하지 아니한 한계가 있으므로 사이버위협이라는 현실문제에 대한 실효적인 대안이 된다고 보기는 어려울 것이라 하겠다.

　　지역적 합의와 연합에 대한 사례로서는 다음과 같은 것들을 살펴볼 수 있다.

- 「사이버안보 및 개인정보 보호에 관한 아프리카 연합 협약」(The African Union Convention on Cyber Security and Personal Data Protection): 아프리카 연합 회원국 상호간의 사이버안보 법안을 동일화하도록 협력할 것

---

43 UN, Office for Disarmament Affairs, *Open Ended Working Group* https://www.un.org/disarmament/open-ended-working-group/(last accessed December 1, 2019).

44 *ASEAN-EU Statement on Cybersecurity Cooperation*, August 1, 2019, https://eeas.europa.eu/headquarters/headquarters-homepage_en/66196/ASEAN-EU%20Statement%20on%20Cybersecurity%20Cooperation(last accessed December 1, 2019).

45 *Deliverable 1.1-Overview of Cybersecurity in ASEAN and the EU*, Sociedade Portuguesa de Invacao (SPI), 2018, https://project-yaksha.eu/wp-content/uploads/2019/05/D1.1_Overview-of-Cybersecurity-Status-in-ASEAN-EU_vf.pdf(last accessed November 29, 2019).

을 내용으로 함.[46]

- 「2001년 컴퓨터 정보 관련 범죄 소탕 협력에 관한 독립국가연합협약」(The Commonwealth of Independent States' Agreement on Cooperation in Combating Offences related to Computer Information of 2001)[47]: 아제르바이잔, 아르메니아, 벨로루시, 그루지야, 카자흐스탄, 키르기스 공화국, 몰도바, 러시아, 타지키스탄, 투르크 메니스탄, 우즈베키스탄, 우크라이나 간의 이 협정은 회원국가들에게 협약의 조항을 수용하고 국가사이버범죄법을 동일화하는 것을 내용으로 하는 회원국가 법률을 각각 제정하도록 합의함.
- 「아랍 연맹의 2010년 정보 기술 범죄 방지에 관한 아랍협약」(The Arab League's Arab Convention on Combating Information Technology Offences of 2010)[48]: 이 협약의 주요 목표는 협약국가 간의 협력을 강화하여 사이버범죄로부터 그들의 재산, 국민 및 국민의 이익을 방어하고 보호 할 수 있도록 하는 데 두고 있다.
- 「2010년 국제 정보 보안 분야의 협력에 관한 상하이 협력기구의 협약」(The Shanghai Cooperation Organization's Agreement on Cooperation in the Field of International Information Security of 2010)[49]: 본 협약은 주요 목표의 하나로서 회원국의 사이버범죄 및 사이버안보뿐만 아니라 정보보안(INFOSEC)을 포함하여, 시스템 및 콘텐츠에 대한 국가적 통제를 유지하는 것을 목표로 하고 있다.

---

46 African Union, *African Union Convention on Cyber Security and Personal Data Protection*, Date of Adoption: June 27, 2014, Date of Last Signature: June 3, 2019, https://au.int/en/treaties/african-union-convention-cyber-security-and-personal-data-protection(last accessed December 1, 2019).

47 *Agreement on Cooperation in Combating Offences related to Computer Information-Commonwealth of Independent States*, January 6, 2001, Geneva Internet Platform https://dig.watch/instruments/agreement-cooperation-combating-offences-related-computer-information-commonwealth-independent(last accessed December 1, 2019).

48 *League of Arab States General Secretariat, Arab Convention on Combating Information Technology Offenses*, December 21, 2010, Asian Laws https://www.asianlaws.org/gcld/cyberlawdb/GCC/Arab%20Convention%20on%20Combating%20Information%20Technology%20Offences.pdf(last accessed December 1, 2019).

49 *Agreement on Cooperation in the Field of International Information Security of 2010*, June 16, 2009, http://eng.sectsco.org/load/207508/(last accessed December 1, 2019).

제4절 글로벌 법치주의의 제도화

현대적 최첨단사회의 사이버공격으로부터 도출되기 시작한 법치주의의 위기를 관리하고 이를 극복하기 위해서는 Nation 범위 내에서의 실질적 법치주의에 대한 확고한 신뢰와 확보뿐만 아니라 글로벌 차원에서의 과학기술 대응 Model Laws 또는 Guidelines 형성과 검증을 위한 국제적 협력이 가능하도록 하는 글로벌 법치주의 관념에 대한 동의와 실천이 선결되어야 할 것이라 하겠다.

따라서 글로벌 법치주의가 개별 국가 차원에 접목되어 새로운 법치주의 원리를 형성함과 동시에 첨단 과학기술 발전의 장점은 최대한 활용하고 역작용은 최소화할 수 있는 글로벌 법치주의에 대한 개념의 정립이 전제되어져야 할 것이다. 또한 종전 법치주의가 법률(Law)의 내용이나 법규(Rule)의 수단과 방법에 비중을 두었다면 새로운 법치주의는 글로벌 Model Laws 또는 Guideline 확보를 위한 글로벌 거버넌스의 구축과 Nation에서의 수용 나아가 글로벌 차원에서의 분쟁 해결 확보에 중점을 두어야 할 것이다.

Ⅰ. 글로벌 법치주의의 개념

사이버공간에서의 글로벌 법치주의 개념은 사이버공간의 활용과 사이버공격 대응에 대한 국가별 기술과 정보격차 문제로부터 파생되는 국내 차원의 법치주의 문제점을 글로벌 차원의 협력을 통하여 극복하고, 나아가 Model Laws가 지향하는 바의 방향과 가치가 제도적으로 보장될 수 있도록 하는 원리를 말한다.[50] 따라서 Nation 차원에서의 법치주의가 사회정의의 발견과 실현을 통한 법적 안정성 확보에 있었다면 글로벌의 경우에는 법적 안정성 확보에만 머무는 것이 아니라 미래에 대한 설계와 창조도 글로벌 거버넌스를 통하

---

50 Insoo Park, Id., p. 93.

여 확보하고자 하는 법원리라 할 수 있다.

다시 말하면, 새로운 법치주의라고 할 수 있는 글로벌 법치주의의 개념은 첨단과학과 기술이 고도로 실현되는 사회가 도래하더라도 기술이 지배하는 사회가 아니라 사회구성원의 일반의사가 표출된 법에 의한 지배 관념을 유지하기 위하여 실질적 법치주의를 수정하지 않으면 아니된다는 시대적 요청에 의한 것이라 할 수 있다.[51] 즉 기술우위의 사회 또는 기술본위의 사회라 할 수 있는 Technocracy에서는 실질적 법치주의가 지향하고 있는 바의 가치체계가 급속도로 붕괴될 가능성이 농후하며, 실질적 법치주의의 가치체계가 붕괴되고 난 이후 기존의 법질서를 새로이 회복하는 것은 거의 불가능에 가까운 상태가 될 수 있을 것이다. 따라서 이러한 법적 혼돈 상태가 발생하기 이전에 실질적 법치주의의 기본적 가치를 유지하면서 기술사회에 부응할 수 있는 새로운 가치 원리를 접합하여 새로운 법질서 원리를 사전적·선제적으로 형성하여야 하는 것은 제4차 산업시대에서 불가피한 과제라 하여야 할 것이다. 이러한 목적의 범위 내에서 논의될 수 있는 가치와 방향을 모색하여 공통분모를 찾아내는 것이 새로운 법치주의의 역할이라고 하겠으나, 안전을 기본으로 한 인간의 존엄성 보호, 경제적 빈곤 극복, 자연환경 훼손방지와 환경보호, 정보와 기술 격차 해소, 위기와 직면할 수 있는 기본권의 보장 문제, 새로이 형성 창조되는 사회에 대한 신뢰문제 등은 최소한의 범주에 속할 것이라 하겠다.

사이버안보를 확보하기 위한 글로벌 법치주의가 추구하는 방향으로는 최소한 다음의 세 가지를 필수적으로 고려하여야 할 것으로 본다.[52]

첫째, 사이버공간에서의 기술과 정보의 확대 재생산 또는 독점으로부터 인간의 자유와 권리를 보호하고 확장하는 글로벌적 합의를 모색하는데 두어야 할 것이다. 상대방이 존재하는 경우에는 상호존중주의에 입각하여 상호 균등 보호를 원칙으로 하여야 할 것이며 어느 일방의 희생이나 현저한 차별이 가능하지 못하도록 차단하는데 두어야 할 것이다.

---

51 Id., p. 94.
52 Id., p. 94-95.

둘째, 기존의 법질서를 존중하면서, 첨단 지식 정보사회로부터 야기되는 법치주의 위기를 진단하여 위기의 output으로부터 조성되는 문제점들을 극복할 수 있는 해결방안을 제시하는데 두어야 할 것이다. 첨단사회로부터 야기되는 문제와 직면하여, 이들을 수정하여 글로벌적 수준의 대안을 제시하거나, 규제를 통한 제한을 강화하거나 또는 행정적·사법적 구제를 행함으로써 형평을 추구하는 등의 구체적 법적 수단을 확보해 두어야 할 것이다.

셋째, 사이버공간과 첨단 정보사회가 나아갈 수 있는 글로벌적 정책 방향을 제시할 수 있어야 할 것이다. 이는 정보와 기술 약자 또는 소수자 보호를 위한 논리일 뿐만 아니라 사이버공간에서의 첨단기술과 CPS가 가지는 위험성으로부터 글로벌 공동체를 보호하고 나아가 미래 예견성을 높여 사회적 안정을 추구하도록 할 수 있는 장치로 작용할 수 있을 것이기 때문이라 하겠다.

Ⅱ. 글로벌 거버넌스의 구축

사이버안보 법익 실현을 위한 글로벌 법치주의의 실현 가능성 여부는 글로벌 거버넌스에 대한 국제적 합의 및 실행 여부와 밀접한 관련성을 가지게 된다. 글로벌 거버넌스는 글로벌 이니셔티브(Global Initiatives), 글로벌 액션(Global Actions), 글로벌 통제(Global Control)로 구성되는 글로벌 수준의 대응체계를 말한다.

1. 글로벌 이니셔티브(Global Initiatives)

사이버공간과 사이버공격 나아가 CPS에 대한 연구의 영역에서는 어떠한 한계를 두어서도 아니될 것이지만, 국제사회와 Nation에 접목하기 위한 실천 영역에서는 반드시 글로벌 이니셔티브가 주도하여야 할 것이므로 글로벌 이니셔티브의 구성에 대한 국제적 합의가 중요한 관건이 될 것이라 하겠다. 즉 글로벌 이니셔티브의 구성이 특정한 국가 또는 특정 기술분야 전문가에 의해 독점화 또는 카르텔화되어지는 것을 방지하여야 할 것이며, 글로벌 법치주의의 확립을 향하는 첫 번째 관건인 만큼 이미 확립되어 있는 국제기구를 활용하여 구성하는 것이 국제적 합의와 신뢰도를 높이게 할 수 있을 것으로 본다.

국제기구를 활용하여 인터넷범죄에 대한 국제규범을 정립하기 위하여 UN GGE가 활동하면서 규범대상을 확대하고자 하고 있으며, 사이버공간에서의 국가적 행동을 위한 국제규범안을 수립하기 위하여 UNIDIR과 CSIS가 공동 연구를 하고 있지만, UN GGE와 UNIDIR·CSIS에 의한 연구는 연구범위의 제약성이나 연구주체의 특정성으로 인하여 글로벌 이니셔티브로서는 적합한 성격이라 볼 수 없을 것이다.

따라서 사이버안보 목적의 글로벌 이니셔티브는 미국·러시아·중국과 같은 특정한 사이버 강국이 아닌 UN의 범위 내에서 구성되도록 하여야 할 것이며, 인적인 구성에서도 특정 기술분야 전문가에 의해 독점화 또는 카르텔화되는 것을 방지하여 법률가·경제관료·사회학자 등이 참여할 수 있도록 하여야 할 것으로 본다. 또한 글로벌 이니셔티브의 구성을 둘러싸고 UN은 매우 힘든 생산적 진통을 거쳐야 할 것이므로 사이버안보 목적의 글로벌 이니셔티브는 사이버안보 목적만이 아니라 사이버공간의 문제를 포함한 초첨단 지능기술 정보 영역을 포함하는 High-technology 전반적 영역을 염두에 두고 구성되는 것이 바람직 할 것이며, 사이버안보 영역은 High-technology 글로벌 이니셔티브가 맡도록 하는 것이 실효적일 것이라 하겠다.

국제기구를 통한 High-technology 글로벌 이니셔티브의 조직문제는 UN 산하 경제사회이사회(UN ECOSOC)[53]의 과학 및 기술발전위원회(Commission on Science and Technology for Development: UNCSTD), UNCTAD(UN Conference on Trade and Development)[54]를 모델로 하여 구체적으로 논의하여 볼 수 있을 것으로 본다. UNCTAD가 무역과 개발의 문제에 대한 글로벌 이니셔티브로서의 역할을 맡고 있다면 High-technology and Law의 문제는 가칭 UNCHTL(UN Conference on High-technology and Law)이 전담할 수 있도록 하여 UN ECOSOC 소

---

53 UN Economic and Social Council, https://www.un.org/ecosoc/en/home(last accessed December 2, 2019).

54 UN Conference on Trade and Development, https://unctad.org/en/Pages/Home.aspx (last accessed December 2, 2019).

속 위원회로 두도록 할 수 있을 것으로 본다.

UNCHTL이 UN ECOSOC 소속 위원회로서의 기능을 가지게 되어 구체적 활동을 하기 위해서는 국가별 전문가로 구성된 글로벌 전문가 포럼(Expert Forum on High-technology and Law composed of governmental experts)이[55] 조직되어야 할 것이다. 글로벌 전문가 포럼에서는 High-technology의 대상 분야를 설정하고, 대상 분야별 Model Laws 또는 Guideline에 대한 초안(draft)을 작성하는 임무를 수행하여야 할 것으로 본다.

High-technology의 대상과 구체적 영역 분야로는 다음을 우선적으로 고려해 보아야 할 것이며 사이버안보 영역은 필수적 대상이 되어야 할 것으로 본다.

Hi-Tech Model Laws의 대상 영역 예시 :
  인공지능법
  빅데이터법
  사물인터넷법
  로봇법
  무인자율자동차법
  드론법
  블록체인법(비트코인과 핀테크)
  스마트시티법(clean tech, smart water system 포함)
  사이버안보법

2. 글로벌 액션(Global Actions)

글로벌 액션(Global Actions)은 2단계로 이루어진다.

1단계는 사이버안보 Model Laws 또는 Guideline의 초안을 확정하는 단

---

55 European Commission, High-Level Expert Group on Artificial Intelligence(AI HLEG), United Nations/China Forum on Space Solutions, Changsha, China April 2019, 9th St Petersburg International Legal Forum, International Technology Law Association.

계이며, 2단계는 확정된 Model Laws 또는 Guideline이 각 국가의 기술수준에 부합하는 실행 Direction을 도출하는 단계라 할 수 있다.[56]

초안을 확정하는 1단계는 UN ECOSOC의 내부적 절차를 준용하는 것이 가능할 것이라 하겠으나, 2단계인 실행 Direction 도출단계를 위한 Action plan에 대하여는 충분한 논의가 필요할 것으로 본다. UN ECOSOC 내의 지역위원회(Regional Commissions)를 활용하는 방안이 현재의 제도 범위 내에서 가능할 수 있다는 점에서 실현 가능성을 높일 수 있는 장점을 가지고 있으나, 지역(Region) 내부에서도 상당한 기술적 격차를 보여주고 있으므로 지역위원회(Regional Commissions)를 통한 Direction의 도출이 가능할 수 있을까라는 점에서는 비판적이라 할 수 있을 것이기 때문이다.

가능할 수 있다면 기술수준별로 초기술국가, 기술국가, 기술성장국가, 기술초보국가의 네 가지 국가군으로 분류하여 국가군별 기술위원회(Technical Committee)를 UNCHTL 산하에 두도록 하는 방안도 구상해 볼 수 있을 것이라 하겠다.

3. 글로벌 통제(Global Control)

Draft와 Direction이 확보되는 경우라고 하더라도 Model Laws는 개별적 첨단기술별로 제정된 것이며, Direction은 이를 국가별 기술수준에 따른 실행 plan 규범을 도출한 것이기 때문에 통합적 전체적 관점에서의 체계와 가치 방향적 측면에서의 재점검이 글로벌 수준에서 이루어져야 할 것으로 본다.

글로벌 통제(Global Control) 단계는 글로벌 거버넌스의 마지막 단계에 해당하는 추상적 통제 단계라 할 수 있으며, 각 개별 Nation이 수용하기 이전에 반드시 거쳐야 할 필수적 단계라 할 것이다. 글로벌 Control 임무는 Model Laws나 Direction과 관련한 구체적 분쟁이 발생하는 경우에 해결기관으로 상정할 수 있는 High-technology 분쟁조정위원회(High-technology Dispute Mediation Committee: HTDMC)에게 부여할 수 있을 것으로 본다.

---

56 Insoo Park, Id., p. 97. Direction은 유럽연합 의회에서 제정하는 규범 명칭을 차용한 것임.

Ⅲ. 국가적 수용

사이버안보 Model Law와 Action Plan인 Direction이 확정되면 Nation에서는 국내법 체계로 수용하는 절차를 거쳐 국내법으로서의 효력을 발생하게할 수 있다.

Nation이 Direction을 국내법 체계로 수용하는 절차도 두 가지 단계를 거치게 된다. 첫 번째 단계는 Direction의 국내법 정합성 심사단계이며, 두 번째 단계는 국내법으로의 전환단계라 할 수 있다.

첫 번째 단계인 Direction의 국내법 정합성 심사단계는 필수절차로서, Direction의 내용이 Nation 최고규범인 헌법과의 부합성 여부를 심사하는 것을 말한다. Direction과 헌법 내용이 합치하는 경우에는 바로 다음 단계인 국내법으로의 전환단계로 진입하게 되겠지만, Direction과 헌법 내용이 불합치하는 경우에는 헌법의 내용을 Direction에 맞도록 수정하는 것이 글로벌 법치주의의 기본 취지에 부응하는 것이라 할 수 있을 것이다.

첫 번째 단계인 Direction의 국내법 정합성 여부를 심사하는 기관은 Nation마다 각기 상이할 것이지만, 일반적으로는 입법기관이 직접 심사하는 경우와 헌법재판소나 법원과 같은 위헌법률심판기관이 전담하는 경우로 대별해 볼 수 있을 것이다. 입법기관이 직접 심사하는 경우는 정합성 심사 후 두 번째 단계인 국내법으로의 전환과정이 내부절차로 진행될 수 있다는 점에서 효율적이라고 볼 수 있다. 그러나 국내법으로 전환 이후 시행 과정에서 헌법적 통제 문제가 새롭게 발생할 수도 있는 문제가 있다고 할 것이다. 여기에 반하여 첫 번째 단계 심사를 위헌법률심판기관과 같은 규범통제기관이 수행하는 경우[57]는 능률적 측면에서는 다소 문제가 있을 수도 있겠으나, 국내법 전환 이후 법적 안정성의 측면은 상당할 수 있는 장점이 있다고 볼 수 있을 것이다.

---

[57] Direction의 국내법 정합심사를 헌법재판기관이 행하는 대표적 국가로는 프랑스를 들 수 있다.

Ⅳ. 글로벌 분쟁 조정 및 해결

글로벌 거버넌스의 구축은 Model Laws의 대상 최첨단 기술분야에 대한 확정부터 Model Laws가 Direction을 거쳐 개별국가의 법률로 제정되기까지의 과정을 망라하는 입법 형성 작용이라면, 글로벌 분쟁 해결은 Model Laws를 구체화한 Nation 법률을 집행하는 과정에서 발생하는 국가와 국가, 국가와 개인, 또는 개인과 개인 간의 분쟁을 최종적으로 해결할 수 있는 권능에 해당하는 사법작용이라 할 수 있을 것이다.

사이버안보를 비롯한 High-Technology 분야에 대한 글로벌 분쟁 해결도 사법작용에 해당한다는 점에서 재판소에 의한 재판이나 결정의 방법을 활용할 수도 있겠으나, High-Technology 분야 분쟁의 특수성을 고려할 때, 해결방법은 조정의 방법을 주로 활용하여 대립하는 당사자의 이해관계에 대한 균형점 모색에 비중을 두도록 하여야 할 것이다. 왜냐하면 High-Technology 분야는 이미 당사자의 기술 수준에 따라 기울어져 있는 상태에서 출발하고 있기 때문에, 기술 침해로부터 발생하는 문제에 대하여 기술 약자가 기술 강자에게 대항하여 구제를 받는다는 것이 실제에 있어서 대단히 어려울 것이므로,[58] 사법 일반적 작용과 같은 재판이나 결정에 의존하여 당사자 간 분쟁을 해결하도록 하는 것보다는 상당한 역차별적 작용에 의한 결과적 균형을 모색해 주는 것이 국제평화와 당사자 간 화합에 보다 기여할 것이기 때문이라 하겠다.

사이버안보문제로 발생하는 글로벌 분쟁 조정 역할은 글로벌 통제(Global Control) 기능을 행하도록 예정한 High-technology 분쟁조정위원회(HTDMC)가 맡도록 하는 것이 바람직할 것으로 본다. 그 이유는 High-technology 분야의 분쟁은 분쟁 대상 규범의 적용에 관한 문제라기보다는 대상 규범의 해석에 관한 문제가 주로 발생할 것이며, 해석의 문제는 입법정책이나 입법가치를 도외시할 수 없을 것이므로, Model Law 제정과정에서 통제기능을 행하는 High-

---

58 *How Ukraine Became A Test Bed for Cyberweaponry*, February 20, 2019, Politico https://www.politico.eu/article/ukraine-cyber-war-frontline-russia-malware-attacks/ (last accessed December 2, 2019).

technology 분쟁조정위원회가 조정 기능도 담당하도록 하는 것이 필요할 것으로 보기 때문이다.

기존의 일반법원이 민사, 형사, 행정, 노동, 무역, 환경, 국제관계 등을 재판 대상으로 하고 있는데 반하여 글로벌 분쟁은 첨단과학의 발전에 따른 기술과 정보의 내용을 대상으로 한다는 점에서 기존의 법원보다는 국제기술·정보재판소(International Technology and Information Court: ITIC)라는 명칭의 특별재판소를 설립하여 관할하도록 하여야 할 것이다. ITIC가 관할하는 쟁송사건은 성질상 허용하는 범위 내에서 가급적이면 정보통신기술을 활용한 쟁송방법과 절차에 의하는 전자재판제도를[59] 적용할 수도 있을 것으로 본다.

제5절 결론

미래는 불확실한 것이지만 법과 제도를 통하여 안정성과 기대가능성을 높여주고 나아가 예측가능한 사회를 형성하도록 하고 있다. 법치주의가 장애를 일으켜 제대로 구현되지 못하게 되면 우리의 미래는 다시 불확실성의 시대로 전락해 버릴 수 있을 것이다. 설상가상으로 사이버공간을 둘러싼 제4차 산업혁명의 첨단과학의 발전과 CPS가 법치주의의 틀을 벗어난 상태에서 기술만능주의 또는 기술지배(technocracy)를 지향하게 되는 경우에는 인류가 여지껏 경험하였던 산업화의 역작용보다 훨씬 심각한 상황이 도래할 수도 있을 것이며, 경우에 따라서는 미래가 불확실을 넘어 공포의 날로 다가올 수도 있을 것이다.

사이버공간의 활용과 CPS가 개인에게는 행복을, 국가와 사회에게는 평화와 번영을 약속하는 순작용으로의 기능을 강화하도록 하기 위해서는 현재의 national 차원의 법치주의에 머물러서는 아니되며, 하루속히 국제적 협력을 통한 글로벌 차원의 법치주의 관념을 확립하고 이를 구축하는데 최선의 노력을

---

59 전자재판제도는 인터넷과 사이버공간을 활용하여 법원과 재판 당사자 간의 자료제출과 심문이 진행되는 paperless court system이라 할 수 있다. 대법원에서는 2010년 4월 이후 민사소송의 경우에는 전자소송제도를 도입하고 있다.

경주하여야 할 것이다.

사이버공간에서의 법의 지배 개념은 모든 국가에게 공통될 수 있는 핵심적 가치 보장으로부터 출발하여야 하며, 구축을 위한 제도적 장치로는 글로벌 거버넌스를 활용하여야 할 것으로 본다. 사이버공간에서의 법의 지배 개념의 핵심가치는 추후 공통분모를 도출하여야 하겠으나, 일응 안전을 비롯하여 인간의 자유와 존엄성 보호·경제적 빈곤 극복과 격차 해소·자연환경 훼손방지와 보존·정보와 기술 격차 해소·위기에 노출될 수 있는 기본권 보호·새롭게 형성 창조되는 사회에 대한 신뢰 등은 포함되어야 할 것으로 본다.

글로벌 거버넌스는 글로벌 이니셔티브(Global Initiatives), 글로벌 액션(Global Actions), 글로벌 통제(Global Control)로 구성되어질 수 있을 것으로 본다. 그러나 현재의 국가내적 차원에서의 법치주의가 입법내용 수정법치주의와 법적용에서의 법치행정과 법치사법에 비중을 둔 실질적 법치주의에 비중을 두고 있다면, 글로벌 거버넌스 구축에 의한 글로벌 법치주의는 이보다 한 단계 더 나아가 국제적 협력에 의한 글로벌 가이드라인 형성 또는 Model Laws 제정을 위한 글로벌 이니셔티브에 보다 비중을 두어야 할 것이다. 글로벌 이니셔티브의 조직과 구성에는 범국제적 합의에 의하여야 할 것이지만, 현재로서는 UN ECOSOC 산하에 UNCTAD를 모델로 하는 UNCHTL을 설립하여 전담하도록 하는 방안을 고려해 볼 수 있을 것으로 본다.

사이버안보를 확보하기 위한 High-technology 글로벌이니셔티브의 구축과 새로운 법의지배의 형성과 구축은 시간과 경쟁관계에 있다고 할 수 있다. 인공지능·IoT·빅데이터·블록체인 등과 같은 첨단과학 원천 기술 및 응용 기술이 시간을 다투면서 쏟아져 나오는 제4차 산업혁명의 초지능·지식·정보 사회와 직면하고 있는 모든 국가가 국내적 차원의 법치주의에 머무르는 수준을 과감하게 탈피하여 국제적 협력을 통한 보다 진보된 법치주의의 확립이 시급한 단계에 이미 들어와 있다고 할 수 있다. 인류는 어느 시대보다 열린 자세와 적극적 실행으로 미래를 합의하여야 할 것이다.

⠿ 참고문헌

김기표, 한국사이버안보법정책학회 · 입법이론실무학회 2017 동계학술대회, 종합토론문.

김재광, "사이버안보 위협에 대한 법제적 대응방안",「법학논고」제58집, 2017. 5.

박인수, "헌법과 사이버안보",「법학논총」제39권 제1호, 전남대학교 법학연구소, 2018. 2.

이용수, 북추정 해커, 무기개발 · 기무사 정보 등 대거 빼갔을 가능성, 조선일보, 2016. 12. 7.

이정현, "제4차 산업혁명의 등장과 사이버안보 위협", 한국사이버안보법정책학회 · 입법이론실무학회 2017 동계학술대회, 발표자료집.

정준현, "고도정보화사회의 국가사이버안보 법제에 관한 검토",「법학논총」제37권 제2호.

Insoo Park, Global Rule of Law in the Fourth Industrial Age, Belt and Road Forum on the International Rule of Law, Chinese Academy of Social Sciences 2019 Forum 12-13 October 2019.

International Statements, Reports and Agreements

Agreement on Cooperation in Combating Offences related to Computer Information-Commonwealth of Independent States, Geneva Internet Platform https://dig.watch/instruments/agreement-cooperation-combating-offences-related-computer-information-commonwealth-independent

Agreement on Cooperation in the Field of International Information Security of 2010, http://eng.sectsco.org/load/207508/

League of Arab States General Secretariat, Arab Convention on Combating Information Technology Offenses, https://www.asianlaws.org/gcld/cyberlawdb/GCC/Arab%20Convention%20on%20Combating%20Information%20Technology%20Offences.pdf

U.N. Charter, art. 2.4, 51.

U.N. Economic and Social Council, *Effective Measures to Prevent and Control*

Computer-related Crime, Report of the Secretary-General, January 29, 2002, https://www.unodc.org/pdf/crime/commissions/11comm/8e.pdf

UN General Assembly, *Developments in the Field of Information and Telecommuni cations in the Context of International Security*, Resolution 70/237, December 2015, 3, https://undocs.org/en/A/RES/70/237

U.N. Office on Drugs and Crime, *C4J University Module Series: Cybercrime, Cyberes-pionage*, June 2019, https://www.unodc.org/e4j/en/cybercrime/ module-14/key-issues/cyberespionage.html

UNIDIR, *The United Nations, Cyberspace and International Peace and Security: Responding to Complexity in the 21st Century*, https://www.unidir.org/files/ publications/pdfs/the-united-nations-cyberspace-and-international-peace- and-security-en-691.pdf

UK Attorney General, Speech: *Cyber and International Law in the 21st Century*, May 23, 2018, https://www.gov.uk/government/speeches/cyber-and- international-law-in-the-21st-century

Books
Matthew Channon, et al., *The Law and Autonomous Vehicles*(2019).
Sharona Hoffman, *Electronic Health Records and Medical Big Data(2016)*.
Marie-Helen Maras(2016).

Journals
Sharifah Yaqoub A. Fayi, *What Petya/NotPetya Ransomware is and What its Reme- diations are*, Information Technology-New Generations, 93-100(2018).

Benjamin Jensen, *The cyber character of political warfare*, Brown J. World Aff. 24, 159(2017).

Hilarie Orman, *The Morris worm: A fifteen-year perspective*, IEEE Security & Privacy 1.5, 35-43(2003).

Monika Sachdeva, et al. *DDoS Incidents and their Impact: A Review*, Int. Arab J. Inf. Technol. 7.1(2010).

Fred Touchette, *The evolution of malware*, Network Security 2016.1, 11-14(2016).

제2장

헌법과 사이버안보

제1절 서론

Ⅰ. 사이버공간에서의 법치주의 요구

　　제3차 산업혁명에 해당하는 인터넷의 보급과 생활화는 국민의 개인정보와 민간·기업·공적 영역 나아가 국가정보에 이르기까지 심각한 영향을 미치고 있다. 인터넷은 정보검색자가 찾아내고자 하는 각종 정보를 신속하게 제공할 수 있는 장점이 있으므로 산업화사회를 정보화사회로 전환시키는데 획기적으로 기여하였다고 할 수 있다. 그러나 다른 한편 사이버공간에서 이루어지는 은밀성·신속성·광역성으로 인하여 정보 피해자는 돌이킬 수 없는 손해를 받게 되며, 경우에 따라서는 원상회복할 수 없는 정도의 수준에 이르게 되기도 한다.

　　사이버공격이나 테러가 상존화되면서 개인의 프라이버시 침해 및 정보

* 이 논문은 제4차 산업혁명시대 도래와 사이버안보법정책의 대응방안을 논제로 한 한국사이버안보법정책학회·입법이론실무학회 2017 동계학술대회(2017. 12. 20, 한국과학기술회관)에서 기조발제한 "헌법과 사이버안보"를 수정·보완하여, 「법학논총」 제38권 제1호 (전남대학교 법학연구소, 김명재교수 정년기념논문집, 2018. 2), 37-55쪽에 게재한 것임.

유출 문제, 기업의 과학적 기술이나 영업비밀 유출의 문제, 군사기밀이나 국방 정보 침해 및 유출문제 등에 대한 대책 수립이 정보화사회에서 이미 민감한 현안 과제가 되었다고 할 수 있다. 사이버공간이 작용할 수 없는 영역도 상당 수 있겠지만, 정보화사회가 진행될수록 현실 공간에서 이루어질 수 있는 거의 모든 영역이 사이버공간의 대상이 되고 있다. 안보 영역은 사이버공간에서 직접적으로 공격하거나 침해하는 것이 가능하지 않은 것으로 볼 수도 있겠으나, 사이버공격의 기술이 고도화됨에 따라 안보 영역도 사이버공격의 직접적 대상이 되거나 또는 사이버공간을 통하여 현실 공간을 간접적으로 관리 또는 지배할 수 있게 됨에 따라 사이버안보의 안전성과 중요성이 심각하게 대두되고 있는 실정이라 하겠다.

　더구나 북한의 적대행위로 인하여 준전시적 위기상태에 있는 우리나라는 특성상 국방과 국가안전이 다른 어떤 나라보다 심각하게 위협을 받고 있으며, 위협의 수준은 북한이 전시핵과 ICBM·SLBM과 같은 초파괴적 신종무기의 개발뿐만 아니라 사이버공간에서의 공격과 테러를 동시에 감행함으로써 가히 공포와 전율의 대상이 될 정도라고 할 수 있다.[1]

　제2차 세계대전 이후에도 국제적으로는 끊임없는 국지전쟁이나 테러가 지속되고 있으며, 전쟁의 유형이나 종류도 종전 재래식 전쟁이나 국방전쟁의 틀을 벗어나 첨단무기전쟁, 핵전쟁, 경제전쟁, 무역전쟁, 범죄 및 테러와의 전쟁 등으로 다양화하고 있으며, 인터넷시대의 성숙과 함께 사이버영역에서의 테러와 사이버전쟁[2]의 양상도 나타나고 있다고 할 수 있다.

---

[1] 북한은 이미 수차례 사이버공격을 감행한 바 있으며, 2016년 6월 13일 북한 평양 류경동 조직의 악성코드 유포에 의하여 국내 160여 기관이 해킹당하였으며 이를 통해 42,608건의 방위산업 및 통신설비 자료가 유출된 바 있다. 또한 기업을 상대로 하는 정보유출 해킹 사건도 점점 증가하고 있으며, 공격방식과 피해 분야도 다양해지고 있는 추세이다; 이정현, "제4차 산업혁명의 등장과 사이버안보 위협", 「한국사이버안보법정책학회·입법이론실무학회 2017 동계학술대회」, p. 22. 또한 2017년 5월 2일 국방부 검찰단 발표에 의하면 2016년 9월 군 내부 인터라넷망(국방망)을 북한 해커조직이 침투하여 국방부장관의 업무용 PC를 포함하여 3,200대가 악성코드에 감염되기도 하였으며, 유출된 군사자료에는 1급기밀인 '작전계획 5027'의 일부도 포함되었던 것으로 드러났다; 김재광, "사이버안보 위협에 대한 법제적 대응방안", 「법학논고」 제58집(한국사이버안보법정책학회, 2017. 5), 151쪽 참조.

[2] 사이버전쟁·사이버테러의 개념 구별에 대하여는 김홍석, "사이버테러와 국가안보", 「저스

인터넷시대가 사이버공간이라는 새로운 세상을 우리에게 넘겨준 것이라면, 얼굴없는 사이버공간에 대한 엄격한 법치주의적 관리를 토대로 하지 않으면 현실 사회의 규범과 질서는 새로운 위기에 봉착하게 될 것이라 본다. 사이버공간에서의 법치주의의 실현에 대하여는 예외가 인정되기 어려울 것이며, 법치주의에 따른 감시와 통제도 실시간으로 이루어져야 할 것으로 본다.

Ⅱ. 제4차 산업사회에서의 사이버안보에 대한 문제제기

인터넷시대의 법치주의가 개인정보보호, 정보통신망 보호 등의 법제로 정비되고 있기는 하지만, 과학기술의 발전은 법제 정비 수준과의 격차를 더욱 심화하고 있다. 즉, 인터넷의 시대를 사물인터넷의 시대로 진전시키고 로봇과 인공지능이 스스로 교육에 의하여 진화하는 제4차 산업혁명의 시대가 전개되고 있는 것이다. 인터넷시대가 사이버공간에서의 문제에 한정되고 있다면, 사물인터넷 시대는 사이버공간에서의 활동으로 실물공간을 직접 관리하는 것이 가능할 수 있으며 이를 로봇과 인공지능이 스스로 진화하면서 실행할 수 있는 시대라고 할 수 있을 것이다. 즉 제4차 산업시대에서 사이버공격이나 테러 또는 범죄는 지능화되고 진화된 로봇과 기계 그리고 사물에 의한 현실 공격이 되며 현실 테러·현실 범죄 나아가 실제전쟁이 되는 것이며, 그 파괴의 정도는 핵전쟁에 못지 않을 수 있는 것이라 하겠다.

제4차 산업혁명 시대가 빠르게 진행되는 첨단 정보화사회에서 사이버안보를 준비하고 구현하기 위해서는 고도의 법치주의만으로는 대응하기 어려우며, 국제적인 평화교류 공조규범을 세밀하고 철저하게 협약하고 실천하는 노력도 수반되어야 할 것으로 본다.[3] 제4차 산업시대의 경우에는 국가적 규범 대응으로서의 법치주의 정도 수준으로서는 부족하며, 얼굴 없는 사이버공격이

티스」통권 121호, 322-325쪽 참조.

3 사이버안보를 둘러싼 국제동향에 관하여는 정준현, "고도정보화사회의 국가사이버안보 법제에 관한 검토",「법학논총」제37권 제2호, 455-460쪽 참조.

나 테러에 대응하기 위한 국경없는 규범 공조가 필수적이라 할 수 있다.

고도의 법치주의와 국제적 협력이 선결적으로 요구되는 사이버안보에 대하여 헌법은 아무런 명시적 규정도 가지고 있지 못하지만, 침묵하고 있지는 않다. 사이버안보에 대한 명시적 규정을 두고 있지 않은 이유는 사이버안보의 필요성이나 위험성을 방관하고 있다기 보다는 헌법의 태동 시기가 제1차·제2차 산업혁명의 시기를 전후하고 있기 때문에 제3차와 제4차 산업혁명과 같은 사회 변화를 예상할 수 없었던 시대에 성문화한 시대적 한계로 인한 것으로 볼 수 있을 것이다. 어느 국가에서도 헌법에서 사이버안보에 관한 명시적 규정을 두고 있지는 못하지만, 사이버안보에 대하여 헌법이 침묵으로만 일관하고 있다고 볼 수는 없다. 왜냐하면 헌법제정의 시대적 한계로 사이버안보를 비록 성문화하지는 못하였다고 하더라도, 헌법은 국민의 자유·안전·행복을 보장하고 나아가 국가의 보위와 안전보장 나아가 공공의 안녕질서의 유지를 목적으로 하는 규범이므로 헌법이 추구하는 바의 가치 속에는 사이버안보가 필수적으로 자리잡고 있으며, 이를 구현하기 위한 제도적 장치들이 헌법전 속에는 농축되어 있다고 보아야 할 것이다.

따라서 사이버안보를 위한 헌법적 가치로는 무엇이 있으며, 설령 명시적으로 사이버안보를 규정하고 있지는 않으나 헌법적 가치와 정신으로부터 도출할 수 있는 사이버안보를 보장하기 위한 헌법 적용 규정으로는 어떠한 조항이 있는가? 또한 헌법적 가치로부터 도출할 수 있는 사이버안보가 국가권력과는 어떻게 작용하고 있는지를 살펴보고, 사이버안보를 체계적으로 보장할 수 있는 제도와 방안을 모색하여야 할 것으로 본다.

제2절 사이버안보와 헌법적 가치

헌법은 국가의 수호와 국민의 안전·자유·행복을 확보하고자 하는 국가의 기본법이므로 국민주권주의·법치주의·기본권보장·권력분립주의·민주주의·국제평화주의·지방자치·시장경제질서·문화국가주의 등을 헌법적 가치로 하고 있으며, 최근 기후변화와 환경문제의 심각성과 함께 지속가능한 발전을 헌법적 가치로 보기도 한다.

사이버안보(Cyber-security)[4]는 국가와 국민의 안전보장, 기본권 보장, 법치주의, 국제평화주의의 헌법적 가치 속에 농축되어 이를 구체화하는 내용이라 할 수 있다.

Ⅰ. 국가 수호 및 국민 안전 보호

국가와 국민의 안전보장은 헌법이 추구하는 기본적 가치에 해당하는 것이다. 헌법의 제정을 통하여 국가는 존재 자체를 규범적으로 확정하고 국가와 국민의 관계를 설정하며 나아가 국가를 수호하고 국민의 안전을 보호하고자 하는 목적을 규범으로 형성하는 것이다.

사이버공간이라고 하더라도 국가수호 및 국민안전을 보장하고자 하는 안보는 헌법상 기본적가치의 영역에 속하는 것으로 보아야 할 것이며, 설령 헌법에 명시적 규정이 없다고 하더라도 사이버안보는 헌법에 의하여 보장되어야 할 기본적 국가작용에 해당하는 영역이라 할 수 있을 것이다.

사이버안보는 국가를 수호하고 국민의 안전을 보장하기 위한 국가작용이므로, 적용대상을 국방이나 국가업무에만 한정되는 것이 아니고 사회방위와 개인안전보호도 포함하고 있다는 점에서 국가안보의 개념과는 구별된다고 할 수 있다. 즉, 사이버안보의 적용대상은 사이버공간에서 이루어지는 국방 및 국가의 일반적인 정상업무나 활동·사회 및 공공의 안녕질서·국민의 안전을 보호하기 위한 기본적 업무와 활동 일체로 보아야 할 것이며, 국방이나 치안의 영역으로만 한정하여서는 아니될 것으로 본다. 실제로 사이버공격에 의하여

---

4 사이버안보(Cyber-security)의 개념과 관련하여 security를 보안으로 인식하여야 정보보안 (information security)에 관한 법률인 정보통신망법, 전자정부법 및 국가정보화기본법 등을 망라할수 있으며 국내의 기존 법령이나 논문에서의 사용례에도 부합한다는 논의가 있으나, security의 개념에는 안보의 의미도 포함하고 있으므로 사이버안보에 해당하는 영어 표기를 Cyber security 대신에 하나의 복합어인 Cyber-security로 사용하게 됨을 미리 밝혀둔다.

발생하는 현실 공간에서의 안보 침해 사례를 보면 다양한 형태로 나타나고 있으며, 제4차 산업시대가 활성화되면서 전방위적으로 나타나고 있는 사이버공격의 위험성은 국가뿐만 아니라 사회와 개인의 생활 전반에 미치고 있다고 할 수 있다.

적용대상별 사이버공격 및 테러의 유형에 대한 대표적 사례[5]:

- 사이버공간에서의 테러 또는 공격은 국방뿐만 아니라 국가의 정상적 업무(정부 3.0)까지도 마비시킬 수 있는 가공할 만한 수준에 이르고 있음
- 해킹을 통한 사이버재난의 야기는 국민의 안전을 위협함(항공기, 고속열차, 선박 등에 대한 공격, 원전 등의 시설물에 대한 공격)
- 사회 및 공공 안전 위협(환경오염, 전염병, 유해화학물질)
- 사이버공간에서의 공격이나 테러를 미연에 방지하거나 대응하기 위해서는 대립적 공간이나 보호 공간 구역이 존재할 수 없으므로 이를 인위적으로 창설·형성하여야 함

Ⅱ. 국민의 기본권 보장

기본권은 국민의 자유와 권리에 해당하는 가치이면서 헌법이 이를 직접적으로 보장하거나 확인함으로써 국가권력을 기속하는 규범을 말한다. 또한 점차적으로 기본권별로 그 보호 영역을 구체화하고, 국가권력 유사적 단체 또는 사인이 출현함에 따라 기본권은 대국가적 효력에만 머물지 않고 대사인적 효력까지도 그 범위를 확장하고 있는 것이 일반화되고 있다. 국가뿐만 아니라 사인과 단체에 의한 사이버공격이 개인의 기본권을 침해하고 있으며 침해가 이루어지는 경우에는 그 침해의 범위나 정도가 회복불가능한 수준에 이르게 할 수 있는 것이므로, 사이버위협·공격이나 테러로부터 개인의 기본권을 보장하여야 할 당위는 명확한 것이라 할 수 있다.

---

5 국내외 대표적인 사이버위협 사례에 관하여서는 정준현, 앞의 논문, 444-448쪽 참조.

1. 사이버안보의 주요 대상이 되는 기본권

◇ 인간의 존엄과 행복추구권
 – 생명 안전권
 – 신체 완전성
◇ 재산권
◇ 프라이버시권(의료기록, 생활기록 등)[6]

제4차 산업시대의 결정적인 폐해라고 볼 수 있을 사이버공격에 의한 현실공간에서의 진화된 인공지능을 가진 로봇의 전쟁이 현실화되는 경우, 개인으로서의 인간 존엄이나 생명이 로봇에 의하여 말살되거나 무시되는 현상이 도래할 수 있는 가능성을 헌법과 국제협약을 통하여 미연에 방지하여야 할 것으로 본다. 즉, 사이버공간에서의 기본권 보장을 제4차 산업시대에서의 헌법적·국제법적 한계로 명시하여야 할 것으로 본다.

2. 사이버안보에 대한 국가의 과소보호금지의무의 이행

헌법 제10조 제2문에서 '국가는 개인이 가지는 불가침의 기본적 인권을 확인하고 이를 보장할 의무를 진다'라고 규정하고 있으며, 이를 헌법재판소에서는 국가의 과소보호금지의무조항으로 해석하고 있다. 즉, 헌법재판소는 1997. 1. 16. 90헌마110 사건에서 "국가의 보호의무를 입법자가 어떻게 실현하여야 할 것인가 하는 문제는 입법자의 책임범위에 속하므로, 헌법재판소는 권력분립의 관점에서 소위 과소보호금지원칙을, 즉 국가가 국민의 법익보호를 위하여 적어도 적절하고 효율적인 최소한의 보호조치를 취했는가를 기준으로

---

6 사물인터넷의 발전에 따라 개인정보보호의 필요성은 더욱 증대하고 있으며, IoT 발전에 따른 개인정보보호에 관하여는 유럽연합 Directive 95/46/EC of 24 October 1995에 의해 설립된 개인정보보호 작업반(THE WORKING PARTY ON THE PROTECTION OF INDIVIDUALS WITH REGARD TO THE PROCESSING OF PERSONAL DATA)이 2014년 9월 16일 채택한 의견서(Opinion 8/2014 on the on Recent Developments on the Internet of Things) 참조; http://ec.europa.eu/justice/data-protection/article-29/documen tation/opinion-recommendation/files/2014/wp223_en.pdf

심사하게 되어, 결국 헌법재판소로서는 국가가 특정조치를 취해야만 해당 법익을 효율적으로 보호할 수 있는 유일한 수단인 특정조치를 취하지 않은 때에 보호의무의 위반을 확인하게 된다"라고 함으로써 국가의 과소보호금지원칙을 확립하였다.[7] 즉, 사이버공격이나 테러로부터 개인의 불가침적 기본권을 보장하는 것은 국가의 책임이며, 국가가 적절하고 효율적인 최소한의 보호조치를 취해야 하는 것이 국가의 과소보호금지 의무에 해당하는 것으로 해석할 수 있을 것으로 본다.

3. 사이버안보에 의한 국민의 기본권 보장 및 제한

헌법 제37조 제2항은 법률유보에 의한 기본권 제한사유로서 국가안전보장과 질서유지를 들고 있다. 국가안전보장과 질서유지에 대하여는 국가안전보장도 광의적 의미에서는 질서유지의 개념에 포함되므로 국가안전보장을 별도로 규정하지 않더라도 논리체계적으로 기본권 제한 사유에 해당하는 것으로 볼 수 있다는 견해도 있으나, 질서유지를 광의적 의미로 볼 것이 아니라 공공의 안녕질서라는 개념으로 보면 국가안전보장을 독자적 보호법익으로 보아야 한다는 견해가 있다. 현행 헌법에서는 국가안전보장과 질서유지를 구별하여 보호하고 있으므로 질서유지의 개념을 광의로 해석할 필요가 없으며, 국가안전보장을 독립된 보호법익으로 보는 것이 타당할 것이라 하겠다.

법률유보의 적용에 의해 기본권을 제한하고자 하는 경우에는 반드시 법률의 형식에 의한 제한이 필요하지만, 보장의 대상이 되는 기본권은 법률의 형식에 의해서만 보장되는 것이 아니라 헌법이 직접적으로 명시하거나 확인하고 있는 경우에도 기본권으로서의 지위를 가질 수 있는 것이라 하겠다. 즉, 기본권의 영역에서 법률에 의한 제한은 보장된 기본권을 대상으로 하는 것이라 할 수 있겠으나, 사이버안보를 이유로 기본권을 제한하고자 하는 경우에는 제한의 대상이 되는 기본권이 헌법에 의해 형성되어 있지 않으므로 법률에 의해

---

7 이러한 과소보호금지의무 위반 여부에 대하여 헌법재판소는 2008년 7월 31일 2004헌바81 사건에서 "국가가 아무런 보호조치를 취하지 않았든지 아니면, 취한 조치가 법익을 보호하기에 전적으로 부적합하거나 매우 불충분한 것임이 명백한 경우에 한하여 국가의 보호의무의 위반을 확인하여야 한다"고 하여 명백성에 따른 통제를 하고 있다.

기본권을 선결적으로 형성시켜야만 할 것으로 본다.

　기본권은 유형에 따라 기본권 형성적 법률유보에 의해 법률이 기본권을 형성하기도 하며, 기본권 제한적 법률유보에 의해 기본권을 제한하기도 하지만, 사이버안보 기본법은 기본권 형성 및 제한의 기능을 동시에 하여야 한다는 점에서 사이버안보법의 특성이 있다고 할 수 있다. 이러한 관점에서 보면 사이버안보를 근거로 하여 기본권 제한을 행하고자 하는 경우에는 상당히 신중한 접근방법이 있어야 할 것으로 본다. 즉, 헌법적 가치로부터는 사이버안보를 도출할 수 있다고 하더라도 헌법적 차원에서의 명시적 규정이나 확인이 없으므로 사이버안보법을 제정하는 경우에는 기본권 보장 원칙을 먼저 천명하고 제한은 예외적으로 행할 수 있도록 규정하는 입법적 방법을 취해야 할 것으로 본다.

Ⅲ. 법치주의와 국제평화주의

　사이버공간은 현실공간에서의 인격, 문화, 교육, 자연과 같은 분야에서 볼 수 있는 바와 같은 반복성이나 수정성이 용납되지 아니하고 일회성과 수정 불가능성을 특징으로 하고 있다. 일회성 행위에 의한 사이버공간에서는 질서의 엄격성이 현실공간에서 보다 강화되어야 하며, 원칙적으로 예외가 용납될 수 없는 공간이라 할 수 있으므로 사이버공간에서는 보다 엄격한 법치주의가 적용되어야 하며, 사이버안보 분야에서는 법치주의의 엄격성이 더욱 강화되어 무흠결적 법치주의 수준정도까지 요구될 수 있다고 할 수 있다.

　무흠결적 법치주의의 구현을 위해서는 사이버안보에 대한 감시와 통제장치가 다중적으로 이루어져야 할 것이며, 사후적보다는 사전적 예방과 보호에 집중하여야 할 것으로 본다.

　국가안전보장은 국내적 보호법익이라 할 수 있겠으나, 사이버 영역에서의 안보 특히 제4차 산업시대에서의 사이버안보는 국가 간의 장벽을 허물고 국제적인 협력과 공조가 가능하여야만 도달할 수 있는 국제적 차원의 보호법익이라 할 수 있다.[8] 사물인터넷의 명령에 따르는 로봇이나 기계 또는 사물이 집단

---

8 정준현, 앞의 논문, 442쪽 참조; 사이버공간에 대한 안보의 문제는 오늘날 특정한 국가의

적인 공격을 감행하는 경우 국경과 국적은 더 이상 설 자리가 없을 것이기 때
문이다. 국제평화주의의 헌법적 가치야말로 사이버안보의 보장과 실현 없이는
구현될 수 없을 것이라 하겠다.

제3절 사이버안보의 헌법적 보장

Ⅰ. 안전보장 및 국방에 관한 헌법 규정

국가를 구성하고 있는 요소인 영역은 영토·영해·영공으로 구성되어 있
다고 보는 것이 전통적인 견해였으나, 사이버공간이 현실화되어 있는 정보사
회에서는 사이버공간을 제4의 공간이라 할 수 있을 것이며, 안보를 위한 사이
버공간의 선점과 관리가 중요한 국가기능이 되었다고 할 수 있을 것이다. 더
구나 사물인터넷과 인공지능이 급속도로 확산되면서 진행 중인 제4차 산업혁
명시대에서는 고도의 정보사회를 목전에 두고 있으므로 사이버공간과 현실 공
간의 구별이 어려워지거나 또는 복합적으로 이루어지게 됨으로써 개인과 사회
뿐만 아니라 국가의 안전까지도 다양한 형태로 위협받게 되어 있는 것이 현실
이라 할 수 있다.

이러한 관점에서 보면 사이버공간에서의 안보 문제는 현실 공간에서 발
생하는 안보 문제와 별개의 논리로 접근할 것이 아니라 현실공간에서의 안보
문제를 추가적으로 보완하는 논리로 접근하여야 할 것으로 본다.[9] 현실공간에
서의 안보를 보장하고 있는 헌법 규정은 현행 헌법에서도 전문을 비롯하여 제
1장 총강·제2장 국민의 권리와 의무·제4장 제1절 대통령에 관한 조항들을
들 수 있으며, 구체적 조문을 보면 다음과 같다.

안보문제가 아니라 지구촌 전체의 공동안보문제로 대두되고 있다.

[9] 사이버안보는 국가안보사항이 아니라는 주장도 제기되고 있으나, 사이버안보가 국가안보
의 일부가 아니라는 주장은 납득할 수 없다고 보고 있다; 김성천, "사이버안보법정책의 회
고와 전망", 「한국사이버안보법정책학회·입법이론실무학회 2017 동계학술대회」, 99-100
쪽 참조.

안전보장 및 국방에 관한 헌법 규정:

전문 : 우리들과 우리들의 자손의 안전과 자유와 행복을 영원히 확보할 것을 다짐

제5조 제2항 : 국군은 국가의 안전보장과 국토방위의 신성한 의무를 수행함

제34조 제6항 : 국가는 재해를 예방하고 그 위험으로부터 국민을 보호하기 위하여 노력

제37조 제2항 : 국민의 모든 자유와 권리는 국가안전보장·질서유지 … 를 위하여 필요
　　　　　　　 한 경우에 법률로써 제한할 수 있으며,

제39조 제1항 : 모든 국민은 법률이 정하는 바에 의하여 국방의 의무를 진다.

　　　 제2항 : 누구든지 병역의무의 이행으로 인하여 불이익한 처우를 받지 아니한다.

제60조 제1항 : 국회는 안전보장에 관한 조약에 대한 동의권을 가진다.

　　　 제2항 : 국회는 선전포고 … 에 대한 동의권을 가진다.

제66조 제2항 : 대통령은 국가의 독립·영토의 보전·국가의 계속성과 헌법을 수호할 책무

제69조 : 대통령의 취임선서 내용 "나는 헌법을 준수하고 국가를 보위하며 … "

제72조 : 국가안위에 관한 중요정책을 국민투표에 붙일 수 있다.

제74조 : 대통령은 … 국군을 통수한다.

제76조 제1항 : 재정·경제상의 위기에 있어서 국가의 안전보장 또는 공공의 안녕질서
　　　　　　　 를 유지하기 위하여 긴급한 조치

　　　 제2항 : 대통령은 국가의 안위에 관계되는 중대한 교전상태에 있어서 국가를 보위

제77조 : 대통령은 전시·사변 또는 이에 준하는 국가비상사태에 있어서 병력으로써 군
　　　　사상의 필요에 응하거나 공공의 안녕질서를 유지할 필요가 있을 때에는

제89조 : 다음 사항은 국무회의의 심의를 거쳐야 한다.

　　　 2. 선전·강화 기타 중요한 대외정책

　　　 5. 대통령의 긴급명령·긴급재정경제처분 및 명령 또는 계엄과 그 해제

제91조 제1항 : 국가안전보장회의에 관련되는 대외정책·군사정책과 국내정책의 수립에
　　　　　　　 관하여 … 국가안전보장회의를 둔다.

Ⅲ. 추가적 보완에 의한 헌법적 보장

추가적 보완에 의한 보장 방법으로는 개헌을 통하여 사이버안보 규정을 신설하는 것을 생각해 볼 수 있을 것이지만, 개헌 이전이라고 하더라도 헌법해석과 헌법재판을 통하여 사이버안보를 적극적으로 보장하는 방법을 고려하여야 할 것으로 본다.

즉, 사이버공격이나 테러는 국방이나 군사에 대한 위협으로만 나타나는

것이 아니라 경제와 개인의 안전에 대한 위협의 형태로도 나타날 수 있으며, 침해는 신속하고도 광범위하게 이루어질 수 있으므로 사이버안보의 영역은 대통령의 긴급명령권 또는 긴급재정경제처분 및 명령권의 대상이 될 수 있는 것으로 해석의 방법을 통하여 보완할 수 있을 것이며, 이를 헌법재판소에서는 합헌으로 확인할 수 있을 것으로 본다.

또한 국가안전보장에 관련되는 사이버공간에서의 대외정책·군사정책과 국내정책의 수립에 관하여는 국무회의의 심의 이전에 헌법 제91조가 규정하고 있는 국가안전보장회의의 자문절차를 대통령이 필수적으로 거치도록 함으로써 사이버안보로 인해 발생할 수 있는 기본권 침해와 같은 헌법적 문제를 여과해 갈 수 있을 것으로 본다. 이는 국가안전보장회의가 필수적 헌법기관이기는 하지만 대통령에 따라 운용이 서로 상이하게 이루어짐으로써 경우에 따라서는 유명무실한 헌법기관이 되고 있는 문제점을 극복하여, 명실상부한 헌법기관으로서 대통령의 자문적 역할을 활성화할 수 있는 국가기관으로 변모하게 할 것으로 본다.

현행 헌법의 적극적 보완 방법에 의해 사이버안보에 대한 헌법적 보장의 근거를 찾을 수 있으나, 보다 구체적인 내용은 사이버안보에 대한 헌법적 가치를 토대로 한 사이버안보기본법을 제정하는 것이라 할 수 있다.

제4절 사이버안보의 입법 방향

Ⅰ. 선진 외국의 입법례

1. 미국

미국에서는 2001년 9/11테러 이후 「연방정보안전관리법」(Federal Information Security Management Act of 2002)을 제정하였으며, 그 이후 사이버안보 관련 법률[10]

---

10 The Cybersecurity Act of 2015 이전 미국 사이버안보정책의 법제화 동향에 대하여는 김종호, "사이버공간에서의 안보의 현황과 전쟁억지력", 「법학연구」16권 2호, 143-147쪽 참조.

을 2015년 단일법전으로 통합하여 「사이버안보법」(The Cybersecurity Act of 2015)[11]으로 제정하였다. 2015년 「사이버안보법」의 주요 내용은 다음과 같다.

2015년 「사이버안보법」(The Cybersecurity Act of 2015)은 네 개의 장으로 구성되어 있다.[12]

제1장은 「사이버안보정보공유법」(Cybersecurity Information Sharing Act of 2015)이라 명명하며, 대부분 사적영역단체에게 적용하고자 하는 내용으로 사이버안보정보 공유의 중앙관리체계를 확립하고자 하는 것이다.

제2장은 「국가사이버안보보호법」(National Cybersecurity Protection Advancement Act of 2015)으로 불리며, 본국안전부(Department of Homeland Security: DHS)가 제1장의 집행 및 연방일정에 따라 연방정부의 사이버안보를 강화할 수 있는 권한을 부여하고 있다. 두 개의 절(subtitle)로 구성되어 있으며 제1절은 국가사이버보안 및 통신통합센터(National Cybersecurity and Communication Integration Center), 제2절은 「연방사이버보안증진법」(Federal Cybersecurity Enhancement Act of 2015)을 규정하고 있다.

제3장은 「연방사이버보안활동평가법」(Federal Cybersecurity Workforce Assessment Act of 2015)으로 연방의 활동에 대하여 사이버안보를 기준으로 평가하고자 하는 것이다.

제4장은 정보분석 및 정보망 위협에 대응하기 위한 그 밖의 조치를 취할 수 있는 권한을 부여하고 있다.

2. EU

유럽연합은 유럽연합법률에 해당하는 「Regulation No 526/2013」[13]을 2013. 5. 21. 제정하면서, 종전 유럽공동체(EC) 「Regulation No 460/2004」[14]를 폐지

---

11 https://epic.org/privacy/cybersecurity/Cybersecruity-Act-of-2015.pdf

12 https://www.sullcrom.com/siteFiles/Publications/SC_Publication_The_Cybersecurity_Act_of_2015.pdf, 2015. 12. 22. p. 4.

13 https://publications.europa.eu/en/publication-detail/-/publication/a227aef3-d802-11e2-bfa7-01aa75ed71a1/language-en

14 https://publications.europa.eu/en/publication-detail/-/publication/7b453dd0-d1c6-4f49-

하였다. 유럽공동체(EC) 「Regulation No 460/2004」를 근거로 하여 설립된 독립기관인 ENISA(The European Union Agency for Network and Information Security)가 유럽연합의 사이버안보원으로 활동하고 있다.[15]

EU의 「높은 수준의 EU 공동 망·정보안전 보장에 관한 지침안」(measures to ensure a high common level of network and information security across the Union)[16]은 사이버안전을 "네트워크와 IT 시스템에서 저장, 유통, 처리되었거나 처리되고 있는 정보 또는 관련 서비스의 가용성, 신뢰성, 무결성, 기밀성(Vertraulichkeit)을 침해하는 사고및 악의적인 공격(Angriff)을 방어하는 '일정 신뢰수준이 담보'되는 네트워크와 IT 시스템의 능력"으로 정의하고 있다.[17]

3. 독일

독일은 정식명칭 「IT 시스템의 안전을 제고하기 위한 법률」(das Gesetz zur Erhöhung der Sicherheit informationstechnischer Systeme)[18]을 「사이버안전법」(IT Sicherheitgesetz)으로 부르고 있다. 2015년 7월부터 시행되고 있다. 동 법률 내용의 일부로 「사이버안전청 설립법」(das Gesetz über das Bundesamt für Sicherheit in der Informationstechnik)을 통합하고 있으며, 사이버안전청이 설립되어 있다.

동 법률은 2011년에 사이버공간에서의 안전을 위한 초석이 된 사이버안전전략을 구체화한 최초의 결과물로서, 국민과 경제주체에 대한 국가 보호책임의 표현으로서 디지털환경에서 사이버안전이 국내 안전의 핵심적 초석이 되었다는 점을 반영한 것[19]으로 보고 있다.

b858-108db969699f/language-en

15 ENISA의 설립취지와 활동에 대하여는 www.enisa.europa.eu 참조.

16 동 지침안은 2013년 Union-2013/0027(COD)로 Directive를 제정하기 위한 제안이었으며, 2016년 7월 6일 유럽의회 의장과 각료회의 의장의 서명에 의하여 32016L1148로 제정되었다.

17 김태오, "사이버안전의 공법적 기초", 「행정법연구」 45권, 110쪽 참조.

18 동 법률은 단행법률이 아니라 사이버안전청설립법, 에너지법, 테레미디어법, 통신법 등의 일괄개정이 수반되는 조문법률의 형식이다; 김태오, 앞의 논문, 125쪽 참조.

19 김태오, 앞의 논문, 125쪽 참조.

4. 프랑스

프랑스는 2013년 12월 18일 법률 No 2013-1168을 통하여 국가정보안전원(Autorité nationale de sécurité des systèmes d'information: ANSSI)을 국가안전방위처(Secrétaire général de la défense et de la sécurité nationale: SGDSN) 산하에 설립하였으며, 국가정보안전원(ANSSI)이 사이버안보에 대한 국가적 전략을 추진하고 있다.[20]

국가정보안전원이 수행하고 있는 활동은 대체로 다음과 같다.

1. 사이버위협 대응 활동(Reacting to the cyber threat)
2. 정부와 민간을 위한 활동과 서비스 증진 유지(Supporting product and services development)
3. 정보제공과 자문(Providing information and advice)
4. 훈련(Training)
5. 안전인증(Accreditation)

5. 일본

2014년 11월 국회에서 「사이버시큐리티기본법(サイバーセキュリティ基本法)」을 제정하였으며,[21] 「사이버시큐리티기본법」은 총 4개장(총칙, 사이버시큐리티전략, 기본적 시책, 사이버시큐리티전략본부) 35개조와 부칙 4개조로 구성되어 있다.

Ⅱ. 우리나라의 입법상황과 전망

현행 국가사이버안보 관련법제는 「정보통신망법」을 비롯하여 분야별 또

---

20 ANSSI는 사이버 방위 분야와 정보와 망의 안전 임무를 가지고 있는 국가기관이다. 자세한 내용은 https://www.ssi.gouv.fr/ 참조.
21 일본 사이버시큐리티기본법의 제정배경 및 주요 내용에 대하여는, 박상돈, "일본 사이버시큐리티기본법에 대한 고찰", 「경희법학」 50권 2호, 147-157쪽 참조.

는 적용대상별로 개별적·산발적으로 사이버안보에 관한 규정을 두고 있으나, 사이버안보 일반법이 부재할 뿐만 아니라, 개별법의 체계정합성의 문제, 사물인터넷시대에 대비한 융합보안법제의 미비문제 등이 있다.[22]

　　19대 국회에서 서상기·하태경·한선교 의원 등이 사이버안보 관련 법률안을 각각 대표발의하였으나, 19대 국회 임기만료로 자동폐기되었다.[23] 20대 국회에서도 2016. 5. 30. 이철우 의원 등 122명의 의원이 발의한 「국가 사이버안보에 관한 법률안」과 2017. 1. 3. 정부가 제출한 「국가사이버안보법안」이 있었으나, 20대 국회의 임기완료로 자동폐기되었다. 사이버안보법이 가까운 시일 내에 제정될 가능성은 희박하게 전망할 수 있다. 왜냐하면 「국정원법」이 개정되어 사이버안보의 일반법의 역할을 할 것이기 때문이다.

제5절 결론

　　정부에서도 국가사이버안보법의 제정에만 몰두할 것이 아니라, 사이버안보를 공고히 할 수 있는 구체적 대안을 모색하여야 할 것으로 본다.

　　대안으로는 세 가지 방향을 검토할 수 있을 것이다.

　　첫째는 국가정보원이 2013년 9월 2일 일부개정 형식으로 개정한 후 대통령 훈령 제316호로 현재 시행 중인 「국가사이버안전관리규정」의 내용과 규범형식을 보완하여 시행하는 방법이라 할 수 있다. 대통령 훈령이 가지는 규범적 한계가 있을 수 있겠으나,[24] 헌법과 법률에 반하지 아니하는 범위 내에서 20대 국회에 정부입법으로 제출되었으나 임기만료로 자동폐기된 「국가사이버

---

22 김재광, "사이버안보 위협에 대한 법제적 대응방안", 「법학논고」 제58집(한국사이버안보법 정책학회, 2017. 5), 164-166쪽 참조.

23 제19대 국회에서의 사이버안보 관련 국회의원 발의 법률안에 대하여는, 김기표, "종합토론문", 한국사이버안보법정책학회·입법이론실무학회 2017 동계학술대회, 96쪽 참조.

24 규범적 한계에 속하는 예로서는 대통령 훈령 제316호를 개정하여 「국가사이버안전관리규정」을 보완한다고 하더라도, 기본권을 제한하는 내용의 개정은 한계에 해당한다고 보아야 한다.

안보법안」에서 구현하고자 하는 내용을 반영할 수 있도록 하여야 할 것으로 본다. 대통령 훈령의 개정은 법률로 제정하는 것보다는 상대적으로 가능성이 높은 것으로 평가할 수 있으나 충분한 법적 검토가 선행되지 않으면, 이 또한 정치적 논쟁의 대상이 되어 버릴 수 있는 개연성이 농후할 것이기 때문에 신중한 접근이 요구된다고 할 수 있다. 나아가 가능할 수 있으면 규범의 형식도 대통령 훈령을 대통령령으로 변경할 수 있는 방안도 동시에 고려할 수 있을 것으로 본다. 그러나 이 방법은 사이버안보법의 제정 필요성과 시급성의 측면에서 현재의 대통령 훈령 규정의 내용과 형식이라도 개정하여 보완하여야 한다는 절박감에서 비롯된 궁여지책이라 할 수 있으며, 동 법안제정 필요성에 대한 대안으로는 충분하지 않다고 할 수 있다.

두 번째로 고려해 볼 수 있는 안으로는 국가안전보장회의가 사이버안보와 관련한 대외정책·군사정책과 국내정책의 실질적 컨트롤타워로서 활동할 수 있도록 관계 법제를 정비하는 내용을 검토할 수 있을 것으로 본다. 정치권의 대승적 합의에 의해 국가정보원의 기능이 확정되기 이전이라고 하더라도 국가사이버안보는 지속적으로 유지되어야 할 헌법적 가치에 해당하므로 「국가안전보장회의법」의 개정 및 보완에 의해 업무를 이관할 수 있을 것이라 본다.

세 번째 방법으로 검토해 볼 수 있는 안은 국무총리실 산하에 독립된 사이버안보원을 설립하는 것이라 할 수 있다. 사이버안보가 국방, 외교, 통일, 산업, 과학, 민생 등 국가의 안전과 국민의 보호를 필요로 하는 모든 영역에 망라되어 적용되어야 하는 업무인 만큼 국무총리실 산하 기관으로 하여 총괄적으로 업무를 수행하도록 하는 방법이며, 이는 「정부조직법」을 개정함으로써 가능할 수 있을 것으로 본다. 유럽연합이 사이버안보 업무를 ENISA라는 독립기관을 설립하여 관리하며, 프랑스가 수상 산하에 ANSSI라는 국가기관을 설립하여 관리하고 있는 시스템이라 할 수 있을 것이다.

사이버안보는 이제 더 이상 국내적 차원에서는 미루어서 안될 뿐만 아니라 국제적 차원에서의 협력과 공조가 무엇보다 중요한 영역이 되고 있다.[25] 북

---

25 정준현, 앞의 논문, 449쪽; 사이버위협은 사이버위협의 대상이 된 특정한 국가에 한정된 문제가 아니라 지구촌 공동체의 문제로서 해결해야 할 것임. 일본의 「사이버시큐리티기본

한에 의한 군사적 위협뿐만 아니라 국제적 분쟁과 테러가 상존화되어 있는 만큼 국방과 안전 나아가 사이버안보는 절대적 명제가 되고 있다. 최근 유럽연합에서는 미국과 함께하는 안보전략을 수정하여 미국의 협력 없는 독자적 국방과 안보전략을 수립하고 있으며 대표적으로 유럽연합군대의 창설을 염두에 두고 있다. 더구나 사이버는 성격상 국경 없는 제4의 공간이므로 국제간의 협조가 다른 어떠한 영역보다 절실한 업무라 할 수 있다. 사이버안보에 대한 대대적 법제 정비와 제도화가 시급한 실정이며, 여와 야뿐만 아니라 사회단체와 국민 모두가 절박감을 가지고 지혜를 모으고 실천하여야 할 것으로 본다. 소 잃고 외양간을 고치는 누를 범해서는 아니될 것으로 본다.

법」제23조에서도 "국가는 사이버시큐리티 국제규범 수립에의 주체적 참여, 국가 간 신뢰 구축 및 정보공유, 개발도상지역의 사이버시큐리티 역량 구축 지원 등 국제적인 기술 협력, 범죄 단속 및 기타 국제협력을 추진하고, 일본의 사이버시큐리티에 대한 외국의 이해 를 증진시키는 시책을 강구한다"라고 규정하고 있다.

⋮⋮ 참고문헌

김기표, 종합토론문, 2017년 한국사이버안보법정책학회·입법이론실무학회 동계학술대회 발제문, 2017. 12.
김도승, "국가 사이버안보의 법적 과제", 「미국헌법연구」 제28권 제2호, 2017.
김성천, "사이버안보법정책의 회고와 전망", 2017년 한국사이버안보법정책학회·입법이론실무학회 동계학술대회 발제문, 2017. 12.
김재광, "사이버안보 위협에 대한 법제적 대응방안", 「법학논고」 제58권, 2017. 5.
김종호, "사이버공간에서의 안보의 현황과 전쟁억지력", 「법학연구」 제16권 제2호, 2016. 6.
김태오, "사이버안전의 공법적 기초", 「행정법연구」 제45권, 2016. 6.
김홍석, "사이버테러와 국가안보", 「저스티스」 통권 제121호, 2010.
박상돈, "미국 2015 사이버시큐리티법(Cybersecurity Act of 2015)의 의의와 시사점", 「미국헌법연구」 제28권 제1호, 2017.
박상돈, "미국 사이버안보 정보공유법(CISA)의 규범적 의의", 「융합보안 논문지」 제17권 제1호, 2017.
박상돈, "사이버안보 거버넌스 개선에 관한 공법적 고찰", 「공법학연구」 제17권 제4호, 2016.
박상돈, "일본 사이버시큐리티기본법에 대한 고찰: 한국의 사이버안보 법제도 정비에 대한 시사점을 중심으로", 「경희법학」 제50권 제2호, 경희법학연구소, 2015.
박재윤, "사이버공격에 대한 공법적 대응의 기초", 「법학논총」 제34권 제3호, 2017.
이정현, "제4차 산업혁명의 등장과 사이버안보 위협", 2017년 한국사이버안보법정책학회·입법이론실무학회 동계학술대회, 2017. 12.
정용기, "위험사회에서의 사이버테러 대응방안", 「성균관법학」 제26권 제3호, 2014.
정준현, "사물통신시대의 국가안보 위협으로서 간첩활동과 관련 법률의 부정합성", 「미국헌법연구」 제27권 제2호, 2016.
정준현, "고도정보화사회의 국가사이버안보 법제에 관한 검토", 「법학논총」 제37권 제2호, 2013.
정준현·지성우, "국가안전보장을 위한 미국의 반사이버테러법제에 관한 연구", 「미국헌법연구」제20권 제2호, 2009.

정하명, "미국에서 국토안보부의 출범과 위기대응법제의 변화", 「공법학연구」 제
    16권 제1호, 2015.

조정은, "사이버테러 대응법제에 관한 연구", 「토지공법연구」 제74권 제1호, 2016.

한희원, "자유민주주의 기틀 ― 미국 국가안보 법제에 대한 고찰", 「법과 정책연구」
    제16권 제4호, 2016.

ANSSI(agence nationale de la sécurité des systèmes d'information), https://www.
    ssi.gouv.fr/

Article 29 data protection working party, http://ec.europa.eu/justice/data-protecti
    on/article-29/documentation/opinion-recommendation/files/2014/wp223_
    en.pdf

Cybersecruity Act of 2015, https://epic.org/privacy/cybersecurity/Cybersecruity-Ac
    t-of-2015.pdf

https://www.sullcrom.com/siteFiles/Publications/SC_Publication_The_Cybersecurit
    y_Act_of_2015.pdf

ENISA, https:// www.enisa.europa.eu

EU Regulation No 526/2013, https://publications.europa.eu/en/publication−detail
    /−/publication/a227aef3-d802-11e2-bfa7-01aa75ed71a1/language-en

EU Regulation No 460/2004, https://publications.europa.eu/en/publication-detail/
    -/publication/7b453dd0-d1c6-4f49-b858-108db969699f/language-en

제3장

사이버공간의 안보위협과 법적 통제

정준현*

제1절 서론

안보의 관점에서는 현단계의 사회를 전통적인 물리력 중심의 사회로 보기보다는 패킷에 의해서 사람과 주변 환경이 물리적으로 제어되는 사이버생태계사회로 보는 것이 바람직하다. 바꾸어 말하자면, 현대사회는 인터넷과 연결되는 스마트폰을 필두로 다양한 기능을 가진 지능화되어 가는 생활주변기기와 주요 사회·국가기반시설 등에 의해 개인과 사회 및 국가가 서로 다른 것이 아닌 하나의 사이버생태계 또는 사이버운명공동체를 이룬다는 평가가 가능하다. 전쟁역사가에 의해 최초의 '인터넷전쟁'으로 명명된,[1] 러시아의 소행으로 추정되는 2007년의 에스토니아 사태에서 목도하였듯이, 사이버운명구성체에 대한 사이버공격은 물리적 운명공동체에 대한 물리적 또는 군사력에 의한 공격의 경우와 달리 시간적·공간적 격차 없이 구성체 모두가 동시에 실질적인

* 이 논문은 「국가정보연구」 제13권 제1호(한국국가정보학회, 2020. 6)에 게재된 것으로 일부 수정·보완한 것임. [원제] 사이버공간의 안보위협과 법적 통제 – 기여책임론을 중심으로 –.

1 "러시아 사이버전 수행능력은?", The Science Times, 2019. 12. 8. <https://www.science times. co.kr/?news>

충격을 받게 됨을 확인할 수 있다.

개인과 사회 및 국가가 사이버 운명공동체화되고 있는 현시점에서 「헌법」 제37조 제2항에서 규정한 법률유보의 핵심은 물리적 위험으로부터의 국가안전보장법에서 더 나아가 비물리적 위험으로부터 국가의 구성요소인 국민과 영토 및 주권의 보호를 위한 국가안전보장 및 질서유지법제의 재정비에 있다고 할 것이다.[2] 그럼에도 불구하고 우리 법제의 경향은 "국가의 존립·헌법의 기본질서의 유지 등을 포함하는 개념으로서 국가의 영토보전, 헌법과 법률의 기능, 헌법에 의하여 설치된 국가기관의 유지 등의 의미로 이해할 수 있다"는 전통적·물리적 국가안보개념[3]에만 안주하고 있는 것으로 보여 매우 안타까움을 금할 수 없다.

이하에서는 사이버위협에 대응한 우리 안보법제의 현주소와 문제점을 개략적으로 먼저 파악한 후 국제사회의 대응노력을 살펴봄으로써 우리의 입법적 개선점을 찾아보기로 한다.

제2절 사이버공간의 위협행위와 대응법제

Ⅰ. 사이버공격의 특징

사이버공격은 더 이상 '물리력이 없는 공격'이 아니다. 디지털 데이터에 의해 제어되는 물리적 시스템이 존재하는 한, 공격과 피해가 실시간으로 이루어지는 것은 아닐지라도 사이버공격은 '물리력을 가진 공격'과 동일하거나 그 이상의 실질적 피해를 야기할 수 있다. 말하자면, 전력그리드와 같은 시설에 대한 사이버공격으로 인하여 사망자 또는 부상자가 발생하는 등의 피해가 발생하면, 전쟁법 등 전통적인 국가안보법제의 적용도 가능할 것이다.[4] 그러나 존

---

2 어쩌면 안보의 최대위기는 외부의 불순세력보다는 국가가 물리적 위험은 물론 사이버위험으로부터 나를 지켜주지 못한다는 국가에 대한 국민 불신이 아닐까 싶다.

3 헌법재판소 1992. 2. 25. 89헌가104.

4 Mary Ellen O'Connell and Louise Arimatsu, *Cyber Security and International Law*,

재하는 피해가 즉시 탐지되지 아니하거나 상당한 시간이 경과한 후에 탐지되게 되면, 마땅한 법적 대응수단을 찾기 어렵게 된다.[5] 이러한 사이버공격은 인간에 의한 행위나 해킹과 일정한 목적을 가진 악성 소프트웨어를 무기 삼아 행하여지며, 사이버공격의 주된 도구인 악성 소프트웨어는 전통적인 물리력의 행사와 구별되는 다음과 같은 특징을 갖는다.

① 공격자가 원하는 때나 원하는 조건이 갖추어질 때 사전 입력된 명령에 따라 또는 공격자의 실시간 명령에 따라 비정형적인 불법활동을 수행하도록 지능화·지속화되어 있다. ② 병원체처럼 다종·다양한 형태로 변형·자기증식을 하면서 인터넷을 통하여 정보통신접속기기를 감염하여 좀비상태로 만들면서도 공격자의 명령이나 일정한 조건이 갖추어지기 전까지는 증상을 나타내지 아니하는 탐지곤란성·은밀성을 갖는다. ③ 자신을 숨긴 상태에서 실시간으로 또는 시간적 격차를 두고서 범해지는 시·공간초월성 또는 대응의 비대칭성을 갖는다. ④ 스파이웨어 등 악성 소프트웨어가 내장된 전자모듈이나 정보통신부품 등을 시장에 정상적으로 유통시켜 대립관계에 있는 자의 정보통신시스템을 자신의 통제 하에 두는 형태의 우회성을 갖는다. ⑤ 표층웹 기반의 사이버공격의 경우에도 그 공격을 탐지하는데 소요되는 시간이 최소한 101일 정도 걸리고[6] 아예 발견하지 못하는 경우도 많다는 점에서 'Dark Web' 또는 'Deep Web'을 통한 사이버공격은 탐지가 어려울 뿐만 아니라 탐지를 하더라도 공격자를 확인할 수 없어 대응공격 자체가 불가능할 수도 있다.[7]

London, UK, Chatham House, 5. 29. 2012.

5 예컨대, 이러한 사이버 공격이 물리적 공격으로 의제된다고 하더라도 해당 공격행위가 있은 때 즉시 자위권을 행사하지 못한다면, 자위권행사의 요건으로서 즉각성을 상실하게 된다. 김석현, "자위권행사의 요건으로서의 즉각성(Immediacy)", 「국제법학회논총」(2015), 43쪽 이하; 정준현, "국가사이버안전법제의 방향에 관한 연구", 「법학논총」(단국대학교 법학연구소, 2015), 297쪽 등 참조.

6 FireEye, 「M-Trends 2018」, p. 4; https://content.fireeye.com/m-trends-kr/rpt-m-trends-2018-kr

7 이와 관련하여 최근에 개정된 「국가정보원법」 제4조 제3항에 근거하여 입법예고된 「사이버안보 업무규정제정(안)」 제3조 제1항에 의하면 정보수집의 주대상이 되는 "'중앙행정기관 등 외의' 기관을 구성하는 자연인 등에 대해서는 법령의 명확한 근거가 있거나 해당 기관의 명시적인 요청 또는 동의가 있는 경우를 제외하고는 정보통신망에 대한 접근시도나

Ⅱ. 사이버공격과 우리의 대응법제

앞에서 살펴본 바와 같이 사이버공격은 전통적인 물리력의 행사로서의 전쟁과 달리 쉽게 탐지·예측할 수 없다. 앞에서 언급한 바와 같이, 공격자가 네트워크에서 활동하는 최초의 침해증거가 발견된 날부터 탐지된 날까지의 전 세계 중앙값은 101일이라고 한다. 구체적으로 말하자면, 관리자가 사이버 침해증거를 발견하고서도 탐지에는 위와 같이 많은 기간이 소요되기 때문에, 불순세력에 의해 우리의 국방네트워크나 국가주요기반시설에 대해 심각한 사이버공격이 이루어지면 해당 공격을 인지하지도 못한 상태에서 우리의 국가안전보장은 형해화될 것이다.

이와같은 상황의 발생이 가능함에도 불구하고, 국가안전보장을 위한 현행의「계엄법」,「국민보호와 공공안전을 위한 테러방지법」이나「통합방위법」등은 모두 물리력을 수단으로 물리적 피해가 발생한 경우를 전제로 할 뿐, 물리력의 행사에 포함되지 아니하는 사이버공격 그 자체에 대한 대비는 전혀 고려되지 않고 있는 실정이다. 물론「정보통신기반보호법」이 주요정보통신기반시설에 대한 보호대책의 수립과 이행여부의 확인(제5조, 제5조의2)이나 취약점의 분석·평가(제9조) 및 주요청보통신기발시설의 보호 및 침해사고의 대응(제4장) 등을 규정하고는 있으나, 이에 선행되어야 할 사이버 공격자와 사이버공격행위를 실체를 사전에 적극적으로 탐지할 수 있는 근거규정을 두지 아니하여, '소 잃고 외양간 고치기' 중심의 소극적 입법에 불과한 것으로 보인다.

굳이 '소 잃기'를 예방할 법이 있다고 한다면, 국가 및 사회적 법익의 침해결과를 중심으로 하면서, 이러한 결과를 야기한 사이버공격의 기여도에 따라 정범이나 종범·방조범으로 벌하도록 규정(제31조부터 제32조)하고 있는 형법[8]과 이와 관련한 직·간접적인 증거를 사전에 확보할 수 있도록 하는「통신

관련 정보의 수집 등의 행위를 하여서는 아니된다"고 규정하여 합법과 불법을 넘나들 수밖에 없는 정보시장의 속성 내지는 정보수집의 은밀성을 완전히 무시한 입법이라고 할 것이다. 그 결과 국가안보사범에 대한 사전적인 정보수집을 배제한 채, 국가안보를 침해하는 행위를 기다려「개인정보보호법」제18조 제2항 제7호에 명시된 수사목적의 정보수집만 가능한 결과를 야기하게 된다. 소 잃고 외양간 고치는 입법으로 볼 수밖에 없다.

비밀법」이라고 할 것이다. 특히, 후자는 내란 등 국가법익을 침해하는 국내·외의 중대범죄와 관련된 정보를 수사기관이 사전에 탐지·수집할 수 있도록 하는 통신제한조치의 허가에 관한 규정(제5조)를 두어, 사이버 공격자와 그 배후자 등에 대해 기여도에 따른 형사책임의 추궁을 가능하게 함에 주목할 필요가 있다.

그러나 헌법재판소가 "「통신비밀법」 제5조 제2항 중 '인터넷회선을 통하여 송·수신하는 전기통신'에 관한 부분은 헌법에 합치되지 아니한다. 위 법률조항은 2020. 3. 31.을 시한으로 개정될 때까지 계속 적용한다"는 헌법불합치의 판결[9]을 함으로써, '사이버공격으로부터 국가는 과연 안전할 수 있을까?' 하는 의문을 갖게 한다.[10]

Ⅲ. 사이버공격과 기여책임

이미 언급하였듯이 현행 「형법」은 범행에 대한 기여도에 따라 정범이나 종범·방조범으로 벌하도록 규정(제31조부터 제32조)하고 있다. 판례[11]도 "「형법」 제30조의 공동정범은 공동가공의 의사와 그 공동의사에 기한 '기능적 행위지배를 통한 범죄실행'이라는 주관적·객관적 요건을 충족함으로써 성립하는바, 공

---

8 해외 서버에서 수집한 증거에 대해 서울고등법원은 대한민국의 사법관할권이 인정되지 아니하고 사법공조절차에 의하지 아니하였다는 이유로 증거능력을 배척하기도 한다. 서울고법 2017. 6. 13. 선고 2017노23 판결.

9 헌법재판소는 "국가 및 공공의 안전, 국민의 재산이나 생명·신체의 안전을 위협하는 범행의 저지나 이미 저질러진 범죄수사와 관련하여 입법목적의 정당성과 수단의 적합성이 인정된다"고 하면서도 인터넷 회선제한을 통해 취득한 개인 사생활의 침해 등 수사기관의 권한남용에 대한 객관적인 통제장치가 미흡하다는 이유로 위와 같이 헌법불합치의 결정을 하고 있다. 헌법재판소, 2018. 8. 30. 2016헌마263.

10 특히, 유엔 산하의 국제통신연합이 "Y.2770 표준"을 채택하여 통신회선에 대한 "DPI(Deep Packet Inspection)"를 허용할 뿐 아니라 유엔의 2001년 국가책임법초안(The Draft Atricle on State Responsibility) 제49조가 적대세력의 사이버공격 능력 불능화조치로서 자위권 행사를 인정하고 있는 오늘날의 국제사회의 상황을 접할 때, 정부안으로 제안된 "국가사이버안보법안"을 아무런 논의 없이 방치하고 있는 국회와 정부의 무관심에 이르러서는 자괴감을 금할 수 없다.

11 대법원 2007. 4. 26. 선고 2007도235 판결 등 참조.

모자 중 일부가 구성요건적 행위 중 일부를 직접 분담하여 실행하지 않은 경우라 할지라도 전체 범죄에 있어서 그가 차지하는 지위, 역할이나 범죄 경과에 대한 지배 내지 장악력 등을 종합해 볼 때, 단순한 공모자에 그치는 것이 아니라 '범죄에 대한 본질적 기여를 통한 기능적 행위지배가 존재'하는 것으로 인정된다면, 이른바 공모공동정범으로서의 죄책을 면할 수 없다"고 하여 사이버공격을 통해 야기된 국가안보를 침해하는 범죄에 대하여도 범죄실현과 관련한 본질적 기여도를 통해 공범을 처벌할 수 있음을 명백히 하고 있다. 이하에서는 사이버 공간의 불법행위와 관련한 기여책임의 국제적 논의를 살펴보기로 한다.

제3절 사이버공격의 기여책임과 국제사회의 논의

Ⅰ. 사이버공간의 불법행위와 기여책임

1. 기여책임의 법적 의의

유엔은 민간인의 불법행위를 예방할 책무를 이행하지 못한 국가에 대한 책임의 근거로 "개인의 불법을 방지하기 위해 해당 국가기관에 대해 부과되는 일반적 또는 구체적인 의무를 위반하였기 때문이다"고 하여 선량한 관리자로서의 주의의무를 위반한 국가에 대해 기여책임을 인정[12]하고 있다. 바꾸어 말하자면, 다른 사람에 의한 불법행위로서의 외관을 갖추었다고 하더라도 내부적으로는 혐의자의 기여에 의해 그러한 불법행위가 야기되었다면, 해당 혐의자가 범죄에 기여한 정도에 따라 형사책임을 할당하는 것을 의미한다.[13]

예컨대, A국의 국민인 甲이 B국의 주요정보통신망에 대해 사이버공격을 감행한 결과 B국이 전쟁 피해에 준하는 심각한 피해를 입었다고 가정한다면

---

[12] UN Doc. A/CN. 4/264, § 140. 1972; 미 공군은 "기여책임"(Attribution)을 "특정한 개인이나 단체에 대해 사이버공격의 책임을 인정하는 과정"으로 정의하기도 한다. Frank W. Simcox, Lt Col, USAF, *Flexible Options for Cyber Deterrence*, 11 February 2009, p. 7.

[13] Daniel McGillis, "Attribution and Law-Convergneces between Legal and Psychological Concept", *Law and Human Behavior*, Vol.2. No.4. 1978, p. 292.

다음과 같이 풀이할 수 있다. 피해자인 B국이 A국의 직·간접적인 재정적·정책적 지원 등의 기여를 통해 B국에 대한 甲의 사이버공격이 이루어졌다는 사실을 B국이 밝혀내게 되면, B국은 甲의 사이버공격 행위에 대해 A국 기여책임을 국내외적으로 주장할 수 있음은 물론, 甲 개인에 대한 국제적 공개수배 또한 가능하게 된다.[14] 어쨌든 아래의 [표 1]에서 보는 바와 같이 법적 과정으로서의 '기여책임'의 확인을 거쳐 사이버공격으로 피해를 받은 국가의 수사기관은 공격자와 그 배후자를 '공개수배'할 수 있게 된다.

[표 1] 사이버공격에 대한 공개수배와 기여책임의 법리의 관계

공격자	공격행위	기여책임의 법리	공개수배	비고
국가조직 공무원	국가 행위	• 국가의 행위 → 국가책임	국가의 자기책임	• 국내·외 사법기관의 종국적 판단 전까지는 무죄추정 • 증거와 관련하여 관련 국가 상호간 외교관계 갈등
개인 or 단체	사인 의 행위	• 국가의 전면적·적극적 지배 하의 사이버공격 행위 → 국가의 기여책임	국가의 기여책임 or 사인·단체의 행위책임	
		• 국가가 알면서 방조·방임(통제권 불행사 등) → 국가의 기여책임		
		• 개인·단체의 독단적 행위	사인·단체의 행위책임	

2. 사이버공격에 대한 기여책임의 적용성

인터넷과 인터넷의 활동을 지원하는 다양한 기기와 소프트웨어의 개발은 더 이상 국가의 전유물이 아니라 개인이나 단체에 의해 주도되고 있다. 그 결과, 물리적 국경 없이 하나의 인터넷으로 세계 각국이 연결되어 있는 사이버공간 내에서 국가의 안전을 위협하는 사이버공격도 국가의 행위로 행하여지기보다는 개인행위 또는 집단의 행위로 행하여지는 경우가 다반사이다. 그런데 개인·단체에 의한 사이버공격의 유형을 면밀하게 살펴보면, 특정한 정치적 목

---

14 'LulzSecPeru'라는 페루인 해커는 FBI에 기소될 것이 두려워 페루의 정부망을 공격할 뿐 미국의 정부망을 공격하지 않았다고 진술하여(The Associated Press, Top South America Hackers Rattle Peru's Cabinet, "The Washington Post", 2. 10. 2014), 기여책임을 통한 공개수배는 사이버공격에 대해 억제력을 갖는다는 점을 보여주고 있다.

적을 갖지 아니하는 개인·집단이 인터넷상 자신의 능력을 과시하려는 차원에서 사이버공격을 범하는 경우와 특정한 국가의 직·간접적인 재정적·정책적 지원 등을 받아 적대관계에 있는 국가의 질서를 위협할 목적으로 사이버공격을 범하게 되는 경우로 나눌 수 있다. 특히 후자의 사이버공격은 국제법상 요구되는 선전포고 없는 전쟁을 대체할 수 있는 수단으로서 외관상 국가의 이름이 아닌 '비국가 행위자'인 개인·단체 등의 이름으로 행하여질 수 있는 동시에 정치적·경제적으로 대립관계에 있는 국가에 대한 물리적 전쟁 이상의 효과를 거둘 수 있다.[15] 이러한 이유로 국가안전을 위협하는 사이버공격에 대한 기여책임론은 오늘날 사이버공격에 대한 억제수단으로 국제사회의 관심을 받고 있다.

3. 기여책임의 확산을 위한 미국의 노력

미국은 사이버 공격자의 확인을 해당 사이버공격에 대한 대응을 위한 선행조치로 삼고 있다.[16] 이러한 공격자가 이윤을 목적으로 범행을 한 것으로 확인되면, 수사와 대응은 형사사법 시스템에 따른 수사기관에 의한 법집행에 의하게 될 것이고, 공격자가 국가의 지원을 받은 것으로 확인(국가의 기여책임이 확인)되면, 외교적 또는 군사적으로 대응한다는 것이 미국의 기본입장이다. 그러나 일반적인 불법행위의 관여자에 대해 그 기여도에 따라 책임을 귀속시키는 일반 형사사법시스템(증거의 기준 등)을 사이버공격에 대해서도 그대로 적용하기는 어렵다. 예컨대, 국가가 연루된 대부분의 사이버공격은 토르(The

---

15 「탈린매뉴얼 2.0」에 의하면, 특정한 국가의 주권적 지배하에 있는 플랫폼에 대한 사이버 공격을 주권침해로 전제(규칙 5)한 다음, 비국가 행위자에 의해 수행된 사이버 작업이라고 할지라도 국가의 지시에 의하거나 국가가 그 작업을 자신의 것으로 승인한 경우에는 국가의 책임으로 귀속된다(규칙 17)고 하면서 사이버공격에 대한 피해국가의 대응조치를 인정(규칙 20)하고 있다. 국가보안연구소 편역, 「탈린매뉴얼 2.0」(박영사, 2018), 28쪽, 96쪽 및 112쪽 참조.

16 러시아, 중국, 이란 및 북한 등 모든 악의적인 국가는 자국의 이익을 위해 가성비가 높은 사이버 작전을 행사하고 있으며, 이러한 악의적 행위에 대한 응징이 따르지 아니한다면 이들 국가에 의한 사이버공격은 지속될 수밖에 없다. 사이버 기여책임 내지는 사이버공격의 책임자의 확인은 사이버공격에 대한 국가책임을 공식화하는 첫 단계이다. A Guide to Cyber Attribution(2018. 2. 14) https://www.dni.gov/files/CTIIC/documents /ODNI_A_Guide_to_Cyber_Attribution.pdf

Onion Router)와 같은 익명화도구를 통해 이루어지는 관계로 공격의 관여자를 확인하기 어렵다. 그렇기 때문에 해당 사이버공격의 관여자를 특정하고 특정한 관여자의 기여책임을 규명하기가 쉽지 않다.

사이버공격에 대한 기여책임론이 갖고 있는 위와 같은 문제가 해소되지는 아니하였지만, 미국의 국가정보국장은 "정부영역과 민간영역의 보안전문가의 도움으로 사이버공격을 탐지하고 그 기여책임을 판단하는 것이 가능하게 되었다"는 평가를 하고 있고, FBI는 '차세대 사이버 제안'(the Next Generation Cyber Initiative)을 통해 주요기반시설의 구성요소 및 컴퓨터 과학자와 연결하여 해커의 디지털 서명을 추출하여 해커의 신원을 판단할 수 있는 요원을 양성하여 일정한 사이버 사건에 대한 공격자의 기여책임을 구체적으로 확정할 수 있도록 지원할 것이라고 한다.[17] 미국 국방부도 기여책임의 문제 해소를 위해 첨단수사(포렌식)에 상당한 투자를 할 것이라고 하며, 미국 의회는 기여책임이 사이버공격을 억제하는데 도움이 되는지 여부와 수사기관이 기여책임을 정확하게 결정할 수 있는 도구와 기술을 확보할 수 있는지 여부에 관심을 표명하고 있다.

Ⅱ. 사이버공간의 불법행위와 책임소재

"누구에게 어느 정도의 책임을 물은 것인가" 하는 기여책임론은 '전통적인 범죄에 대한 처벌'뿐만 아니라 사이버범죄에 대한 처벌에서도 핵심적 의미를 갖는 것으로 평가되고 있다. 사이버범죄가 발생하면, 일반적으로는 "사용된 사이버무기의 확인 → 공격의 근원지 판단 → 공격자의 실체 파악"의 단계를 거치지만,[18] 수사기관은 이에 더 나아가 공격자가 잠재적으로 국가안보를 위협할 수 있는 테러리스트인지 아니면 국가행위자인지 여부 등도 판단하게 된

---

17 "Cyber Security", https://www.fbi.gov/news/stories/cyber−security＜2018. 7. 21＞

18 Jawward A.Shamsi, Sherali Zeadally, Fareha and Angelyn Flowers, "Attribytion in Cyberspace:techniques and legal implication", *Security and Communication Networks* 28 April 2016. p.2886.

다. 물론 사이버범죄가 갖는 익명성과 실시간 공격성의 특징상, 해당 범죄활동의 관여자를 특정하고 파급효과의 범위를 설정하는 등 기여책임의 결정이 어렵다는 것은 부인할 수는 없다.[19]

그렇다고 하더라도, 피해국의 수사기관이 첨단 수사기법을 동원하여 공격자의 범위와 책임을 특정할 수 있는 능력을 갖추게 되면, 아래에서 살펴보는 바와 같이 관여자의 자백을 받아내지는 못하더라도 적대세력의 사이버공격 의지를 차단하는 억제력을 갖게 됨을 확인할 수 있다.

1. "스턱스넷" 사건

2009년 초 이란이 보유한 6,000여 대의 핵 원심분리기 중 약 1,000대가 1년 동안 정상적으로 작동하지 못하는 상태에 빠지게 되었지만 아무도 그 원인을 알지 못하였다. 2010년 여름, 이란이 고용한 벨라루스에 소재한 컴퓨터보안회사가 파괴된 이란 원심분리기를 조사하던 중 스턱스넷 바이러스로 알려진 세계최초의 디지털무기를 발견하게 되었다. 스턱스넷은 이란의 보안핵시설에 침투하여 핵 원심분리기를 작동하는 제어기를 감염시키고, 원심분리기 내부의 압력수준과 회전속도를 조작하여 원심분리기를 파괴하도록 설계된 복잡한 악성프로그램이다. 이 바이러스는 천천히 그리고 점진적으로 그와 같은 혼란을 야기하도록 설계된 탐지 가능성이 매우 낮은 악성프로그램이다. 스턱스넷은 이란의 센서를 조작하여 원심분리기가 정상적으로 작동하는 것처럼 보이도록 위장하는 기능을 갖기도 하였다. 스턱스넷의 정교한 추적은폐 기능에도 불구하고 전문가들은 스턱스넷이 미국과 이스라엘의 공동작품이라는 결론에 도달하였다.

표적된 국가와 데이터 또는 기기 등에 대한 맥락적 단서는 가능한 적대세력의 목록을 좁혀준다. 스턱스넷 사건에 있어서 이란의 핵 원심분리기를 표적으로 삼을 수 있는 동기와 수단을 가진 자는 거의 없다는 점에서 맥락적 정보 자체를 결정적인 것으로 본다.[20] 사이버공격의 규모는 공격자에 대한 정보를

---

19 Kristin Finklea, "Attribution in Cyberspace: Challenges for U.S. Law Enforcement", https://fas.org/sgp/crs/misc/IN10259.pdf < 2019. 7. 25 >

노출하기도 한다.

APT(advanced persistent threats)는 무서운 형태의 사이버공격이기는 하지만, 소수의 국가만이 이러한 APT를 개발할 인재와 자원을 갖고 있기 때문에 APT는 강점인 동시에 약점이 된다. 스틱스넷의 코드는 사인(私人)인 해커에 대하여 수백만 달러 상당의 가치를 갖는 4개의 '제로 데이 익스플로잇'(Zero day exploits)으로 구성되어 있는 점, 공격의 배후에는 심각한 화력을 보유하고 있다는 것을 암시하고 있는 점 등은 그와 같은 스틱스넷 공격이 특정한 국가에 의한 것임을 보여주는 결정적인 증거이다. 요컨대, 일반적으로 알려지지 아니한 단서가 공격의 근원지를 식별할 수 있게 해주기도 한다. 스틱스넷 코드를 통해 수사관은 표적이 된 산업용 원심분리기인 Siemens 기기를 지칭하는 이름과 ID번호에 관계없이 기반이 된 공격의 주대상을 찾아낼 수 있었다. 표적이 제한되어 있고 많은 자원이 표적에 침투되었기 때문에 공격의 배후국가를 추론하는 것은 어렵지 않다는 것이다.[21]

2. "Sony Pictures Entertainment" 사건

기여책임의 문제는 "평화의 수호자"라고 칭하는 자신의 소행임을 주장하는 2014년 11월의 "Sony Pictures Entertainment"(이하 '소니사')의 데이터 유출로 주목받게 되었다. 해커는 소니사의 내부 통신, 대본과 아직 출시되지 아니한 영화 등 모든 기록을 다운로드하고 소니사의 컴퓨터에 저장된 모든 것을 삭제하려고 하였다. 'Seth Rogen'과 'James Franco'가 북한지도자를 암살하는 내용을 담은 코미디 영화「인터뷰」의 상영을 중단하게 한 것으로 유명한 이 공격으로 인하여 3,000여 대의 컴퓨터와 800여 대의 서버가 영향을 받았다.[22]

사이버공격이 있은 후 25일 만에 그 배경에 대한 설명 없이 FBI국장은

---

20 Delbert Tran, "The Law of Attribution: Rules for Attributing the Source of a Cyber-Attack", https://law.yale.edu/system/files/area/center/global/document/2017.5.10._-_law_of_attribution. pdf<2019. 7. 2>, p. 19.

21 Delbert Tran, ibid.

22 Steve Kroft, "The Attack on Sony, CBS News", Apr. 12, 2015, http://www.cbsnews.com/news/north-korean cyberattack-on-sony-60-minutes/

"해당 공격은 북한에 의한 것임을 확신한다"[23]고 하였고, NSD국장은 이를 재확인하였다.[24] 추측하건대, 비록 이 공격이 스턱스넷에서와 같이 국가주요시설을 대상으로 한 것이 아니라 민간기업을 표적으로 삼았지만, 소니사가 평소북한에 대해 적대적 관계를 취하였던 사실, 북한이 해커를 고용하여 소니사를공격할 것이라는 사전 경고가 있었던 사실[25] 그리고 소니사가 위 영화를 개봉하면, 북한은 결정적이고 무자비한 대응책을 취할 것이라고 북한 외교부가 선언하였다는 사실 등에 대한 맥락적 분석을 통하여 북한이 해당 사이버공격을할 수밖에 없는 동기를 확인한 후 다음과 같은 사이버 포렌식의 성과를 바탕으로 북한의 기여책임을 인정한 것으로 보인다.

즉, FBI에 의하면, "소니사에 대한 사이버공격이 과거 남한의 은행을 상대로 하였던 북한의 사이버공격인 'DarkSeoul'[26]과 유사하다"는 것과 "멀웨어가 한글로 설정된 컴퓨터에서 생성되었다"는 증거를 발견하였다고 한다. 요컨대, 미국은 북한에 대한 첩보활동에서 수집된 출처를 밝힐 수 없는 민감한 첩보증거를 갖고 있었다.[27]

3. 미국 민주당 전국위원회(Democratic National Committee: DNC) 해킹

DNC해킹은 국가 요인의 기여책임이 인정된 대표적인 사이버공격의 예로제시되고 있다. 소니사에 대한 사이버공격에서 보듯이 미국의 첩보기관은 아래에서 언급한 바를 근거로 DNC해킹을 러시아의 소행으로 결론짓고 있다.[28]

---

23 Peter Elkind, Inside the Hack of the Century: Part III, Fortune (Jun. 27, 2015, 8:00 AM), http://fortune.com/sony hack-final-part/

24 Sam Frizell, NSA Director on Sony Hack: 'The Entire World is Watching', Time (Jan. 8, 2015), http://time.com/3660757/nsa-michael-rogers-sony-hack/

25 Elkind, Inside the Hack of the Century: Part I.

26 2013년 우리의 은행과 방송사를 상대로 한 DDos공격으로 'SophosLab'에 의해 "DarkSeoul"로 명명되었다. https://nakedsecurity.sophos.com/ko/2013/03/20/south-korea-cyber-attack/ <2019. 7. 21>

27 David E. Sanger & Martin Fackler, N.S.A. Breached North Korea Networks Before Sony Attack, Officials Say, N.Y. Times (Jan. 18. 2015), https://www.nytimes.com/2015/1/19/world/asia/nsa-tapped-into-north-koreannetworks-before-sony-attack-officials-say.html. <2019. 7. 2>

이러한 판단은 비밀정보에 근거한 것이나, 미국은 자국의 민간보안전문회사가 확보한 다음과 같은 공개증거를 러시아에 제시하였다. 첫째, DNC해커는 러시아의 FSB(구 소련의 KGB)를 위해 일하는 것으로 알려진 러시아 해커집단에서 사용하고 있는 것과 같은 추출도구와 코딩을 사용하였다. 둘째, DNC해킹은 2015년 독일의회를 대상으로 한 사이버공격에 사용되었던 것과 같은 IP주소가 사용되었다. 셋째, 해당 공격에 사용된 디지털 서명은 러시아의 키릴문자로 되어 있다. 끝으로, DNC 해커의 작업시간은 러시아의 근무시간대와 일치한다.[29]

물론 이러한 정황증거가 결정적인 것이라고 할 수 없고, 누군가가 기만술책으로 키릴문자로 된 서명을 심어 놓은 것이라고 반박할 수 있지만, 해커집단의 작전수행을 러시아의 근무시간대와 휴일에 일치하도록 조작할 가능성은 없다. 따라서 기여책임의 법리상 러시아에 대해 책임을 물을 수 있다는 것이다.[30]

4. "Anthem Inc" 사건

2015년 2월 미국최대의 건강보험회사인 Anthem사는 8천만 명에 달하는 개인의 사회보장번호를 포함한 개인정보 유출사고를 겪었다. 그러나 Anthem사는 은행업무, 신용카드 또는 특정한 의료정보가 손상되었다는 사실을 믿지 않았다. 미국의 수사기관은 이 공격의 기여책임자를 공개하지 않았으나. 유출사고에 대한 첨단수사에 참여한 보안전문가는 Anthem사에 대한 공격에 사용된 서버와 공격도구는 'Deep Panda' 등으로 알려진 국가지원의 중국 사이버간첩집단에 의한 것으로 보았다. 그럼에도 불구하고 Anthem사의 유출사고에

---

28 Massimo Calabresi & Pratheen Rebala, Here's the Evidence Russia Hacked the Democratic National Committee, Time(Dec. 13, 2016), http://time.com/4600177/election-hack-russia-hillary-clinton-donald-trump/ <2019. 7. 2>

29 Josh Meyer, "Why Experts are Sure Russia Hacked the DNC Emails", NBC News(Jul. 26. 2016), http://www.nbcnews.com/news/us-news/why-experts-think-russia-hacked-dnc-emails-n616486 <2019. 7. 6>.

30 2인 이상이 범죄에 공동 가공하는 공범관계에서 공모는 법률상 어떤 정형을 요구하는 것이 아니고, 2인 이상이 공모하여 어느 범죄에 공동 가공하여 그 범죄를 실현하려는 의사의 결합만 있으면 되는 것으로서, … 이와 같은 공모에 대하여는 직접증거가 없더라도 정황사실과 경험법칙에 의하여 이를 인정할 수 있다고도 한다(대법원 2004. 12. 10. 선고 판결).

대해 중국의 기여책임을 물을 수 있는 결정적인 정황증거는 없다고 하였다.[31]

Ⅲ. 사이버공격과 기여책임

1. 일반 현황

앞에서 살펴본 바와 같이 범죄의 구성요건을 직접적으로 실현하지 아니한 자라 하더라도 전체 범죄에서 그가 차지하는 지위·역할, 범죄 경과에 대한 지배나 장악력 등을 종합하여 그가 단순한 공모자에 그치는 것이 아니라 범죄에 대한 본질적 기여를 통한 기능적 행위지배가 존재한다고 인정되면, 현실적으로 범죄를 범한 자와 동일하거나 기여도에 상응한 책임을 진다는 것이 국내의 기여책임론이다.

이러한 사정은 외국법제에서도 다르지 않다. 즉, 피고인에 의한 불법행위가 아니라고 하더라도, 자신이 고용하고 있는 자의 행위에 대한 '사용자 책임', 범행에는 착수하였으나 범행의 완료에 이르지 아니한 경우에는 '미수에 관한 책임', 아직 범행에는 착수하지 아니하였으나 다른 사람을 통해 해당 범행을 범할 것으로 예비·음모된 경우의 '예비·음모에 따른 책임' 등의 예에서 보는 바와 같이 실질적으로 범행을 범하지 아니한 피고에게 발생된 불법행위의 책임을 확대·적용하고 있음을 발견할 수 있다. 이러한 기여책임의 법리는 국제관계에서도 그대로 타당하다는 점은 국제사법재판소의 판례를 통해 확인된다.[32] 이러한 기여책임의 법리에 따라 국가 이외의 개인이나 단체 등이 외국에

---

31 Michael A Riley(5 February 2015), "Chinese State-Sponsored Hackers Suspected in Anthem Attack", Bloomberg.com ＜2019. 8. 23＞

32 이란의 테헤란에 소재한 미국의 대사관과 영사관에 대한 테러사건에서 이란정부의 책임을 입증하기 위해서는 "문제의 행위를 이유로 이란 국가에 대해 법적으로 얼마만큼 비난할 수 있는가"를 파악하는 것이 핵심인 것으로 보고 있다. ICJ, Case Concerning United States Diplomatic and Consular Staff in Teheran (United States of America v. Iran), Judgement of 24 May 1980. § 56; 특정인의 지휘가 특정한 작전을 지시하거나 통제하고 이의가 제기된 지휘가 작전의 불가분적 일부로 되는 경우에만 해당 지휘는 국가에 귀속될 수 있다(The ICJ, Case Concerning Military and Paramilitary Activities In and Against Nicaragua (Nicaragua v. United States of America), Judgement of 27 June 1986, paras. 109, 115).

대해 행한 사이버공격에 대해 국가가 국내·외에 걸쳐 기여책임을 부담하게 되는 경우를 유형화하면 다음의 [표 2]와 같다.

[표 2] 공격행위의 유형과 국가의 기여책임

* 공격행위의 유형
  A : 국가의 사전 인식과 인용이 있는 상태(고의)
  B : 국가에 의한 재정 등의 지원을 통해 사전 인식은 있으나 인용은 없는 상태(미필적 고의)
  C : 국가에 의한 재정 등의 지원을 통해 사전 인식은 있으나 공격행위를 통제하는 조치가 없는 상태
    (적극적 방조)
  D : 국가에 의한 재정 등의 지원은 있었으나 국가가 공격의도를 사후에 인식하였음에도 불구하고 해당
    공격행위를 통제하는 조치가 없는 상태(소극적 방조 또는 방임)
  E : 국가에 의한 재정 등의 지원은 없었으나 국가가 공격의도를 사후에 인식하였음에도 불구하고 해당
    공격행위를 통제하는 조치가 없는 상태(소극적 방임)
  F : 국가의 지원이 없었고 국가가 공격의도를 사후에 인식하지도 못한 상태

행위자	공격행위							국가의 책임여부
국가	군사작전	○	○	○				국가의 자기책임
	비군사작전							
비국가	개인/단체	○	○	○	×			국가의 기여책임 및 해당 개인·단체의 자기책임(공격자와 국가의 관계에 대한 정황증거로서 정보·첩보 수집의 필요성)
		×	×	×	○			
		×	×	×	×	○		
		×	×	×	×	×	○	해낭 개인·단체의 자기책임

2. 사이버공격과 북한의 기여책임

"해킹 등 사이버공격을 감행한 자의 공인 IP 식별 ⇒ 보유하거나 수집된 정보를 바탕으로 IP사용자가 북한정권의 기관구성원인지 또는 국내의 자생적 테러집단인지 여부 등 확인 ⇒ 사이버공격의 기법의 특징과 대상 등이 북한에 의한 사이버공격 및 북한이 대외적으로 천명한 정책과의 일치성 여부 등 확인 ⇒ 사이버공격자의 특정 및 사이버공격을 지시 또는 지원한 북한의 기여책임의 수준 평가"의 과정을 거쳐 최근에 자행된 사이버공격에 대해 북한의 기여책임을 인정한 예를 구체적으로 살펴보면 [표 3]과 같다.

[표 3] 북한의 기여책임을 인정하게 되는 근거

사이버공격	행위책임	북한의 기여책임		책임
	행위자 확인	북한과의 관계	사이버공격의 특징 · 기법/배경	
국가주요기반시설 등에 대한 해킹 공격등	북한이 주로 사용하는 IP	• 현직 요원 • 퇴직 요원 • 역외 추종자	• 북한에서 주로 사용하는 공격기법 • 북한의 지령/재정지원 • 북한의 대외정책에 합치 • "HWP"에 적용되는 악성코드 • 북한방식의 인증서 • 위험을 알고서도 방치(경고 등)	• 행위자 이외의 자는 기여도에 따른 책임 할당 • 행위자가 소속한 국가나 단체 등의 책임
	한국에서 주로 사용되는 IP	• 남파 간첩 • 자생적 추종자		
	외국(중국)에서 주로 사용되는 IP	• 재정지원 등을 받는 자 • 추종 외국인(국적 이탈자 포함)		
		※ 정보기관에 의한 정보수집이 관건(개연성의 입증을 위한 정황자료) ⇔ 정보 · 수사기관의 중요성		

※ 북한의 기여책임을 인정하고 있는 경우

▶ 6·25 사이버공격[33] ⇒ 북한
  6·25 사이버공격에 사용된 해킹 수법이 3·20 사이버테러 등 과거 북한의 해킹 수법과 일치(서버를 다운시키기 위한 시스템 부팅영역(MBR) 파괴, 시스템의 주요 파일삭제, 해킹결과를 전달하기 위한 공격상황 모니터링 방법과 악성코드 문자열 등의 특징도 3·20 사이버 테러와 동일) / 북한이 사용하는 IP

▶ 한국수력원자력 사태[34] ⇒ 북한
  북한 정찰총국 해커가 활동하는 중국 선양시를 비롯한 특정 지역에서 접속 / 중국 요령성의 IP로 2016년 1월 청와대를 사칭하는 대량의 이메일을 발송한 IP와 동일 / 북한 해킹 조직 '김수키'(kimsuky)[35]

▶ 방글라데시 중앙은행 해킹[36] ⇒ 북한
  소니 픽쳐스 해킹(북한만 사용하는 IP 주소)을 주도한 라자러스(Lazarus) 그룹의 흔적이 발견

▶ 아프리카 금융기관의 인터넷망(network) 공격[37] ⇒ 북한
  북한 해커가 주로 사용하는 공격 형식(pattern)이 반복 / 북한에서 서명한 '암호화된 인증서'(encrypted certificates)

---

33 6·25 사이버공격의 배후로 또다시 북한이 지목된 배경에 대해 미래부는 사이버공격의 피해 장비와 공격 경유지 등에서 수집한 악성코드 82종과 PC 접속기록, 공격에 사용한 인터넷 주소와 과거 북한의 대남해킹 자료 등을 종합분석하여 이 같은 결론을 내렸다. "6·25사이버공격도 북한 소행 추정", https://www.yna.co.kr/view/AKR20130716134852017<2019. 8. 21>

34 "북한의 사이버전 능력을 보여주는 5대 해킹 사건", https://www.bbc.com/korean/news-41584327<2019. 7. 11>

Ⅳ. 사이버공격의 억제효과로서 기여책임

2007년 에스토니아 사태와 관련하여, 에스토니아는 사이버공격의 직접적인 기여책임자를 러시아로 지목할 능력을 갖추지 못하였고, 러시아와의 관계를 더 이상 악화시키지 않으려는 상황이 결합하여, 해당 공격에 연루된 1명의 에스토니아인만 기소될 뿐 공격자는 아무런 제재를 받지 아니하여 최소 비용으로 최대 효과를 거둔 사이버작전으로 평가되고 있다.

이러한 사이버공격의 목적이 과거 소비에트 연방을 구성하였던 국가는 현재의 러시아가 바라는 것을 지속적으로 존중해야 함을 과시하기 위한 것이었다면, 해당 사이버공격으로 그 목적을 완벽하게 달성한 것으로 볼 수 있다. 그렇지 않고, 해당 사이버공격이 서방국가(NATO)의 대응능력을 파악하기 위한 것이었다고 하더라도, 공격자의 목적은 달성된 것으로 볼 수 있고, 해당 사이버공격이 군사작전을 위한 것이었다면, 2008년의 조지아 사태 또한 그 연장선상에 있는 것으로 볼 수 있다.[38]

어쨌든 군사력이나 경제력의 면에서 세계를 주도하는 미국의 기여책임의 결정능력은 사이버공격을 억제하는 효과를 갖는다. 2004년 LulzSec과 연계되지 않았음에도 LulzSecPeru라고 자칭하는 Peruvian 해커가 FBI에 기소될 것이 두려워 페루의 정부망에 대해서만 공격하고 미국의 정부망에 대하여는 공격하

35 '다수의 외교부와 연구소를 목표로 한 북한 사이버간첩 활동'(Suspected North Korean Cyber Espionage Campaign Targets Multiple Foreign Ministries and Think Tanks)이란 보고서에 의하면, "사이버공격의 주범은 2014년 한국수력원자력을 해킹한 배후로 알려진 북한 해킹 조직 '김수키'(kimsuky)로 추정된다고 분석했다. "북 해커, 프랑스 외교부와 스탠포드대 위장해 사이버공격", https://www.rfa.org/korean/in_focus/food_international_org/nkhacking-08222019160101.html <2019. 8. 25>

36 https://www.bbc.com/korean/news-41584327 <2019. 7. 11>

37 "아프리카 금융기관 '북 추정 사이버공격 당해'", https://www.rfa.org/korean/in_focus/nekh-08082019164752.html <2019. 9. 7>:United Nations Security Council, S/2019/691 <https://www.rfa.org/korean/in_focus/nk_nuclear_talks/cyberattack-09052019163547.html/S_2019_691_E.pdf <2019. 9. 15>

38 "Cyber Attacks, Attribution, and Deterrence", U.S. Government, U.S. Military, Department of Defense, 2015, p. 15.

지 않았다고 진술하고 있는 점[39]은 기여책임을 통한 사이버공격의 억제력을 보여주고 있다.

Ⅴ. 기여책임의 한계

1. 사이버공격 억제수단으로서의 한계

국제안보 환경에서 억제라는 개념은 원래 핵무기를 전제로 하는 것으로, 억제전략은 상대방이 누구이며, 상대방의 2차 공격능력에 대한 완전한 정보를 전제로 한다. 즉 생존의 욕구를 가진 국가라면, 자신을 파멸에 이르게 할 수 있는 반격능력을 갖춘 국가에 대하여는 선제공격을 하지 아니할 것이라는 점에서 억제효과를 발휘하게 되는 것이다. 핵공격능력을 갖춘 국가가 억제전략을 행사하려면, 적대적 관계에 있는 국가의 핵공격능력과 관련된 제반 정보를 수집·감시하고 정확한 목록을 보유하고 있어야 한다.

그러나 사이버공격의 경우에는 기여책임의 법리가 갖고 있는 사이버의 특성에 따른 딜레마로 인하여 종래의 재래식 전쟁의 군사전략으로 적용되었던 전통적인 억제모델이 작동하지 않을 수 있다는 우려가 제시되고 있다. 앞에서 언급한 바와 같이, 상호파멸을 배경으로 하는 억제전략은 상대가 누구이며, 그 상대가 갖고 있는 보복능력을 정확하게 파악하고 있을 때 가능한데, 사이버공격에 대하여는 이 두 가지 요건 모두를 충족하는 것이 사실상 불가능하다는 것이다.

2. 사이버공격의 특성과 기여책임

사이버공격의 기본적인 속성인 공격자의 식별곤란성과 공격에 대한 사전 탐지 곤란성 등으로 인하여,[40] 심각한 피해를 야기하는 사이버공격에 대해 고

---

39 The Associated Press, Top South America Hackers Rattle Peru's Cabinet, "The Washington Post", 2. 10. 2014.
40 실험에 의하면, 인터넷 사용자의 1/3은 탐지되지 아니한 채 자신의 소스 IP를 속일 수 있다고 한다. Robert Beverly, Arthur Berger, Young Hyun & K. Claffy, Understanding the Efficacy of Deployed Internet Source Address Validation Filtering, 1(2009), https://www.

도의 개연성을 가진 기여책임을 묻는 것이 사실상 불가능하다.[41] 사이버 기여책임이 갖는 이와 같은 딜레마로 인하여, 사이버공격의 억제를 위한 기여책임은 잘못된 기여책임으로 이어질 잠재적 위험으로부터 자유로울 수 없게 된다.[42]

(1) 잘못된 기여책임(Misattribution)

대부분의 사이버공격에 있어서는 잘못된 기여책임의 위험과 잠재적인 과대평가의 위험성이 공존한다. 상호파멸이라는 전통적인 억제 패러다임은 ‒ 사이버공간에서 상호파멸이라는 억제 패러다임 ‒ 잘못된 상호간의 비난과 보복으로 비화될 위험만 키울 가능성이 있다.

(2) 위장술책(False Flags)

적대세력은 자신의 공격이 마치 제3자에 의해 자행된 것처럼 위장술책의 작전을 사용하는 것이 일반적이다. 사이버공격이 갖는 불확실성을 철저하게 악용하는 위장술책을 사이버공격자가 행사하여 해당 사이버공격에 대한 의심을 제3자에게 돌리게 되면, 사이버공격자에 대한 책임 추궁은 더욱 큰 어려움에 빠지게 된다.

(3) 그럴듯한 부인(Plausible Deniability)

기여책임의 딜레마는 사이버공격자에게 그럴듯한 부인의 기회를 제공하거나, 사이버작전과 관련된 위험과 비용을 줄일 수 있다. 더 나아가 사이버공

---

akamai.com/cn/zh/multimedia/documents/technical publication/understanding‒the‒efficacy‒of‒deployed‒internet‒source‒address‒validation‒filtering‒technical publication.pdf

41 사이버 영역에서 최고의 어려운 문제가 기여책임이라고 한다. 만약, 기여책임이 배제된다면 사이버공격은 피해자의 반격을 불가능하게 할 수도 있다는 경고를 하기도 한다. Stephen Dycus, Congress's Role in Cyber Warfare, 4 J. NAT'L SEC. L. & POL'Y 155, 156 (2010).

42 Jan Dyment, "The Cyber Attribution Dilemma: 3 Barriers to Cyber Deterrence", December 28. 2018. https://securityintelligence.com/the‒cyber‒attribution‒dilemma‒3‒barriers‒to‒cyber‒deterrence/ ＜2019. 5. 21＞

격의 책임자를 특정할 수 없는 상태에서 피해국에 의한 사이버반격은 무고한 제3자를 희생시킬 수도 있다.

(4) 대안으로서 자체적인 복원력 구축

현실세계의 사이버공간에 대한 의존과 위험은 하루가 다르게 증가하고 있다. 억제력은 국가나 정보통신기업이 약한 수준의 보안에 따른 위험을 거부하고 국가와 사회의 안전을 위해 언제든지 보안비용 지출할 자세가 되어 있을 때 가능하게 된다. 우리의 국가안전에 심각한 피해를 야기할 수 있는 사이버공격은 자신을 숨길 능력이 있는 정교한 공격자에 의해 실행된다는 점을 고려할 때, 사이버 공격자에 대한 기여책임의 딜레마를 피하면서 전통적인 보안수단의 한계도 극복하고자 한다면, 사이버위험에 대한 식별·평가·관리능력, 잠재적인 보안위협의 탐지능력, 사이버공격에 의한 피해 발생에도 종전과 다름없이 지속적으로 서비스를 제공할 수 있는 능력 등 국가 자체의 사이버 복원력(Cyber resilence)[43]을 제고함으로써 적대세력에 의한 사이버공격으로부터 생존할 수 있도록 해야 한다.[44]

VI. 정부전문가그룹(GGE)의 논의와 합의 수준

사이버공간의 안전을 위한 국가의 행동방법에 관한 제5차 회의에서 일부국가의 반대로 UN의 정부전문가그룹(GGE)이 제시한 '국가에 의한 정보통신기술(ICT)의 사용에 대한 국제법의 적용'을 규정한 초안 제34항(draft paragraph 34)을 채택하지 못하였다. 이 회의에서 "무력사용 및 국제인도법에 관한 유엔헌장을 사이버공간에 적용하게 되면, 사이버공간의 군사화를 초래하게 된다"는 주장과 "사이버공간에서 '무력사용'과 경계선상에 있는 사건이 발생할 경우

---

43 https://www.itgovernance.co.uk/cyber-resilience <2019. 12. 16>

44 미국은 "2013년 국가기반시설보호계획"(National Infrastructure Protection Plan)을 수립하여, 안전하고 기능적이며 회복력 있는 주요기반시설의 강화·유지를 위해 통합된 국가적 노력을 하고 있다. https://www.cisa.gov/supporting-policy-and-doctrine

에는 피해국가가 대응조치를 취할 권리가 보장되어야 한다"는 주장의 대립이 있었지만, UN 정보안보를 위한 'GGE 2016-17'은 국가와 비국가를 위한 행위 규범의 명확화에는 상당한 기여를 하였다.

　이러한 대립이 있기 전에 GGE는 "국가는 국제적인 불법행위를 위하여 자신의 영토를 고의로 사용해서는 안된다"는 것과 '랜섬웨어' 및 '제로 데이' 공격의 증가에 즈음하여서는 악의적인 사이버 도구의 확산을 막기 위한 공동의 조치를 취한다는 것에 각각 합의하였다. 그 밖에 GGE는 민간부문이 제3자를 공격할 목적으로 사이버공간을 사용하는 것을 막으려고 하였으며, 더 나아가 도메인 이름 시스템의 기능에 중요한 영향을 미치는 사이버공격은 용납되지 아니한다는 합의에 이르렀으나, 사이버공간에 대한 국제법의 적용여부에 관해 '조작된 논란'으로 인하여 이러한 모든 합의는 물거품이 되었다. 이러한 논란이 '조작된' 것으로 보는 이유는 2013년과 2015년 GGE가 "「국제법」, 특히 「유엔헌장」은 사이버공간에 적용할 수 있다"고 선언하였기 때문이다.[45] 결과적으로 어떤 국가이든 "「유엔헌장」 제51조에 의한 무력공격의 요건을 충족하는 사이버 작전에 대응하여 자위권을 적용할 수 있다"는 합의에는 이르지 못한 것으로 보인다.

　GGE의 부연설명에 의하면, 쿠바 등의 국가는 "정보통신시스템의 악의적 사용과 '무력공격'의 등가성은 자의적인 것이다"거나 "자위권을 승인하게 되면, 자신의 적대세력에 대해 전통적인 우위를 누리고 있지 못하였던 국가가 사이버공간에서 가질 수도 있는 비대칭적 장점을 상실하게 된다"는 등의 우려를 이유로 정보통신시스템의 악의적 사용에 대한 자위권의 행사에 반대하였다. 반면에 전통적인 수단을 통해 파키스탄의 사이버작전에 대응할 수 있는 옵션을 원하는 인도는 자위권을 지지하였다. 그 밖의 국가는 "대부분의 사이버 작전은 '무력공격'의 높은 법적 기준을 초과하지는 아니할 것으로 보인다"는 입장을 취하였다.[46] 그러나 자위권 발동요건에 대한 정의는 국가의 주권적

---

45 "The UN GGE Failed. Is International Law in Cyberspace Doomed As Well?", https://www.lawfareblog.com/un-gge-failed-international-law-cyberspace-doomed-well ＜2019. 7. 21＞

대권이며, 유엔 GGE에 의한 각 국가의 자위권 확인은 전통적으로 열등한 적대세력에 대한 억제의 의미를 갖는다.

또 다른 쟁점은 사이버작전에 대하여 "공격은 전적으로 군사목표물에만 국한되어야 한다"는 「국제인도법」(IHL)을 적용할 수 있는지 여부인데, 앞에서 살펴본 바와 같이 사이버공격은 군사 목표와 민간 인프라를 구별하지 않고 무차별적으로 이루어질 것이라는 점에서 사이버전의 강국을 지향하는 국가들이 사이버공격에 대한 자위권의 행사에 동조할 것으로 기대할 수는 없다.

요컨대, 사이버 공격능력의 우위를 갖고 있는 미국 등 강대국은 「GGE 초안」 제34항의 "정보통신시스템의 사용을 통해 범하여진 국제적인 불법행위에 대응할 수 있는 국가의 권리"로서 '사이버 보복권'을 주장하지만, 그러하지 못한 국가는 '사이버보복권이 성급한 대응으로 이어질 수 있다'거나 '군사적 선진국이 게임의 규칙을 정할 것이다'는 우려는 표명하면서 「GGE 초안」 제34항에 반대하고 있는 것이다. 정보통신시스템의 악의적 사용에 대한 「국제법」의 적용을 합의하지는 못하였지만 '정보공유 채널의 조성', '기여책임에 관한 연구의 증진' 및 '사이버공격에 있어서 비국가 행위자의 개입 제한' 등의 논의는 GGE의 가시적 성과이다.

VII. 「탈린 매뉴얼」에 의한 책임소재의 범위와 대응 절차

사이버공간에서의 기여책임이 당면한 기술적 및 법적 도전을 해결하지 못하면, 국가책임의 국제법적 프레임워크가 정상적으로 작동할 수 없게 된다. 이러한 문제의 법적 해결의 측면에서 「탈린 매뉴얼 2.0」은 종래의 「탈린 매뉴얼 1.0」의 수준을 벗어나지 못하고 있는 것으로 평가되기는 하지만, 기여책임에 따른 국가책임을 인정하고 있다는 점에서 주목받고 있다. 「탈린 매뉴얼 2.0」이 규정하는 사이버공격을 범한 자국민에 대한 해당 국가의 '선량한 관리자의 주의의무(善管注意義務)'(due diligence principle)[47]는 사이버공간에 있어서 바람직하

---

46 ibid.

47 "Due diligence"는 일반적으로 "상당한 주의를 가지고 의무를 이행하다"는 의미로 우리 법

고도 적합한 기준의 제시로 평가되고 있는 것이다.[48]

선관주의의무에 관한 「탈린 매뉴얼 2.0」의 "규칙 6"은 "국가는 자국의 영토 또는 자신의 정부 통제 하에 있는 영토나 사이버 기초설비가 다른 국가의 권리에 영향을 주고 심각하게 부정적인 결과를 유발하는 사이버 작전에 이용되는 것을 허용하지 않기 위해 상당한 주의를 하여야 한다"고 규정하고 있다. 이 규정에 따르면, A국 소속의 어떠한 개인이나 단체가 A국의 기술적·재정적 지원 또는 방관 아래에서 B국에 대해 사이버공격을 감행한 결과 B국이 무력공격의 수준에 이르는 피해를 입게 되었다고 하면, 「탈린 매뉴얼 2.0」의 "규칙 71"에 의한 필요성과 비례성의 범위 내의 자위권을 행사할 수 있고, "규칙 73"에 의한 임박성과 즉시성을 갖추게 될 때에는 무력적인 대응 또한 가능한 것으로 알 수 있다.[49] 이러한 사정은 국제사법재판소의 기여책임에 관한 판례에 의하더라도 정당화된다.[50]

그러나 앞에서 살펴본, GGE에서 쿠바는 "정보통신시스템의 악의적 사용과 '무력공격'의 등가성은 조작된 것이라는 이유로 정보통신시스템의 악의적 사용에 대한 자위권에 반대한다"고 선언한 점과 "GGE가 사이버 보복권을 인정하고 있다"고 주장하는 국가는 미국 등과 같이 사이버공격능력의 면에서 우위를 갖고 있는 소수에 불과하고 대다수의 국가는 '사이버보복권'을 인정하지 않는 점에서 사이버공격에 대한 군사적 대응은 국제법상 시기상조로 보인다.

상 "선량한 관리자의 주의의무"에 상당하며, 금융분야에서는 실사(實査)의 의미로 새기고 있다. 판례는 사실상 무과실책임에 접근하고 있다. 대법원 2011. 3. 10. 선고 2010다72625 판결 등 참조.

48 Arun M. Sukumar, "A DUE DILIGENCE STANDARD OF ATTRIBUTION IN CYBERSPACE", July, 4. 2017. https://www.cambridge.org/core/journals/international-and-comparative-law-quarterly/article/due-diligence-standard-of-attribution-in-cyberspace/ <2019. 7. 21>

49 국가보안기술연구소 편역, 「탈린 매뉴얼 2.0」(박영사, 2019), 348-360쪽.

50 민간인의 불법행위를 예방할 책무를 이행하지 못한 경우에, 국가가 책임을 져야 하는 이유는 그러한 개인의 행위와 대립하는 국제책무를 위반하였다는 점에 있는 것이 아니라, 개인의 불법을 방지하기 위해 해당 국가 소속의 기관에 대해 부과되는 일반적 또는 구체적인 의무를 위반하였다는 점에 있다고 한다. The fourth report on State responsibility, by Roberto Ago, Special Rapporteur – The internationally wrongful act of the State, source of international responsibility (continued), Yearbook of the International Law Commission, 1972, Vol. II, UN Doc. A/CN. 4/264, §140.

바꾸어 말하자면, 기존의 국제기구는 사이버해킹과 관련한 국가행위를 제대로 규제하거나 통제하지 못하고 있는 실정이다.

제4절 사이버공격의 책임과 기여책임론의 전략적 연계

Ⅰ. 기여책임의 객관적 정당화

궁극적으로 일반범죄와 마찬가지로 사이버공격의 근원지를 식별하기에 충분한 증거가 축적되어야 한다. 보다 큰 문제는 사이버공격의 근원지를 식별하는 것에 있지 않고, 다른 국가로 하여금 해당 근거지는 정확하게 식별된 것이라는 확신을 갖게 하는 것이다. 대응조치를 취하고자 하는 국가는 자신이 행한 대응공격의 합법성을 확립하기 위해서 다른 국가로 하여금 기여책임의 정확성에 대해 확신을 갖게 해야 한다. 이러한 이슈는 다음의 2가지 이유를 배경으로 한다. 첫째, 기여책임은 국가간첩 또는 국가가 비밀을 유지하고자 하는 첩보수집 노력 등을 통해 얻어진 데이터에 근거하게 된다.[51] 둘째, 사이버공격의 기여책임을 밝힐 확실한 근거가 있더라도, 향후 사이버공격자가 실수로부터 교훈을 얻어 새로운 범행기법을 개발하는 것을 방지할 목적으로, 주장하는 국가가 관련 증거를 공개하지 않을 수도 있다.

위와 같은 노력은 궁극적으로 정황증거에 근거하겠지만, 정황증거는 다양한 법분야에서 법적 판단을 뒷받침하는 충분한 증거로 기능하게 된다. 어쨌든, 기여책임의 문제는 공격에 대해 책임이 있는 행위자를 식별하는 것이며, 책임은 법 영역의 문제이다. 행위자와 발생된 피해 사이의 연결성이 희박하거나 모호한 사건에 대하여도 법은 대응할 수 있어야 한다. 예를 들어, 불법행위에

---

51 미국이나 영국 및 유럽연합 등은 국가사범과 관련하여 공익면책(Public Interest Immunity)이론을 배경으로 피고의 반론권을 보장하지 아니한 비공개의 재판전 심리를 통해 첩보요원의 증언에 대한 증거능력을 인정하고 있다. Jill E.B. Coster van Voorhout, "Intelligence as legal evidence", Comparative criminal research into the viability of the proposed Dutch scheme of shielded intelligence witnesses in England and Wales, and legislative compliance with Article 6 (3) (d) ECHR. https://www.utrechtlawreview.org-galley-download

있어서 '엄격책임의 원리'와 '과실추정의 원리' 사이의 핵심은 '누가 불법을 범하였는가'가 아니라 '이 사람의 책임을 어떻게 물을 것인가'에 있다. 상황에 따라 각기 다른 불법책임의 기준을 적용하는 것은 분쟁의 개별적 구체적 해결을 위한 법의 탄력성에 다름 아니다. 사이버공격에 대한 기여책임을 설계하고자 한다면, 불법행위 등 현실공간에 대한 법분야에서와 마찬가지로 법원은 법적 도구로서 '증거와 인과관계의 일반적 기준'에 대한 조사를 거쳐 충분한 확신을 갖고 행위자에게 상응하는 책임을 인정해야 할 것이다.

Ⅱ. 국제협력에 의한 대응조치

사이버공격을 감행에 대해 기여책임 있는 국가가 특정이 되면 [표 4]와 같은 수순의 조치가 필요하다. 첫째, 공격에 대한 기여책임이 밝혀지면, 책임 있는 국가에 대하여는 경제적인 제재와 같은 경제상의 불이익적인 처벌이 가해질 수 있다. 둘째, 공격개시에 대하여 기여책임 있는 국가에 대하여는 장래의 국제조약이나 협약에 대한 참여권을 거부함으로써 적극적인 이익참여의 기회가 배제될 수 있다. 셋째, 기여책임은 해킹에 대한 대응조치를 정당화할 수 있다. 넷째, 기여책임은 군사적 대응을 정당화할 수도 있다. 기여책임에 대해 가능한 대응조치는 일방적 조치와 다자간의 조치로 다시 구분될 수 있다.

[표 4] 사이버공격과 국제협력에 의한 대응조치

	일방적 대응조치	다자간 대응조치
외교적 접촉/협정 등의 거부	대상 국가가 추구하는 무역협정, 조약 또는 양자협약 등의 거부, 외교 접촉의 거부	포괄적 무역협정 또는 조약에 있어 회원자격 박탈
경제적 불이익 처벌	경제제재, 현행 무역협정의 폐지	다자간 제재체제
사이버 대응조치	해킹의 반격	스턱스넷과 같이 공동에 의한 사이버 타격
군사적 대응조치	군사적 침공, 표적에 대한 군사적 타격, 원격폭격, 드론에 의한 타격, 특수작전 등	연합군

이러한 조건들은 사이버공격의 기여책임을 밝힌 후 피해 국가가 취하게 될 실질적·정치적 대응조치에 관한 것이다. 문제는 조치를 한다면, 일방적 조

치에 의할 것인지 아니면 다자적 조치에 의할 것인지 여부와 제재의 강도는
어느 정도로 할 것인가에 있다. 전자는 기여책임이 일방적 또는 다자간 대응
조치를 위한 것인지 여부에 대한 문제로서 기여책임의 법리 전반에 대하여는
별반 영향을 미치지 아니한다. 그것은 기여책임법의 배경목적이 일방적 및 다
자간의 대응조치 모두에 합치되기 때문이며, 국제사회의 관점에서 보더라도
기여책임에 따른 제재는 정당화되기 때문이다. 국가가 일방적인 조치나 다자
간의 연합조치를 통해 사이버공격자를 제재하고자 하든 제재하지 않든, 기여
책임의 목적은 국제사회의 제3자적인 시각에서 그 대응조치를 정당화하는 것
에 있다.

　　한 가지 예외는 다자간 실행이 보장되지 아니하는 경우인데, 피해국가는
공격자에 대한 기여책임의 입증을 통해 자신이 행하는 제재의 정당성과 신뢰성
을 제고하여 다른 국가도 제재에 참여할 수 있도록 해야 한다. 이러한 정당성과
신뢰성이 충족되면 피해국가가 아닌 국가도 사이버공격자에 대해 자국의 자원
을 동원하여 해당 대응조치에 참여하게 될 것이다. 그럼에도 공격을 받은 국가
와 다자간의 대응조치에 참여하고자 하는 국가 간에는 신뢰격차가 존재할 수
있다. 이러한 신뢰 격차와 관련하여서는 두 가지의 점을 상정할 수 있다.

　　첫째로, 직접적인 공격을 받은 국가는 신뢰를 유지하고 미래의 공격에 대
한 억제능력의 확보를 위해서 공격 근원지의 정확한 식별에 지대한 관심을 갖
게 된다. 그런데 신뢰 격차는 기여책임의 확실성 여부에 의하기보다는 다자간
조치에 참여하는 국가에게 이익이 되는지 여부에 의하게 된다. 둘째로, 피해를
당하지 아니한 국가에 대해 대응조치의 동참을 요구할 수 있는 다자간 기구가
존재한다면, 기여책임의 완전한 소명이 없다고 하더라도 피해를 입지 아니한
국가의 동참을 기대할 수 있고, 그 대응조치의 동참 또한 정당화될 수 있을 것
이다.

Ⅲ. 사이버공격에 대한 대응조치

　　사이버공격을 받은 국가가 취할 수 있는 대응조치로는 그 강도에 따라 군

사력의 행사, 사이버 반격(해킹의 반격 등), 경제제재 및 외교적 제재 등의 단계별 대응조치를 상정할 수 있다. 군사력의 행사로는 '군사력의 과시'로부터 제한적 타격과 특수작전 등의 조치가 있는데, 이들 조치는 사이버공격에 대해 행사할 수 있는 강력한 대응조치에 속한다. 전쟁 확대의 위험에 따른 비용이나 무력사용을 일반적으로 금지한 국제법 등을 고려할 때, 군사대응의 가능성은 점차 감소되고 있지만,[52] 무력행사에 준하는 사이버공격에 대해서까지 군사적 대응이 당연 배제되는 것은 아니다.

그 밖에 대응조치로서 해킹반격(Hack-back)은 전통적 군사력의 행사보다는 유용하고도 다양한 잠재적 효과를 갖지만, '해킹반격' 그 자체가 상대방에 대해 군사적 공격에 준하는 피해를 야기할 것이라는 이유로 국제사회는 이를 국제법상의 무력으로 보기도 한다.[53] 국제사회가 해킹반격을 군사력에 준하는 것으로 보는 한, 국제적 합의에 기초한 기여책임을 통한 법적 문책이 최선의 대응조치라고 할 것이다.

제5절 결론

스마트화가 더욱 가속화되어 지구촌이 하나의 사이버생태계를 형성하고 있는 오늘날의 국가안보는 크게 보면 지구촌의 공동안보와, 작게 보면 우리 국민과 사회의 안전을 포섭한다. 이러한 패러다임의 변화에 비추어 볼 때, 국가안보는 더 이상 종래의 영토적 주권을 중심으로 관념해서는 아니되고, "국가의 성립요소인 국민·주권·영토에 대한 물리적 및 非物理的(사이버) 위험이 부존재"[54]하는 '안전한 상태'로 파악해야 한다.[55] 요컨대, 국가안전보장법제는

---

52 Joshua S. Goldstein & Steven Pinker, "The Decline of War and Violence", BOSTON GLOBE(Apr. 15. 2016), https://www.bostonglobe.com/opinion/2016/04/15/the-decline-war-and violence /lxhtEplvppt0Bz9kPphzkL/story.html <2017. 7. 21>

53 Oona Hathaway, "The Law of Cyber-Attack", 100 Cal. L. Rev. 817, 826(2012). note 21.

54 이원우 "안보협력 개념 등의 의미분화와 적용", 「국제정치논총」 제51집 제1호(2011), 34쪽.

55 정준현, "북한의 사이버공격에 대한 국가총력적 대응체계를 위한 법제방향", 『성균관법학』,

물리적 피해로부터의 안전에 안주할 것이 아니라 사이버공격으로부터도 국가안전을 담보할 수 있는 것으로 발전되어야 한다.[56] 최소한, 우리의 주권적 지배를 받는 정보통신망에 의한 사이버공간에 대해 자행되고 있는 내·외부세력에 의한 불법행위에 효과적으로 대응하기 위해서는 다음과 같은 인식이 필요하다.

첫째, 사이버공격은 'APT'화, 'ToR'에 의한 추적·탐지곤란성을 특성으로 한다는 점과 사이버공격에 대한 기여책임의 규명능력에 따라 공격의 관여자에 대한 제재의 정당성을 확보할 수 있음은 물론 사이버공격에 대한 억제력도 보유할 수 있다.

둘째, 우리의 주권적 지배하에 있는 인터넷회선으로부터 국가안보를 위협하는 국·내외의 첩보·정보[57]를 수집·분석하여 사이버공격의 기여책임을 규명할 수 있도록 하는 「통신비밀보호법」 제5조 제2항의 기능은 최대한 극대화되도록 해야 한다.[58] 이를 위해서는 인터넷 회선제한을 통해 취득한 감청자료에 대한 국가내부의 객관적 통제장치(감청을 허가한 판사에게 감청자료를 봉인하여 제출하는 제도나 무고한 제3자의 감청자료에 대한 자동삭제 제도 등)를 마련하여 헌법재판소가 지적한 헌법불합치 요소를 극복해야 한다.[59]

2016, 36쪽; 영국의 M15 홈페이지에서는 "국가안보는 전체로서 영국의 보안과 안녕을 포함한다. 이러한 의미에서 국가는 지리적·정치적 실체로서 영국에 한정되지 않고, 영국영토 밖에 있는 시민이나 영국 정부체계를 포함한다"고 정의하고 있다(https://www.mi5.gov.uk/home/about-us/what-we-do/protecting-national-security.html).

[56] 이러한 점에서 반란단체의 점령지로부터 벗어나 대한민국의 주권이 실효적으로 지배하는 지역 내에 있는 북한주민을 범법자라는 이유로 강제송환하는 조치(정부, 오늘 北 주민 2명 추방 … "16명 살해 혐의", https://www.ytn.co.kr/_ln/ <2019. 11. 07>)는 국민을 보호할 헌법상 국가의무의 위반이자 주권의 포기로 읽혀질 수 있다.

[57] "What Is Threat Intelligence? Definition and Examples", https://www.recordedfuture.com/threat-intelligence-definition/ <2019. 11. 21>

[58] 미국은 「클라우드법」에 따라 자국의 정보통신서비스제공자가 보유·관리하는 데이터라면, 외국인에 대한 것이라도 언제든지 접근할 수 있다는 점에 주목할 필요도 있다. Theodore Christakis, "21 Thoughts and Questions about the UK-US CLOUD Act Agreement", https:// europeanlawblog.eu/2019/10/17/21-thoughts-and-questions-about-the-uk-us-cloud-act-agreement-and-an-explanation-of-how-it-works-with-charts/

[59] 헌법재판소의 헌법불합치결정과 관련한 2019년 12월 31일의 개정법률에는 문제의 제5조 제2항을 그대로 둔 채, 통신제한조치기간을 최대 1년으로 규정하는 등의 내용만 담고 있

셋째, 이러한 위협첩보·정보의 맥락화·종합화를 토대로 국가안보위협에 관여한 모든 자의 기여책임을 입증할 수 있도록 수사·안보기관의 정보공유화를 조성하는 한편, 분석된 위협정보를 토대로 적대세력의 사이버 공격의도(범위)를 확인하기 위한 사이버 유인수사기법[60] 또한 적극적으로 개발할 필요가 있다.

넷째, 사이버생태계의 특성상 국가의 안위와 국민의 안위는 더 이상 둘이 아니라 하나이며, 국가사이버의 안전을 위한 법제는 곧 국민의 안위를 위한 법제로서 불이법(不二法)임을 자각하여 앞에서 언급한 사항을 담고 있는 「국가사이버안보법(안)」을 비롯한 「좀비PC방지법(안)」 및 위협정보의 공유를 통한 민간전문가의 참여를 현실화할 수 있는 「비밀분류방지법」 등이 조속히 법제화되어야 한다.

끝으로, 위와 같은 법제를 정비함에 있어서는 '코로나19'의 교훈에서 알 수 있듯이 인간감염병으로부터 국가의 안전을 담보할 컨트롤타워는 질병관리청으로, 사이버공격으로부터 국가안전을 담보할 컨트롤타워는 국가사이버안전센터로 삼는 결단 또한 필요하다.

다. 추측하건대, 인터넷회선제한조치를 통해 감청자료를 취득하는 수사기관의 자율에 의한 프라이버시 정책도입을 전제로 해당 조항을 그대로 존치한 것으로 보인다.

60 판례는 "… 유인자가 수사기관과 직접적인 관련을 맺지 아니한 상태에서 피유인자를 상대로 단순히 수차례 반복적으로 범행을 교사하였을 뿐, 수사기관이 사술이나 계략 등을 사용하였다고 볼 수 없는 경우는, 설령 그로 인하여 피유인자의 범의가 유발되었다 하더라도 위법한 함정수사에 해당하지 아니한다"(대법원 2008. 3. 13. 선고 2007도10804 판결)고 판시한 점에 주목해야 한다.

⋮⋮ 참고문헌

김석현, "자위권행사의 요건으로서의 즉각성(Immediacy)", 「국제법학회논총」
    2015.

이원우 "안보협력 개념 등의 의미분화와 적용", 「국제정치논총」 제51집 제1호,
    2011.

정준현, "북한의 사이버공격에 대한 국가총력적 대응체계를 위한 법제방향", 「성균
    관법학」 2016.

국가보안연구소 편역, 「탈린 매뉴얼 2.0」 박영사, 2018.

Arun M. Sukumar, "A DUE DILIGENCE STANDARD OF ATTRIBUTION IN
    CYBERSPACE", July, 4. 2017.

Daniel McGillis, "Attribution and Law-Convergneces between Legal and
    Psychological Concept", *Law and Human Behavior*, Vol.2. No.4. 1978.

Frank W. Simcox, Lt Col, USAF, *Flexible Options for Cyber Deterrence*, 11
    February 2009.

Jan Dyment, "The Cyber Attribution Dilemma: 3 Barriers to Cyber Deterrence",
    December 28, 2018.

Mary Ellen O'Connell and Louise Arimatsu, *Cyber Security and International
    Law*, London, UK, Chatham House, 5. 29. 2012.

Michael N. Schmitt ed., *TALLINN MANUAL 2.0 ON THE INTERNATIONAL LAW
    APPLICABLE TO CYBER OPERATIONS*, 2017.

Oona Hathaway, "The Law of Cyber-Attack", 100 Cal. L. Rev. 817, 826(2012)

〈인터넷 자료〉

"The UN GGE Failed. Is International Law in Cyberspace Doomed As Well?",
    https://www.lawfareblog.com/un−gge−failed−international−law−cybe
    rspace-doomed−well ＜2019. 7. 21＞

Delbert Tran, "The Law of Attribution: Rules for Attributing the Source of a
    Cyber-Attack", https://law.yale.edu/system/files/area/center/global/docu
    ment/2017.05.10._-_law_of_attribution.pdf

"What Is Threat Intelligence? Definition and Examples", https://www.recorded
future.com/threat-intelligence-definition/ <2019. 11. 21>

Joshua S. Goldstein & Steven Pinker, "The Decline of War and Violence",
BOSTON GLOBE(Apr. 15. 2016), https://www.bostonglobe.com/opinion/
2016/04/15/the-decline-war-and violence/lxhtEplvppt0Bz9kPphzkL/story.
html <2017. 7. 21>

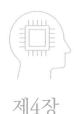

제4장

사이버안보와 입법

김재광*

제1절 서론

북한이 사이버공격을 본격적으로 시작한 것은 김대중 정부(1998. 2-2003. 2)와 노무현 정부(2003. 2-2008. 2) 등 진보정권 시기를 지나 2008년 보수정권인 이명박 정부(2008. 2-2013. 2)가 들어선 뒤인 2009년 7월이다.

2009년 7월 7일 북한은 청와대와 국회 등 핵심 국가기관의 전산망을 대상으로 디도스(DDoS) 공격을 자행하였다.[1] 이를 시작으로 지속적이고 목표지향적인 사이버공격을 자행하고 있다.

북한의 사이버공격은 금융·철도·전력·통신·국방 등을 일거에 마비시켜 대한민국 전체를 혼란에 빠뜨릴 수 있기 때문에 단순한 보안문제가 아닌 국가안보 차원의 문제로 인식해야 한다. 이것이 사이버보안이 아닌 사이버안보로의 패러다임의 전환이 요청되는 이유라 할 수 있다.

---

* 이 논문은 「법학논고」 제58집(경북대학교 법학연구원, 2017. 8)에 게재된 것으로 일부 수정·보완한 것임. [원제] 사이버안보 위협에 대한 법제적 대응방안

1 디도스(Distributed Denial of Service. 분산 서비스 거부 공격)란 해킹 방식의 하나로서 여러 대의 공격자를 분산 배치하여 동시에 '서비스 거부 공격'을 함으로써 시스템이 더 이상 정상적 서비스를 제공할 수 없도록 만드는 것을 말한다.

사이버공격은 첫째, 위협수단을 정형화할 수 없는 결과 법적으로 사전에 금지되는 행위를 요건으로 할 수 없고, 둘째, 유·무선을 통해 인터넷에 접속할 수 있다면 언제, 어디에서나 가능하다는 점에서 대응하기 어려운 비대칭성을 갖고 있으므로 더욱 위험한 것이다.[2]

미국, 유럽연합, 일본, 중국 등은 사이버안보 관련 법률들을 국가안보적인 차원에서 체계적으로 정비하여 사이버공격에 효율적이고 적극적으로 대응할 수 있는 법제도적 기반을 착실히 정비하고 있다.[3] 사이버안보에 대한 장·단기 마스터 플랜(master plan)의 수립과 함께 실행계획을 수립하여 사이버위협에 대처하고 관련 부처, 민간기업, 국가 간 협력을 강화하고 있다. 즉 사이버안보 센터 설립, 사이버안보 사고 대응체계의 수립 및 네트워크화, 전문 인력 양성 및 캠페인, 수사공조 등에 주력하고 있다.[4]

우리나라가 「국가사이버안보 마스터 플랜」 수립을 계기로 사이버안보 강화에 주력하고 있는 것은 매우 바람직하다고 볼 수 있다. 그 동안 사이버공격 대응체계는 법령의 미비로 인해 민관(民官)의 역량을 총동원하지 못하는 중대하고 명백한 법적 한계를 노출하였다. 「정보통신망법」, 「정보통신기반보호법」 등에 사이버안보 관련 규정이 산재해 있지만, 이는 일상적인 정보보호에 중점을 두고 있어 치명적이고 전문적인 북한 해커들의 공격에 법적으로 신속하고 체계적으로 대응하기에는 역부족이었다. 그리고 대응 주체간 역할이 중복되고 상충되어 혼란이 가중되었다.[5]

---

2 정준현, "사이버위협과 국민과 국가를 보호하기 위한 방향과 과제", 「사이버안보법정책논집」 제1호(한국사이버안보법정책학회, 2014. 12), 9쪽 참조

3 외국의 사이버안보 관련법제 정비에 대해서는 이창범, "국내외 사이버안보 관련법제정 동향과 시사점", 「사이버안보법정책논집」 제1호(한국사이버안보법정책학회, 2014. 12), 383쪽 이하; 김성천, "독일의 사이버보안 법제", 「사이버안보법정책논집」 제1호(한국사이버안보법정책학회, 2014. 12), 425쪽 이하 참조; 곽관훈, "일본의 사이버안보 관련법제의 현황과 시사점", 「사이버안보법정책논집」 제1호(한국사이버안보법정책학회, 2014. 12), 447쪽 이하 참조; 김정임, "인도 IT법의 분석과 시사점", 「사이버안보법정책논집」 제1호(한국사이버안보법정책학회, 2014. 12), 469쪽 이하 참조.

4 정보통신산업진흥원, "초연결 세계에서의 주요국 사이버 보안정책 동향 분석", 「IT R&D 정책동향」(2012-7), 1쪽.

5 이에 대해서는 김재광, 「국가 정보보호 추진체계 관련법제 분석」(한국정보화진흥원, 2009.

일본과 중국 등 주변국들이 사이버안보 입법을 체계적으로 정비하고 있는데 반해, 우리나라의 경우에는 당쟁으로 인하여 실질적인 진전을 보지 못하다가,[6] 2020년 12월 13일 국정원의 직무에 '국제 및 국가배후 해킹조직 등 사이버안보 및 위성사진 등 안보 관련 우주 정보'의 신설과 '중앙행정기관과 지방자치단체 등 기관 대상 사이버공격 및 위협에 대한 예방 및 대응'의 신설을 핵심으로 하는 「국가정보원법 개정법률안」이 국회 본회의를 통과했다. 2020년 12월 13일은 사이버안보의 역사적 이정표를 찍은 날이라 할 수 있다.

제2절 사이버공격의 주요 사례와 평가

북한의 사이버공격은 매우 다양하게 이루어져 왔다. 지면 관계상 ① 2013년 3월 20일의 방송·금융전산망 해킹사건(이하 "2013. 3. 20. 방송금융 전산망 해킹사건"이라 한다)과 ② 2014년 12월 15일의 한국수력원자력(한수원) 문서유출사건(이하 "2014 한수원 문서유출사건"이라 한다) 그리고 ③ 軍 인터넷망과 인트라넷망(국방망) 해킹 사건(이하 "2016 국방망 해킹사건"이라 한다)에 대해서만 살펴보고자 한다.

세 가지 사이버공격 사례를 선택한 것은 ① "2013. 3. 20 방송금융 전산망 해킹사건"을 계기로 정부가 '국가사이버안전 전략회의'를 개최하여 「국가사이버안보 종합대책」을 수립하였다는 점에서, 그리고 ② "2014 한수원 문서유출사건"은 사이버공격에 대해 기술적 대응 못지않게 사회공학적 해킹(social engineering hacking)[7]에도 철저히 대비해야 한다는 교훈을 주었다는 점에서, 그

---

12) 및 김재광, 「전자정부법」(한국법제연구원, 2010. 8) 참조.

6 인접 국가들의 사이버안보 입법동향에 대해서는 김재광, "사이버안보 입법환경 변화에 따른 입법전략", 「국가사이버안전을 위한 법적 과제」(한국사이버안보법정책학회·서울대학교 공익산업법센터 2015년 추계 공동학술대회 발표문, 2014. 12. 22), 31~39쪽 참조.

7 시스템이 아닌 사람의 취약점을 공략하여 원하는 정보를 얻는 공격기법을 말한다. 인터넷의 발달로 이메일, 인터넷 메신저, 트위터 등을 통해 사람에게 접근하는 채널이 다각화됨에 따라 지인으로 가장하여 원하는 정보를 얻어내는 공격방법이다. 지식경제용어사전(2010. 11, 산업통상자원부) 참조.

리고 ③ "2016 국방망 해킹사건"은 軍의 사이버안보 의식이 민낯을 고스란히 드러냈다는 특징을 가지고 있기 때문이다.

I. 2013. 3. 20 방송금융 전산망 해킹사건

"2013. 3. 20 방송금융 전산망 해킹사건"이란 2013년 3월 20일 KBS·MBC·YTN과 농협·신한은행 등 방송·금융 6개사 전산망 마비 사태가 발생한 사건을 말한다. 이로 인해 각 방송사는 운영에 차질을 빚었고, 금융사들 또한 창구·현금입출금기(ATM) 이용은 물론, 체크카드 결제 등 모든 업무가 중단됐다. 우리나라의 민·관·군 합동대응팀은 이 사태가 북한 정찰총국의 소행이라며 해커는 최소 8개월 전부터 기관 내부의 개인용 컴퓨터(PC)나 서버를 장악해 범행을 저질렀다고 발표했다.

이 해킹사건으로 나타난 문제점으로는 ① 사고 예방 및 신속 대응을 위한 법·제도 미흡 — 「정보통신망법」, 「정보통신기반보호법」, 「국가사이버안전관리규정」(대통령 훈령), 「전자금융법」 등 사이버침해사고 관련 법·제도의 분산으로 체계적인 예방·대응의 한계 노출 및 민관군을 아우르는 사이버공격 정보에 대한 실시간 수집·분석 및 공유체계 미흡, ② 주요 정보통신기반시설에 대한 지정·관리체계 정비 미흡 — 방송사, 집적정보통신(IDC) 등 국가적으로 중요한 시설이 "주요 정보통신기반시설"로 지정되지 않아 보안의 사각지대 노출 및 기반시설 침해사고 발생시 신속한 초기대응, 원인조사, 분석 등 유기적인 대응조치를 위한 정보공유 및 협력체계 미흡, ③ 민간기업의 정보보호 수준 미흡, 핵심기술 개발 및 전문인력 양성 미흡 — 일반기업의 경우 보안인력 확충과 정보보호 투자에 소극적이며 국내 최고 보안기업의 제품이 "2013. 3. 20 방송금융 전산망 해킹사건"에 악용되는 등 국내 보안기술과 제품의 수준이 선진국에 비해 낮고(선진국 대비 80%), 사이버전에 대비할 수 있는 화이트 해커(white hacker)[8] 등 전문보안인력이 200명 수준에 불과 — 등이 지적되었

---

8 인터넷 시스템과 개인 컴퓨터시스템을 파괴하는 해커(크래커)를 블랙 해커라고 하고 화이트 해커는 이에 대비하여 쓰는 개념으로 선의의 해커다. 이들은 보안 시스템의 취약점을

다.[9]

　　"2013. 3. 20 방송금융 전산망 해킹사건"을 계기로 정부는 2013년 4월 11일 '국가사이버안전 전략회의'를 개최하여 「국가 사이버안보 종합대책」을 수립키로 논의하고, 청와대, 국정원, 미래창조과학부(현 과학기술정보통신부), 국방부, 안전행정부(현 행정안전부) 등 16개 관계부처가 참여하여 종합대책을 수립하였다. 그런데 종합대책이 마무리되는 시점에 홈페이지 변조, 언론사 서버 파괴, DDoS공격 등 "2013. 6. 25 사이버공격"[10]이 발생하였다. 이에 따라 청와대 등 주요 기관 홈페이지 정기 정밀점검, 민관 DDoS 대피소 수용 확대, 통신사업자 등 정보통신서비스 대상 안전성 평가제도 도입 등을 보완하여 종합대책을 발표하게 되었다. 이 종합대책은 '선진 사이버안보 강국 실현'을 목표로 사이버안보 강화를 위한 4대 전략에 따라 수립되었는데, 4대 전략이란 ① 사이버위협 대응체계 즉응성 강화, ② 유관기관 스마트 협력체계 구축, ③ 사이버공간 보호대책 견고성 보강, ④ 사이버안보 창조적 기반조성 마련을 의미한다.

Ⅱ. 2014 한수원 문서유출사건

　　2010년 이후 국내 원전에 대한 해킹 시도가 무려 1,840여 회에 이른다는 국정감사 자료도 공개된 바 있다.[11] 한수원을 해킹했다고 주장하는 Who Am I, 일명 원전반대그룹 측에서는 2014년 크리스마스를 시한으로 정해 원전 가

발견해 관리자에게 제보함으로써 블랙 해커의 공격을 예방하기도 한다. 최근에 화이트 해커는 민·관에서 서버의 취약점을 찾아 보안 기술을 만드는 보안 전문가들을 말하기도 한다. 한경 경제용어사전 참조.

9 이에 대해 자세한 것은 강달천, "사이버 침해사고 현황과 법적 의의", 「사이버안보법정책논집」 제1호(한국사이버안보법정책학회, 2014. 12), 21-22쪽 참조.

10 2013년 6월 25일부터 이달 1일 사이에는 △방송·신문사 서버장비 파괴(6. 25 09:00), △청와대, 국무조정실 등 홈페이지 변조(6. 25 09:24), △정부통합전산센터 DDoS 공격(6. 25 10:00), △경남일보 등 43개 민간기관 홈페이지 변조(7. 1 08:21) 등 총 69개 기관·업체 등에 대한 연쇄적인 사이버공격이 발생했다. 당시 미래창조과학부는 "6. 25 사이버공격"이 "3. 20 방송금융 전산망 해킹사건"을 일으킨 해킹 수법과 일치하다고 밝혔다.

11 서울신문 2014년 12월 20일자 "[사설] 원전 해킹 여부 국가방위 차원서 대응하라" 참조.

동 중단을 요구하였다.[12] 요구를 들어주지 않을 경우 크리스마스에 맞춰 한수원 내부에 심어놓은 악성코드를 통해 원전 제어시스템[13]을 파괴하겠다는 협박까지 일삼았다.[14]

이번 유출 원인 중 하나는 내부 직원들에게 '악성코드가 든 첨부파일'이 업무용 메일로 가장돼 뿌려진 것이다. 특히 권한을 가진 내부자가 결탁되면 아무리 강력한 기술적 보호조치가 있다 해도 해킹을 막을 수 없다. 권한을 가진 내부자는 내부 직원뿐만 아니라 접근권한을 가진 협력업체 담당자도 포함한다. 망 분리로 폐쇄망이 되면 원격에서 네트워크로 직접 접근하는 것이 어려워지기 때문에 요즘엔 협력업체 장비를 경유한 해킹비율이 높아지고 있다.

경제적으로 어려워지면 금전적 이익을 동반하는 해킹 청탁에 굴복할 수도 있다. 즉 해킹은 꼭 기술적으로만 이뤄지지 않는다. 기술적 대비책이 아무

---

12 이들이 단순히 원전을 반대하는 해커인지, 종북 세력인지, 혹은 북한의 소행인지 등에 대해선 구체적으로 확인되지 않았다. 북한 사이버 전력 전문가인 고려대 정보보호대학원 임종인 원장은 한 언론과의 인터뷰에서 "지난 15일 인터넷에 공개된 고리·월성 원전 관련 자료가 북한의 해킹 공격으로 인해 유출된 것으로 보인다"고 말했다. 직원들에게 보낸 이메일 등을 분석해보면 2013년 3월 KBS 신한은행 농협 등을 공격한 북한의 해킹 수법과 비슷하다는 것이다. 국민일보 2014년 12월 21일자 "원전자료 유출자 'Who am I'는 누구? 왜?" 기사 참조.

13 한수원 관계자는 "원전운전 제어시스템은 물리적으로 외부와는 물론, 내부 업무망과도 완전히 분리 운영되고 있어 사이버공격에 의한 악성코드 침투가 불가능하다"며 "발전소의 안전과 관련된 핵심 설비들은 아날로그 방식으로 악성코드가 영향을 미칠 수 없으며, 만일의 경우에도 수동 조작이 가능토록 설계돼 있어 발전소를 안전 상태로 정지시킬 수 있다"고 설명했다. 하지만 보안 전문가들은 희박하긴 하지만 원전 직접 타격 가능성을 배제할 수 없다고 경고하고 있다. 국내 원전처럼 제어시스템이 외부망과 분리돼 있었던 이란 원전의 경우도 해커들은 제어망에 특화된 '스틱스넷'이라는 웜 바이러스를 통해 제어시스템에 침투해 원전 파괴를 실행했다. 부산일보 2014년 12월 23일자 "해킹으로 '원전 직접 타격' 가능할까?" 기사 참조

14 한수원 해킹조직은 2014년 12월 15일부터 2015년 1월 12일까지 모두 여섯 차례에 걸쳐 한수원 관련자료를 공개하며 원전 가동을 중단하라고 협박했다. 해커는 본격적인 협박 이전인 2014년 12월 9일부터 나흘간 한수원 직원 3,571명에게 5,986통의 악성코드(파괴형) 이메일을 발송해 PC 디스크 등의 파괴를 시도하기도 했다. 공격을 받은 PC 중 한수원 PC 8대만 감염되고 그중 5대의 하드 디스크가 초기화되는 정도에 그쳐 원전 운용이나 안전에는 이상이 없었지만 한수원 자료가 해킹 조직에 넘어갔다는 그 자체만으로 아찔해지는 순간이었다. 데일리안 2015년 7월 20일자 "사이버 전쟁에 농락 당하는 '대한민국 IT강국'의 민낯" 기사 참조.

리 잘 돼 있어도 운영자, 즉 사람이 부주의하거나, 해커와 내부자가 결탁하면 사고가 날 수 있다. 이것이 사회공학적 해킹이다.[15] 따라서 "2014 한수원 문서 유출사건"은 기술적 대응 못지않게 사회공학적 해킹에도 철저히 대비해야 한다는 교훈을 주었다.

Ⅲ. 2016 국방망 해킹사건

2016년 9월 발생한 "2016 국방망 해킹사건"은 북한 해커 조직의 소행으로 공식 확인됐다. 2017년 5월 2일 국방부 검찰단 발표에 따르면 해커 조직은 2015년 국방부 백신 납품업체를 해킹해 인증서와 백신 소스코드(source code) 등의 정보를 수집·분석한 뒤 국방부 인터넷 백신 중계 서버에 침투해 군 인터넷망 서버와 PC에 악성코드를 유포했다. 이어 국방통합데이터센터의 국방망·군인터넷망 접점을 찾아내 국방망에까지 침투했다. 국방부장관의 업무용 PC를 포함해 3,200여 대가 악성 코드에 감염되었다.[16]

국방망 해킹사건 피해가 예상보다 심각한 것으로 드러나 군의 보안의식에 대한 총체적인 점검이 필요하다는 지적이 강하게 제기되었다. 당초 유출된 군사자료는 1급 기밀인 '작전계획5027'(이하 "작계5027")의 일부인 것으로 드러났다. 작계5027은 북한의 선제공격과 우발적 도발 등에 대응한 미군의 전시 증원 계획이 담긴 핵심 작전계획으로, 작계5027이 북한에 유출됐다면 북한의

---

15 여기서 원자력발전제어시스템에 대해 살펴보자. 이 시스템은 외부와 차단된 폐쇄망으로 구성됐다. 인터넷과 분리돼 외부접근이 불가능한 폐쇄망은 인터넷에 개방된 망보다 상대적으로 안전하다. 원자력발전제어시스템은 대중에게 알려지지 않은 매우 특수한 시스템이므로 관련정보를 구하기 어렵다. 해커가 취약점을 공격하려고 해도 실제와 유사한 시스템을 접하기 어렵다. 1,000억원짜리 비행기를 시뮬레이션으로만 몰아봤지 직접 몰아보지 못한 상황과 비슷하다. 원자력발전제어시스템은 매우 신중하게 설계됐다. 사람의 실수 등 여러 상황에 대비한 시나리오가 다른 시스템보다 잘 돼 있다. 따라서 근본적으로 원자력발전제어시스템은 해킹이 쉽지 않다. 물론, 해킹이 불가능하다는 의미는 아니다. 어떤 시스템도 해킹으로부터 100% 안전하지는 않다. 김대환, "[ET단상] 안전한 사이버세상을 맞을 준비가 되었는가", 전자신문 2014년 12월 29일자 칼럼 참조.

16 세계일보 2017년 5월 3일자 "[사설] 안이한 軍 사이버 안보의식이 국방망 해킹 공범 아닌가" 참조.

남침 대비 방어계획이 고스란히 적에게 넘어간 게 된다. 그런데 작계5027뿐만 아니라 작계5015까지 해킹을 당한 것으로 드러나 충격을 주고 있다. 2급 비밀 인 '작계5015'는 북한과의 국지전 대비는 물론, 전면전 때 선제 타격과 적 지 휘부 제거를 위한 부대배치계획 등을 담고 있는 최신 작전계획으로 알려져 있 다. 작계5015가 적용되면서 기존의 작계5027은 폐기된 것으로 전해진다.

이번 "2016 국방망 해킹사건"에 대해 민간영역의 보안전문가들은 크게 두 가지를 지적하고 있다. 먼저 고급 군사기밀을 다루는 군인들의 보안의식이 해이해졌다는 점이다. 이번에 국방부를 해킹한 세력은 한국군의 군사작전을 총지휘하는 합참 내 작전본부 장교들의 PC를 집중적으로 노린 것으로 전해진 다. 두 번째는 사이버보안에 대한 명령체계와 담당업무가 명확하지 않다는 점 이다. 군은 지난 2010년 1월 국방정보본부 예하에 국군사이버사령부를 신설했 다. 국방부장관 직속으로 돼 있다. 또한 국방부 내에 정보화기획관실이 있다. 그런데 이들 부처는 서로 비슷한 업무영역을 가지고 있지만, 업무 분장이 명 확하지 않아 중복이나 혼선이 발생한다는 우려가 제기되었다.[17]

제3절 진화하는 북한의 사이버공격위협

Ⅰ. 북한의 사이버전력 – 특히 간과된 북한의 사이버위협, 'APT37'

북한의 사이버전 능력은 세계 최고수준인 미국에 버금간다는 평가를 받 고 있다. 1990년대부터 사이버전 역량을 축적해왔고 경제난으로 재래식 전력 증강에 어려움을 겪자 적은 비용으로 큰 효과를 낼 수 있는 사이버전력 강화 에 박차를 가했다. 2003년 이라크 전쟁 당시 미국이 지휘통제자동화시스템을 통해 소수 인력으로 이라크군 전체를 무력화시키자, 북한은 더 심혈을 기울여 사이버전 능력 배양에 집중하고 있는 것으로 알려지고 있다.

북한은 김정은 노동당 위원장 휘하의 정찰총국에 사이버전 지도부를 설

---

17 보안뉴스 2017년 4월 8일자 "국방부의 해킹 대응, 아쉬운 컨트롤타워 역할" 기사 참조.

치한 것으로 알려지고 있다. 사이버전 지도부에는 121부대, 180부대, 91호실, 랩110 등의 기구가 설치됐다. 먼저 1998년 김정은 국방위원장 시절 창설된 121부대가 최대 규모다. 외국의 통신과 전력, 항공 등 인프라에 대한 사이버공격을 담당하며, 소속 인원은 수천 명으로 추정된다. 다음으로 김정은 위원장의 지시로 설립된 것으로 보이는 180부대는 핵무기 및 탄도미사일 개발을 위해 필요한 자금 확보가 목표다. 외국 금융기관 해킹을 통해 외화를 획득하는 것이 주된 역할로 알려지고 있다. 500여 명이 이 부대에서 일하는 것으로 알려졌다. 마지막으로 외국의 과학기술정보 획득을 목적으로 한 사이버공격을 담당하는 91호실(500명), 사이버공격 기술개발을 목적으로 한 랩110(약 500명)도 구축했다.[18]

　　사이버 보안업체 '파이어아이(FireEye)'는 2018년 2월 20일 공개한 「간과된 북한의 위협, APT37」(The Overlooked North Korean Threat: APT37)보고서에서 북한의 해킹 조직인 일명 '리퍼(Reaper)'로 불리는 'APT37'이 사이버공격의 정교함을 높이고 공격 범위도 확장했다고 밝혔다. 또 다른 보안업체인 '크라우드스트라이크(CrowdStrike)'는 'APT37'에 대해 "그들의 악성 프로그램은 매우 정교해 연결되지 않은 네트워크에서도 문서를 훔쳐갈 수 있다"면서 "주요 표적은 정부, 군대, 금융, 에너지, 전기사업 분야"라고 설명했다. 'APT37'은 북한의 다른 해킹조직과 달리 외부에 알려지지 않은 채 숨겨져 있었지만, 한국을 상대로 정보를 빼내고 사이버공격을 하는 데 줄곧 초점을 맞춰왔다. 그러나 이제는 한국을 넘어 전 세계에 강력한 위협이 되는 존재로 성장했다는 게 이들 업체의 설명이다. 특히 'APT37'이 공격한 한국 기업·단체·개인에는 포춘(Fortune)[19]이 선정한 500대 글로벌 기업에 든 한국 기업들(삼성전자와 현대, LG전자 등)도 포함돼 있는 것으로 알려졌다.[20]

---

18 연합뉴스 2018년 2월 25일자 "121·180부대·91호실·랩110 … 北 사이버戰부대 조직적 활동" 기사 참조.
19 미국의 격주간 종합 경제지. 1930년 2월에《타임》지를 창간한 H.R.루스에 의해 창간되었다.
20 문화일보 2018년 2월 21일자 "北해킹조직 'APT37' 갈수록 확장 … 남한 기업·언론인 무차별적 해킹" 기사 참조.

　　지금까지 '래저러스(Lazarus)'라는 이름으로 모호하게 통칭해온 북한의 해킹조직의 명칭과 세부조직이 이번에 구체적으로 드러난 것도 주목할 부분이다. 크라우드스트라이크에 따르면, ① 정보 탈취를 주로 맡아온 'APT37'은 래저러스의 하부 조직 3곳 중 하나로 '미로 천리마(Labyrinth Chollima)'라고도 불린다. 나머지 2개의 하위 조직은 ② 침묵의 천리마(Silent Chollima)와 ③ 별똥 천리마(Stardust Chollima)다. 침묵의 천리마는 파괴적 공격을 담당한다. 지난 2014년 김정은 위원장의 암살을 다룬 영화「인터뷰」를 제작한 '소니 픽처스' 영화사를 해킹한 조직으로 지목되고 있다. 별똥 천리마는 주로 금융시스템을 해킹해 돈을 훔쳐오는 업무를 맡는다. 특히 이 조직은 지난 2016년 뉴욕 연방준비은행(Federal Reserve Bank)의 방글라데시 중앙은행 계좌에서 8천100만 달러(약 966억원)를 훔쳐간 해킹사건의 배후로 지목됐다.[21] 북한 해킹조직 'APT37'이 공격 흔적 등 공격 대상 컴퓨터 내 모든 정보를 지우는 해킹도구인 '와이퍼 멀웨어'라는 악성코드와 사람과 사람 간 정보를 교환하는 방식인 '토렌트'를 이용한 악성코드 유포방식을 이용하는 것으로 볼 때 향후 활동 목적이나 범위가 지금까지보다 크게 확대될 가능성이 있는 것으로 보고 있다.[22] 와이퍼(wiper)는 공격 대상이 된 컴퓨터 안의 모든 내용을 밀어버리는 기능을 말한다.

　　미국 정부는 2017년 6월 전 세계 병원과 은행, 기업의 수십만 대의 컴퓨터를 한순간에 마비시킨 '워너크라이(WannaCry)' 공격의 배후로 북한을 공식적으로 지목한 바 있다. 영국 역시 2017년 5월 이 공격을 북한의 소행으로 결론지었다. 워너크라이는 MS 윈도 운영체제를 교란시켜 컴퓨터를 사용할 수 없게 만든 뒤 돈을 요구하는 랜섬웨어(ransomeware)로, 무려 150여 국가에서 짧은 시간에 30만 대 이상의 컴퓨터를 감염시켜 큰 국제적 혼란을 야기했다.[23]

---

21 연합뉴스 2018년 2월 21일자 "북한 사이버공격 '세계적 위협' … "인터넷 연결 안돼도 해킹"" 기사 참조.

22 뉴시스 2018년 3월 1일자 "'北 해킹조직 APT 37', 활동 목적·범위 넓힐 듯 '파이어아이'" 기사 참조.

23 연합뉴스 2018년 2월 21일자 "북한 사이버공격 '세계적 위협' … '인터넷 연결 안돼도 해킹"기사 참조.

랜섬웨어에 감염되면 컴퓨터에 저장된 파일과 데이터에 접근하려면 300달러를 송금하라는 메시지가 떴다. 문제는 돈을 송금해도 감염된 컴퓨터가 풀리지 않는다는 점이다.[24] 랜섬(ransome)은 인질의 몸값을 뜻하는 영어 단어다.

Ⅱ. 북한의 사이버공격 양상 분석

사이버공간에서의 북한의 사이버공격을 세 가지 양상으로 분석하는 견해가 있다.[25] 즉 (1) 가상공간에서의 지원이 가상공간에서 물리적 폭력으로 나타나는 경우, (2) 가상공간에서의 지원이 현실에서 물리적 폭력으로 나타나는 경우, (3) 현실에서의 지원이 가상공간에서 물리적 폭력으로 나타나는 경우 등이다. 이를 각각 나누어 살펴보자.

1. 가상공간에서의 지원이 가상공간에서 물리적 폭력으로 나타나는 경우

이 유형의 사이버공격 형태는 적의 네트워크 서버를 공격하는 디도스 공격이나 해킹, 스파이웨어를 통한 정보탈취, 바이러스 유포 등으로 나타난다. 통상적으로 알고 있는 사이버공격이다.

(1) 사이버공격 방법의 변화: 디도스공격에서 사회공학적 해킹(기법)을 동원한 사이버공격으로

1) 종래의 특정기관을 타깃(target)으로 한 단순 침입 및 좀비PC를 이용한 디도스공격

종전에는 특정기관을 타깃(target)으로 한 단순 침입 및 좀비PC를 이용한 디도스공격이 주를 이뤘다. 북한은 2015년 사이버공격에 활용되는 좀비PC를 6만여 대 만들었는데, 2016년 1월에는 세계 120여 개 국가에 1만여 대의 좀비

---

24 중앙일보 2017년 12월 21일자 "150개국 컴퓨터 마비 '워너크라이' 공격 배후는 북한" 기사 참조.
25 윤민우, "국운을 좌우할 제4의 전략공간 사이버스페이스" 한국일보 2015년 10월 19일자 칼럼 참조.

PC를 관리하고 있는 것으로 파악됐다. 이런 좀비PC들은 북한의 지령에 따라 언제든지 우리나라 사이버공간을 공격하는 사이버무기가 될 수 있다.[26]

2) 사회공학적 해킹(기법)을 동원한 사이버공격

최근에는 사칭·명의도용 등 사람의 심리를 이용하는 사회공학적 해킹(기법)을 동원한 사이버공격을 감행하는 등 방법이 더욱 교묘해지고 징후 파악이 어려워지고 있다.

사회공학적 해킹(Social Engineering Hacking)이란 시스템이 아닌 사람의 취약점을 공략하여 원하는 정보를 얻는 공격기법이다. 사회공학적 해킹은 해커들이 목표로 하고 있는 기관이나 기업, 국가정보원 등 내부에 있는 정보 보안 관련자들의 신원을 파악해 우연을 가장해서 신뢰로 접근하는 방법이다. 즉 동호회, 카페, 교회 등 종교단체 등을 통해 접근해 신뢰를 얻은 후 이메일, 문자 메시지 등을 자연스럽게 열어보도록 한 후 악성코드에 감염시켜 서서히 시스템을 장악함으로써 자료를 빼내고, 삭제하고, 원하는 모든 일을 이루는 것이다.[27]

사회공학적 해킹에 대한 대응방안에 대해서는 다음과 같은 주장이 제시되고 있다. 첫째는 다단계 보안체계의 도입이다.[28] 둘째는 인공지능 기법의 도입이다. 업계에서는 사회공학적 해킹 위협에 대응하기 위해서는 '인간'이 배제된 인공지능(AI) 기법 도입이 필수불가결하다고 지적하고 있다. 인간의 감정, 습관 등 심리의 허점을 파고드는 해킹 기법이 고도화될수록 약점을 보이지 않는 기계학습(Machine Learning)[29] 등의 기법이 중요해지고 있다는 평가다.[30]

---

26 문화일보 2016년 3월 11일자 "北, 사이버테러 요원 6,800여 명 … 고강도 공격 10배로" 기사 참조.

27 최희원, "북한의 소니 해킹은 국제사회 향한 사이버전 선전포고다", 동아일보 2014년 12월 22일자 칼럼 참조.

28 강용석, "[DT광장] 더 교묘해진 사회공학적 해킹", 디지털타임스 2016년 2월 16일자 칼럼 참조.

29 기계학습(머신 러닝)은 컴퓨터 과학 중 인공지능의 한 분야로, 패턴인식과 컴퓨터 학습 이론의 연구로부터 진화한 분야이다. 기계학습은 경험적 데이터를 기반으로 학습을 하고 예측을 수행하고 스스로의 성능을 향상시키는 시스템과 이를 위한 알고리즘을 연구하고 구축하는 기술이라 할 수 있다. 기계학습의 알고리즘들은 엄격하게 정해진 정적인 프로그램 명령들을 수행하는 것이라기보다, 입력 데이터를 기반으로 예측이나 결정을 이끌어내기

(2) 사이버공격 공격대상의 변화

1) 사이버공격 물적 대상의 변화: 일반기관 해킹에서 암호화폐거래소 해킹으로

사이버공격의 대상 역시 기존에는 국가·언론·금융기관이 위주였지만 철도 등 국민 안전과 밀접한 관련이 있는 기반시설까지 확장됐다.[31]

최근에는 북한의 사이버공격이 지능화되면서 공격대상도 일반기관 해킹에서 은행털이를 거쳐 암호화폐거래소로 바뀌고 있다. 이는 북한의 핵 개발과 미사일 발사에 따른 국제사회의 대북제재가 강화되고 중국과의 무역이 끊기면서 자금이 고갈될 지경에 이르렀기 때문으로 분석되고 있다. 북한이 개발한 '워너크라이(WannaCry)'라는 랜섬웨어는 특정 사이트를 공격해 자료를 임의로 암화화시키는 악성코드다. 북한은 워너크라이로 암호화한 자료를 풀어주는 대가로 돈을 챙겼다. 해킹한 자료를 인질로 돈을 버는 수법이다. 2016년 8,100만 달러(약 966억원)가 사라진 방글라데시 중앙은행의 해킹 주범으로 지목당하면서 전 세계 은행 연결망인 국제은행간통신협회(SWIFT)에서도 퇴출당해 은행해킹도 어려워졌다. 그래서 북한의 관심이 암호화폐거래소로 옮겨가는 분위기다. 암호화폐를 보관하고 있는 거래소의 보안이 취약하다는 것을 북한이 악용하고 있는 것이다. 2017년 3분기에 확인된 북한 추정 국내 사이버공격 30건 가운데 7건이 암호화폐와 관련됐다고 한다. 정보당국 관계자는 북한이 2018년 2월까지 비트코인(bitcoin)[32] 등 암호화폐 해킹으로 벌어들인 돈이 10조원 이상

위해 특정한 모델을 구축하는 방식을 취한다. 두산백과 참조.

30 디지털데일리 2016년 5월 12일자 "보안업계, 머신러닝 기법 적용 활발 … 기계적 판단으로 허점 차단" 기사 참조.

31 한국경제신문 2015년 10월 5일자 "북한 추정 사이버테러 조직, 서울메트로 서버 5개월 간 장악" 기사 참조.

32 비트코인은 컴퓨터에서 정보의 기본 단위인 비트(bit)와 동전(coin)의 합성어로, 2009년 1월 사토시 나카모토라는 필명의 프로그래머가 개발한 것으로, 실제 생활에서 쓰이는 화폐가 아니라 온라인 거래상에서 쓰이는 가상화폐이다. 비트코인을 만드는 과정은 광산업에 빗대어 mining(캔다)이라고 하며 이러한 방식으로 비트코인을 만드는 사람을 마이너(miner), 즉 광부라고 부른다. 컴퓨터 프로그램으로 수학문제를 풀어 직접 비트코인을 채굴하거나 채굴된 비트코인을 거래하는 시장에서 구입할 수 있다. 비트코인은 완전한 익명으로 거래되며, 컴퓨터와 인터넷만 되면 누구나 계좌를 개설할 수 있다. 이 때문에 범죄, 탈세 등에 악용되기도 한다. 통화 공급량이 엄격히 제한돼 총 발행량은 2,100만 개로 정해져 있다. 유통량이 일정 기준을 넘으면 한 번에 채굴할 수 있는 양이 줄어들고 문제도 어

으로 추정했다.[33]

2) 사이버공격 인적 대상의 변화

북한이 최근까지 자행해온 사이버공격 유형은 그야말로 백과사전을 방불케 할 정도로 전방위적이다. 과거처럼 특정 금융기관을 겨냥해 금융대란을 촉발하는 식으로 특정 목표와 목적을 겨냥한 것을 넘어서 정부기관의 고위 관계자의 휴대폰 정보를 통한 고위정보 절취뿐만 아니라 공공기관 시스템을 마비시키기 위해 필요한 사전 정보 해킹 및 일반인의 피해까지 직접 겨냥한 것으로 나타났다.[34]

(3) 사이버공격의 대형화

대형 금융사고를 일으킬 목적으로 주도면밀하게 해킹을 시도한 흔적도 드러났다. 북한이 2015년까지 6만여 대에 달하던 좀비PC를 활용해 사이버테러를 감행한 데 이어 2016년 1월에는 1만여 대를 추가로 늘려 사이버전투역량을 확대시키고 있는 점도 우려되는 대목이다. 국정원은 관련 국가 정보기관들과 협력, 좀비PC를 제거해 왔지만 북한은 사이버테러를 위한 준비를 멈추지 않고 있다.[35]

(4) 정치·군사적 목적에서 경제적 목적으로의 변화

사이버공격은 재래병기 대안 이외에도 타국의 첨단기술을 손쉽게 획득할 수 있는 수단이 되고 있다. 여기에는 군사기술뿐만 아니라 산업기술도 포함된

려워져 희소성이 높아진다. 시사상식사전 참조.

33 김민석, "핵·미사일 자금 고갈돼 … 북한, 암호화폐 탈취에 눈 돌리나" 2018년 2월 2일자 칼럼 참조. 대표적인 사례가 국내 암호화폐 거래소 유빗(옛 야피존) 해킹사건이다. 북한은 2017년 4월 유빗에서 55억원 어치의 비트코인을 훔쳐갔고 이어 12월에는 이 거래소 전체 자산의 17%를 해킹했다. 결국 유빗은 파산절차에 들어갔다. 북한은 또 2017년 6월 세계 2위의 국내 암호화폐 거래소인 빗썸에서도 3만 6000명 회원정보를 몰래 가져갔다. 국정원은 빗썸 해킹에 북한이 연루된 것으로 보고 관련 수사자료를 검찰에 넘겼다. 9월에는 국내 거래소 코인이즈가 21억원 상당의 암호화폐를 북한에 연루된 해커에게 도난당했다.

34 파이낸셜뉴스 2016년 3월 8일자 "北 사이버테러, 온 국민이 대상이다" 기사 참조.

35 파이낸셜뉴스 2016년 3월 8일자 "北 사이버테러, 온 국민이 대상이다" 기사 참조.

다. 해킹 기술 투자는 선진국의 앞선 기술을 훔치는 데 사용할 수 있어 더욱 경제적이라고 분석하는 전문가도 있다.[36] 최근에는 외화벌이가 절실한 북한이 경제적 목적으로 해킹을 활용하고 있다는 주장도 나오고 있다. 2016년 2월 방글라데시 중앙은행에서 8천100만 달러가 탈취당하는 사건이 발생했는데 북한이 미국 소니 픽처스(Sony Pictures Entertainment, Inc.)와 우리 금융·언론기관을 해킹할 때 쓴 것과 유사한 코드가 발견됐다고 한다. 북의 대남 공작기관들이 경제난과 외화난 해소를 위해 국제 금융망을 대상으로 사이버공격을 감행할 가능성이 크다는 전망이 우세하다.[37]

(5) 새로운 사이버공격 수단의 출현

현재 발생하고 있는 북한발 사이버공격의 유형으로 ① 정부 주요 기관을 사칭해 메일을 보내고, 응답 시 악성코드를 심어 보내는 '스피어 피싱(spear phishing: 특정인의 정보를 캐내기 위한 피싱 공격. 열대지역 어민이 하는 작살 낚시에 빗댄 표현)', ② 패치가 나오지 않은 소프트웨어의 취약점 악용해 악성코드를 유포하는 방식, ③ 특정 집단이 주로 방문하는 웹 사이트를 감염시키고 악성코드를 유포하는 '워터링 홀(watering hole: 사자가 마치 먹이를 습격하기 위해 물웅덩이 근처에서 매복하고 있는 형상을 빗댄 표현으로 표적 공격이라고도 한다)' 등이 거론된다.[38]

일부 전문가는 향후 예상되는 사이버공격으로 논리폭탄 공격(Logic Bomb Attacks), 비동시성 공격(Asynchronous Attacks), 전자폭탄(E-Mail Bomb), 전자총

---

36 헤럴드경제 2014년 12월 22일자 "약소국들은 왜 사이버전쟁에 집착하나" 기사 참조; 미국 은행에 개설된 방글라데시 중앙은행 계좌에 "스리랑카와 필리핀 시중은행으로 약 10억 달러를 이체하라"는 요청이 접수됩니다. 한창 송금이 진행되던 중 계좌명의 오타가 발견됐습니다. 거래가 중단됐지만, 이미 1억 달러, 약 1,000억원이 증발한 뒤였습니다. 지난 2월 발생한 영화 같은 해킹 사건의 가장 유력한 용의자는 북한입니다. 6,000명 규모의 북한 해킹 부대가 대규모 사이버금융 해킹을 통해 계좌에 예치돼 있거나 송금 과정에 있는 거액의 돈을 가로채려고 시도하는 겁니다. TV조선 2016년 6월 23일자 "돈줄 마르는 北…국제금융망 해킹으로 자금 확보" 방송기사 참조.

37 조선일보 2016년 6월 24일지 "北, 사이버 테러 통해 자금 탈취 가능성" 기사 참조.

38 아이뉴스24 2016년 6월 22일자 "북한발 사이버 테러 위협 크다" 기사 참조.

(Herf Gun: 전자기장 발생을 통해 자기기록을 훼손하는 사이버 무기), EMP 폭탄(강한 전자기장을 내뿜어 국가통신시스템, 전력, 수송시스템, 금융시스템의 컴퓨터나 전자장비 등을 목표로 하여 사회 인프라를 일순간 무력화시키는 무기), 나노 기계(Nano Machine: 개미보다 작은 로봇으로 목표 정보시스템센터에 배포되어, 컴퓨터 내부에 침투하여 전자회로기판을 작동 불능케 함으로써 컴퓨터를 불능 상태로 만드는 것으로, 하드웨어를 직접 대상으로 하는 무기) 등을 들기도 한다.[39]

여기에서는 스피어 피싱, 패치가 나오지 않은 소프트웨어의 취약점 악용해 악성코드를 유포하는 방식, 워터링 홀, SNS와 사물인터넷을 활용한 방식에 대해 살펴보기로 한다.

1) 스피어 피싱을 통한 사이버공격

스피어 피싱(spear phishing)이란 조직 내의 신뢰받는 특정인을 대상으로 ID 및 패스워드 정보를 요구하는 일종의 피싱 공격을 말한다. 회사의 인력 부서나 기술 부서에서 직원들에게 이름 및 패스워드 업데이트를 요구하는 것처럼 스피어 피싱 행위가 행해지며, 해커는 이로부터 데이터를 획득하여 네트워크에 잠입할 수 있다. 또는 사용자로 하여금 스파이웨어가 수행되는 링크에 클릭하도록 유도하는 스피어 피싱도 있다.[40] 최근에는 속임수 기법이 더 교묘해지면서 '먼저 상대를 안심시킨 후, 다음 번에 속이는' 투 트랙 스피어피싱 (Two-Track Spear phishing) 기법까지 생겨나고 있다.[41]

2) 펀치가 나오지 않은 소프트웨어 취약점을 악용해 악성코드를 유포하는 방식

악성코드는 악성(범죄) 행위를 위해 개발된 PC 프로그램(소프트웨어)을 말한다. 사이버 범죄자들의 최종 목적은 PC나 모바일기기에 악성코드를 설치하는 것이다. 사이버 범죄자들이 만들어 유포하는 악성코드는 한번 설치되면 공격자들이 PC나 모바일기기를 완전히 통제할 수 있다. 많은 사람들이 악성코드는 PC에서만 감염되는 것으로 알고 있다. 하지만 악성코드는 스마트폰과 태블

---

39 유동열, "사이버 공간이 위태롭다", 「미래한국」(2016. 4. 11) 참조.
40 IT용어사전, 한국정보통신기술협회.
41 강용석, "[DT광장] 더 교묘해진 사회공학적 해킹", 디지털타임스 2016년 2월 16일자 칼럼 참조.

릿과 같은 컴퓨팅 기기를 감염시킬 수 있다.

3) 워터링 홀을 활용한 사이버공격

워터링 홀(watering hole)은 표적으로 삼은 특정 집단이 주로 방문하는 웹사이트를 감염시키고 피해 대상이 그 웹사이트를 방문할 때까지 기다리는 웹기반 공격을 말한다. 워터링 홀은 산업 스파이 활동을 목적으로 컴퓨터나 네트워크를 감염시켜 기밀 정보를 빼내기 위해 사용된다. 공격자는 사전에 표적집단이 자주 방문하는 웹사이트를 조사하여, 그 웹사이트를 감염시킨다. 감염된 웹사이트의 방문자는 모두 악성 코드에 감염되어, 전염성이 높아지는 것이 특징이다.[42]

4) SNS를 활용한 사이버공격

최근에는 사이버공격이 소셜네트워크서비스(SNS)를 활용한 방식으로 진화하고 있다.[43] SNS는 웹상에서 이용자들이 인적 네트워크를 형성할 수 있게 해주는 서비스로, 트위터·싸이월드·페이스북 등이 대표적이다. 사이버심리전은 사이버공간에서 여론을 조작한 후 내부분열로 인한 상대의 자멸을 유도하는 것으로 사이버전에서 가장 선행되는 단계이다. 북한 사이버심리전의 목적은 대남전략의 일환으로 남한 내 반정부 및 동조세력들의 활동을 지원하고, 북한이 주장하는 바를 주입해 의식화하는 데 있다.[44]

2. 가상공간에서의 지원이 현실에서 물리적 폭력으로 나타나는 경우

사이버공간을 통해 제공된 정보를 통해 사제폭탄을 제작하여 현실에서 테러공격이 발생하는 형태로 나타난다. 앞으로 사물인터넷, 무인자동차, 드론, 그리고 로봇병기 등을 통해 보다 세련된 형태로 구현될 것이다. 인터넷을 통해 연결된 로봇병기나 드론 등이 현실폭력을 실행하는 주요 주체가 될 것이다. 로봇병기란 결국 우리가 알고 있는 컴퓨터에 기동능력과 살상무기를 장착

---

42 IT용어사전, 한국정보통신기술협회.

43 문화일보 2016년 3월 11일자 "北, 사이버테러 요원 6,800여 명 … 고강도 공격 10배로" 기사 참조.

44 국방일보 2016년 3월 18일자 "SNS 여론 조작으로 내부 분열 노린다" 기사 참조.

한 것이다.

　북한이 전통적 방식의 사이버공격 이외 대남심리전의 일환으로 사물인터넷을 사이버심리전에 이용할 수 있는 가능성을 염두에 두어야 한다. 예를 들어 북한의 사이버전사가 익명 사용자의 웨어러블 디바이스 IP(Internet Protocol) 주소 정보를 입수하고 위치정보를 확보하면 위치 주변에 설치된 사물인터넷을 해킹하여 대남선전용 방송에 쉽게 접근하도록 조작할 수 있고, 이를 통해 북한이 유포하는 허위사실이 전파되는 환경을 조성할 수 있다. 그러나 사물인터넷 환경에서는 북한의 심리전과 같은 도발에 네트워크를 차단하는 등의 적극적 대응이 매우 어려운 상황이다. 적대세력의 위중한 도발에 대응하기 위해서라지만 사물인터넷을 가능케 하기 위해 지수적 수준으로 발급된 IP 주소 전부를 차단하는 것은 불가능하다. 결국 미래에는 국가차원에서라도 물리적인 인터넷 차단이 불가능해지는 시대가 될 것이라는 사실이다. 결국 국가와 사회적 수준에서의 사물인터넷 위협요소들은 ① 국가기간망에 대한 고도의 해킹 확산, ② 국내 보안업체들의 경쟁력 부족으로 해킹에 대한 대응책 저하, ③ 사물인터넷을 이용한 북한과 같은 적대 세력의 비대칭적 도발이 가속화되는 것 등을 들 수 있다.[45]

　사물인터넷으로 인해 국가기간망 보안이 더욱 큰 위협에 노출되게 되었다. 실제로 악성코드의 일종인 스턱스넷(Stuxnet)과 같은 사이버병기가 사용될 경우 국가기간망을 일시에 마비시키는 것은 물론 파괴까지 할 수 있기 때문에 이에 대한 보안대책이 강구되어야 한다.[46] 다음으로 사물인터넷을 통한 산업정보망 해킹가능성도 있다. 해킹기술의 발전으로 이미 '제로데이(Zero Day)' 공격보다 더욱 위협적인 '제로아워(Zero Hour)' 공격이 현실화되는 시대가 도래하였다.

45　이상호·조윤영, "사물인터넷시대 국가 사이버안보 강화 방안 연구", 「정치·정보연구」 제18권 제2호(2015년), 18쪽.
46　2010년 이란의 원자력발전소에서 원전제어시스템이 '스턱스넷'이라 불리는 악성코드에 감염돼 원심분리기 1천 대가 고장났다.

3. 현실에서의 지원이 가상공간에서 물리적 폭력으로 나타나는 경우

이 경우는 전자기펄스(EMP: electromagnetic pulse) 폭탄[47]이나 고주파 전자총 등으로 구현된다고 한다. 최근 북한이 강력한 전자기파를 방출하여 전자기기 체계를 작동 불능 상태에 빠지게 하는 전자기펄스(EMP) 공격 등을 통해 국가정보통신체계를 교란시키려는 시도들도 우려되고 있다.[48] EMP란 전자장비를 파괴시킬 정도의 강력한 전기장과 자기장을 지닌 순간적인 전자기적 충격파로서 펄스의 지속 시간은 수십 나노초 내외로 매우 짧다.[49] 문제는 EMP 대비책이 사실상 없다는 것이다. EMP 폭탄은 사전감지가 불가능한 데다 폭발 후 0.5~100초면 반경 수천km 내의 모든 전자시설이 파괴된다.[50]

---

[47] 1962년 7월 태평양 존스턴섬 상공 400km에서 미국이 핵실험을 위해 수백 킬로톤(1킬로톤은 TNT 폭약 1,000t 위력) 위력의 핵무기를 공중 폭발시켰다. 그러자 1,445km나 떨어진 하와이 호놀룰루에서 교통신호등 비정상 작동, 라디오 방송 중단, 통신망 두절, 전력 회로 차단 등 이상한 사건이 속출했다. 전기·전자 장비에 이상이 생겼기 때문이다. 700여km 떨어진 곳에선 지하 케이블 등도 손상됐다. 이런 사태를 초래한 범인은 강력한 전자기(電磁氣) 펄스(EMP)인 것으로 뒤에 확인됐다. 유용원, "[전문기자 칼럼] 북한의 히든카드 核 EMP 공격" 조선일보 2016년 6월 29일자 칼럼 참조.

[48] 문화일보 2016년 3월 11일자 "北, 사이버테러 요원 6,800여 명 ⋯ 고강도 공격 10배로" 기사 참조.

[49] 의료기기가 모두 멈추고, 움직이는 이동수단(차, 기차, 배, 비행기)이 모두 서게 되는 등 핵보다 피해범위가 더 크다. 007 시리즈에서도 EMP를 써서 은행의 데이터를 증발시켜 혼란을 일으키려는 악당이 등장한다. 윌리엄 포르스첸의 소설 '1초 후'는 실체가 불분명한 테러 집단이 화물선에서 성층권으로 핵을 쏴 미국 전체에 EMP 공격을 한다는 내용이다. 끝내 미국은 극도의 혼란에 빠져 무정부 상태로 되며 3천만 명만 겨우 살아남는다. EMP가 모든 전기 장비를 못 쓰게 하여 생활권이 붕괴된다. 소설 같은 얘기로 들리지만 바로 오늘날 우리의 현실이다. 임주환, "[시론] 'EMP 위협' 민간분야도 예외 아니다" 디지털타임즈 2015년 4월 13일자 칼럼 참조.

[50] 2011년 세계일보에 다음과 같은 가상기사가 실렸다. "20××년 3월 8일 오후 9시. 합동 참모본부 공군 레이더 망에 비상이 걸렸다. 북한이 장거리 미사일 발사 징후가 감지됐기 때문이다. 북한 무수단리 발사대를 떠난 미사일은 금세 한반도 대전 상공에 도착했다. 지상 40km 상공. 탄두가 강한 섬광과 함께 폭발했다. 그 다음 천지는 조용해졌다. 북한의 EMP(전자기펄스) 폭탄이었다. 폭발 수초 만에 전군 정보망은 순신간에 먹통이 됐다. 항공기 이착륙이 중단되고 정전된 서울 도심은 암흑천지에 빠졌다. 은행 등 전기와 인터넷으로 연결된 모든 서비스 시스템도 멈춰섰다. 인명피해는 없었지만 현대문명은 재앙적으로 파괴됐다. 한반도가 문명 이전 시대로 돌아간 것이다." 세계일보 2011년 3월 7일자 "北 전자전 최악은 EMP탄" 기사 참조.

2013년 4월 미래창조과학부는 국가마비사태를 방지하기 위해 전력, 통신 등 주요민간시설에 대한 EMP 방호설비를 유도하는 정책을 발표했다. 현재 EMP 제조 기술이 많이 발전되어 특정 테러 집단이나 일반인도 손쉽게 확보할 수도 있는 상황이다. 전문가들은 EMP탄이 무인항공기나 드론에 의해 운반된다면 엄청난 피해를 끼칠 수 있기 때문에 국방분야뿐만 아니라 민간 분야에서도 이에 대한 대비책을 서둘러야 한다고 주장하고 있다.[51]

제4절 사이버안보위협에 대한 일본의 입법적 대응

Ⅰ. 사이버안보 분야의 기본법 제정 경과

일본은 미국과의 긴밀한 군사동맹을 기반으로 워싱턴(2013년)과 도쿄(2014년)를 오가며 사이버회담을 개최하는 등 사이버안보 분야에서도 동맹을 강화하고 있다. 영국·프랑스·이스라엘·호주·에스토니아 등과 사이버협의회를 신설하고 아태지역에선 동남아시아국가연합(ASEAN)에 사이버원조를 통한 영향력을 키워가고 있다.[52]

2011년 12월 문부성이 운영하던 사이트가 해킹을 당해 개인정보가 유출됐다. 이에 문부성은 웹사이트 일부 문장이 중국어로 '중화인민공화국 만세'로 바뀌었고 공격자 인터넷주소(IP)를 추적한 결과 중국 난징으로 나타났다고 밝혔다. 2012년 9월 센카쿠(중국명 댜오위다오) 국유화 이후 국회를 비롯한 정부·금융기관·첨단무기 개발업체에 대한 사이버공격이 더욱 거세지고 있다.[53]

일본에서 사이버안보 분야의 기본법을 제정하려는 움직임은 「사이버시큐리티기본법」 발의 이전부터 존재하였다. 2003년에 일본변호사협회는 「정보시큐리티기본법」 제정을 요구하는 의견서와 함께 총 7개 장 및 부칙으로 구성된

---

51 임주환, 앞의 칼럼 참조.
52 손영동, "〔손영동의 사이버세상〕 <6> 사이버맹주에 시동 건 일본", 전자신문 2015년 8월 18일자 칼럼 참조.
53 손영동, 앞의 칼럼 참조.

법안을 발표한 바 있다.[54] 일본변호사협회가 사이버안보 관련 입법을 제안한 것이 특징적이라 할 수 있다.

그럼에도 불구하고 일본은 오랫동안 사이버안보 분야의 일반법을 제정하지 않은 채 정보화분야의 기본법인 「고도정보통신네트워크사회형성기본법」(2000년 11월 제정)에 따라 관련 기구들을 설치하고 정책을 시행하였다.[55] 이 법의 핵심은 정보시큐리티정책회의, 정보시큐리티센터 등을 설치하고 이러한 기구들을 중심으로 관련 정책을 추진하는 것이다. 아울러 「부정액서스행위 금지 등에 관한 법률」 등에 근거하여 부정한 행위를 한 자를 처벌하는 등의 형태로 사이버안보 분야에 필요한 조치를 취하여 왔다.[56] 사이버공격이 증가함에 따라 2013년 발표된 '국가안전보장전략'은 사이버안보의 강화를 제시하였고, 동시에 발표된 「방위계획대강」은 각종 사태에 대한 실효성 있는 억지 및 대처 중 하나로서 사이버공간에서의 대응을 제시하였다.

그러나 이와 같은 형태의 사이버안보 대책에 한계가 있다는 인식을 하면서 2020년 7월 24일부터 8월 9일까지 개최 예정이었던 제32회 도쿄 하계올림픽과 패럴림픽은 사이버안보 분야의 일반법 제정의 필요성을 환기시키는 직접적인 요인으로 작용한 것으로 분석되고 있다.[57] 그러나 코로나19의 전 세계 확산으로 2021년 7월로 연기되었으나 코로나19의 창궐로 인하여 개최 여부가 불투명한 상태이다.

2014년 11월 12일 사이버안보를 위한 주체별 책임을 규정한 「사이버시큐리티기본법」을 제정했다. 이 법률은 사이버안보 분야의 기본법으로서 사이버안보에 대한 실효성을 강화하였다는 평가를 받고 있다.

---

54 박상돈, "일본 「사이버시큐리티기본법」에 대한 고찰: 한국의 사이버안보 법제도 정비에 대한 시사점을 중심으로", 「경희법학」 제50권 제2호(경희법학연구소, 2015), 148쪽.

55 이에 대해서는 김재광·김정임, "일본의 사이버위기 관련 법제의 현황과 전망", 「법학논총」 제33권 제1호(단국대 법학연구소, 2009. 6), 43쪽 참조.

56 「부정액세스행위 금지등에 관한 법률」에 대한 구체적인 내용에 대해서는 김재광·김정임, 앞의 논문, 47~50쪽 참조

57 박상돈, 앞의 논문, 149쪽.

Ⅱ.「사이버시큐리티기본법」의 주요 내용

　　일본의「사이버시큐리티기본법」은 사이버시큐리티 관련 시책 추진의 기본 이념과 각 주체별 사이버시큐리티 확보의 책무를 정하고 있다. 또한 정부가 사이버시큐리티전략을 수립하도록 하고, 내각에 사이버시큐리티전략본부를 두면서 내각관방[58]이 그 사무를 처리하도록 하는 추진체계를 정립하였다.「사이버시큐리티기본법」은 그 밖에도 사이버시큐리티의 강화에 필요한 다양한 조치들을 정하고 있다.

　　첫째, 사이버시큐리티라는 원어를 그대로 사용하고 있는 점이 눈에 띈다. "사이버시큐리티란 전자적 방식, 자기적 방식 및 그 밖의 사람의 지각으로는 인식할 수 없는 방식"(이하 이 조에서 "전자적 방식"이라 한다)으로 기록되거나 발신, 전송 또는 수신되는 정보의 누설, 멸실 또는 훼손 방지 및 그 밖의 정보의 안전관리를 위하여 필요한 조치와 정보시스템 및 정보통신 네트워크의 안전성 및 신뢰성의 확보를 위하여 필요한 조치(정보통신 네트워크 또는 전자적 방식으로 작성된 기록과 관련된 기록매체(이하 "전자적 기록매체"라 한다)를 통한 전자계산기에 대한 부정한 활동에 의한 피해의 방지를 위하여 필요한 조치를 포함한다)가 강구되고 그 상태가 적절하게 유지·관리되는 것을 말한다"고 정의하고 있다.

　　둘째, 기본이념을 여섯 가지 제시하고 있다(제3조). ① 사이버시큐리티 위협에 대해 국가, 지방공공단체, 중요사회기반사업자 등 다양한 주체가 연계하여 적극적으로 대응하여야 한다. ② 국민 개개인이 사이버시큐리티 관련 인식을 제고하고 자발적으로 대응하도록 하는 동시에 피해 방지와 신속한 복구를 위한 체제를 구축하는 대책을 적극적으로 추진하여야 한다. ③ 인터넷 및 그 밖의 고도정보통신네트워크 정비와 정보통신기술 활용에 의한 활력 있는 경제사회 구축 대책을 추진하여야 한다. ④ 사이버시큐리티 관련 국제질서의 형성과 발전에서 선도적 역할을 담당하며국제적 협조하에 실시하여야 한다. ⑤「고도정보통신네트워크사회형성기본법」의 기본이념을 배려하여 추진한다. ⑥

---

58 내각의 서무, 주요 정책의 기획·입안·조정, 정보의 수집 등을 담당한다. 우리나라의 대통령 비서실에 해당한다.

국민의 권리를 부당하게 침해하지 않아야 한다.

셋째, 각 주체 – 국가, 지방공공단체, 중요사회기반사업자, 사이버 관련 사업자, 대학 등 교육기관, 국민 – 별 기본 책무는 다음과 같다. ① 국가는 기본이념에 따라 사이버시큐리티에 관한 종합적인 시책을 수립·실시할 책무를 진다(제4조). ② 지방공공단체는 기본이념에 따라 국가의 역할을 분담하여 사이버시큐리티에 관한 자주적 시책을 수립·실시할 책무를 진다(제5조). ③ 중요사회기반사업자는 사이버시큐리티에 대한 관심과 이해를 높이며, 자주적이고 적극적으로 사이버시큐리티 확보에 노력하고, 국가 및 지방공공단체의 시책에 협력한다(제6조). ④ 인터넷 및 그 밖의 고도 정보통신망의 정비, 정보통신기술 활용 또는 사이버시큐리티에 관한 사업을 실시하는 사이버 관련 사업자는 기본이념에 따라 해당 사업에 관하여 자주적이고 적극적으로 사이버시큐리티 확보에 노력하고 국가 및 지방공공단체의 시책에 협력한다(제7조). ⑤ 대학 및 그 밖의 교육기관은 기본이념에 따라 자주적이고 적극적으로 사이버시큐리티의 확보에 노력하고 사이버시큐리티 관련 인재 육성과 연구 수행 및 그 성과의 보급에 노력하며 국가 및 지방공공단체의 시책에 협력한다(제8조). ⑥ 국민은 기본이념에 따라 사이버시큐리티에 대한 관심과 이해를 높이고 사이버시큐리티의 확보에 필요한 주의를 기울이도록 노력한다(제9조).

넷째, 사이버시큐리티전략의 수립에 관한 사항이다. 정부는 사이버시큐리티에 관한 시책의 종합적·효과적 추진을 도모하기 위해 사이버시큐리티에 관한 기본계획으로서 사이버시큐리티전략을 수립하며 사이버시큐리티전략의 실시에 필요한 자금을 예산에 계상하는 등 그 원활한 실시에 필요한 조치를 강구하도록 노력하여야 한다(제12조).

다섯째, 사이버시큐리티전략본부(본부장: 내각관방장관)의 설치 및 임무는 다음과 같다. 사이버시큐리티에 관한 시책을 종합적·효과적으로 추진하기 위해 내각에 사이버시큐리티전략본부를 설치한다(제24조). 사이버시큐리티전략본부는 ① 사이버시큐리티전략의 수립 및 실시, ② 국가행정기관 및 독립행정법인의 사이버시큐리티 관련 대책 기준 작성과 사이버시큐리티 관련 대책 기준에 따른 시책의 평가 등 해당 기준에 근거한 시책 실시 추진, ③ 원인 규명을 위한 조사 등 국가행정기관에서 발생한 사이버시큐리티 관련 중대사건에 대한 시책의 평가, ④ 그 밖의 사이버시큐리티 관련 시책의 중요사항 기획에 관한 조사·심의, ⑤ 관계행정기관의 경비 견적 방침 및 시책 실시에 관한 지침 작성 및 시책 평가 등 시책 실시에 필요한 종합적 조정 등에 관한 사무를 주관한다.

  여섯째, 사이버시큐리티전략본부의 협력관계는 다음과 같다. 관계행정기관의 장은 사이버시큐리티전략본부가 정하는 바에 따라 사이버시큐리티전략본부의 소관 사무에 필요한 관련 자료 및 정보를 사이버시큐리티전략본부에 적시에 제공하여야 한다. 그 밖에 관계행정기관의 장은 사이버시큐리티전략본부의 요청에 따라 필요한 사이버시큐리티 관련 자료 및 정보를 제공하고 설명하는 등 협력하여야 한다(제30조). 지방공공단체를 비롯한 관련자들도 정보 제공 등 협력할 의무가 있다(제31조, 제32조 등).

Ⅲ. 2017년 「사이버시큐리티기본법」의 개정의 주요 내용

  2015년 5월 최대 규모의 해킹 공격으로 일본연금기구의 연금정보관리시스템에서 125만 명의 개인신상정보가 유출되었다. 이것이 계기가 되어 2016년 4월 15일에 「사이버시큐리티기본법」이 개정되었다. 당시에도 「사이버시큐리티기본법」이 시행되었으나 내각사이버보안센터(NISC)의 원인규명조사 대상에 독립행정법인인 일본연금기구가 포함되지 않음에 따라 적절한 대응이 이루어지지 못하였던 것이다.[59] 이러한 문제를 해결하기 위해 국가가 행하는 사이버안보를 위한 감시, 감사, 원인규명조사 등의 대상범위를 일본연금기구와 같은 독립행정법인과 특수법인·인가법인 등까지 확대하는 개정이 이루어졌다.

---

59 이에 대해서는 곽관훈, "일본의 사이버안보 행정조직 분석과 우리에게 주는 시사점", 「사이버안보법정책논집」 제3호(한국사이버안보법정책학회, 2018. 4), 198쪽 참조.

[표 1] 「사이버시큐리티기본법」의 개정

구분	개정 전 대상	개정 후 대상
감사	중앙정부, 독립행정법인	중앙정부, 독립행정법인, 특수법인 및 인가법인
원인규명조사	중앙정부	중앙정부, 독립행정법인, 특수법인 및 인가법인
감시(GSOC)	중앙정부	중앙정부, 독립행정법인, 특수법인 및 인가법인

개정법에서는 사이버시큐리티전략본부의 일부사무를 정보시큐리티 대책의 추진과 IT 관련 인재 육성을 하는 '독립행정법인 정보처리추진기구(IPA)'에 위탁할 수 있도록 하였다. 이를 위해 「사이버시큐리티기본법」과 함께 「정보처리촉진법」이 개정되었다.

「정보처리촉진법」은 「사이버시큐리티기본법」의 조치를 보완하는 관점에서 (i) 사이버시큐리티전략본부로부터 위탁받은 사무를 IPA의 업무로 추가하였고(제43조), (ii) 정보처리안전확보지원사[60] 제도를 창설하였다(제6조-제28조). 아울러 소프트웨어의 취약성 정보 등의 공표 방법·절차의 정비(제43조)가 개정의 주된 내용이다.

Ⅳ. 「사이버시큐리티기본법」의 시사점

일본의 「사이버시큐리티기본법」의 제정의 시사점에 대해 박상돈 박사는 다음 6가지를 제시하고 있다. 첫째, 오랜 기간 추진해왔던 사이버안보 분야의 기본법이 제정되었다는 점, 둘째, 연성규범에 대한 의존도를 감소시키고 법치국가원리를 준수한다는 점, 셋째, 기본이념에 바탕한 범국가적 사이버안보 추진의 법적 근거를 마련하였다는 점, 넷째, 사이버안보 총괄기구의 위상을 높이고 이를 법제화하였다는 점, 다섯째, 사이버안보 강화 활동의 투명성을 확보하

---

60 일본은 사이버시큐리티에 관한 실천적인 지식, 기능을 갖는 전문인재의 육성과 확보를 목적으로 국가자격으로서 '정보처리안전확보지원사' 제도를 창설하였다. '정보처리안전확보지원사'는 사이버시큐리티에 관한 전문적인 지식과 기능을 활용하여 기업이나 조직에 있어서 안전한 정보시스템의 기획·설계·개발·운용을 지원하고 사이버시큐리티대책 조사·분석·평가 및 그 결과에 기초한 지도·조언을 행하게 된다. 이에 대한 상세한 내용은 일본 정보처리추진기구(IPA)홈페이지 참조(https://www.ipa.go.jp/siensi/index.html(2018년 2월 2일 최종방문)).

여 일반 국민의 참여 여건을 조성하였다는 점, 여섯째, 사이버안보 국제질서 형성에 대한 적극적인 참여를 선언하였다는 점 등이 그것이다.[61]

생각건대, 「사이버시큐리티기본법」의 기본이념에서 제시된 민관총력체제의 선언, 국민의 사이버시큐리티 관련 인식 제고, 경제적 발전의 도모, 사이버시큐리티 관련 국제협력, 국민의 권리 부당 침해 금지 등을 법률에 구체화하고 있는 점도 높이 평가할 수 있다고 본다. 그리고 이미 2003년에 일본변호사협회가 「정보시큐리티기본법」 제정을 요구하는 의견서와 함께 총 7개 장 및 부칙으로 구성된 법안을 발표한 사례도 사이버시큐리티가 국가 차원의 문제가 아닌 사회 전체적인 문제라는 점을 일깨워주는 것이라고 할 수 있다.

제5절 사이버안보위협에 대한 우리나라의 입법적 대응

사이버안보위협에 대한 우리나라의 입법적 대응은 두 가지 방향으로 전개되었다. 하나는 사이버안보 일반법 제정 노력이고, 다른 하나는 「국가정보원법」 등 현행법의 개정을 통한 대응이었다.

Ⅰ. 사이버안보 일반법 제정을 통한 대응

1. 19대 국회와 20대 국회의 입법 추진

(1) 19대 국회의 사이버안보 일반법 제정 추진

19대 국회에서 사이버안보 일반법 제정을 위한 주요 사례는 「국가 사이버테러 방지에 관한 법률안」(2013년 4월 9일 서상기 의원 대표발의), 「국가 사이버안전 관리에 관한 법률안」(2013년 3월 26일 하태경 의원 대표발의), 「악성프로그램 확산방지 등에 관한 법률안」(2012년 6월 14일 한선교 의원 대표발의) 등을

---

61 구체적인 것은 박상돈, 앞의 논문, 161-165쪽 참조.

들 수 있다. 큰 진전이 없는 가운데, 19대 국회 임기만료로 자동폐기되었다.

(2) 20대 국회 사이버안보 일반법 제정 추진

1)「국가 사이버안보에 관한 법률안」(이철우 의원 대표발의)

가. 제안이유

2009년 "7. 7 디도스 사건" 이후 지속적인 사이버공격으로 청와대는 물론 언론·금융사 전산시스템이 대량으로 파괴되는 피해가 발생하였으며, 최근의 사이버공격은 한국수력원자력과 서울메트로 등 국민생활과 직결되는 사회기반시설까지 확대되어 우리의 경제와 국가안보를 저해하는 가장 심각한 위협 중의 하나로 대두되었다. 특히 일부 지역에 국한해 발생하는 물리적 공격과 달리 사이버공격은 초국가적으로 시·공간을 초월하여 공공·민간 영역 구분이 없이 동시 다발적으로 발생함으로써 사이버위협 요인을 조기에 파악하여 차단하지 않을 경우 피해가 순식간에 확산되는 특성이 있다.

그러나 우리의 국가적 대응 활동은 공공·민간 부문이 제각각 분리, 독립 대응하고 있어 광범위한 사이버공격에 효율적인 대처가 불가한 실정이다. 공공부문은 대통령훈령인「국가사이버안전관리규정」에 근거하고 있어, 행정기관 이외 민간분야 및 입법·사법기관은 적용범위에서 제외되고, 민간 부문은 사이버공격 예방 및 대응을 위한 법률 미흡으로 사이버공격 징후를 실시간 탐지·차단하거나 신속한 사고 대응에 한계가 있다.

따라서 정부와 민간이 함께 협력하여 국가차원의 체계적이고 일원화된 대응 체계를 구축하고, 이를 통해 사이버공격을 사전에 탐지하여 사이버위기 발생가능성을 조기에 차단하며, 위기 발생 시 국가의 역량을 결집하여 신속히 대응할 수 있도록 한다.

나. 주요 내용

① 사이버안보 추진기구

사이버안보에 관한 중요한 사항을 심의하기 위하여 대통령 소속하에 국가사이버안보정책조정회의를 둔다(안 제4조). 국가차원의 종합적이고 체계적인 사이버안보 업무 수행을 위하여 국가정보원장 소속으로 국가사이버안보센터를 둔다(안 제6조). 정부는 이 법에서 규정한 업무를 지원할 수 있는 능력이 있다고 인정되는 자를 사이버안보 전문업체로 지정·관리할 수 있다(안 제16조).

② 사이버안보를 위한 예방활동

국가정보원장은 사이버안보업무의 효율적이고 체계적인 추진을 위하여 사이버안보 기본계획을 수립하고 이에 따라 시행계획을 작성하여 책임기관의 장에게 배포하여야 한다(안 제7조). 책임기관의 장은 사이버공격 정보를 탐지·분석하여 즉시 대응할 수 있는 보안관제센터를 구축·운영하거나 다른 기관이 구축·운영하는 보안관제센터에 그 업무를 위탁하여야 한다(안 제10조). 책임기관의 장은 사이버위협정보를 다른 책임기관의 장 및 국가정보원장에게 제공하여야 하며 국가정보원장은 국가차원의 사이버위협정보의 효율적인 공유 및 관리를 위하여 국가사이버위협정보공유센터를 구축·운영할 수 있다(안 제11조).

③ 사이버안보를 위한 대응활동

책임기관의 장은 사이버공격으로 인한 사고가 발생한 때에는 신속히 사고조사를 실시하고 그 결과를 중앙 행정기관 등의 장 및 국가정보원장에 통보하여야 한다(안 제12조). 국가정보원장은 사이버공격에 대한 체계적인 대응을 위하여 사이버위기경보를 발령할 수 있으며, 책임기관의 장은 피해 발생을 최소화하거나 피해복구 조치를 취해야 한다(안 제14조). 정부는 경계단계 이상의 사이버위기경보가 발령된 경우 원인분석, 사고조사, 긴급대응, 피해복구 등을 위하여 책임기관 및 지원 기관이 참여하는 사이버위기대책본부를 구성·운영할 수 있다(안 제15조).

다. 평가

이철우 의원(현 경상북도 도지사)이 대표발의한 국가 사이버안보에 관한 법률안은 국가사이버안보에 관한 컨트롤타워를 국가정보원장으로 하고 있는 점이 특징이다. 즉, 국가차원의 종합적이고 체계적인 사이버안보 업무 수행을 위하여 국가정보원장 소속으로 국가사이버안보센터를 두고(안 제6조), 국가정보원장은 사이버안보업무의 효율적이고 체계적인 추진을 위하여 사이버안보 기본계획을 수립하고 이에 따라 시행계획을 작성하여 책임기관의 장에게 배포하여야 하며(안 제7조), 책임기관의 장은 사이버위협정보를 다른 책임기관의 장 및 국가정보원장에게 제공하여야 하며 국가정보원장은 국가차원의 사이버위협정보의 효율적인 공유 및 관리를 위하여 국가사이버위협정보공유센터를 구축·운영할 수 있다(안 제11조).

국가사이버안보에 관한 컨트롤타워를 국가정보원장으로 하고자 하는 입법취지는 국정원의 설치목적, 전문성 그리고 특별한 보안성을 감안하면 충분히 납득할 수 있다.

2) 「국가사이버안보법안」(정부입법)

가. 제안이유

공공 및 민간 영역의 구분이 없이 광범위하게 발생하는 사이버공격으로 인하여 막대한 경제적 피해와 사회 혼란이 유발되고 있는바, 국가안보를 위협하는 사이버공격을 신속히 차단하고 피해를 최소화하기 위하여 국가사이버안보위원회를 설치하고, 국가기관·지방자치단체 및 국가적으로 중요한 기술을 보유·관리하는 기관 등을 책임기관으로 하여 소관 사이버공간 보호책임을 부여하며, 사이버위협정보의 공유와 사이버공격의 탐지·대응 및 사이버공격으로 인한 사고의 통보·조사 절차를 정하는 등 국가사이버안보를 위한 조직 및 운영에 관한 사항을 체계석으로 정립하려는 것이다.

나. 주요 내용

① 사이버안보의 정의

사이버안보에 대해 "사이버공격으로부터 사이버공간을 보호함으로써 사이버공간의 기능을 정상적으로 유지하거나 정보의 안전성을 유지하여 국가의 안전을 보장하고 국민의 이익을 보호하는 것"으로 정의하고 있다.

② 사이버안보 추진기구

ⓐ 국가사이버안보위원회의 설치(안 제5조)

사이버안보와 관련된 국가의 정책 및 전략 수립에 관한 사항 등을 심의하기 위하여 대통령 소속으로 국가사이버안보위원회를 두되, 위원회는 위원장을 포함하여 20명 이내의 위원으로 구성하고, 위원장은 국가안보실장으로, 위원은 국회·법원·헌법재판소·중앙선거관리위원회의 행정사무를 처리하는 기관 및 중앙행정기관의 차관급 공무원 중 대통령령으로 정하는 사람과 사이버안보에 관하여 전문적인 지식과 경험을 갖춘 사람 중에서 국가안보실장이 임명하거나 위촉하도록 하였다.

ⓑ 책임기관 및 지원기관(안 제6조 및 제7조)

국가기관·지방자치단체 및 국가적으로 중요한 기술을 보유·관리하는 기관 등은 책임기관으로서 소관 사이버공간을 안전하게 보호하는 책임을 지도록 하고, 국가정보원장은 책임기관을 지원하기 위한 기술적 역량이 있는 기관 또는 단체를 지원기관으로 지정할 수 있도록 하였다.

③ 사이버안보를 위한 예방활동

ⓐ 사이버안보 기본계획 및 시행계획의 수립(안 제10조)

국가정보원장은 사이버안보 업무를 체계적으로 추진하기 위하여 3년마다 사이버안보의 정책목표와 추진방향 등을 포함한 사이버안보 기본계획을 수립·시행하고, 중앙행정기관 및 시·도 등은 기본계획에 따라 소관 분야의 시행계획을 매년 수립·시행하도록 하였다.

ⓑ 사이버안보 실태의 평가(안 제11조)

국가정보원장은 중앙행정기관 등을 대상으로 사이버안보를 위한 업무수행체계 구축, 예방 및 대응활동 등에 관한 실태를 평가할 수 있도록 하고, 중앙행정기관 등의 장은 실태평가 결과에 따라 자체 시정조치를 하거나 예산·인사 등에 연계·반영하는 등 활용할 수 있도록 하였다.

ⓒ 사이버위협정보의 공유(안 제12조)

사이버위협정보의 공유를 위하여 국가정보원장 소속으로 사이버위협정보 공유센터를 두고, 책임기관의 장은 소관 사이버위협정보를 사이버위협정보 공유센터의 장에게 제공하도록 하며, 사이버위협정보 공유센터의 장은 위협정보를 공유하는 경우 국민의 권리가 침해되지 아니하도록 기술적·관리적 및 물리적 보호조치를 마련하도록 하였다.

④ 사이버안보를 위한 대응활동

ⓐ 사이버공격의 탐지 등(안 제14조)

책임기관의 장은 사이버공격을 탐지·분석하여 즉시 대응할 수 있는 보안관제센터를 구축하거나, 다른 책임기관의 보안관제센터에 그 업무를 위탁할 수 있도록 하였다.

ⓑ 사이버공격으로 인한 사고의 통보 및 조사(안 제15조)

책임기관의 장은 사이버공격으로 인한 사고가 발생할 경우 상급 책임기관의 장에게 통보하도록 하고, 해당 상급 책임기관의 장은 사이버공격으로 인한 사고의 피해 확인, 원인 분석, 재발 방지를 위한 조사를 실시하도록 하되, 국가안보를 위협하는 사이버공격으로 인한 사고의 경우에는 국가정보원장이 이를 조사하도록 하였다.

ⓒ 사이버위기경보의 발령 및 사이버위기대책본부의 구성(안 제16조 및 제17조)

국가정보원장은 사이버공격에 대한 체계적인 대응을 위하여 단계별 사이버위기경보를 발령하도록 하고, 중앙행정기관 및 시·도 등 상급책임기관의 장은 일정 단계 이상의 경보가 발령되거나 사이버공격으로 인하여 그 피해가 심각하다고 판단하는 경우에는 책임기관, 지원기관 및 수사기관이 참여하는 사이버위기대책본부를 구성·운영할 수 있도록 하였다.

⑤ 국방 분야에 대한 특례(안 제20조)

전시(戰時)의 경우 이 법에 따른 사이버안보에 관한 업무는 군사작전을 지원하기 위하여 수행되어야 한다(제1항). 제6조 제1항 제4호에 따른 책임기관에 대한 다음 각 호(1. 제11조에 따른 사이버안보 실태평가, 2. 제15조 제4항에 따른 사이버공격으로 인한 사고의 조사)의 업무는 제11조 및 제15조 제4항에도 불구하고 국방부장관이 수행한다(제2항). 제16조 제2항에 따라 국방부장관이 제6조 제1항 제4호에 따른 책임기관에 관한 분야별 경보를 발령하는 경우에는 같은 항 후단을 적용하지 아니한다(제3항). 국방부장관은 제2항 또는 제3항에 따른 업무를 수행함에 있어 국가안보에 필요하다고 판단되거나 국가정보원장의 요청이 있는 경우에는 관련 내용을 국가정보원장에게 통보하여야 한다(제4항).

⑥ 개인정보의 처리 등(안 제21조)

사이버안보를 위하여 처리되는 개인정보는 「개인정보 보호법」 제58조 제1항[62]에 따라 같은 법이 적용되지 아니하는 개인정보로 본다. 다만, 사이버안

---

62 「개인정보 보호법」 제58조(적용의 일부 제외) ① 다음 각 호의 어느 하나에 해당하는 개인정보에 관하여는 제3장부터 제7장까지를 적용하지 아니한다.

보를 위하여 개인정보를 처리하는 경우 개인정보 처리 기준 및 필요한 조치 마련 등에 관하여는 같은 법 제58조 제4항[63]을 준용한다.

다. 평가

정부입법인 「국가사이버안보법안」은 첫째, 사이버안보 추진기구로서 대통령 소속으로 국가사이버안보위원회(위원장: 국가안보실장)의 설치를 규정하고 있다(안 제5조). 둘째, 사이버안보를 위한 예방활동으로 국가정보원장의 사이버안보 기본계획 및 시행계획의 수립(안 제10조), 국가정보원장의 사이버안보 실태의 평가(안 제11조), 국가정보원장 소속의 사이버위협정보공유센터를 통한 사이버위협정보의 공유(안 제12조), 셋째, 사이버안보를 위한 대응활동으로 사이버공격의 탐지 등(안 제14조), 사이버공격으로 인한 사고의 통보 및 조사(안 제15조), 국가정보원장의 사이버위기경보의 발령 및 사이버위기대책본부의 구성(안 제16조 및 제17조) 등을 주요 내용으로 하고 있다. 특징은 사이버안보를 위한 예방활동과 대응활동에 있어 국가정보원장을 중심으로 하고 있다는 점이다. 이는 사이버안보 대응체계에 대한 법현실을 반영한 것으로 일원적이고 효율적인 대응에 중점을 둔 것으로 평가받고 있다. 마지막으로 사이버안보에 관한 정의문제도 검토해 보자. 정부입법은 사이버안보에 대해 "사이버공격으로부터 사이버공간을 보호함으로써 사이버공간의 기능을 정상적으로 유지하거나 정보의 안전성을 유지하여 국가의 안전을 보장하고 국민의 이익을 보호하는 것"으로 정의하고 있다. 그리고 이철우 의원안은 사이버안보를 "사이버공격으로부터 국가의 안보와 이익을 수호하기 위한 활동으로서 사이버위기의 관

---

　　1. 공공기관이 처리하는 개인정보 중 「통계법」에 따라 수집되는 개인정보
　　2. 국가안전보장과 관련된 정보 분석을 목적으로 수집 또는 제공 요청되는 개인정보
　　3. 공중위생 등 공공의 안전과 안녕을 위하여 긴급히 필요한 경우로서 일시적으로 처리되는 개인정보
　　4. 언론, 종교단체, 정당이 각각 취재·보도, 선교, 선거 입후보자 추천 등 고유 목적을 달성하기 위하여 수집·이용하는 개인정보

63 ④ 개인정보처리자는 제1항 각 호에 따라 개인정보를 처리하는 경우에도 그 목적을 위하여 필요한 범위에서 최소한의 기간에 최소한의 개인정보만을 처리하여야 하며, 개인정보의 안전한 관리를 위하여 필요한 기술적·관리적 및 물리적 보호조치, 개인정보의 처리에 관한 고충처리, 그 밖에 개인정보의 적절한 처리를 위하여 필요한 조치를 마련하여야 한다.

리를 포함"하는 것으로 정의하고 있다. 양자가 대동소이하다고 할 수 있다. 한편 일본의 「사이버시큐리티기본법」은 사이버시큐리티를 "전자적 방식, 자기적 방식 및 그 밖의 사람의 지각으로는 인식할 수 없는 방식(이하 이 조에서 "전자적 방식"이라 한다)으로 기록되거나 발신, 전송 또는 수신되는 정보의 누설, 멸실 또는 훼손 방지 및 그 밖의 정보의 안전관리를 위하여 필요한 조치와 정보시스템 및 정보통신 네트워크의 안전성 및 신뢰성의 확보를 위하여 필요한 조치(정보통신 네트워크 또는 전자적 방식으로 작성된 기록과 관련된 기록매체(이하 "전자적 기록매체"라 한다)를 통한 전자계산기에 대한 부정한 활동에 의한 피해의 방지를 위하여 필요한 조치를 포함한다)가 강구되고 그 상태가 적절하게 유지·관리되는 것을 말한다"고 정의하고 있어 우리와는 차이를 보이고 있다. 정부입법이나 이철우 의원안의 '사이버안보'에 관한 정의가 목적성이 강하다는 느낌을 강하게 받게 되는 반면, 일본의 「사이버시큐리티기본법」상 '사이버시큐리티'는 열려 있다는(개방적인) 인상을 강하게 받게 된다. 입법과 관련하여 이러한 차이를 유념하지 않으면 안된다. 생각건대, 사이버안보를 개념적으로 명확하게 정의하는 것이 타당하다고 본다. 왜냐하면 사이버안보를 개방적으로 정의하게 되면 직무범위의 특정이라는 측면에서 어려움이 있기 때문이다.

(3) 21대 국회 사이버안보 일반법 제정 추진

조태용 의원은 2020년 6월 30일 국가차원의 종합적이고 체계적인 사이버안보 업무 수행을 위하여 대통령을 의장으로 하는 국가사이버안보정책조정회의 설치 등에 관한 「사이버안보 기본법」을 대표 발의했다. 20대 국회에서 논의가 중단된 사이버안보 관련 법을 수정·보완해 사이버공간에서 위기발생시 민관이 협력해 신속히 대응하고 위협을 사전에 예방하는 국가시스템 구축을 골자로 하고 있다. 법안 내용은 앞에서 언급한 이철우 의원이 대표 발의한 법안과 유사하다. 따라서 법안에 대한 평가도 동일하므로 지면관계상 생략하기로 한다.

1) 제안이유

우리나라는 세계최고로 발달된 정보통신기술 덕택에 업무나 생활 전 부문에서 편리성을 누리고 있으나 역설적으로 그만큼 사이버공격의 대상이 확대되어 그 위험성이 커지고 있다.

2009년 "7. 7 디도스 사건" 이후 지속적인 사이버공격으로 청와대는 물론 언론·금융사 전산시스템이 대량으로 파괴되는 피해가 발생하였으며, 최근까지도 사이버 공격으로 인한 피해는 증가해 한국수력원자력 서울메트로 등 사회기반시설에 대한 공격은 물론 2016년에는 국방통합데이터센터의 인터넷망과 국방망을 해킹해 '작전계획 5027' 등 다수의 군 기밀자료가 절취되고 2018년 평창올림픽 개막식 당일에는 사이버공격으로 메인프레스 센터의 IPTV 작동이 멈추고 조직위원회 홈페이지가 마비되는 등 사이버공격의 확대로 국가경제와 안보를 저해하는 심각한 위협으로 대두되고 있다.

특히 다른 나라에서 공통으로 받는 위험성 외에 북한이라는 변수가 항시 상존하고 있어 사이버공격에 대한 보다 심층적인 안전장치가 필요하다.

그러나 우리나라의 국가적 대응 활동은 공공·민간 부문이 제각각 분리, 독립 대응하고 있어 광범위한 사이버공격에 효율적인 대처가 불가한 실정이다. 또한, 사이버공격 예방 및 대응을 위한 법률의 부재로 공격 징후를 실시간 탐지·차단하거나 신속한 사고 대응에 한계가 있다.

따라서 정부와 민간이 함께 협력하여 지속적으로 발생하는 사이버공격에 대해 사전탐지, 조기차단 등 능동적이고 효율적으로 대처하고, 사이버공간상 위기 발생시 국가의 역량을 결집하여 신속히 대응할 수 있는 국가시스템을 구축하고자 한다.

2) 주요 내용

가. 사이버안보에 관한 중요한 사항을 심의하기 위하여 대통령을 의장으로 하는 국가사이버안보정책조정회의를 둠(안 제5조).

나. 국가차원의 종합적이고 체계적인 사이버안보 업무 수행을 위하여 국가정보원장 소속으로 국가사이버안보센터를 둠(안 제7조).

다. 국가정보원장은 사이버안보업무의 효율적이고 체계적인 추진을 위하

여 사이버안보 기본계획을 수립하고 이에 따라 시행계획을 작성하여
책임기관의 장에게 배포하여야 함(안 제8조).

라. 책임기관의 장은 사이버공격 정보를 탐지·분석하여 즉시 대응할 수
있는 보안관제센터를 구축·운영하거나 다른 기관이 구축·운영하는
보안관제센터에 그 업무를 위탁하여야 함(안 제10조).

마. 책임기관의 장은 사이버위협정보를 다른 책임기관의 장 및 국가정보
원장에게 제공하여야하며 국가정보원장은 국가차원의 사어비위협정
보의 효율적인 공유 및 관리를 위하여 사이버위협정보 공유센터를 구
축·운영하여야 함(안 제11조).

바. 책임기관의 장은 사이버공격으로 인한 사고가 발생한 때에는 신속히
사고조사를 실시하고 그 결과를 중앙 행정기관 등의 장 및 국가정보
원장에 통보하여야함(안 제12조).

사. 국가정보원장은 사이버공격에 대한 체계적인 대응을 위하여 사이버위
기경보를 발령할 수 있으며, 책임기관의 장은 피해 발생을 최소화하
거나 피해복구 조치를 취해야 함(안 제14조).

아. 정부는 경계단계 이상의 사이버위기경보가 발령된 경우 원인분석, 사
고조사, 긴급대응, 피해복구 등을 위하여 책임기관 및 지원 기관이 참
여하는 사이버위기대책본부를 구성·운영할 수 있음(안 제15조).

자. 정부는 이 법에서 규정한 업무를 지원할 수 있는 능력이 있다고 인정
되는 자를 사이버안보 전문업체로 지정·관리할 수 있음(안 제16조).

차. 정부는 사이버안보에 필요한 기술개발·산업육성·인력양성 등 필요한
시책을 추진할 수 있음(안 제17조, 제18조 및 제19조).

카. 정부는 사이버 공격 기도에 관한 정보를 제공하거나 사이버공격을 가
한 자를 신고한 자에 대하여 포상금을 지급할 수 있음(안 제22조).

타. 직무상 비밀을 누설한 경우에는 5년 이하의 징역 또는 5천만원 이하
의 벌금에 처함(안 제24조).

2. 사이버안보 일반법 제정시 주요 검토사항

「국가정보원법」에 사이버안보가 국정원의 직무로 새롭게 신설되었으므로 그것을 구체화하기 위해서는 하위법령의 정비와 함께 개별법의 제정 검토가 필요하다. 개별법은 법률유보원칙에 따라 사이버안보 행정조직과 행정작용을 구체적으로 규율하게 될 것이다. 사이버안보 관련한 사항은 행정조직이나 행정작용 모두 중요하고 본질적인 사항에 해당하므로 당연히 법률사항이므로 하위법령에 담는 데에는 한계가 있으므로 그것을 제대로 담기 위해서는 개별법이 필연적으로 요청된다.

주지하다시피 19대와 20대 국회에서 사이버안보에 관한 일반법을 제정하기 위한 노력이 꾸준히 있어왔지만 입법에는 실패하였다. 그 원인에 대해서는 三人三法의 다양한 의견이 제시되고 있다.

반대 논거를 열거해 보면 다음과 같다. 첫째, 사이버안보가 자유(프라이버시)를 침해한다. 둘째, 사이버안보 관련 정보독점에 따른 행정부 내 권력불균형이 초래된다. 셋째, 사이버안보는 불투명성을 본질로 하므로 위험하다. 넷째, 사이버안보에 있어 민간은 보조적인 역할, 도구적인 역할만을 수행한다.

이러한 반대 논거는 절반은 맞고 절반은 틀리다고 할 수 있다. 그럼에도 불구하고 그 절반을 전부처럼 주장하는 데에 부조리가 있는 것이다. 부조리한 절반의 정당성은 존중받아야 하지만, 아울러 진지한 성찰의 대상이 되어야 한다. 그 성찰에서 문제 해결의 단초가 열리고 시작되기 때문이다.

반대 논거를 해소하기 위해서는 입법하는 경우에 숙고해야 하는 사항이 대략 다섯 가지를 들 수 있다. 첫째, 자유(프라이버시) 보호에 터잡은 입법이어야 한다. 둘째, 정보공유를 기반으로 한 입법이어야 한다. 셋째, 민·관 파트너십을 기반으로 한 입법이어야 한다. 넷째, 사이버투명성을 기반으로 한 입법이어야 한다. 다섯째, 초연결사회에 기반한 입법이어야 한다.

(1) 자유(프라이버시) 보호에 터잡은 입법

프라이버시 보호에 터잡은 입법과 관련해서는 한 가지 사례 - 프라이버시와 안보가 공존할 수 있는가 - 를 들어보고자 한다. 2015년 5월 19일 조선일보가 주최한 아시안 리더십 컨퍼런스(ALC)의 '조선 디베이트(debate)'를 참관한 청중은 프라이버시와 안보 중 더 중요한 가치로 프라이버시를 선택했다고 한다. '스마트 시대, 프라이버시 vs 안보'라는 주제로 진행된 이날 토론에서 태블릿PC를 이용한 투표 결과 프라이버시는 56%, 안보는 44%의 지지를 받은 것으로 나타났다.[64]

가장 큰 쟁점은 과연 프라이버시와 안보가 공존할 수 있는가였다. 옥스퍼드대 빅토르 마이어 쇤베르거 교수(Viktor Mayer-Schönberger)[65]는 "안보와 프라이버시는 양립할 수 없다"며 "9·11테러 이후 미국, 유럽 등에서도 프라이버시를 파괴하는 모습이 계속되고 있는데, 자유 없는 안보는 아무 의미가 없다는 것을 알아야 한다"고 주장했다. 이에 대해 타이페일 스틸웰硏 총괄이사는 "자유(프라이버시)는 안보가 있어야 지켜질 수 있다"며 "테러 단체들이 지속적으로 활동하면서 위협을 주고 있는데 이를 지킬 수 있는 것이 바로 안보"라고 반박했다.

우리나라에서도 사이버안보 일반법 제정의 반대이유로 자유(프라이버시) 침해가능성이 들어지고 있다. 그런 측면에서 자유(프라이버시) 보호에 터잡은 사이버안보 입법이 요청된다.

참고로 20대 국회의 정부입법인 「국가사이버안보법안」은 제21조에서 "개인정보의 처리 등"을 규정하고 있다. 즉 "사이버안보를 위하여 처리되는 개인정보는 「개인정보 보호법」 제58조 제1항에 따라 같은 법이 적용되지 아니하는 개인정보로 본다. 다만, 사이버안보를 위하여 개인정보를 처리하는 경우 개인정보 처리 기준 및 필요한 조치 마련 등에 관하여는 같은 법 제58조 제4항을 준용한다."

---

64 조선일보 2015년 5월 20일 "[아시안리더십컨퍼런스] 스마트 시대, 프라이버시와 안보는 공존할 수 있나" 기사 참조.

65 쇤베르거 교수는 국내에 저서 「잊혀질 권리」로 알려진 사람이다. 쇤베르거 교수는 빅데이터를 연구해온 대가(大家)로, 빅데이터가 단순한 기술이 아니라 인간의 사고방식 자체를 바꿀 것이라고 주장한다. 포브스닷컴은 쇤베르거 교수가 쓴 「빅데이터가 만드는 세상」에 대해 "당분간 확실한 사실 한 가지는 빅데이터에 관한 논의는 이 책을 중심으로 진행될 것"이라고 평하기도 했다. 조선일보 배정원 기자, 2015년 5월 30일자 기사 "직관은 실패해도 빅데이터는 성공하더라" 참조.

(2) 정보공유를 기반으로 한 입법

오늘날 위협정보 공유는 점차 지능화, 고도화되어 나타나고 있는 사이버 공격을 효과적으로 예방할 수 있는 수단으로 인식되어 미국, EU, 영국, 일본 등 전 세계적으로 국가적 차원의 사이버위협정보 공유체계를 구축하고 있다. 특히 미국은 지난 2015년 12월 「사이버위협정보공유법」(CISA)을 제정하는 등 오래전부터 위협정보 공유를 위한 법제도 기반 마련, 수행체계 구축 이행을 추진해 오고 있다.[66] 「사이버위협정보공유법」(CISA)은 미국 사이버안보 정보공유체계의 중앙집중화를 위한 법안으로 연방정부 및 비 연방주체의 정보공유체계 및 권한, 정보공유 절차와 법적 책임, 프라이버시 보호를 위한 관리·감독 방안 등을 구체적으로 규정하고 있다.[67]

「사이버위협정보공유법」(CISA)에서는 사이버 위협지표(Cyber Threat Indicator: CTI)와 방어조치(Defensive Measure: DM)라는 개념을 도입·활용하고 있다. 미국 국립표준기술원(NIST)에서는 2016년 10월 발간한 「사이버위협정보 공유 가이드」(Guide to Cyber Threat Information Sharing)를 통해 위협정보의 유형을 다음과 같이 정의하고 있다.[68]

[표 2]   NIST에서 정의하는 사이버위협정보

구분	내용
지표(indicate)	공격이 임박했거나 이미 발생한 사실에 대한 기술 산출물 또는 관측값
전략/기술/절차(TTP)	공격자의 성향, 사용 도구, 공격방법 및 절차 등을 보여주는 행위정보
보안 경보(security alerts)	취약점, 공격행위 등 보안이슈에 대한 기술상사항 알림 정보
위협정보 보고서(threat intell. reports)	TTP, 행위자, 공격대상 시스템 및 정보유형 등을 포함한 통합·분석 및 해석이 이루어진 보고서로 의사결정 지원
도구 설정(tool config)	위협정보를 자동 수집, 교환, 처리, 분석, 활용할 수 있도록 관련 도구 및 메커니즘의 설정방법 등

---

66 김동희·박상돈·김소정·윤오준, "사이버 위협정보 구축방안에 관한 연구 – 미국 사례를 중심으로 – ", 「융합보안 논문지」 제17권 제2호(2017. 6), 53쪽.

67 김동희·박상돈·김소정·윤오준, 앞의 논문, 58쪽.

68 김동희·박상돈·김소정·윤오준, 앞의 논문, 55-56쪽.

사이버위협정보 공유체계는 국토안보부(DHS), 국가정보국(DNI), 국방부(DoD), 국가사이버수사합동TF(NCIJTE), 정보공유센터(ISAC), 정보공유분석센터조직(ISAO) 등으로 이루어져 있다.[69]

미국은 각 분야마다 정부 내 협력을 위한 정부조정위원회(Government Coordinating Council: GCC)와 해당 분야 내 협력을 위한 분야조정위원회(Sector Coordinating Council: SCC)를 각각 설치하도록 하고 있다. 그리고 각기 다른 분야에 관련되어 있는 정부부처 간의 협력을 위한 분야간 정부조정위원회(Government Cross-Sector Council: GCC)를 설치하고 있다.[70]

미국의 대표적인 정보공유조직은 미국에서 운영중인 정보공유센터(Information Sharing andAnalysis Center: ISAC)이다. 이 조직은 1984년에 운영된 국가통신조정센터(National Coordinating Center for Commucations: NCC)가 그 기원이다. 1999년 재정서비스 ISAC(Financial Services ISAC)가 최초로 창설되었으며, 현재 16개의 ISAC이 활동 중이다. 이들 센터들은 ISAC Council을 구성하고 있다.

정보공유센터는 각 분야에 특화되어 사고·위협·취약성 정보를 전파하는 것 이외에도 사고정보를 수집·분석하여 경보를 발령하며 보고하는 것을 기본 임무로 수행하고 있다. 그 밖에도 위협이 해당 분야에 미치는 영향에 관해서 정부가 보다 잘 이해하도록 돕거나, 사이버·물리적 및 모든 위협에 관한 정보를 회원간 교환·공유하는 창구역할을 수행한다. 정부나 다른 분야 ISAC의 기술적 상세분석을 지원함으로써 기술과 경험을 전파하는 역할도 한다.

사이버안보 측면에서 주요정보기반보호를 총괄하고 있는 국토안보부 산하 국가사이버보안국은 제어시스템 보안 프로그램(Contral Systems Security Program)을 통해 제어시스템 보안에 관련된 설명서·지침서·경보 등을 제작하여 배포하거나, 관련된 표준 등과 같은 자료를 홈페이지를 통하여 제공하고 있다. 특정 분야를 담당하는 책임기관도 관련분야에 적용할 수 있는 경험공

---

69 자세한 것은 김동희·박상돈·김소정·윤오준, 앞의 논문, 59-61쪽 참조.

70 이에 대해서는 김현수, 「주요정보기반보호(CIIP) 동향」(한국법제연구원, 2010. 10), 23-26쪽 참조.

유 문서를 제작·배포한다. 예를 들어, 에너지부는 주요기반보호 대통령위원회 (PCIPB)와 함께 에너지분야의 SCADA 시스템 보호를 향상시키기 위한 경험을 21단계로 구분 설명하는 문서를 제작하여 배포하고 있다.

우리나라의 경우 사이버위협정보 공유에 대한 필요성을 인정하면서도 그 동안에는 부처별 또는 분야별로 제 각각 시스템을 구축하여 운영함으로써 효율적이고 체계적인 정보공유가 되지 않고 있다. 정보공유에 있어 공공분야는 공공기관끼리, 민간분야는 민간기관끼리 침해사고 현황이나 탐지규칙 등 최소한의 사이버위협 정보를 개별적, 단편적으로만 공유하고 있어 통합된 공유체계가 미흡하여 사이버위협을 사전에 예측하고 이를 통한 예방활동과 유기적인 공조 대응활동에 한계가 있어 관계기관 간 사이버위협정보 공유를 활성화하기 위한 방안 마련이 긴요한 실정이다.[71]

윤오준 등은 국내 주요 사이버공격 사례에서 2009년 "7. 7 DDoS" 공격시 민·관간 악성코드 등 관련정보 공유가 부족하였고, "2013. 3. 20 방송금융 전산망 해킹사건" "2013. 6. 25 사이버테러사건" 대응 과정에서도 민·관·군 유관기관간 원활한 사이버위협정보 공유체계가 미흡하였다고 분석하였다. 또한 최근의 사이버테러는 민·관 영역을 구분하지 않고 시간과 공간에 제약 없이 동시다발적으로 발생하고 있어 두 영역 간의 즉각적인 사이버위협정보 공유 없이는 공격 차단, 피해 예방, 긴급 복구에 한계가 있으므로 대응기관간 위협정보 공유를 통한 공동 대응은 반드시 필요하다고 하였다. 특히, 민간과 공공 영역이 수집하는 위협정보를 상호간에 실시간으로 공유하기 위해 관계 부처 합동으로 가칭 "민·관 사이버위협정보 공유센터"를 구축하여 위협정보를 수집, 종합 분석, 배포하는 등 역할을 부여하여 운영해 나가야 한다고 제안한 바 있다.[72]

대통령훈령인 「국가사이버안전관리규정」 제10조에 따르면, 사이버공격의 계획 또는 공격사실, 사이버위협정보를 입수한 경우 관계기관에 통보하도록

---

71 윤오준·조창섭·박정근·서형준·신용태, "사이버위협정보 공유 활성화를 위한 관리적·기술적 개선모델 연구", 「융합보안 논문지」 제16권 제4호(2016. 6), 26쪽.
72 윤오준·조창섭·박정근·서형준·신용태, 앞의 논문, 27쪽.

하는 등 정보의 협력을 권고하고 있으며, 민·관·군 사이버위협 합동대응반을 두고 사이버위협에 대한 종합판단, 상황관제, 위협요인 분석 및 합동조사 등을 통해 유관 기관간 위협정보를 공유하고 공동 대응하도록 하고 있다. 또한 사이버위협정보의 탐지 및 정보공유 체제의 구축 및 운영을 통해 전문기관간 상호 긴밀한 협력을 하도록 하고 있다. 「국가사이버안전관리규정」은 국가사이버안전센터(NCSC)를 중심으로 사이버위협정보 공유체계를 구축 운영하도록 규정하고 있다.

「정보통신망법」 제48조의2 제1항은 "과학기술정보통신부장관은 침해사고에 적절히 대응하기 위하여 다음 각 호(1. 침해사고에 관한 정보의 수집·전파, 2. 침해사고의 예보·경보, 3. 침해사고에 대한 긴급조치, 4. 그 밖에 대통령령으로 정하는 침해사고 대응조치)의 업무를 수행하고, 필요하면 업무의 전부 또는 일부를 한국인터넷진흥원이 수행하도록 할 수 있다"고 규정하여 한국인터넷진흥원의 역할을 명시하고 있다.

「정보통신기반보호법」 제16조에 따르면 금융·통신 등 분야별 정보통신기반시설을 보호하기 위하여 취약점 및 침해요인과 그 대응방안에 관한 정보 제공, 침해사고가 발생하는 경우 실시간 경보·분석체계 운영 등의 업무를 수행하고자 하는 자는 정보공유·분석센터(Information sharing & Analysis Center: ISAC)를 구축·운영할 수 있다(제1항). 그리고 정부는 제1항 각호의 업무를 수행하는 정보공유·분석센터의 구축을 장려하고 그에 대한 재정적·기술적 지원을 할 수 있다(제4항).

사이버위협정보 공유의 필요성에 대한 인식은 대체적으로 개선되고 있으나 활성화를 하기 위해서는 법률을 제정하여 분야별 필수 기관들로 하여금 정보공유를 의무화하여야 하며 이를 위해서는 입법이 필요하다. 아울러 사이버위협이 동시다발적으로 발생하는 만큼 분야별 필수 기관의 범위를 확대하여 적극 참여하도록 인센티브 부여 등 유인책이 필요하다.[73] 입법을 위한 노력은 아래와 같다.

---

73 윤오준·조창섭·박정근·서형준·신용태, 앞의 논문, 31쪽.

이철우 의원이 2015년 5월 19일「사이버위협정보 공유에 관한 법률안」을
발의하였다. 이 법률안은 제정법으로 사이버테러 대응과 관련 있는 국가정보
원, 국가안보실, 미래창조과학부(현 과학기술정보통신부), 금융위원회 등 유관부
처와의 협의 및 위협정보 공유를 위한 절차를 마련하고 효율적인 업무수행을
위해 국가정보원 내에 '사이버위협정보 공유센터'를 설치해 운영하는 내용을
담고 있다. 일부 지역에 국한해 발생하는 물리적 위협과 달리 사이버위협은 초
국가적으로 시·공간을 초월하여 공공·민간 영역 구분이 없이 동시 다발적으
로 발생함으로써 사이버위협 요인을 조기에 파악하여 차단하지 않을 경우 피
해가 순식간에 확산되는 특성이 있다. 따라서 이러한 사이버위협을 신속히 차
단하여 피해를 최소화하는 등 효과적으로 대처할 수 있도록 공공·민간이 함께
사이버위협정보를 공유·분석하는 등 협력을 활성화하여 사이버위협을 조기 탐
지·전파할 수 있는 체계를 구축하려는 이 법률안은 의미가 크다고 하겠다.

참고로 정부입법인「국가사이버안보법안」제12조도 사이버위협정보의 공
유를 위하여 국가정보원장 소속으로 '사이버위협정보공유센터'를 두고, 책임기
관의 장은 소관 사이버위협정보를 사이버위협정보 공유센터의 장에게 제공하
도록 하며, 사이버위협정보 공유센터의 장은 위협정보를 공유하는 경우 국민
의 권리가 침해되지 아니하도록 기술적·관리적 및 물리적 보호조치를 마련하
도록 하였다.

사이버위협정보 공유의 문제점으로는 ① 사이버위협정보의 개념과 범위
의 모호화, ② 민간 정보통신망 감시와 프라이버시의 침해(수집정보에서 익명성
보장방안의 부재), ③ 기업 내부 기밀자료의 유출, ④ 정보공유 체계 운영·관리
주체에 대한 신뢰 부족, ⑤ 법적 책임에 대한 면책 기준 부재, ⑥ 정보공유의
자발적 참여 유도방안 부재 등을 들 수 있다.[74]

(3) 민·관 파트너십을 기반으로 한 입법

미국을 비롯한 EU 그리고 영국 등 대부분의 선진국가들은 사이버안보

민·관 파트너십(Public-Private Partership: PPP)의 중요성을 강조하고 있다. 유럽
의회는 주요정보기반을 대상으로 하는 위협에 대해서는 정부와 민간이 공동책
임이 있으며 단독대응은 적절하지 않다고 보고 있으며 영국은 첨단 민간영역
과 밀접히 연계하되, 필요하다면 새로운 체계를 세우는 것이 장기적으로 중요
하다고 인식하고 있다.

　　민·관 협력과 정보공유는 1990년대 후반 미국의 주요기반보호에 대해 고
민한 때부터 제시된 개념이지만, 최근 들어 그 중요성이 더욱 부각되고 있는
추세이다. 미국은 정부의 사이버안보보좌관이 관련 정부부처·기관 및 민간기
관과 협력하여 민·관 파트너십을 점검하고, 정보공유체계를 검토하여 효과적
모델을 제시하도록 하고 있다. 이에 따라 미국의 국가정책은 민·관 간 협력강
화를 지속적으로 강조하고 있으며, 특히 최근 들어서는 분야간 협력도 강화할
것을 강조하고 있다. 미국에서는 민·관 파트너십을 강화하기 위하여 2004년
이후 3억2천7백만 달러를 들여 70여 개의 정보융합센터를 설립하고 정보공유
를 강화하고 있다. 이러한 목적의 일환으로 2009년 국토안보부의 국가사이버
안보국(National Cybersecurity Division)은 산업제어시스템합동작업반(Industrial
Control Syatems Joint Working Group: ICSJWG)을 출범시키기도 하였다.

　　우리나라의 경우에 국가정보원은 정부·공공기관 및 산·학·연 등이 자
율적으로 참여, 상호 협력함으로써 국가 정보보안 역량을 제고하기 위하여
국방부·경찰청 등 정부부처와 공기업, 산·학·연 전문가가 참여하는 '국가정
보보안연합회(National Information Security Agency: NISA)'를 운영해 오고 있다.
2002년 설립된[75] 국가정보보안연합회는 정보화로 인한 각종 정보보안 위협에
효과적으로 대응하기 위하여 정부·공공기관 및 산·학·연 등이 자율적으로
참여, 상호 협력함으로써 국가정보보안 역량 제고를 추구하기 위하여 설립된
단체이다.

　　한편 한국CSO협회는 비영리 사단법인으로서 사이버위협에 대한 민·관
협력체계 구축과 민·관 분야별 CSO(최고보안책임자, Chief Security Officer)간 협

---

75 국가정보원·미래창조과학부·방송통신위원회·안전행정부, 「2013 국가정보보호백서 중 정
　보보호 연혁」 참조.

력 및 정보공유 활성화를 위해 2009년 6월 창립되었다. 한국CSO협회는 중앙
행정기관, 지방자치단체를 비롯하여 산하기관 및 공공기관과 일반기업의 CSO
의견수렴을 통해 실용적이고 효율적인 정보보호 정책 및 미래전략 수립을 위
한 자문 역할을 하고 있다.

　「정보통신기반보호법」 제16조에 따라 설립된 정보공유·분석센터(Infor-
mation Sharing & Analysis Center: ISAC)로서 대표적인 것으로는 방송통신ISAC,
금융ISAC 등이 있다. 방송통신ISAC은 정보보호 관련 업무 수행에 있어 민간
분야의 자생적 공동대응체제를 구축하여 전자적 침해행위로부터 회원사의 정
보통신관련 시설을 보호함으로써 정보통신역무의 안전성과 신뢰성을 제고하
기 위한 목적에서 설립되었다. 현재 통신정보공유분석협회라는 이름의 사단법
인 형태로 운영중이며 KT, SK텔레콤 등 주요 기간통신사업자가 가입되어 있
다.[76] 금융ISAC은 은행·보험 등을 담당하는 금융결제원 금융ISAC과 증권·선
물 등을 담당하는 코스콤 금융ISAC이 있다. 금융결제원 금융ISAC은 금융부문
정보통신기반시설을 보호하기 위하여 설립된 금융부문 정보공유·분석센터로
서 17개 국내은행을 비롯한 보험사, 카드사 등 32개 금융회사가 업무에 참가
하고 있다. 코스콤 금융ISAC은 증권·선물사 및 금융유관기관을 중심으로 금
융회사 대상 실시간 통합보안관제, 취약점 분석·평가 및 사이버침해 관련 정
보 분석·제공 등의 서비스를 주업무로 하고 있다.[77]

(4) 사이버투명성을 기반으로 한 입법

　사이버투명성은 더 가지 측면에서 접근할 수 있다, 하나는 사이버위협
정보 공유의 투명성 확보문제이고, 다른 하나는 사이버군비 투명성 확보문
제이다.

　먼저 사이버위협정보 공유의 투명성 확보문제를 살펴보고자 한다, 미국은
NIST 가이드라인, CISA를 통해 사이버위협정보의 유형과 범위, 정보공유의 절

76　방송통신ISAC 홈페이지(http://www.isac.or.kr) 참조.
77　상세한 내용은 국가정보원·미래창조과학부·방송통신위원회·안전행정부, 「2013 국가정보
　　보호백서」, 26~28쪽 참조.

차와 방법 등을 구체적으로 제시하고 있다. 그 밖에도 CSIS의 권고사항을 통해 사이버위협정보의 수집·처리·공유를 위해 관련주체들의 정보공유 업무 수행에 있어 고려해야 할 기본원칙들을 도출하였다. 이처럼 미국은 사이버위협정보 공유의 투명성을 제고함으로써 보다 명확한 정보공유 업무 수행이 이루어질 수 있도록 하고 있다. 미국과 달리 우리나라는 공유대상이 되는 위협정보의 유형과 범위, 공공-민간 간의 정보공유 절차와 방법이 명확하지 않은 문제가 있다.[78]

다른 하나는 사이버군비 투명성 확보문제이다. 인터넷이 실제 세계에 위험스러운 결과를 가져올 전장(戰場)으로 변하고 있는 상황에서 이런 새로운 종류의 전쟁 위험을 낮추는 방안을 생각하기 시작해야 한다. 이를 위해서는 세계가 핵무기 위협을 완화하는 체제를 만드는 과정에서 관련 정보공개를 통해 핵무기의 위험과 이익에 관해 대중이 이해할 수 있도록 했던 것처럼, 디지털 무기에 관해서도 같은 수준의 정보공개가 이뤄져야 한다. 어떤 디지털 무기를 보유하고 있고 그것들이 어떻게 사용되며, 그것을 통제하는 규범은 어떠한지 공개돼야 한다는 것이다. 사이버 불투명의 가장 기본적인 사례로는 각 나라 군대의 사이버전 조직이 사실은 공격용임에도 국민에겐 방어용이라는 생각을 주입시키는 것이다.

따라서 이른바 「사이버군비 정보공개에 관한 법률」을 제정하여 사이버투명성을 확보하는 것도 검토할 필요가 있다. 왜냐하면 그지 멀지 않은 장래에 사이버군비에 대한 정보공개 및 무기감축에 관한 국제적 논의가 이루어질 것으로 예상되기 때문이다.

(5) 초연결사회에 기반한 입법

클라우드, 빅데이터, 사물인터넷(IoT) 등으로 인한 초연결사회(Hyper-connected Society)[79]의 도래는 경제와 산업 분야에서 새로운 기회를 창출하고

---

78 김동희·박상돈·김소정·윤오준, 앞의 논문, 64쪽.
79 초연결사회란 인터넷, 통신기술의 발달에 따라 네트워크로 사람, 데이터, 사물 등 모든 것을 연결하는 사회를 말한다.

인류에게는 더 나은 편의를 제공하고 있다.[80] 그러나 대규모의 정보가 수집되고 초고속으로 처리하는 과정에서 개인정보 등의 유출과 오남용, 해킹 등의 우려가 커지고 이에 대한 피해는 개인, 기업, 정부 등 모든 경제주체의 큰 부담이 되고 있다. 정보보호가 선행되지 않는 초연결사회, 디지털 세상은 오히려 해커들의 놀이터로 전락하고 국가안보와 국민의 삶의 질에 심각한 위협이 될 수 있다.[81]

사물인터넷, 빅데이터, 클라우드 컴퓨팅의 속성으로 인하여 여러 사이버 범죄 및 사이버공격이 발생할 수 있으며 때로 이들은 테러리즘의 성격까지 띠기도 한다. 특히 마이닝된 빅데이터 정보에 국가기밀 등이 들어 있는 경우 여기에 침투하거나 클라우드 공간에서 처리 및 저장된 중요 정보가 유출된 경우 등을 상정할 수 있다.[82]

따라서 초연결사회를 맞이하여 국가사이버안보전략 실행을 위한 구체적인 실행 전력 및 매뉴얼 마련이 필요하다. 즉, IoT를 통한 초연결사회, 민간·정부의 클라우드 중심 환경 변화를 고려한 실행 전략 및 매뉴얼 마련이 필요하다. 그리고 그에 부합하는 입법이 이루어져야 한다. 사물인터넷, 빅데이터, 클라우드컴퓨팅 등 초연결사회의 진입으로 인하여 사이버안보 입법환경도 급변하고 있다. 초연결사회의 도래로 사이버안보에 대한 접근방법도 근본적으로 변화될 수밖에 없다.

Ⅱ. 현행법의 개정을 통한 대응

1. 「국가정보원법」의 개정

우리나라는 사이버안보에 대해 그동안 대통령훈령인 「국가사이버안전관

---

80 김재광, 「행정법담론」(박영사, 2019), 375쪽.
81 석호일, "[IT 칼럼] 정보보호는 비용이 아니라 투자이자 미래 유망산업이다", 뉴스천지 2015년 3월 17일자 기사 참조.
82 장철준, "빅데이터·클라우드 환경과 사이버안보의 법정책적 문제", 「초연결사회와 사이버안보」(2014년 한국사이버안보법정책학회 추계학술대회 발제문, 2014. 11. 28), 77쪽 참조.

리규정」으로 규율해 왔으나, 2020년 12월 13일 국정원의 직무에 '국제 및 국가배후 해킹조직 등 사이버안보 및 위성사진 등 안보 관련 우주 정보'의 신설과 '중앙행정기관과 지방자치단체 등 기관 대상 사이버공격 및 위협에 대한 예방 및 대응'의 신설을 핵심으로 하는 「국가정보원법 개정안」이 국회 본회의를 통과함으로써 법적 근거를 가지게 되었다.

「국가정보원법 개정안」 제4조는 국가정보원의 직무 범위를 국외 및 북한에 관한 정보, 방첩, 대테러, 국제범죄조직에 관한 정보, 사이버안보와 위성자산 정보 등의 수집·작성·배포, 보안업무, 사이버공격 및 위협에 대한 예방 및 대응, 정보 및 보안업무의 기획·조정, 직무수행에 관련된 대응조치 등으로 명확히 하였다. 국가정보원의 직무 범위에 사이버안보의 수집·작성·배포, 사이버공격 및 위협에 대한 예방 및 대응이 신설된 것은 국가안보적 측면에서 매우 중요한 의미를 가진다.

「국가정보원법 개정안」에 대해서는 다음과 같은 평가를 할 수 있다. 첫째, 오랜 시간 입법과제였던 사이버안보의 법적 근거가 마련되었다는 점, 둘째, 연성규범에 대한 의존도를 감소시키고 법치국가원리를 준수할 수 있게 되었다는 점, 셋째, 범국가적 사이버안보 추진의 법적 근거를 마련하였다는 점, 넷째, 사이버안보 총괄기구로서 국가정보원의 위상을 확인하고 이를 법제화하였다는 점 등을 들 수 있다.

사이버안보가 국정원의 직무로 신설되었지만 사이버안보의 구체적인 내용을 하위법령에 담는 것은 한계가 있다. 왜냐하면 본질적이고 중요한 사항은 법률유보원칙에 따라 법률에 규정하여야 하기 때문이다. 그런 측면에서 이른바 「국가사이버안보법」 또는 「사이버안보 직무집행법」의 제정 필요성은 여전히 남아 있다. 향후 사이버안보 강화 활동의 투명성을 확보하여 일반 국민의 참여 여건을 조성하여야 하고, 사이버안보 국제질서 형성에 대한 적극적인 참여를 통해 국제공조를 통한 사이버안보 거버넌스 구축에도 노력할 필요가 있다.

2. 「정보통신망법」의 개정을 통한 대응

「정보통신망법」은 정보통신망의 안전성 및 안정성 확보를 위한 보호조치의 구체적인 내용을 담고 있어 정보통신망 및 정보시스템 보호 관련 법제의 일반법과 같은 역할을 수행한다.

최근 인터넷기술 및 정보통신서비스의 발전과 더불어 지능형지속공격(APT), 디도스(DDoS), 개인정보 침해사고 등 사이버 침해사고가 점차 지능화·고도화되고 있으며, 인터넷 등의 네트워크로 연결된 사이버공간의 특성상 일반 개인에 대한 물리적 피해는 국가 사이버안보 전체에 대한 위협으로 확산될 수 있다.

사이버 침해사고 발생 초기에 신속·효율적으로 대응하지 못할 경우 단시간 내에 정보통신 시스템 전체와 사회 질서의 혼란이 야기될 수 있다. 침해사고 예방을 위하여 웹사이트 게시자료에 대한 점검 등 보호조치를 취하는 한편, 정보통신서비스 제공자 등 정보통신망을 운영하는 자의 침해사고 긴급대응 조치를 강화하고 이용자의 컴퓨터 등에 신속히 접근하여 원인조사를 할 수 있는 절차를 마련하여야 한다. 그리고 악성프로그램 전달 및 유포행위 등 정보통신망 침해 범죄에 대한 제재수준을 상향하는 등 현행법의 운영상 나타난 문제점들을 개선할 필요가 있다.

3. 「정보통신기반보호법」의 개정을 통한 대응

「정보통신기반보호법」은 정보통신망 중에서도 국가안전보장·행정·국방·치안·금융·통신·운송·에너지 등의 업무와 관련된 전자적 제어·관리시스템 등에 대해서만 적용되므로 「정보통신망법」에 대한 특별법의 지위에 있다고 할 수 있다.[83]

2014년 12월 15일 발생한 한수원 문서유출사건 등 국가 중요시설에 대한 전자적 침해행위로 인한 국가 주요정보통신망 장애 및 국가기밀 유출 등 국가·사회적으로 혼란을 야기하는 사고가 발생하였다. 그리고 유사한 사고의

---

83 주요정보통신기반시설의 지정, 주요정보통신기반시설의 취약점 분석·평가, 주요정보통신기반시설 보호계획 및 보호대책의 수립, 주요정보통신기반시설 침해사고 대응, 주요정보통신기반시설 침해사고 통지, 정보공유·분석센터(ISAC)의 구축·운영, 정보통신기반 침해사고대책본부의 구성·운영, 정보통신기반보호위원회의 구성·운영 등에 관해서 규정하고 있다.

발생 가능성도 날로 증대되고 있다. 그러나 현행법 체계상 전자적 침해행위에 대해 신속하게 대응하고 피해를 최소화하기에는 한계가 있다.

이에 주요정보통신기반시설에 대한 사이버 침해사고 예방 및 대응에 관한 업무수행체계의 혼선을 해소하고, 정보통신기반보호위원회의 심의항목을 명시적으로 규정함으로써 관리기관 및 관계행정기관이 실효성 있는 보호대책을 수립할 수 있도록 할 필요가 있다.

또한 침해사고 발생 등 유사시에 대비하여 침해사고 대응을 위한 모의훈련을 실시하여 신속하고 효율적인 대응 역량을 확보할 수 있도록 하고, 기술적·관리적 기준을 정부가 사전에 정하여 주요정보통신기반시설에 대해서는 일정기준 이상의 보안수준을 유지하도록 함으로써 사전 예방체계를 강화할 필요가 있다.

현행 「정보통신기반보호법」에 따르면 국가안전보장·행정·국방·치안·금융·통신·운송·에너지 등의 업무와 관련된 주요정보통신기반시설에 대하여 국가 위급 상황시에 정부가 규제하고 명령할 수 있는 권한을 가지고 있다. 하지만 사이버공격 징후를 사전 탐지하여 수집된 정보를 종합적으로 분석·대응한다거나 발생한 사이버공격에 부처별 대응이 아닌 국가적인 차원에서 대응하기 위한 시스템은 아직 법제화되어 있지 아니하다.[84]

4. 「통신비밀보호법」의 개정을 통한 대응

「헌법」 제18조는 "모든 국민은 통신의 비밀을 침해받지 아니한다"라고 하여 통신의 비밀과 자유를 보장하고 있다. 통신에 대한 기본권의 보장에서 볼 때, 법문의 표현은 "모든 국민은 통신의 비밀과 자유를 가진다"라고 하는 것이 타당하다.[85]

통신의 비밀과 자유도 절대적으로 보장되는 것이 아니므로 「헌법」 제37조 제2항에 따른 제한이 가능하다.[86] 통신의 자유의 제한에 관하여 정하고 있

---

84 정준현, "국가 사이버안보를 위한 법제 현황과 개선방향", 「디지털 시대와 국가 정보 발전」 (2012), 94쪽 참조.

85 정종섭, 「헌법학원론」(박영사, 2015), 655쪽.

는 대표적인 법률로 「통신비밀보호법」이 있다. 「통신비밀보호법」은 범죄수사 또는 국가안전보장을 위한 경우에는 엄격한 요건 하에 특정 국가기관에 의한 감청을 허용하고 있다. 즉 예외적으로 범죄수사를 위한 검열·감청 등 '통신제한조치'를 허용하고 있다.[87]

어느 나라나 공동체의 안전과 국민과 국가의 이익을 위하여 국가정보기구를 설치하여 국가정보활동을 하고 있다. 국가정보활동은 그 사안에 따라 통상적인 행위도 있지만 고도로 비상적인 행위도 있다. 국민과 국가의 안전을 위한 행위, 사이버 전쟁행위, 국민과 국가의 이익을 위하여 고도의 정보를 수집해야 하는 행위, 특수한 활동을 행해야 하는 경우 등 각종의 행위에서 감청의 방법이 필요하다. 예외적인 경우에 행해지는 감청에는 영장 또는 허가를 받을 것을 요구하는 것이 국가정보활동의 성질과 기능에 부합하지 않는 경우가 있다는 견해도 있다.[88]

우리나라는 "2013. 3. 20 방송금융 전산망 마비사건", "2014 한수원 문서유출사건" 및 "2016 국방망 해킹사건" 등은 국가의 사이버안보가 구조적인 문제에 봉착해 있다는 사실을 경고하고 있다. 이제는 '정적(靜的) 사이버안보'에서 '동적(動的) 사이버안보'로, '후발적 대응'에서 '선제적 대응'으로 그 패러다임을 전환하여야 한다. 선제적 사이버안보가 가능한 동적 안보체계의 주요 수단 중의 하나가 통신제한조치, 특히 감청이라 할 수 있다. 「통신비밀보호법」제2조 제7호는 감청을 전기통신에 대하여 당사자의 동의 없이 전자장치·기계장치등을 사용하여 통신의 음향·문언·부호·영상을 청취·공독하여 그 내용을 지득 또는 채록하거나 전기통신의 송·수신을 방해하는 것으로 정의하고 있다.

급속한 정보통신기술 발달로 인한 납치, 유괴, 살인 등 흉악범죄뿐만 아니라, 첨단기술의 해외유출 범죄가 날로 지능화·첨단화되고 있고, 테러·간첩

86 헌재결 1995. 7. 2, 92헌마144.
87 독일연방헌법은 제13조에서 이러한 예외적으로 허용되는 감청에 대하여 명시적 요건을 정하여 인정하고 있다. 일본에서는 1999년 「범죄수사를 위한 통신방수(通信傍受)에 관한 법률」을 제정하여 범죄수사를 목적으로 한 감청을 일정한 요건 하에 예외적으로 인정하고 있다.
88 정종섭, 앞의 책, 662쪽.

등 국가안보를 위협하는 요소가 급증하고 있으나, 첨단통신 서비스를 악용하는 강력범죄 및 국가안보 위협요소에 대해서는 속수무책인 것이 현재의 실정이며, 첨단통신을 악용하는 최근의 범죄 추세에 효과적으로 대처할 수 있는 제도적 장치 마련이 시급한 상황이다. 현행법상 휴대전화를 포함한 모든 통신에 대한 감청을 합법화하고 있지만, 수사기관은 감청절차의 투명성 문제로 현재 첨단통신에 대한 자체 감청 설비를 갖추지 못하고 있으며, 첨단통신을 악용하는 범죄에 대한 수사과정에서 통신사업자의 도움을 받으려 해도 감청 협조설비의 구비를 의무화한 법적 근거가 없어 실효성이 부재한 상황이다. 이로 인해 법원의 엄격한 심사를 거쳐 영장을 통한 감청허가를 받더라도 강력범죄자나 간첩 등 국가보안법 위반사범이 휴대전화를 사용하는 경우, 선제 대응 및 범증(犯證) 확보가 어려운 상황이다. 이에 일반 국민들의 통신의 자유와 개인 사생활을 보호할 수 있는 법적 장치를 마련하는 등 투명한 법 집행 절차에 따른 합법적인 감청을 보장함으로써 휴대전화를 포함한 모든 통신수단에 대한 감청제도를 허가·승인(법원·대통령) － 집행(정보수사기관) － 협조(통신업체) 체제로 3원화한 선진국 수준의 감청제도를 마련할 필요가 있다. 다만, 세계 각국이 통신제한조치를 통하여 테러와 국가안보 침해범죄 등 범죄예방을 할 수 있는 제도적 장치를 도입하되, 그로 인하여 발생할 수 있는 프라이버시 침해나 개인정보의 유출 등 기본권 침해를 방지하기 위하여 필요한 법적 조치를 강구하고 있음을 유념할 필요가 있다.

⫶ 참고문헌

강달천, "사이버 침해사고 현황과 법적 의의", 「사이버안보법정책논집」 제1호(한국 사이버안보법정책학회, 2014. 12).

곽관훈, "일본의 사이버안보 관련법제의 현황과 시사점", 「사이버안보법정책논집」 제1호(한국사이버안보법정책학회, 2014. 12).

곽관훈, "일본의 사이버안보 행정조직 분석과 우리에게 주는 시사점", 「사이버안보법정책논집」 제3호(한국사이버안보법정책학회, 2018. 4).

김동희·박상돈·김소정·윤오준, "사이버 위협정보 구축방안에 관한 연구 – 미국 사례를 중심으로 – ", 「융합보안 논문지」 제17권 제2호(2017. 6).

김성천, "독일의 사이버보안 법제", 「사이버안보법정책논집」 제1호(한국사이버안보법정책학회, 2014. 12).

김정임, "인도 IT법의 분석과 시사점" 「사이버안보법정책논집」 제1호(한국사이버안보법정책학회, 2014. 12).

김재광, 「국가 정보보호 추진체계 관련법제 분석」(한국정보화진흥원, 2009. 12)

김재광, 「전자정부법」(한국법제연구원, 2010. 8).

김재광, "사이버안보 입법환경 변화에 따른 입법전략", 「국가사이버안전을 위한 법적 과제」(한국사이버안보법정책학회·서울대학교 공익산업법센터 2015년 추계 공동학술대회 발표문, 2014. 12. 22).

김재광, 「행정법담론」, 박영사, 2019.

김재광·김정임, "일본의 사이버위기 관련 법제의 현황과 전망", 「법학논총」 제33권 제1호(단국대 법학연구소, 2009. 6).

김현수, 「주요정보기반보호(CIIP) 동향」(한국법제연구원, 2010. 10).

박상돈, "일본 사이버시큐리티기본법에 대한 고찰: 한국의 사이버안보 법제도 정비에 대한 시사점을 중심으로", 「경희법학」 제50권 제2호(경희법학연구소, 2015).

유동열, "사이버 공간이 위태롭다", 「미래한국」(2016. 4. 11).

윤오준·조창섭·박정근·서형준·신용태, "사이버위협정보 공유 활성화를 위한 관리적·기술적 개선모델 연구", 「융합보안 논문지」 제16권 제4호(2016. 6).

이상호·조윤영, "사물인터넷시대 국가 사이버안보 강화 방안 연구", 「정치·정보연구」제18권 제2호(2015년).

이창범, "국내외 사이버안보 관련법제정 동향과 시사점", 「사이버안보법정책논집」 제1호(한국사이버안보법정책학회, 2014. 12).

장철준, "빅데이터·클라우드 환경과 사이버안보의 법정책적 문제", 「초연결사회와 사이버안보」(2014년 한국사이버안보법정책학회 추계학술대회 발제문, 2014. 11. 28).

정보통신산업진흥원, "초연결 세계에서의 주요국 사이버 보안정책 동향 분석", 「IT R&D 정책동향」(2012-7).

정준현, "사이버위협과 국민과 국가를 보호하기 위한 방향과 과제", 「사이버안보법 정책논집」제1호(한국사이버안보법정책학회, 2014. 12).

정준현, "국가 사이버안보를 위한 법제 현황과 개선방향", 「디지털 시대와 국가 정 보 발전」(2012).

제5장

국가사이버안보법의 제정 필요성 및 고려요소

이성엽*

제1절 서론

　종래 국가는 소위 야경국가(night watch state)로서 국가의 역할은 외교, 국방, 치안 등과 같이 국민의 재산, 신체, 생명의 보호를 하는 것이었다. 그러나 자본주의 위기를 거친 국가는 복지국가(welfare state)를 표방하여 생존배려 급부 등 국민의 최소한의 경제적, 사회적 삶의 보장하는 것을 목적으로 하고 있다.

　인터넷혁명의 시대의 국가의 역할은 종래와 다르면서도 유사한 측면이 있다. 인터넷(Internet)은 네트워크의 네트워크로서 모든 사람과 사물이 사이버공간에서 경계 없이 연결된다는 의미이다.[1] 이러한 인터넷혁명시대에 국가의 역할은 우선 진흥 및 촉진국가이다. 인터넷 네트워크 구축, 산업 및 경제의 성장, 기업 활동의 지원 등의 역할이 중요해지는 것이다. 그 외 종래 야경국가와 유사한 사이버야경국가의 역할도 요구된다. 인터넷을 비롯한 사이버공간에서

---

* 이 논문은 「사이버안보법정책논집」 제2호(한국사이버안보법정책학회, 2016. 12)에 게재된 것임. [원제] 사이버위협에 대응한 국가사이버안보법의 제정 필요성 및 고려요소
1 최근 사물과 사물을 연결하는 사물통신이 Internet of things 즉, IoT로 불리면서 지능정보화 시대 핵심 기술로 주목받고 있다.

일어나는 사이버공격의 방어, 정보보안, 개인정보보호, 정보자유의 보호가 중요한 국가의 역할이 되는 것이다. 국민의 안전을 지키는 것은 그것이 물리적 공간이든 사이버공간이든 국가의 가장 기본적 역할이라고 할 것이다.

그런데 한국에서는 이러한 사이버야경국가 역할이 특히 중요하다고 할 수 있다. 그 이유는 첫째, 한국이 세계 최고수준의 인터넷 네트워크와 스마트폰 이용자 수로 인해 사이버공격 및 위험에 지속적으로 노출되고 있다는 것이다. 둘째, 다른 국가와 달리 지속적인 남북 대치 상황으로 인한 사이버공격 위협이 있다는 것이다.[2] 셋째, 사이버위협의 정도는 높은데 비해 사이버위협, 정보보안에 대한 인식이 부족하다는 것이다. 보안에 대한 투자는 불요불급한 투자로 생각하는 경향과 보안사고 발생한 후에 사후 대처하려는 경향이 강하다는 것이다.

이하에서는 사이버위협의 내용을 살펴보고 사이버위협에 대응하기 위한 법체계로서 국가사이버안보법 제정의 필요성과 법제정시 주요 고려사항을 살펴보고자 한다.

제2절 사이버위협의 내용과 특성

Ⅰ. 사이버공격, 위협의 개념

사이버공격이나 사이버위협의 개념은 실정법상 용어가 아니기 때문에 이를 어떻게 설정할 것이지가 문제될 수 있다. 다음 3가지 법에 유사한 개념이 있다.

---

2 다음 두 가지가 북한 소행으로 추정되는 대표적인 사이버공격 사례이다. 1) 3·20 방송·금융전산망 해킹사건(2013. 3. 20): KBS·MBC·YTN 및 농협·신한은행 등 주요 방송·금융기관의 전산망에 동시다발적으로 악성코드가 유포돼 서버·PC·ATM 등 총 4만8,748대 데이터가 삭제됨. 2) 한국수력원자력(한수원) 문서유출사건(2014. 12. 15): 불상의 방법으로 한국수력원자력 조직도, 설계도면 등 6차례에 걸쳐 85건을 유출해 네이버 블로그 등에 게시하고 금전을 요구. 북한(중국 요녕성) 공격 추정. 이상의 사이버공격의 실태에 대해서는 김재광, "진화하는 사이버안보 위협과 법제적 대응방안", 「제4차 산업혁명 물결, ICT 법제 개선방안 토론회 발표자료」(2016. 7. 8), 1–10쪽 참조.

첫째, 「정보통신망 이용촉진 및 정보보호 등에 관한 법률(이하 정보통신망법)」 제48조상 "정보통신망 침해행위"인데 이는 ① 정당한 접근권한 또는 허용된 접근권한을 넘은 정보통신망 침입행위, ② 악성프로그램의 전달·유포, ③ 정보통신망의 안정적 운영을 방해할 목적으로 대량의 신호 또는 데이터를 보내거나 부정한 명령을 처리하는 등의 정보통신망 장애 발생행위를 의미한다.

둘째, 「정보통신기반보호법」상 "전자적 침해행위"이다. 이는 정보통신기반시설[3]을 대상으로 해킹, 컴퓨터바이러스, 논리·메일폭탄, 서비스거부 또는 고출력 전자기파 등에 의하여 정보통신기반시설을 공격하는 행위를 말한다(법 제2조 제2호).

셋째, 「악성프로그램 확산방지 등에 관한 법률(안)」상 개념이다. 이에 따르면 악성프로그램이란 정당한 사유 없이 컴퓨터·데이터 또는 컴퓨터에 설치된 프로그램을 훼손·멸실·변경·위조하거나 그 운용을 방해할 수 있는 컴퓨터프로그램(특정한 결과를 얻기 위하여 컴퓨터 내에서 직접 또는 간접으로 사용되는 일련의 지시·명령으로 표현된 전자적 정보)이다. 감염이란 컴퓨터에 악성프로그램이 설치되어 해당 컴퓨터가 전자적 침해행위에 이용될 수 있는 상태를 말한다. 동 법은 최근 컴퓨터, PDA, 스마트폰 등 다양한 정보처리장치를 통해 언제 어디서나 인터넷에 접속할 수 있는 IT 환경이 구축되면서, 일반 이용자컴퓨터를 대상으로 한 악성프로그램이 확산·증대되고 있으며, 특히, 악성프로그램에 감염된 이른바 '좀비PC'가 DDoS(분산 서비스 거부) 공격 등 침해사고에 악용되고 있어 일반 이용자 컴퓨터를 보호할 수 있는 법체계 확립이 필요하다는 문제의식에서 입법이 시도되었다.[4]

즉, 현행 정보보호법제는 네트워크(망)또는 정보통신기반 보호를 중점으로 하고 있어 이용자 컴퓨터의 보호 및 실효성 있는 침해사고 예방 및 대응에 한계가 있다는 문제의식으로 입법을 추진했으나 입법이 이루어지지 않았다.[5]

---

3 정보통신기반시설이란 국가안전보장·행정·국방·치안·금융·통신·운송·에너지 등의 업무와 관련된 전자적 제어·관리시스템 및 「정보통신망 이용촉진 및 정보보호 등에 관한 법률」 제2조 제1항 제1호의 규정에 의한 정보통신망을 의미한다(정보통신망법 제2조 제1호).

4 보다 상세한 내용은 후술한다.

결론적으로 사이버공격, 사이버위협의 개념은 「정보통신망법」상 침해사고의 개념을 참조하는 것이 적절해 보인다. 즉, 사이버공격은 해킹, 컴퓨터바이러스, 논리폭탄, 메일폭탄, 서비스 거부 또는 고출력 전자기파 등의 방법으로 정보통신망 또는 이와 관련된 정보시스템을 공격하는 행위를 하여 발생한 사태를 말한다고 할 수 있다.

다음 사이버공격(cyber-attack), 사이버테러(cyber-terror), 사이버위협(cyber-threat), 사이버위기(cyber-crisis)의 구별이 문제인데, 기본적으로 사이버공격, 사이버테러는 원인행위, 사이버위협 또는 위기는 결과로 이해할 수 있으며, 사이버테러는 사이버공격보다 광범위한 수단과 목표를 지닌 것으로 이해할 수 있고 사이버위기도 사이버위협보다는 광범위한 피해를 초래할 수 있는 상황으로 이해할 수 있다.

Ⅱ. 사이버위협의 내용

1. 해킹(Hacking)

해킹이란 컴퓨터 네트워크의 취약한 보안망에 불법적으로 접근하거나 정보시스템에 유해한 영향을 끼치는 행위로 해킹방법으로는 ① 비밀번호 도용, ② 시스템 보안상의 빈틈 활용, ③ 트로이 목마 이용, ④ 제3의 신뢰인 이용, ⑤ 침입 흔적 인멸 등이 있다. 대표적인 해킹 사례로는 2009년 7월 청와대와 미국 재무부 사이트 해킹, 2011년 4월 농협 전산망 해킹, 2013년 3월 언론사 및 금융기관 전산망 해킹, 2015년 10월 우리 정부 외교·안보라인 주요 인사 수십 명의 스마트폰 해킹이 있다.

2. 컴퓨터 바이러스(Computer Virus)

컴퓨터 바이러스는 컴퓨터 프로그램의 일종으로 사용자 몰래 스스로 복

---

5 한정연, "악성프로그램 확산방지 등에 관한 법률(안)의 주요내용 및 발전방향에 관한 소고", 「INTERNET & SECURITY FOCUS」(December 2014), 18-41쪽. 입법이 좌절된 것은 일부 야당, 시민단체의 통신검열, 프라이버시 침해 우려가 그 이유가 되었다.

제하여 다른 프로그램을 감염시키고, 결과적으로 정상적인 프로그램이나 다른 데이터 파일 등을 파괴하는 악성 프로그램을 말한다. 특히 웜(worm) 바이러스 프로그램은 다른 유용한 프로그램들과 달리 자기복제를 하며, 컴퓨터 시스템을 파괴하거나 작업을 지연 또는 방해하는 악성프로그램이며, 트로이 목마 (Trojan horse)는 자료삭제, 정보탈취 등 사이버테러를 목적으로 사용되는 악성 프로그램이다.

3. 논리 폭탄(Logic Bomb)

논리 폭탄은 해커나 크래커가 프로그램 코드의 일부를 조작해 이것이 소프트웨어의 어떤 부위에 숨어 있다가 특정 조건에 달했을 경우 실행되도록 하는 것으로 컴퓨터 범죄의 하나이다. 즉, 논리 폭탄이라는 용어 그대로 프로그램에 어떤 조건이 주어져 숨어 있던 논리에 만족되는 순간 폭탄처럼 자료나 소프트웨어를 파괴하여 자동으로 잘못된 결과가 나타나게 하는 것이다.

4. 메일 폭탄(Mail Bomb)

메일 폭탄이란 특정한 사람이나 특정한 시스템에 피해를 줄 목적으로 한꺼번에 또는 지속적으로 대용량의 전자우편을 보내는 것이다.

5. 서비스 거부(Denial of Service Attack)

서비스 거부는 해킹수법의 하나로 해커들이 특정 컴퓨터에 침투해 자료를 삭제하거나 훔쳐가는 것이 아니라 대량의 접속을 유발해 해당 컴퓨터를 마비시키는 수법이다. 특정 컴퓨터에 침투해 자료를 삭제하거나 훔쳐가는 것이 아니라 목표 서버가 다른 정당한 신호를 받지 못하게 방해하는 작용을 말한다.

6. 분산서비스 거부 공격(Distributed Denial of Service Attack)

분산서비스 거부 공격은 해킹 방식의 하나로서 여러 대의 공격자를 분산배치하여 동시에 '서비스 거부 공격(Denial of Service attack: DoS)'을 함으로써 시스템이 더 이상 정상적 서비스를 제공할 수 없도록 만드는 것이다. 해커가 사전에 악성프로그램을 유포하여 이른바 좀비PC를 만든 다음 악성프로그램에 감염된 좀비PC를 일제히 동작하게 하여 특정사이트나 시스템을 공격하는 방식이다. 공격 시나리오를 전체적으로 살펴보면, 컴퓨터를 해킹하여 사용자 몰래 악성프로그램을 설치해 놓거나 이메일 등을 통해 악성프로그램을 유포하여 좀비PC를 만든 다음, 좀비PC로 하여금 공격 대상 서버에 대량의 신호 또는 데이터를 전송하여 서버의 정상적인 서비스를 마비시켜 해당 기관의 고유 업무를 방해하도록 하는 진화된 해킹공격 방법이라고 할 수 있다.[6]

Ⅲ. 사이버위협의 특성

1. 적용비용으로 막대한 경제적 피해 야기

사이버공격의 비용은 많지 않지만 인터넷 네트워크의 특성상 침해사고의 규모는 엄청난 것이 보통이다. KAIST가 추정한 2013년 3월 북한의 제3차 핵실험 이후 북한의 사이버테러로 인한 직·간접적 피해액은 8,600억원 가량이며, 금융권의 피해액은 이와 비슷한 약 8,500억원 수준이다.[7]

2. 피해의 확산속도 및 침해규모의 심각성 – 국가전체에 대한 심각한 위협

물리적 테러와 달리 사이버공격은 순식간에 정부, 기업, 개인에게 동시다발적인 피해를 야기시킬 수 있다. 특히, 원자력발전소, 금융시스템 등 사회간접자본에 대한 공격은 국가사회의 기본적 시스템을 마비시킬 가능성이 있다.

3. 공격원인 및 흔적 발생의 곤란

DDoS 공격자는 대부분 상대적으로 해킹 등에 미온적인 중국 등을 이용하기 때문에 역추적이 쉽지 않고, 공격에 사용되는 좀비PC 역시 서버도 있지

---

6 이상 사이버위협의 기술적 설명 내용은 네이버 지식백과, 컴퓨터인터넷IT용어대사전, 2011. 1. 20, 일진사 등을 참고하여 정리한 것임.

7 금융위원회 공식블로그(http://fssblog.com/220651281286. 2016. 12. 18. 접속).

만 대부분 보안에 취약한 Windows 기반의 가정용 PC이며 더구나 DHCP[8]를 이용하기 때문에 IP를 알아도 역추적하거나 처리하기가 쉽지 않은 것이 현실이다.

4. 위협 제거의 한계, 상존하는 위험 관리의 필요성

보안을 아무리 강화한다고 하더라도 침해가능성이 존재한다. 왜냐하면 끊임없이 새로운 침해공격 수단이 개발되기 때문이다. 따라서 사전 예방은 물론 물론 사후 신속한 대응체계의 완비의 필요성이 존재하는 것이다.

제3절 사이버위협에 대한 법제도적 대응의 필요성과 이슈

I. 주요 국가의 대응방안

1. 미국

미국의 국가 사이버안전에 관한 최초의 법률은 1987년 제정되어 1990년대 중반까지 시행되었던 「컴퓨터보안법(Computer Science Act)」이다. 이 법은 연방정부의 컴퓨터시스템 내의 기밀정보(sensitive information)의 보안 및 프라이버시 보호 등의 기능을 하였다. 2001년 9·11 테러 이후 부시 대통령은 국토안보부(Department of Homeland Security)를 신설하였고 그 권한을 근거지우는 「국토안보법(Homeland Security Act)」을 입법하였다. 국토안보부는 종래 FBI에 속해있던 국가기반시설보호센터(NIPC)뿐만 아니라 상무부의 CIAO 등 기존 부서들을 통합한 부서로서 물리적인 국토, 기반시설 보호뿐만 아니라 사이버안보의 총괄 조정업무를 담당하게 되었다.[9]

---

8 dynamic host configuration protocol의 약어. 윈도 NT를 기본으로 하는 근거리망(LAN)에 접속하는 컴퓨터에 IP 주소를 할당하는 마이크로소프트사의 기술. 컴퓨터가 네트워크에 접속하면 DHCP 서버가 자신의 목록에서 IP 주소를 선택하여 할당해 주는 것을 말한다(네이버 지식백과, 컴퓨터인터넷IT용어대사전, 2011. 1. 20, 일진사).

9 권현준 외, 「사이버보안 법제 선진화 방안 연구」(방송통신위원회 연구보고서, 2011, 12),

2015년에는 「사이버안보법(Cyber Security Act of 2015, CSA)」을 제정하여 16개 정보기관을 관장하는 국가정보실과 국토안보부 등이 공공과 민간 간 정보공유 절차를 마련하였다. 이 법의 주요 내용은 다음 네 가지 정도로 볼 수 있다. 첫째, 민·관 사이버안보 정보공유체계 구축(Sharing centralized in the DHS)이다. 국가정보국장, 국토안보부장관, 국방부장관 및 법무부장관은 연방기관과 비연방기관(민간기관, 주·지방정부 등 포함) 간 사이버위협지표 및 방어조치에 관한 정보공유절차 구축 및 가이드라인을 마련하였다. 국토안보부와 법무부는 공유받은 정보를 특정 연방기관(상무부, 국방부, 에너지부, 국토안보부, 법무부, 재무부 및 국가정보국)과 자동화된 방식으로 실시간 공유할 수 있도록 정책·절차를 수립·공표하였다. 둘째, 민간기업의 책임제한(Liability protections require sharing "in accordance" with CISA)이다. 즉, 민간기관이 사이버안보 목적으로 정보시스템 및 정보를 ① 모니터링 및 ② 방어조치를 취하고, ③ 정보를 공유할 수 있는 법적 근거를 마련하였다. 이 경우 민간기관이 이 법에 따라 사이버위협지표와 방어조치를 모니터링, 공유·제공받는 행위는 소송의 원인(cause of action)이 되지 못하도록 규정하고, 「반독점법」에 따른 책임을 면제하는 등의 보호규정을 마련한 것이다. 셋째, 개인정보 삭제의무(Requirement to remove information known to be unrelated personal information)이다. 즉, 정보공유 전에 사이버안보 위협과 직접적 관련이 없는 특정 개인을 식별할 수 있는 정보 또는 특정인의 개인정보 포함 여부를 심사하여 삭제하는 절차를 확보하도록 하였다. 넷째, 정보의 사용제한(Limited use of shared information by federal and state governments)이다. 연방기관은 '사이버안보 목적'을 위해 사이버안보 위협이나 취약점을 확인하는 용도로만 공유받은 사이버안보 정보를 사용하도록 제한을 받는다. 다만, 생명 또는 신체·재산상의 중대한 위해가 되는 특정한 위협 등 특정 범죄 관련한 법집행 목적 등의 경우에는 일부 예외가 인정된다. 한편, 동법에 따라 국토안보부에 설립된 국가사이버안보정보공유센터(National Cybersecurity and Communications Integration Center: NCCIC)에 사이버안보 위협

지표 및 방어조치 정보, 사이버안보 위험과 사고 관련 정보공유 기능이 부여되었다.[10]

　　미국 사이버안보의 특성은 크게 네 가지로 나눌 수 있다. 첫째, 국토안보부에 사이버안보에 관한 권한 및 책임을 부여하고 있다는 점이다. 「국토안보법(HSA)」은 국가기반보호를 위한 관리를 담당하는 행정부처를 국토안보부(DHS)라는 이름으로 두고, 물리적 국가기반뿐만 아니라 사이버안보도 국가기반으로서 보호하도록 하는 역할 및 책임을 부여하고 있다. 둘째, 대통령 직속의 사이버안보 및 자문위원회를 두고 있다는 점이다. 대통령 소속에 사이버안보자문관을 두고 연방정부의 개별 부서차원에서 행하기 어려운 부처 간 권한배분, 범정부적·통합적 사이버안보 정책 마련 및 운영 등의 업무를 담당하도록 하였다. 셋째, 사이버안보에서 민·관 협력을 강조하고 있다는 것이다. 예를 들어, 민간기업의 협조 없이는 사이버위협정보의 분석에 사용되는 첨단기술 개발이 어렵다는 점을 인정하고 있다. 끝으로 사이버안보에서 소비자의 프라이버시 보호를 강조하고 있다. 예를 들어, 사이버위협에 대비한 정보 공유시에도 소비자의 프라이버시 보호를 위한 장치를 고민하고 있는데 개인정보 유출시 30일 이내에 통지를 의무화하고 공유된 정보는 「정보공개법」에 따른 비공개대상으로 하는 방안 등이 그 사례라고 할 수 있다.

2. 일본

　　2014년 11월 6일 일본 중의원 본회의에서는 사이버공격 대응에 관한 국가의 책무 등을 정한 「사이버시큐리티기본법」이 통과되었다. 동 법은 사이버안보에 관한 대응전략을 국가차원에서 종합적이고 효과적으로 추진하는 것을 목적으로 하며, 사이버안보에 대한 기본이념과 전략 및 국가의 책임을 정의하고 있다. 사이버안보는 '정보시스템 및 정보통신망의 안전성 및 신뢰성 확보를 위해 필요한 조치를 강구하고 그 상태가 적절하게 유지관리되는 것'이라고 정

---

10 John Evangelakos, Brent J. McIntosh, Jennifer L. Sutton, Corey Omer and Laura S. Duncan, SULLIVAN & CROMWELL LLP, *The Cybersecurity Act of 2015*, December 22, 2015, pp. 1-13.

의하고 있고 정부 행정부처 및 산하기관들의 사이버안보 원칙준수와 함께 기간망사업자들 역시 사이버안보 전략 수립과 관련된 자발적인 노력을 촉구하고 있다. 동 법에서는 현재 정부의 사이버안보 전략을 담당하고 있는 '정보보안정책회의'를 격상시켜 범부처를 대상으로 한 사이버안보정책의 사령탑역할을 수행하기 위한 조직으로써 내각 산하에 사이버안보전략본부를 설치하도록 규정하고 있다. 내각관방장관이 본부장 역할을 하고 사무국 역할은 종래의 정보시큐리티 센터를 내각 사이버시큐리티센터로 개편하여 동 센터가 수행하도록 하였다.[11] 사이버안보전략본부는 사이버위협정보 수집, 사이버안보 사고조사, 행정기관 대책 평가 등의 업무를 수행한다. 종래 정보보안정책회의는 총무성, 경제산업성, 국방성, 경찰청 등의 각 부처에서 파견된 인사들을 중심으로 구성되었으나, 법적 권한의 제약과 전문 인력의 부족으로 인해 역할과 기능상의 한계를 노출하였다. 이에 따라 사이버안보전략본부에서는 민간보안전문가들을 기간제로 임용하기로 결정하고 또한, 국가안전보장회의(NSC)와 IT종합전략본부의 의견을 토대로 사이버안보전략안을 작성하고 지방자치단체들과 협력체제를 구축하였다.[12]

Ⅱ. 법제도 대응방안의 이슈

1. 민간과 공공부문의 분리 내지 융합

공공부문은 공익의 원리가 지배하고 정부기관 등 공공기관에 대해서는 법치행정의 원리, 특별행정법관계가 적용되는 등 공공부문은 민간부문과 다른 특유의 이념과 조직형태를 가진다. 또한 공공부문은 국가의 방어나 국민에 대

---

11 내각 관방장관은 우리의 행정안전부 장관에 해당하는데, 종전에도 관방장관이 사무국 역할을 해왔으나 위원회 기구인 정보보안정책회의가 사이버안보전략본부로 확대강화된 것이다.

12 KISA, "심층보고서-일본 정부의 사이버보안 강화 전략 분석", *INTERNET & SECURITY bimonthly 2014* Vol.3, 5-21쪽; 정보통신산업진흥원, "일본, 사이버보안기본법채택",「정보통신방송 해외정보(CONEX)」(2014. 11), 1-3쪽 참조.

한 급부제공에서 필수적 역할을 하므로 이에 대한 사이버공격 시 그 파급효과나 피해가 훨씬 클 가능성이 있다. 반면 민간부문은 자율과 시장의 원리가 지배하고 기본권의 보장과 사적자치의 원칙이 적용된다는 측면에서 공공부문과는 상이하다고 할 수 있다. 다만, 민간부문의 경우에도 대기업에 대한 사이버공격 시에는 피해가 적지 않고 인터넷 네트워크로 연결된 사회에서 피해의 전파가 신속, 광범위할 가능성이 존재한다.

이에 민간과 공공부문을 통합하여 규율할 것인지 아니면 별도의 규율을 할 것인지 여부는 분리 및 통합에 따른 비용편익을 기준으로 할 필요가 있다. 분리에 따른 비용은 광범위하고 심각한 공격 시 이에 따른 통합적 대응 능력 부족으로 피해규모 증가, 통합조정의 곤란으로 인한 행정비용의 증가라고 할 수 있고 분리에 따른 편익은 민간부문의 자율성, 프라이버시의 보호 강화 가능성이 있다는 점이다. 한편 통합에 따른 비용은 민간부문의 자율성, 프라이버시 침해 가능성, 통합에 따른 기관 간 의사소통의 어려움의 문제라고 할 수 있고 통합에 따른 편익은 전 국가적 사이버위협 대응에 유리하며, 특히 공공과 민간에 대한 동시 사이버공격시 대응에 효율적이며 사이버안보 자원의 집중 및 동원에 유리하다는 것이다.

결국 공공과 민간을 구분하지 않는 광범위하고 신속한 사이버공격의 성격을 고려하면 통합형을 우선시 하는 것이 타당할 수 있으나 다만, 프라이버시 보호의 문제 등 민간의 자율성을 여하히 존중하면서 공공부문과의 통합을 이룰 것인지에 대한 고민이 필요하다고 할 수 있다.

한국의 경우 공공·민간부문이 각각 분리, 독자 대응하고 있어 광범위한 사이버공격 위협에 대한 효율적 대처가 어려운 점이 있다. 공공부문의 사이버안보업무는 국가정보원이 대통령 훈령인 「국가사이버안전관리규정」에 따라 담당하고 있으나, 국회·법원·헌법재판소 등 입법·사법 기관들과 민간분야는 대통령 훈령 적용 범위에서 제외되어 있는 상황이다. 민간 부문은 과학기술정보통신부가 「정보통신망법」 등을 근거로 하여 사이버공격 예방 및 대응을 위한 업무를 담당하고 있으나 법률 미비로 사이버공격 징후를 실시간 탐지·차단하거나 신속한 사고 대응에 한계를 보이고 있다.

2. 집중형과 분산형 체계의 선택과 양자의 조화 문제

집중형은 특정한 부서나 조직이 총괄적인 계획, 관리, 집행, 평가에 대한 권한과 책임을 지는 구조임에 반해 분산형은 분야별 부서나 조직이 해당 분야의 관리, 집행에 대한 권한과 책임을 지는 구조이다. 집중형과 분산형 체계의 선택기준은 업무의 특성이 효율성, 통일성을 요하는 것인지 아니면 다양성, 자율성을 필요로 하는 것인지 여부, 업무의 특성이 신속한 의사결정과 집행이 필요한 것인지, 아니면 참여와 토론이 필요한 것인지 여부, 업무의 특성이 위기대처와 관련된 것인지 아니면 평시적 업무를 대상으로 하는 것인지 여부 등이라고 할 수 있다.

다음 어떤 사안이 집중화 또는 집권화의 요인이 되는 것이 살펴보면 다음과 같다. 이 요인의 반대상황이 분산화 또는 분권화의 요인이라고 할 수 있다. 조직의 규모가 작으면 집권화 요인이 되며, 역사가 짧은 신설 조직일수록 집권화되기 쉽다. 조직의 운영이 특정한 개인의 리더십에 크게 의존할 때 그 조직은 집권화되기 쉬우며, 어떠한 조직이고 간에 그 조직이 위기에 직면하게 되면 집권화를 초래한다. 또한 상급자가 하급자로 하여금 획일적으로 행동하기를 원할 때 집권화는 촉진되며, 하급자(기관)가 능력면에 있어서 상급자(기관)보다 뒤떨어질 경우 또는 상급자(기관)가 하급자(기관)의 능력을 불신하는 경우에도 집권화가 촉진된다.[13]

결국 사이버안보의 집중형과 분산형의 선택도 유사한 기준을 적용할 수 있다. 사이버안보의 업무특성이 효율성, 통일성을 요하는 것인지 아니면 다양성, 자율성을 필요로 하는 것인지 여부, 사이버안보의 업무특성이 신속한 의사결정과 집행이 필요한 것인지, 아니면 참여와 토론이 필요한 것인지 여부, 사이버안보의 업무 특성이 위기대처와 관련된 것인지 아니면 평시적 업무를 대상으로 하는 것인지 여부이다.

사이버안보 업무의 경우 전반적으로 효율성, 통일성이 요구되고 신속한

---

13 http://terms.naver.com/entry.nhn?docId=78005&cid=42155&categoryId=42155, 2016. 12. 18. 접속, 이종수, 「행정학 사전」(대영문화사, 2009. 1) 참조.

의사결정과 집행이 필요함은 물론 위기대처와 관련되어 있다는 점에서 집중형
이 분산형보다는 적절한 선택일 가능성이 높다. 다만, 사회 각 분야의 물리적
보안을 소관분야별로 각 부서가 담당하고 있는 점을 고려할 때 사이버안보에
대해서도 분산형의 적절한 가미가 필요하다고 할 것이다.

3. 한국의 사이버안보의 체계의 내용과 평가

한국의 사이버안보의 총괄체계는 대통령 산하에 국가안보실(사이버안보비
서관[14]), 국가사이버안전전략회의(의장: 국정원장, 위원: 차관), 대통령비서실(미래
전략수석)로 구성되어 있다. 이와 함께 국가사이버안전센터(국정원)가 있으며,
이 산하에 민·관·군 사이버위협 합동대응팀이 구성되어 있다. 민·관·군 사
이버위협 합동대응팀은 일상적 상황에서는 분산관리 방식을 적용해 민(과학기
술정보통신부)·관(국가정보원)·군(국방부) 분야별로 역할을 분산한다. 그러나 국
가안보 사안과 관련해서는 국정원이 총괄하는 중앙통제방식을 적용하고 있고
최근에는 국정원·미래부·방통위·국방부·안행부·금융위 등 관계부처가 참
여하고, 국정원을 중심으로 한 민·관·군 합동대응체계로 운영되고 있다.[15]

과학기술정보통신부는 주요 정보통신기반 보호시설 보호 대책 이행점검,
보호지원 주요 정보통신기반시설 지정 권고, 기반보호실무위원회 운영, 민간
정보보호 및 산업을 총괄하며 행정안전부는 개인정보보호 체계 구축, 국가기
관 사이버침해 대응(정부통합전자센터: NCIA), 사이버 침해대응센터 운영을 맡고
있고, 국가정보원은 주요 정보통신기반 보호시설 보호 대책 이행점검, 보호지
원 주요 정보통신기반시설 지정 권고, 국가사이버안전전략회의 및 국가사이버
안전센터 운영, 정보보안 업무를 총괄한다. 또한, 국방부는 국방 분야의 사이
버안전을 담당하고 방송통신위원회는 정보통신서비스 제공자 등이 운영하는
정보통신망의 안정적 운영, 침해사고 대응, 개인정보보호 등의 업무를 분장하

---

14 2015년 4월 한수원 해킹 등을 계기로 국가안보실 내에 사이버안보비서관이 신설되었다.
   미국의 백악관내 Cyber security coordinator와 유사하다고 할 수 있다.

15 정준현, "국가 사이버안보를 위한 법제 현황과 개선방향", 「디지털 시대와 국가 정보 발전」
   (국가정보학회 동계학술회의 발표자료, 2011. 11. 30); 박영철 외, 「사이버보안체계 강화를
   위한 정보보호법제 비교법연구」(한국인터넷진흥원, 2015. 12), 11-51쪽 참조.

고 금융위원회는 사이버안보와 관련해 전기통신금융사기 피해 방지, 금융분야 주요 정보통신기반시설 보호, 금융분야 국가기반체계 보호를 담당하고 개인정보보호위원회는 개인정보보호 기본계획 및 관련 정책 수립을 담당한다.[16]

　　한국의 사이버안보 체계는 민간영역은 과학기술정보통신부, 국방영역은 국방부, 공공부문은 행정안전부, 국가정보원으로 분산되어 있는 것처럼 보이나 다시 국가정보원이 국가사이버안전센터, 국가사이버안전전략회의를 통해 총괄기능을 수행하는 집중형 구조를 취하고 있다. 다만, 대통령 국가안보실 및 소속 사이버정보비서관이 사이버안보의 정점에 위치하는 집중형 의사결정 체제를 취하고 있다. 전반적으로 control 타워로서 청와대 국가안보실(사이버정보비서관)에 집권화된 거버넌스에다가 민·관·군별로 소관 부처가 책임을 지면서 다시 국가정보원이 일부 통합적 조정권한을 지닌 분산형 거버넌스가 복합된 구조로 평가된다. 집중형과 분산형의 적절한 조화가 이루어지고 있는 것으로 보여 거버넌스 자체에는 큰 문제가 없으나 합의제 형태의 최고 사이버안보 의사결정 기관이 미비한 점, 국가정보원의 역할 한계가 애매한 점이 개선여지가 있는 점이라고 할 수 있다.

4. 사이버위협정보의 공유와 프라이버시 보호의 문제

　　사이버위협정보의 공유와 프라이버시 보호와 관련 미국의 아이폰 잠금해제 사례를 살펴보고자 한다. 2015년 12월 2일 캘리포니아주 샌버나디노에서 발생한 총기테러로 14명이 사망하였고 이에 미 연방수사국(FBI)은 테러범이 사용하던 아이폰5c를 입수해 자체 해킹을 시도했으나 실패하였다. 캘리포니아주 연방지방법원은 테러범의 아이폰 잠금장치를 해제할 것을 애플 측에 명령했으나 애플은 법원의 명령을 거부하고 법원의 명령에 대해 애플의 최고경영자(CEO) 팀 쿡은 "우리의 아이들과 가족 등 공공의 안전은 매우 중요하다고 생각하지만 개인정보를 보호하는 것 역시 더할 나위 없이 소중하다"며 "(법원

---

16 이상의 한국의 사이버안보대응체계는 권현준 외, 앞의 논문, 174-193쪽; 이연수 외, "주요국의 사이버안전 관련 법·조직체계 비교 및 발전방안 연구", 「국가정보연구」 제1권 제2호 (2008), 56-63쪽 참조.

의 명령을 따르는 것은) 국민을 심각한 위험에 빠뜨릴 수 있다" 하면서 명령을 거부하였다. 공화당 소속 톰 코튼 상원의원은 "애플이 미국인들의 안전보다 테러범들의 사생활 보호를 더 우선순위에 올렸다"고 일침을 가했다.[17]

  기술한 바와 같이 미국은 사이버안보에서 프라이버시를 강조하는 차원에서 개인정보 삭제의무와 정보의 목적외 사용제한을 규정하고 있다. 결국 이 문제는 사이버안보를 포함하는 국가안보와 프라이버시라는 가치의 충돌을 어떻게 해결하여야 할 것인지에 대한 문제이다. 즉, 국가입장에서는 국민의 생명, 재산을 보호하여야 하는 의무와 국민의 기본권을 보호하여야 하는 의무 간의 충돌이고 국민입장에서 프라이버시권이라는 기본권과 생명, 신체, 재산의 자유 등 자유권 간 권리의 충돌이라고 할 수 있다. 원칙적으로 이 문제는 어느 한편이 절대적 우열을 가릴 수 있는 문제가 아닌바, 우선적으로 법률유보의 원칙, 비례의 원칙[18]에 입각한 입법 및 정책집행이 요구된다고 할 것이다.

제4절 사이버위협에 대한 국가사이버안보법 제정의 방향

Ⅰ. 공공과 민간을 아우르는 통합 기본법 체계 확립

  정부와 민간이 함께 협력하여 국가차원에서 체계적이고 일원화된 사이버공격 예방·대응 업무를 수행하기 위해 통합법 제정이 필요하다고 할 것이다. 다만, 원칙적으로 기본법이 먼저 제정되고 이후 개별법등이 제정되는 것이 원칙이나 기본법이라는 성격으로 사후 제정되는 경우 개별적으로 존재하는 법률과의 관계를 명확히 하는 것이 타당하다. 즉, 구법, 신법 관계로 보아 신법 우

---

17 방송통신위원회 블로그(http://blog.naver.com/kcc1335/220883850773, 2016. 12. 18. 접속), 에너지경제 2016. 2. 25.일자 기사 참조(http://www.ekn.kr/news/article.html?no=203140, 2016. 12. 18. 접속).

18 우리 헌법상 근거는 「헌법」 제37조 제2항이다. 동조에 따르면 국민의 모든 자유와 권리는 국가안전보장·질서유지 또는 공공복리를 위하여 필요한 경우에 한하여 법률로써 제한할 수 있으며, 제한하는 경우에도 자유와 권리의 본질적인 내용을 침해할 수 없다.

선 원칙이 적용될 가능성이 있고 만약 특별법, 일반법 관계로 보는 경우 특별법 우선의 원칙을 적용할 수 있을 것이다. 필요한 경우 개별법 조항 중 적용을 배제하고 기본법을 적용할 필요가 있는 경우를 부칙에 명시하는 것을 고려할 수 있다.[19]

Ⅱ. 집중형과 분산형의 적절한 조화를 추구하는 거버넌스 구축

기존 국가정보원, 과학기술정보통신부가 중심이 된 집중형 사이버안보 관리체계에서 관련 부처에 관리책임을 이전하는 분산형 사이버안보 관리체계를 구축을 검토하되, 다만, 통합적 의사결정을 위한 국가사이버안보위원회나 위기 발생시 대책본부등 일부 사항에 대해서는 집중형 관리체계를 도입하는 것이 필요하다. 또한 대통령 국가안보실, 국정원, 그외 소관 부처의 역할 구분 및 한계를 명확화할 필요가 있고 대통령 국가안보실 소속의 합의제 형태의 사이버안보 최고의사결정기관의 신설을 고려할 필요가 있다. 또한, 사이버안보 계획 수립, 시행, 평가 과정에서 국정원과 소관 부처의 역할을 명확화하고 소규모의 사이버위협과 대규모 국가적 위협을 구분하여 대응기관을 구분하는 방향의 검토가 필요하다.

Ⅲ. 예방적 침해 대응, 유기적, 협조적 침해 대응 원칙의 강조

최근 발생하고 있는 침해사고의 특징은 동시다발적인 공격, 공공·민간영역을 구분하지 않는 무차별적 공격으로 단시간에 피해가 급속도로 확산되고 회복할 수 없는 손해가 발생하며, DDoS 공격과 같이 이용자의 PC를 공격의 객체이자 주체로 활용하기도 한다는 것이다. 따라서 침해사고 전에 이를 막기

---

[19] 「개인정보 보호법」의 경우 「정보통신망법」, 「신용정보법」이 존재한 상황에서 제정되면서 그 성격을 두고 기본법, 일반법인지 논란이 있었다. 이에 따라 동일 내용이 양법에 존재하는 경우 기본법으로 보는 경우 신법우선에 따라 「개인정보 보호법」이, 일반법으로 보는 경우 특별법 우선 원칙에 따라 기존법이 적용되는 차이가 있다.

위한 사전적 예방이 매우 중요하므로, 사이버위협정보의 공유, 사이버안보 계획 수립, 사이버안보 기술개발, 인력양성, 국제공조의 원칙을 명시하는 것이 바람직할 것이다. 다음 사이버안보 침해자에 대한 대응을 위해서는 국가 및 공공기관, 정보통신서비스제공자, 이용자 모두가 반드시 유기적으로 협조할 필요가 있다. 특히 대규모 침해에 대해서는 민·관·군의 역량을 결집하고 조정하는 조직을 구성하여 대응할 필요가 있다고 할 것이다.

Ⅳ. 사이버안보와 기본권의 이익형량의 원칙

본질적으로 사이버안보 정책은 국민의 재산권 등 각종 기본권과 상충하는 것을 피할 수 없다. 사이버안보를 강화할수록 국민의 기본권이 제한되는 것이 불가피하므로, 입법자와 정책집행자는 사이버안보와 국민의 기본권 보호를 이익형량하여 균형점을 찾아 양자가 조화될 수 있도록 입법하고 정책을 집행하여야 한다.

이와 관련 사이버안보에 대한 「개인정보 보호법」의 적용 제외가 문제될 수 있다. 현행 「개인정보 보호법」은 국가안전보장과 관련된 정보 분석을 목적으로 수집 또는 제공 요청되는 개인정보의 경우에는 제3장(개인정보의 처리), 제4장(개인정보의 안전한 관리), 제5장(정보주체의 권리 보장), 제6장(개인정보분쟁조정위원회), 제7장(개인정보 단체소송)의 규정이 적용되지 않도록 하고 있다(법 제58조 제1항 제2호). 이에 따라 주요 개인정보보호 관련 규정은 사이버안보 활동에 적용되지 않을 가능성이 높다. 또한 「개인정보 보호법」은 공공기관의 장이 개인정보파일을 운용하는 경우에는 행정안전부장관에게 등록하도록 요구하는데(법 제32조 제1항), 국가 안전, 외교상 비밀, 그 밖에 국가의 중대한 이익에 관한 사항을 기록한 개인정보파일등의 경우 등록이 면제되어 있어 사이버안보를 포함하는 국가 안전에 관한 사항을 기록한 개인정보파일을 운용하더라도 행정안전부 장관에게 등록할 필요가 없다고 할 수 있다.[20]

---

[20] 상세한 내용은 최경진, "사이버안보와 개인정보보호법령의 상관성", 「嘉泉法學」 제8권 제4호(2015. 12. 31) 참조.

다만, 사이버안보의 개념이 국가안보나 국가안전과 동일 개념인지에 대해서는 논란이 있을 수 있다. 즉, 단순한 사이버공격과 국가안보를 위협하는 사이버공격을 구분하여 전자의 경우 「개인정보 보호법」의 규정의 적용이 가능하다는 입론이 가능하다. 그러나 현행법의 해석으로는 사이버안보와 관련해서는 개인정보보호법제의 작동가능성이 희박한 상황으로 평가되어 사이버안보와 개인정보보호의 긴장이 예상된다. 양자의 긴장을 조화하고 균형을 위한 기준으로는 덜 침해적인 개인정보 침해수단의 강구(The lesser technological privacy intrusive principle), 개인정보처리자의 책임성의 원칙(The principle of accountability), 투명성의 원칙(The principle of transparency), 비례의 원칙(The principle of proportionality), 효과성의 원칙(The principle of effectiveness), 공정성의 원칙(The principles of fairness) 등이 고려될 수 있다.[21] 보다 구체적으로는 사이버안보에 관한 「개인정보 보호법」의 적용여부 및 적용가능한 조항에 대한 검토를 통하여 이를 사이버안보 입법안에 반영하는 방안을 검토할 필요가 있다고 할 것이다.

Ⅴ. 국민의 참여보장의 원칙

사이버안보 정책 수립, 집행의 결정과정은 정부가 독점해서는 안 되며, 사업자와 국민이 반드시 참여하는 것이 바람직하다. 이는 사이버안보 정책이 자칫 정부의 검열 또는 정보감시로 이어지지 않도록 하기 위해서도 매우 중요하다. 이와 관련 사이버안보위원회 구성 시 자문위원회 형태 등 민간의 참여, 사이버안보 계획 수립시 민간의견 청취, 사이버안보 전문기업 육성 등 민간 전문인력 양성에도 관심을 기울여야 할 것이다.

---

21 Kevin Aqullina, Public security versus privacy in technology law: A balancing act?, *Computer Law & Security Review*, Volume 26, Issue 2, March 2010.

제5절 결론

사이버위협 또는 사이버테러로부터 국민의 안전과 국가의 안전을 담보하여야 할 국가적 책무는 아무리 강조하여도 지나침이 없다고 할 것이며, 특히, 분단 상황에 있는 우리의 경우 더욱 중요성이 강조될 수밖에 없다. 또한 사이버위협으로부터 안전한 신뢰기반의 지식정보사회의 구현이 IT 강국으로서 우리의 산업적 성장과 국민의 삶의 질의 향상의 기초자산이 되는 것이라는 점도 분명하다.

그럼에도 불구하고 한국의 현행 사이버안보 법체계는 관련된 법령도 다양할 뿐만 아니라 관련 규정도 여기저기 산재되어 있는 문제점을 갖고 있으며, 추진체계와 관련하여 통일적인 조직을 갖추지 못하고 있는 것이 현실이다. 사이버안보기본법을 기본법이자 일반법으로 새롭게 제정하여 동 법 속에 추진체계를 정비하고 기본계획과 시행계획 등 계획수립, 사전적 예방정책과 사후적 예방정책을 명시적으로 규율하는 것이 필요하다고 할 수 있다.

다만, 이 경우에도 사이버안보 강조가 프라이버시 등 국민의 기본권 침해, 민간의 자율성 저하로 이어지지 않도록 투명하고 엄격한 절차를 통한 정보공유, 민간참여, 민간역량 강화에도 소홀하지 않도록 할 필요가 있다고 할 것이다.

⁞⁞ 참고문헌

권현준 외, "사이버보안법제 선진화 방안 연구", 방송통신위원회 연구보고서, 2011. 12.

김재광, "진화하는 사이버안보 위협과 법제적 대응방안, 제4차 산업혁명 물결", 「ICT 법제 개선 방안 토론회 발표자료」, 2016. 7. 8

박영철 외, "사이버보안체계 강화를 위한 정보보호법제 비교법연구", 한국인터넷 진흥원, 2015. 12.

이연수 외, "주요국의 사이버안전 관련 법·조직체계 비교 및 발전방안 연구", 「국가정보연구」 제1권 2호, 2008.

정보통신산업진흥원, "일본–사이버보안기본법채택", 「정보통신방송해외정보(CONEX)」, 2014. 11.

정준현, "국가 사이버안보를 위한 법제 현황과 개선방향", 디지털 시대와 국가 정보 발전, 「국가정보학회 동계학술회의 발표자료」, 2011. 11. 30.

최경진, "사이버안보와 개인정보보호법령의 상관성", 「嘉泉法學」 제8권 제4호, 2015. 12. 31.

한정연, "「악성프로그램 확산방지 등에 관한 법률(안)」의 주요내용 및 발전방향에 관한 소고", 「INTERNET & SECURITY FOCUS」, December 2014.

KISA, "심층보고서 – 일본 정부의 사이버보안 강화 전략 분석", 「INTERNET & SECURITY bimonthly」, 2014. Vol.3.

John Evangelakos, Brent J. McIntosh, Jennifer L. Sutton, Corey Omer and Laura S. Duncan, SULLIVAN & CROMWELL LLP, *The Cybersecurity Act of 2015*, December 22.

Kevin Aqullina, "Public security versus privacy in technology law: A balancing act?", *Computer Law & Security Review*, Volume 26, Issue 2, March 2010.

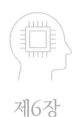

제6장

사이버안보 관련 법안과 행정법

김재광*

제1절 서론

오늘날 지구촌의 화두로 기후변화에 따른 "환경문제"와 "사이버(가상공간) 문제"를 꼽으면서, 환경파괴 또는 환경오염의 방치가 환경재앙을 초래하듯이, 사이버안보의 방치는 국가안보의 위기로 이어질 수 있음을 경고하는 목소리가 높다.[1]

선진 외국은 사이버공격을 가장 심각한 국가안보 위협으로 정의하고 불순세력의 공격으로부터 국가의 주요 정보나 시설을 보호하기 위한 노력을 기울이고 있다.[2] 일례로 일본은 2014년 11월 12일 사이버안보를 위한 주체별 책임을 규정한 「사이버시큐리티기본법」을 제정했다. 이는 사이버안보의 중요성

---

* 이 논문은 「IT와 法연구」 제19집(경북대학교 IT와법연구소, 2019. 8)에 게재된 것으로 수정·보완한 것임. [원제] 「국가사이버안보법안」의 행정법적 고찰
1 정준현, "사이버위협과 국민과 국가를 보호하기 위한 방향과 과제", 「사이버안보법정책논집」 창간호(한국사이버안보법정책학회, 2014. 12), 8쪽.
2 정태진, "주요 국가별 사이버안보 대응체계 연구", 「사이버안보법정책논집」 제2집(한국사이버안보법정책학회, 2016. 12), 93쪽.

이 커졌다는 것을 반증하는 동시에 의회의 적극적인 입법대응능력을 입증하는 것이다. 사이버안보는 국가와 국민의 안전보장, 기본권 보장, 법치주의, 국제 평화주의의 헌법적 가치 속에 농축되어 있어 이를 구체화하는 내용이라 할 수 있으며,[3] 헌법수호를 위한 국가안보의 현대적 대응전략이라 할 수 있다.

우리나라는 그동안 사이버안보에 관한 법률안이 다수 국회에 제출되었으나 현재까지 입법이 이루어지지 않고 있다. 다만, 2020년 12월에 국정원 직무에 사이버안보를 신설하는 「국가정보원법 개정안」이 국회 본회의를 통과한 것은 중요한 의미를 가진다.

이런 측면을 고려하면 행정부 차원의 사이버안보에 대한 인식의 구체화를 표상하는 「국가사이버안보전략」의 수립은 의미가 크다고 할 수 있으며 이를 구체화하는 사이버안보 입법과 관련한 행정조직법 및 행정작용법적 쟁점을 연구할 필요성이 있는 것이다.

공공 및 민간 영역의 구분이 없이 광범위하게 발생하는 사이버공격으로 인하여 막대한 경제적 피해와 사회 혼란이 유발되고 있는바, 국가안보를 위협하는 사이버공격을 신속히 차단하고 피해를 최소화하기 위하여 국가사이버안보위원회를 설치하고, 국가기관·지방자치단체 및 국가적으로 중요한 기술을 보유·관리하는 기관 등을 책임기관으로 하여 소관 사이버공간 보호책임을 부여하며, 사이버위협정보의 공유와 사이버공격의 탐지·대응 및 사이버공격으로 인한 사고의 통보·조사 절차를 정하는 등 국가사이버안보를 위한 조직 및 운영에 관한 사항을 체계적으로 정립하기 위하여 2017년 1월 정부입법으로 「국가사이버안보법안」이 제출되었으나, 20대 국회의 임기만료로 자동폐기되었다. 21대 국회에서는 조태용 의원이 대표 발의한 「사이버안보 기본법안」이 발의되어 있다.

이 글은 「국가사이버안보전략」의 주요 내용과 평가, 그리고 20대 국회에서 정부가 제안한 「국가사이버안보법안」과 21대 국회에 들어와 조태용 의원이 발의한 「사이버안보 기본법안」을 중심으로 사이버안보 관련 법안의 행정

---

3 박인수, "헌법과 사이버안보", 「사이버안보법정책논집」 제3집(한국사이버안보법정책학회, 2018. 4), 19쪽.

조직법적 및 행정작용법적 평가와 과제에 대해 고찰하고자 한다.

제2절 「국가사이버안보전략」의 주요 내용, 평가 및 과제

Ⅰ. 주요 내용

　　청와대 국가안보실은 2019년 4월에 「국가사이버안보전략」을 발간하였다. 참고로 2011년에 국가차원의 사이버위협 대응체계를 정비하고, 관련부처별 역할을 정립하기 위해 분야별 중점추진과제를 포함시킨 「국가사이버안보마스터플랜」을 수립하였고, 2013년에는 「국가사이버안보종합대책」을 수립한 바 있다.

　　「국가사이버안보전략」은 목표, 기본원칙, 전략과제, 이행방안 등으로 구성되어 있다. 늦기는 했지만 중요한 진전이라고 할 수 있다. 「국가사이버안보전략」이 기본원칙으로 (1) 국민 기본권과 사이버안보의 조화, (2) 법치주의 기반 안보활동 전개, (3) 참여와 협력의 수행체계 구축을 든 것은 학자들의 주장을 적극적으로 반영했다는 점에서 긍정적으로 평가할 수 있다.[4] 또한 「국가사이버안보전략」의 수립은 사이버안보 법제 정립의 전제로 기능한다는 점에서 그 중요성이 있다. 우리나라의 경우 사이버안보에 관해 대통령훈령인 「국가사이버안전관리규정」이 공공부문을 규율하고 있고 민간부문은 「정보통신망 이용촉진 등에 관한 법률」 등이 규율하는 이원적 체계를 가지고 있다. 법령이 아닌 대통령훈령으로 공공부문의 사이버안보를 규율하는 것은 해당 규범의 효력 범위 등에서 태생적 한계를 내포하기 때문에 궁극적으로는 법치주의, 법치행정의 원칙에 부합되지 않는다는 비판이 적지 않았다. 그와 같은 비판을 수용하여 2020년 12월에 국정원 직무에 사이버안보를 신설하는 「국가정보원법 개정안」이 국회 본회의를 통과한 것은 만시지탄이나 유의미한 결과라 할 수 있다.

4　대표적으로 김재광, "새로운 위협-사이버공격", 「행정법담론(중판)」(박영사, 2019), 225-265쪽; 이성엽, "사이버위협에 대응한 국가사이버안보법의 제정 필요성 및 고려요소", 「사이버안보법정책논집」 제2집(한국사이버안보법정책학회, 2016. 12), 402-405쪽.

Ⅱ. 평가

「국가사이버안보전략」에 대한 평가를 하면 다음과 같다. 첫째, 「국가사이버안보전략」의 수립을 통해 국가 차원의 사이버안보에 대한 의지를 대내외적으로 천명했다는 점에서 정책적 측면에서 중요한 의미를 가진다. 둘째, 「국가사이버안보전략」의 사이버안보 법제 정립의 전제로 기능할 수 있다는 점에서 입법정책적 측면에서 중요한 의미를 가진다. 셋째, 사이버안보에 관한 컨트롤 타워가 청와대 국가안보실임을 명확히 했다는 점에서 행정조직법상의 특징이 있다. 넷째, 「국가사이버안보전략」의 기본원칙으로 (1) 국민 기본권과 사이버안보의 조화, (2) 법치주의 기반 안보활동 전개, (3) 참여와 협력의 수행체계 구축을 든 것은 학자들의 주장을 온전히 반영했다는 점에서 중요한 의미를 가진다.[5]

Ⅲ. 문제점과 과제

「국가사이버안보전략」에 대한 문제점과 과제를 보면 다음과 같다.

첫째, 남북화해 국면을 고려한 것으로 짐작되지만, 그동안 무수히 사이버공격을 자행한 북한에 대한 명시가 없는 것은 국가안보적인 측면에서 문제점으로 볼 수 있다는 지적이 제기되고 있다. 우리나라의 사이버안보의 현재 상황은 남북한 화해 분위기에도 불구하고 사이버공간에서는 여전히 사이버전쟁이 벌어지고 있다는 것이 전문가들의 진단이다.

2008년 이전 북한의 악성코드들은 대부분 온라인 게임이나 인터넷 뱅킹 등 돈을 노린 공격이 대부분이었고, 2008년에 발견한 북한의 악성코드는 '군사정보'를 노린, 목적이 명확한 것이 특징이었다.[6] 이후 북한의 공격대상이 바

---

5 대표적으로 김재광, "새로운 위협 – 사이버공격", 「행정법담론(중판)」, 225-265쪽; 이성엽, "사이버위협에 대응한 국가사이버안보법의 제정 필요성 및 고려요소", 「사이버안보법정책논집」 제2집(한국사이버안보법정책학회, 2016. 12), 402-405쪽.

6 전문가들에 따르면, 2003년부터 북한의 동일한 악성코드가 무기정보는 물론 우리 군의 작전계획도 탈취하도록 제작되어 공격했고, 심지어 주한미군 정보나 우리 국방 내부망까지

꿰었는데, 군사정보에서 군자금 확보를 위한 금융 분야에 대한 공격이 늘어난 것이 특징이다.[7] 2019년 3월 유엔안전보장이사회의 대북제재위원회 전문가 패널보고서는 2017년 1월부터 2018년 9월에 걸쳐 일본, 한국 등 아시아 국가의 암호화폐 거래업자에 대해 최소 5번의 공격을 성공시켜, 합계 5억 7,100만 달러(약 6,492억원)의 피해가 발생했다고 밝혔다.[8]

둘째, 사이버안보와 사이버보안이 혼용적으로 사용되고 있는데 시정할 필요가 있다. 사이버안보로 통일하여야 할 것이다.

셋째, 「국가사이버안보전략」의 수립과 향후 국가사이버안보입법과의 연계를 구체적으로 언급하지 않은 것은 문제점으로 볼 수 있다.

넷째, 「국가사이버안보전략」에는 지방자치단체의 역할에 대해서는 언급이 없다. "4. 이행방안"에서 '정부'를 '국가와 지방자치단체'로 수정하는 것이 타당하다.

다섯째, "4. 이행방안 (3) 국가안보실의 역할" 중 '개인·기업·정부 등 각 주체별 사이버안보 수준의 향상 정도를 정기적으로 점검한다'고 되어 있는데, 기업이나 정부의 경우에는 가능하겠지만, 개인의 경우 방법론적으로 정기점검이 가능한지 의문이다.

제3절 사이버안보 법제도의 행정법적 성격과 쟁점의 발생

사이버안보 법제도의 규율범위로는 여러 가지가 제시될 수 있으나, 기존

장악해 기밀자료를 탈취해 갔다. 게다가 창원에 위치한 방위산업체를 공격해서 이들이 개발 중인 군사무기 등의 정보를 노렸다고 한다. 보안뉴스 2018년 11월 12일자 "보안전문가 4인이 진단한 대한민국 사이버안보 현실" 기사 참조.

7 전문가들에 따르면, 북한의 공격조직인 APT38은 4년간 전 세계 은행에서 1조원 가량의 돈을 해킹했고, 국내에서도 3년간 암호화폐 거래소를 공격해 1,000억원 정도의 돈을 빼앗아 갔다고 한다. 보안뉴스 2018년 11월 12일자 "보안전문가 4인이 진단한 대한민국 사이버안보 현실" 기사 참조.

8 중앙일보 2019년 3월 10일자 "北, 韓·日 암호화폐 공격해 제재 피해액의 40% 만회" 기사 참조.

의 사이버안보 관련 법안들은 대부분 전자적 매체로부터의 위협 또는 전자적 방식의 활용에 따른 위협에 의하여 사이버안보가 침해되지 않도록 하는 것에 필요한 예방·탐지·대응·복구와 그에 수반되는 제반 활동에 관한 사항을 규율하였다.

법안에 따라 세부적인 차이는 있을 수 있지만 국가안보를 위하여 정보, 정보시스템 및 정보통신망을 보호하는 목적의 규율범위라면 상기 사항과 대동소이할 수밖에 없다고 본다. 사이버안보에 필요한 예방·탐지·대응·복구와 그에 수반되는 모든 활동을 관계기관이 수행하는 것은 행정작용으로 볼 수 있으며, 그러한 활동의 근거가 되는 법령은 형사법이 아니라 행정법의 성격이 강하다. 행정법은 행정조직법, 행정작용법, 행정구제법으로 구분할 수 있다. 행정구제법은 별론으로 하고 현재 사이버안보 법제도상 행정조직법은 충분한 수준이라고 할 수는 없으며 특히 행정작용법은 더욱 미흡하다고 볼 수 있다.

사이버안보 관련 법령의 정비가 미진함에 따라 정책의 집행을 담보할 규범력이 충분하게 형성되지 못하였으며, 특히 사이버안보 정책의 대국민 효력에 한계가 있어 왔다. 이러한 것과 유사한 사례의 문제점은 일찍이 정보통신기반시설의 보호에서 드러난 바 있다. 「정보통신기반 보호법」이 제정되기 이전에는 「정부조직법」, 「국가정보원법」 및 「보안업무규정」 등에서 정한 바에 근거하여 관계기관들이 정보통신기반시설 보호업무를 수행하였고, 「형법」, 「정보통신망법」 등이 정한 바에 따라 침해행위에 대한 처벌이 이루어졌다. 그러나 취약성 평가, 보호대책 및 보호계획 수립, 침해사고 대응 등 실제적인 보호활동의 체계가 없었기 때문에 정보통신기반시설 보호업무의 궁극적 목적인 정보통신기반시설의 안전한 상태 확보에는 효과적이지 못하였다.[9]

이러한 전례는 어떠한 분야의 거버넌스 구축에서 해당 분야의 행정작용법 대신 유사 분야의 행정작용법과 행정조직법만으로는 어려움이 있다는 점을 알려준다.[10] 국가안보와 밀접하게 관련된 성격에 따라 일반적인 정보보호와

---

9 「정보통신기반 보호법」 제정 이전의 정보통신기반시설 보호 관련 법제도의 주요 내용과 문제점에 관하여 자세한 내용은 정찬모·유지연·조용혁, 「정보통신기반보호법 제정관련 기초연구(정책연구 00-12)」(정보통신정책연구원, 2000), 49쪽 이하 참조.

구별되는 특성을 지니는 사이버안보 분야도 과거에 「정보통신기반 보호법」
제정 이전에 정보통신기반시설 보호가 놓였던 상황과 유사한 상황에 있다고
할 수 있다. 국가안보에 관한 현행 법제도는 주로 전통적인 물리력에 의한 국
가안전을 전제로 하는 법제에 머물고 있고 사이버위협으로부터 개개의 국민과
사회 및 국가질서를 보호하기 위한 작용법제의 정비가 현저하게 부족하다는
점이 일찍이 지적된 바 있다.[11]

　　그러한 지적에서 밝힌 구체적인 문제점은 다음과 같다. 첫째, 국가종합차
원의 정보분석·평가를 위한 시스템 규정이 없다는 점이다. 둘째, 소관사무별
정보의 공유를 통한 국가적 시너지효과를 낼 수 있는 시스템이 미비할 뿐만
아니라 국가안전보장을 책무로 하는 기관에 의한 통지 및 원정보(Raw Data)에
대한 접근권한이 부여되지 않았다는 점이다. 셋째, 다양한 형태의 사이버공격
을 예방하거나 현실화된 위험에 대응할 수 있는 실효적인 법률이 존재하지 않
음으로 인하여 사이버위협에 적극적으로 대처하기 위한 조치를 할 수 있는 법
적 근거가 부족하다는 점이다.[12]

　　특히 오늘날 민간부문에서도 사이버안보 활동의 필요성이 적지 않다는
점을 고려하면 사적 주체의 활동에 관한 사항까지 포괄하여 정하는 행정작용
법의 필요성이 크다는 점을 알 수 있다. 오늘날 사이버공간은 단지 가상의 공
간으로 그치지 않고 현실의 삶이 구현되는 공간으로 변화되었다. 인터넷이 신
경망과 같은 역할을 함에 따라 사이버공간에서 민간부문에 대한 위협이 공공
부문으로 전이될 수 있고, 그 역방향으로도 마찬가지로 위협이 전이될 가능성
이 있으며, 경우에 따라서는 그 피해가 해당 국가의 영역 전체에 영향을 끼칠
가능성도 배제할 수 없다.[13] 즉 사이버안보는 공공부문뿐만 아니라 민간부문

10　박상돈, "사이버안보 거버넌스 개선에 관한 공법적 고찰", 「공법학연구」 제17권 제4호(한
　　국비교공법학회, 2016), 359쪽.
11　정준현, "고도정보화사회의 국가사이버안보법제에 관한 검토", 「법학논총」 제37권 제2호
　　(단국대학교 법학연구소, 2013), 462쪽.
12　정준현, 앞의 논문, 466-467쪽.
13　박상돈, 「정보통신기반에 대한 국가책임에 관한 연구」(성균관대학교 박사학위논문, 2016),
　　181쪽 이하.

에서도 다루어야 하는 문제인 것이다.

보장국가 관념에 따르면, 국가는 국가과제의 해결을 보장하지만, 그러한 보장은 반드시 국가가 스스로 과제를 이행하는 방식으로만 이루어지지는 않으며, 사적 주체에 의하여 자발적으로 해결되는 방식을 통하여 이행될 수 있다.[14] 보장국가에서 법규범은 사적 주체에게 과제의 이행을 위임하거나 자율규제를 할 수 있는 권한을 주면서 과제의 이행 및 자율규제에 필요한 목표와 기준을 제시한다.[15] 따라서 과제이행의 민간이양과 국가의 전략적 역할 강화는 보장국가의 핵심적 요소가 된다. 즉 보장국가에서 과제의 이행은 민간에 이양될 수 있지만 국가가 민간에게 모든 것을 맡기고 후퇴하는 것이 아니라 민간의 활동을 적절히 조직하고 규제하는 조치를 취하게 되는 것이다.[16] 따라서 국가과제는 반드시 국가에 의하여 직접 이행되어야 하는 것은 아니며, 국가 외에도 과제를 이행하는 담당자가 있을 수 있다. 그러한 과제담당자는 국가의 영향하에 있는 법인이나 공공기관인 경우도 있고, 사법상의 법인이나 자연인인 경우도 있을 수 있다. 한편 국가과제 외에 사회과제까지 포함하는 개념인 공적 과제의 이행은 국가의 감독이 있을 것을 전제로 하지 않으며, 국가의 감독이 없어야만 수행이 가능한 경우도 있다.[17]

오늘날 보장국가 관념이 일반화되었다고 단정할 수는 없더라도 보장국가적 요소가 상당부분 존재한다는 점을 부정할 수는 없다. 정보통신을 보호하여 국가안보를 유지하는 활동도 민간에 의하여 수행될 수 있는 부분이 존재한다. 예를 들면, 보안관제업체가 수행하는 위협탐지활동이 이에 해당한다. 위험사회에서 나타나는 위험의 성격에 초점을 두고 위험의 사회적 영향범위에 대한 사회적 공유수준과 위험 피해 수준이라는 두 가지 차원의 변수를 통해서 위험을 분류하면 ① 사회공유 고위험, ② 사회공유 저위험, ③ 사회비공유 고위험,

---

14 홍석한, 「국가역할의 변화에 따른 규제된 자율규제에 관한 연구 – 개인정보보호 영역을 중심으로 – 」(성균관대학교 박사학위논문, 2008), 74쪽.

15 홍석한, 앞의 박사학위논문, 2쪽.

16 보장국가의 핵심적 요소로서 과제이행의 민간이양과 국가의 전략적 역할 강화에 관하여 자세한 내용은 홍석한, 앞의 박사학위논문, 78쪽 이하 참조.

17 BVerfGE 66, 116.

④ 사회비공유 저위험이라는 네 가지로 유형화된다. 정보통신에 관련된 위험은 위험의 사회적 피해수준이 심각하고 위험의 사회적 노출 수준도 무차별적이어서 '사회공유 고위험'에 해당된다. '사회공유 고위험 유형'의 위험상황에의 직면은 안전에 관한 공공성이 크게 침해당하는 것이며, 이러한 '사회공유 고위험 유형'의 위험상황에 직면하지 않기 위하여 사회공동체 구성원의 위험성찰적 노력이 요구된다.[18] 따라서 정보통신 보호는 사회공동체 구성원 모두가 관심을 기울여야 하는 사항인 것이다.[19] 그리고 사이버안보도 이와 동일한 맥락에서 사회공동체 구성원 모두의 참여와 관심이 필요하며, 관련 활동의 주체 또는 이해당사자가 민간부문에 속하더라도 국가가 적절히 조직하고 규제하는 행정작용을 전적으로 배제할 수는 없는 것이다. 따라서 사이버안보에 관한 행정작용을 충분히 규율하는 행정작용법이 필요하며, 그러한 행정작용법과 조화되는 행정조직법도 요구되는 것이다.

제4절 사이버안보 관련 법안의 행정조직법적 중요 쟁점 검토

Ⅰ. 현행 사이버안보 행정조직 현황

사이버안보와 관련된 행정조직으로는 청와대 국가안보실, 국가정보원, 과학기술정보통신부, 행정안전부, 국방부, 경찰청 등을 들 수 있다.

국가안보실은 사이버안보 수행체계를 일원화하여 사이버안보에 관한 대통령의 직무를 효율적으로 보좌하고 컨트롤타워 역할을 수행한다.

국가정보원은 안보를 위협하는 사이버공격에 관한 정보를 수집·작성·배포하고, 국가·공공기관 대상 사이버공격 예방·대응 업무를 수행하며, 공공분야 정보통신기반시설 보호업무를 총괄한다. 국가사이버안전센터가 사이버안보 업무를 수행하고 있다.

---

18 홍성만, "위험사회와 공공성 탐색: 불산가스 및 방사능 누출 위험사례를 중심으로", 「한국정책연구」 제13권 제2호(경인행정학회, 2013), 122쪽.
19 박상돈, "사이버안보 거버넌스 개선에 관한 공법적 고찰", 351쪽.

과학기술정보통신부는 민간 정보보호·전자인증·정보보호산업 관련 정책 수립 및 주요정보통신기반시설 지정권고, 민간 침해사고 예방·대응체계 구축·운영 등 민간분야 정보보호 및 정보보호산업 업무를 총괄한다.

행정안전부는 전자정부 정보보호 및 개인정보보호 정책 업무를 수행한다.[20] 국방부는 국방분야 사이버안보대책을 수립·집행하고 군사적인 사이버 작전에 필요한 제반 활동을 임무를 맡는다. 경찰청은 사이버공간의 치안을 확보하는 역할을 담당한다.

Ⅱ. 사이버안보 관련 법안의 행정조직에 관한 법적 고찰

1. 최고심의기구의 설치

(1) 「국가사이버안보법안」의 국가사이버안보위원회의 설치

제5조(국가사이버안보위원회) ① 사이버안보에 관한 다음 각 호의 사항을 심의하기 위하여 대통령 소속으로 국가사이버안보위원회(이하 "위원회"라 한다)를 둔다.
1. 사이버안보에 관한 국가의 정책 및 전략 수립
2. 사이버안보에 관련된 제도 및 법령의 개선에 관한 사항
3. 제7조에 따른 지원기관의 지정 및 취소
4. 제10조에 따른 사이버안보 기본계획 등 중요 중장기 대책
5. 그 밖에 사이버안보에 관한 중요한 사항으로서 위원회의 위원장이 필요하다고 인정하는 사항
② 위원회는 위원장을 포함하여 20명 이내의 위원으로 구성한다.
③ 위원회의 위원장은 국가안보실장이 되고, 위원은 다음 각 호의 사람 중에서 국가안보실장이 임명하거나 위촉한다.
1. 국회·법원·헌법재판소·중앙선거관리위원회의 행정사무를 처리하는 기관과 중앙행정기관(대통령 소속 기관과 국무총리 소속 기관을 포함한다. 이하 같다)의 차관급 공무원 중에서 대통령령으로 정하는 사람
2. 사이버안보에 관하여 전문적인 지식과 경험을 갖춘 사람
④ 위원회는 직무수행을 위하여 필요할 때에는 제6조 제1항에 따른 책임기관(같은 항 제

---

20 국가정보원·과학기술정보통신부·행정안전부·방송통신위원회·금융위원회, 「2019 국가정보보호백서」, 2019, 54쪽.

1호의 책임기관은 제외한다)과 제7조 제1항에 따른 지원기관에 대하여 필요한 자료의 제출을 요청할 수 있다. 이 경우 요청을 받은 기관의 장은 특별한 사정이 없으면 요청에 따라야 한다.

⑤ 위원회에 상정할 안건을 미리 검토하고 위원회가 위임한 안건을 심의하기 위하여 위원회에 국가 사이버안보 실무위원회(이하 "실무위원회"라 한다)를 둔다.

⑥ 실무위원회의 위원장은 국가안보실과 국가정보원의 공무원 중에서 소속 기관의 장이 지명하는 사람이 공동으로 된다.

⑦ 위원회와 실무위원회의 구성·운영 등에 필요한 사항은 대통령령으로 정한다.

(2)「사이버안보 기본법안」의 국가사이버안보조정회의의 설치

제5조(국가사이버안보정책조정회의) ① 사이버안보에 관한 중요 사항을 심의하기 위하여 대통령을 의장으로 하는 국가사이버안보정책조정회의(이하 "정책조정회의"라 한다)를 둔다.

② 정책조정회의의 위원은 중앙행정기관의 장과 국가안보실장 및 의장이 위촉하는 자로 한다.

③ 정책조정회의의 의장은 필요한 경우 국가안보실장으로 하여금 그 직무를 대행하게 할 수 있다.

④ 정책조정회의의 효율적 운영을 위하여 국가정보원에 국가사이버 안보대책회의(이하 "대책회의"라 한다)를 둘 수 있다.

⑤ 정책조정회의 및 대책회의의 구성·운영 등에 관하여 필요한 구체적인 사항은 대통령령으로 정한다.

제6조(국가사이버안보정책조정회의의 기능) ① 정책조정회의는 다음 각 호의 사항을 심의·의결한다.

1. 사이버안보와 관련한 전략·정책 및 법령에 관한 사항
2. 사이버안보와 관련한 기관의 역할 조정에 관한 사항
3. 사이버안보 기본계획 및 시행계획에 관한 사항
4. 사이버안보 실태평가에 관한 사항
5. 사이버위협정보 공유에 관한 사항
6. 국가안보를 위협하는 사이버공격의 식별 기준에 관한 사항
7. 사이버안보에 관한 대통령의 지시사항에 대한 조치사항
8. 그 밖에 정책조정회의의 의장이 부의하거나 위원이 제출한 사항

② 정책조정회의의 의장은 제1항 각 호의 사항을 심의·의결하기 위하여 필요한 경우 책임기관의 장 및 지원기관의 장에게 필요한 자료의 제출을 요청할 수 있다. 이 경우 요청을 받은 기관은 그에 성실히 응하여야 한다.

(3) 평가

「국가사이버안보법안」은 대통령 소속의 국가사이버안보위원회를 국가사이버안보 정책에 대한 최고심의기구로 규정하고 있다. 회의체의 장은 국가안보실장으로 하고 있는데, 현재 국가사이버안보에 관한 컨트롤타워 역할을 수행하는 국가안보실장의 역할을 반영하여 법률로 규정한 것으로 해석된다.

한편 「사이버안보 기본법안」은 국가사이버안보조정회의를 국가사이버안보 정책에 대한 최고심의기구로 규정하고 있다. 의장을 대통령으로 하고 있는 점이 특징적이다. 직무대행으로는 국가안보실장을 규정하고 있다. 현실적으로 대통령이 회의를 주재하기는 쉽지 않을 것이다. 그런 측면에서 보면 운영상「국가사이버안보법안」과 본질적인 차이는 없다고 할 수 있다. 그리고 국가정보원에 '국가사이버 안보대책회의'를 둘 수 있도록 규정한 것도 특기할 만하다.

생각건대, 「국가사이버안보법안」의 입법방식이 보다 타당하다고 볼 수 있다.

2. 국가사이버안보센터

(1) 「국가사이버안보법안」의 사이버안보센터

규정 없음

(2) 「사이버안보 기본법안」의 사이버안보센터

제7조(국가사이버안보센터의 설치) ① 국가차원의 종합적이고 체계적인 사이버안보 업무 수행을 위하여 국가정보원장 소속으로 국가사이버안보센터(이하 "안보센터"라 한다)를 둔다.
② 안보센터는 다음 각 호의 업무를 수행한다.
1. 사이버안보에 관한 전략·정책 및 제도의 수립·시행
2. 중앙행정기관 등의 사이버안보 실태 평가
3. 제11조에 따른 사이버위협정보의 수집·분석·전파
4. 국가안보를 위협하는 사이버공격 사고의 조사
5. 사이버위기의 대응 및 관리

6. 정책조정회의 및 대책회의 운영에 대한 지원

③ 국가정보원장은 안보센터를 운영함에 있어 국가안보를 위협하는 사이버공격의 분석, 사고조사 및 위기경보 발령 등을 위해 민·관·군 합동대응팀(이하 "합동대응팀"이라 한다)을 설치·운영할 수 있다.

(3) 평가

국가사이버안보센터는 「사이버안보 기본법안」에는 있지만 「국가사이버안보법안」에는 규정이 없다. 명칭은 좀 다르지만, 현재 사이버안보 업무를 수행하고 있는 국가사이버안전센터를 염두에 둔 입법으로 보인다. 국가사이버안보센터가 실질적으로 사이버안보 업무를 수행할 것이기 때문에 명문의 규정을 두고 있는 「사이버안보 기본법안」이 타당하다고 볼 수 있다.

3. 책임기관 및 지원기관

(1) 「국가사이버안보법안」의 책임기관과 지원기관

제6조(책임기관) ① 다음 각 호의 기관의 장은 이 법에 따라 소관 사이버공간을 안전하게 보호하는 책임을 진다.

1. 국회·법원·헌법재판소·중앙선거관리위원회의 행정사무를 처리하는 기관 및 그 소속 기관
2. 중앙행정기관 및 그 소속 기관
3. 특별시·광역시·특별자치시·도·특별자치도(이하 "시·도"라 한다)와 시·군·자치구 및 그 소속 기관, 시·도 교육청과 교육지원청 및 그 소속 기관
4. 「국군조직법」에 따른 각 군, 합동참모본부, 국방부 직할 부대 및 직할 기관
5. 「공공기관의 운영에 관한 법률」 제4조에 따른 공공기관
6. 「지방공기업법」 제49조에 따른 지방공사 및 같은 법 제76조에 따른 지방공단
7. 「정보통신기반 보호법」 제8조에 따라 지정된 주요정보통신기반시설을 관리하는 기관
8. 「산업기술의 유출방지 및 보호에 관한 법률」 제9조에 따라 지정된 국가핵심기술을 보유·관리하는 기관
9. 「방위사업법」 제3조 제9호에 따른 방위산업체 및 같은 조 제10호에 따른 전문연구기관
10. 「방위산업기술 보호법」 제2조 제1호에 따른 방위산업기술을 보유한 기관

② 제1항에 따른 기관(이하 "책임기관"이라 한다) 중 국회·법원·헌법재판소·중앙선거관리위원회의 행정사무를 처리하는 기관, 중앙행정기관, 시·도 및 시·도 교육청(이하 "상급책임기관"이라 한다)의 장은 사이버공격으로부터 소관 사이버공간을 보호하기 위하여 전담 조직을 설치하고, 관련 예산을 확보하여야 한다.

③ 국가와 지방자치단체는 책임기관의 장이 사이버안보 업무를 수행하는 데 필요한 행정적·재정적·기술적 지원을 할 수 있다.

④ 제3항에 따른 지원의 요건, 지원 대상의 선정과 관리 등에 필요한 사항은 대통령령으로 정한다.

제7조(지원기관) ① 다음 각 호의 기관 또는 단체는 책임기관의 장이 요청하는 경우 대통령령으로 정하는 바에 따라 책임기관에 사이버공간의 보호를 지원하기 위한 기술적 지원을 할 수 있다.

1. 「과학기술분야 정부출연연구기관 등의 설립·운영 및 육성에 관한 법률」제8조에 따라 설립된 한국전자통신연구원의 국가보안기술 연구·개발을 전담하는 부설연구소
2. 「정보통신망 이용촉진 및 정보보호 등에 관한 법률」제52조에 따른 한국인터넷진흥원
3. 「전자정부법」제72조에 따른 한국지역정보개발원
4. 「한국교육학술정보원법」에 따른 한국교육학술정보원
5. 「한국재정정보원법」에 따른 한국재정정보원
6. 「전자금융거래법」제21조의6 제1항 제4호에 따라 금융위원회가 침해사고 대응을 위하여 지정한 기관
7. 「산업기술의 유출방지 및 보호에 관한 법률」제16조에 따른 산업기술보호협회
8. 「정보보호산업의 진흥에 관한 법률」제24조에 따른 한국정보보호산업협회
9. 제8조에 따른 사이버안보 전문기업
10. 제2항에 따라 지원기관으로 지정된 기관

② 국가정보원장은 사이버공간을 보호하기 위하여 필요한 기술적 지원의 역량이 있는 것으로 인정되는 기관 또는 단체를 위원회의 심의를 거쳐 제1항에 따라 사이버공간의 보호를 지원하는 기관(이하 "지원기관"이라 한다)으로 지정할 수 있다.

③ 제1항에 따른 기술적 지원의 범위는 다음 각 호와 같다.

1. 제14조에 따른 사이버공격의 탐지 및 대응
2. 제15조에 따른 사이버공격으로 인한 사고의 조사
3. 제16조 제3항에 따른 피해발생의 최소화 및 피해복구를 위한 조치
4. 제17조에 따른 사이버위기대책본부가 하는 원인 분석 등의 조치
5. 그 밖에 사이버안보를 위하여 대통령령으로 정하는 사항

④ 국가정보원장은 제3항 각 호의 기술적 지원이 불가능하다고 인정하는 경우에는 위원회의 심의를 거쳐 지원기관의 지정을 취소할 수 있다.

⑤ 중앙행정기관의 장은 그 직무와 관련된 기관 또는 단체를 지원기관으로 지정하거나 취소할 것을 국가정보원장에게 요청할 수 있다.
⑥ 국가정보원장은 관계 중앙행정기관과 합동으로 대통령령으로 정하는 바에 따라 지원기관의 기술적 지원 실태를 점검할 수 있다.
⑦ 국가정보원장 및 관계 중앙행정기관의 장은 지원기관의 기술적 지원에 드는 비용의 전부 또는 일부를 예산의 범위에서 지원할 수 있다.

(2) 「사이버안보 기본법안」의 책임기관

제3조(책임기관의 의무) ① 책임기관의 장은 소관 업무범위 내에서 사이버안보에 대한 책임을 진다.
② 책임기관의 장은 소관 정보통신망에 대한 보안대책을 수립 · 시행하기 위한 전담 인력과 예산을 확보하는 등 보안관리 체계를 구축 · 운영하여야 한다.
③ 정부는 책임기관의 장이 제2항의 보안관리 체계를 구축 · 운영하는데 필요한 비용의 보전 및 지원, 기술의 이전, 장비의 제공 및 그 밖의 필요한 지원을 할 수 있다.

(3) 평가

「국가사이버안보법안」은 책임기관과 지원기관을 규정하고 있다. 그러나 「사이버안보 기본법안」은 책임기관만을 규정하고 있다. 사이버안보의 경우에 책임기관도 중요하지만 지원기관도 중요하기 때문에 이들 기관을 동시에 규정한 「국가사이버안보법안」의 입법방식이 보다 타당하다고 생각된다.

「국가사이버안보법안」을 보면, 국가기관 · 지방자치단체 및 국가적으로 중요한 기술을 보유 · 관리하는 기관 등은 책임기관으로서 소관 사이버공간을 안전하게 보호하는 책임을 지도록 하고, 국가정보원장은 책임기관을 지원하기 위한 기술적 역량이 있는 기관 또는 단체를 지원기관으로 지정할 수 있도록 하였다(안 제6조 및 제7조). 그리고 지원기관은 소관분야의 책임기관뿐만 아니라 다른 분야의 책임기관의 사이버안보 업무를 기술적으로 지원할 수 있도록 권한을 부여하고 있다. 여기에 규정된 기관은 대부분 현재에도 책임기관의 사이버공간 보호를 위한 기술적 지원을 하고 있는 기관들이다. 「행정절차법」 제8조(행정응원)에 따라 다른 기관에 대해 기술지원이 가능한 것으로 보이지만,

이 법에 규정함으로써 다른 기관에 대한 기술지원의 근거를 보다 명확히 하는 의미가 있을 것이다. 「국가사이버안보법안」 제7조 제6항에서는 대통령령으로 정하는 바에 따라 국정원장과 관계 중앙행정기관 합동으로 지원기관의 기술적 지원 실태를 점검할 수 있는 권한을 부여하고 있는데, 지원기관들은 이 규정에 따라 점검을 받을 의무가 생긴다고 할 수 있기 때문에 국정원이 민간에 대한 통제력을 강화하려는 수단으로 보일 여지가 생긴다.[21] 이러한 규정을 둔 이유는 지원에 필요한 충분한 기술을 갖추도록 하여 국가적 사이버위기 시 신속히 대비하기 위한 것이라고 보인다. 또한, 「국가사이버안보법안」 동조 제2항에 따른 지정기관의 경우 제3항 각 호의 기술적 지원이 불가능하다고 인정하는 경우 위원회의 심의를 거쳐 지정을 취소할 수 있다고 규정(정부안 제7조 제4항)하고 있는바, 기술적 지원 실태를 점검한 결과를 지정취소에 활용할 수 있을 것이다. 민간의 지원기관이 실태점검을 왜 받아야 하는지 그 이유를 명확히 하기 위해 지정취소와의 연계를 명시하는 방안을 검토해 볼 필요가 있을 것이다.[22]

4. 사이버안보 연구기관

(1) 「국가사이버안보법안」의 연구기관

제9조(사이버안보 연구기관) ① 국가정보원장은 사이버안보에 필요한 정책과 기술을 연구·개발하기 위하여 사이버안보 연구기관을 설립하거나, 다른 법령에 따라 설립된 기관 또는 기관 부설연구소를 관계 중앙행정기관의 장과 협의하여 사이버안보 연구기관으로 지정할 수 있다.
② 사이버안보 정책·기술의 연구·개발에 관한 절차와 방법 등 세부적인 사항은 대통령령으로 정한다.

(2) 「사이버안보 기본법안」의 연구개발

제17조(연구개발) ① 정부는 사이버안보에 필요한 기술개발과 기술 수준의 향상을 위하여 다음 각 호의 시책을 추진할 수 있다.

---

21 국회 정보위원회 검토보고서, 28쪽.
22 국회 정보위원회 검토보고서, 28쪽.

1. 사이버안보에 관한 국가 연구개발 계획의 수립 · 시행
2. 사이버안보 관련 기술 수요조사 및 관련 동향분석 등에 관한 사업
3. 사이버안보에 관한 기술의 개발 · 보급 · 확산 사업
4. 그 밖에 사이버안보 관련 기술개발 및 기술향상 등에 관하여 필요한 사항
② 정부는 제1항의 시책을 추진하기 위하여 전문연구기관을 설립하거나, 다른 법령에 의하여 설립된 기관 및 기관부설연구소를 전문연구기관으로 지정하여 사이버안보에 필요한 연구개발을 수행하게 할 수 있다.
③ 사이버안보 기술의 연구개발에 관한 절차 · 방법 등 세부사항은 대통령령으로 정한다.

(3) 평가

「국가사이버안보법안」은 행정조직법적인 측면에서 연구기관을 규정하고 있고, 「사이버안보 기본법안」은 행정작용법적인 측면에서 연구개발을 규정하고 있어 대조적이다. 「사이버안보 기본법안」의 내용도 행정조직법적인 측면이 핵심이므로 「국가사이버안보법안」의 입법방식이 보다 타당하다고 본다.

「국가사이버안보법안」에는 '사이버안보 연구기관'을 국정원이 설립하거나 지정할 수 있도록 하고 있는데, 향후 연구기관을 지정하거나 민간 연구기관에 대한 용역연구로 불가능한 수준의 연구수요가 발생할 경우에 대비하려는 것으로 보인다.

5. 사이버위협정보공유센터

(1) 「국가사이버안보법안」의 사이버위협정보공유센터

제12조(사이버위협정보의 공유) ① 다음 각 호의 정보를 공유하기 위하여 국가정보원장 소속으로 사이버위협정보 공유센터를 둔다.
1. 사이버공격 방법에 관한 정보
2. 악성프로그램 및 이와 관련된 정보
3. 정보통신망, 정보통신기기 및 소프트웨어의 보안상 취약점에 관한 정보
4. 그 밖에 사이버공격의 예방을 위한 정보
② 책임기관의 장은 소관 사이버공간의 제1항에 따른 정보(이하 "위협정보"라 한다)가 다른 책임기관의 사이버안보를 위하여 필요하다고 인정하는 경우 대통령령으로 정하는 바에 따라 소관 사이버공간의 위협정보를 제1항에 따른 사이버위협정보 공유센터(이하

"공유센터"라 한다)의 장에게 제공할 수 있다. 이 경우 공유센터의 장은 사이버안보를 위하여 위협정보의 공유가 필요하다고 판단되는 책임기관의 장에게 위협정보를 제공하여야 한다.

③ 누구든지 제2항에 따라 공유된 위협정보를 사용할 때에는 사이버안보 목적에 필요한 최소한의 범위에서 사용·관리하여야 한다.

④ 공유센터의 장은 위협정보를 공유하는 경우 국민의 권리가 침해되지 아니하도록 기술적·관리적 또는 물리적 보호조치를 마련하여야 한다.

⑤ 공유센터의 장은 제4항에 따른 기술적·관리적 또는 물리적 보호조치에 관한 사항을 심의하기 위하여 책임기관 및 민간 전문가 등이 참여하는 사이버위협정보 공유협의회를 구성·운영하여야 한다.

⑥ 제1항부터 제5항까지의 규정에 따른 공유센터의 설치·운영, 공유센터의 장에게 제공하는 위협정보의 범위 등에 필요한 사항은 대통령령으로 정한다.

(2) 「사이버안보 기본법안」의 국가사이버위협정보공유센터

제11조(사이버위협정보의 공유) ① 책임기관의 장은 다음 각 호의 사항에 해당하는 정보(이하 "사이버위협정보"라 한다)를 다른 책임기관의 장 및 국가정보원장에게 제공하여야 한다. 다만, 국회, 법원, 헌법재판소 및 중앙선거관리위원회의 행정사무를 처리하는 기관의 경우에는 해당 기관의 장이 필요하다고 인정하는 경우에 적용한다.

1. 사이버공격 방법에 관한 정보
2. 악성프로그램 및 이와 관련된 정보
3. 정보통신망, 정보통신기기 및 소프트웨어의 보안상 취약점에 관한 정보
4. 그 밖에 사이버공격의 예방을 위한 정보

② 국가정보원장은 국가 차원의 사이버위협정보의 효율적인 공유 및 관리를 위하여 국가사이버위협정보공유센터(이하 "공유센터"라 한다)를 구축·운영할 수 있다.

③ 공유센터는 국가정보원과 책임기관 및 지원기관 등으로부터 파견된 인력으로 구성·운영한다.

④ 공유센터의 장은 국가정보원, 책임기관, 지원기관 및 민간의 전문가가 참여하는 협의회를 구성하여 사이버위협정보의 공유 과정에서 발생할 수 있는 권리 침해를 방지하기 위한 관리적·물리적·기술적 대책을 수립·시행하여야 한다.

⑤ 누구든지 제1항에 따라 제공되는 사이버위협정보를 사이버안보에 필요한 업무범위에 한하여 정당하게 사용·관리하여야 한다.

⑥ 그 밖에 공유센터의 구축·운영에 관하여 필요한 사항은 대통령령으로 정한다.

(3) 평가

「국가사이버안보법안」은 사이버위협정보공유센터를, 「사이버안보 기본법
안」은 국가사이버위협정보공유센터를 규정하고 있다. 내용적으로 본질적인 차
이를 발견하기는 어렵다.

사이버위협이 점차 고도화되고 있는 가운데, 공공기관과 민간기업 간 사
이버위협정보를 공유하는 보다 구체적인 체계가 마련되어야 한다는 주장이 제
기되고 있다. 미국의 경우 「사이버안보 정보 공유법(Cybersecurity Information
Sharing Act of 2015)」을 통해 기업이 사이버공격을 당했을 때 이를 정부기관과
다른 기업이 공유하도록 되어 있다. 미국의 사이버안보 입법 활동이 맺은 가
장 큰 결실 중 하나이다. 정보공유의 활성화는 한국의 사이버안보 추진체계
개선과제 중 하나로서 향후 한국의 사이버안보 법제도 개선에서 중요하게 다
루어야 할 사항이다. 그런 점에서 책임기관·민간전문가들로 구성되는 사이버
위협정보 공유협의회의 입법필요성이 크다고 볼 수 있다.

6. 책임기관의 보안관제센터

(1) 「국가사이버안보법안」의 보안관제센터

제14조(사이버공격의 탐지 등) ① 국가정보원장은 국가적 사이버공간에 대한 사이버공격
에 신속하고 효율적으로 대응하기 위하여 관계 중앙행정기관의 장과 협의하여 국가 차원
의 사이버공격 탐지·대응체계를 구축·운영하여야 한다.
② 책임기관의 장은 제1항에 따른 국가 차원의 사이버공격 탐지·대응체계를 위하여 대
통령령으로 정하는 바에 따라 소관 사이버공간에서 발생하는 사이버공격을 탐지하여 즉
시 대응할 수 있는 기구(이하 "보안관제센터"라 한다)를 설치·운영하여야 한다. 다만, 보
안관제센터를 설치·운영할 수 없는 경우에는 다른 책임기관의 장이 설치·운영하는 보안
관제센터에 그 업무를 위탁할 수 있다.
③ 보안관제센터는 사이버공격 탐지·대응에 필요한 범위에서 「개인정보 보호법」 제2조
제1호에 따른 개인정보를 수집·이용할 수 있다.
④ 제2항에 따른 보안관제센터의 설치·운영, 사이버공격의 탐지 범위 등에 관하여 필요
한 사항은 대통령령으로 정한다.

(2) 「사이버안보 기본법안」의 보안관제센터

제10조(보안관제센터의 설치) ① 책임기관의 장은 사이버공격을 탐지·분석하여 즉시 대응 조치를 할 수 있는 기구(이하 "보안관제센터"라 한다)를 구축·운영하거나 다음 각 호의 기관이 구축·운영하는 보안 관제센터에 그 업무를 위탁하여야 한다. 다만, 「정보통신기반 보호법」 제16조에 따른 정보공유·분석센터는 보안관제센터로 본다.
1. 관계 중앙행정기관 등의 장
2. 제2조 제7호 각 목의 지원기관
② 보안관제센터의 구축·운영 기준 및 보안대책 등에 관하여 필요한 사항은 대통령령으로 정한다.

(3) 평가

보안관제센터는 사이버공격을 탐지·분석하여 즉시 대응 조치를 할 수 있는 기구이다. 「국가사이버안보법안」의 보안관제센터와 「사이버안보 기본법안」의 보안관제센터는 본질상 차이를 발견하기는 어렵다.

7. 합동조사팀

(1) 「국가사이버안보법안」의 합동조사팀

제15조(사이버공격으로 인한 사고의 통보 및 조사) ① 국가정보원장은 책임기관의 사이버공간에서 사이버공격으로 인한 사고가 발생하는 경우에 대비하여 국가 차원의 일원화된 통보 및 조사 체계를 구축·운영하여야 한다.
② 책임기관의 장은 소관 사이버공간에서 사이버공격으로 인한 사고가 발생한 경우에는 피해를 최소화하는 조치를 하고, 그 사실을 다음 각 호의 구분에 따른 사람에게 통보하여야 한다. 이 경우 국가안보위협 사이버공격에 관한 사항은 국가정보원장에게 함께 통보하여야 한다.
1. 상급책임기관: 국가정보원장. 이 경우 특별시장·광역시장·특별자치시장·도지사·특별자치도지사(이하 "시·도지사"라 한다)는 행정자치부장관에게, 시·도 교육감은 교육부장관에게 함께 통보하여야 한다.
2. 시·군·자치구: 해당 시·군·자치구를 관할구역으로 하는 시·도지사
3. 교육지원청: 해당 교육지원청을 관할하는 시·도 교육감
4. 그 밖의 책임기관: 해당 책임기관을 관리·감독하는 상급책임기관의 장
③ 상급책임기관의 장은 제2항 제2호부터 제4호까지의 통보(국가안보위협 사이버공격에

관한 통보는 제외한다)를 받은 경우 신속히 사이버공격으로 인한 사고의 그 피해 확인, 원인 분석 및 재발 방지를 위한 조사를 하여야 한다. 이 경우 해당 기관의 장은 필요하면 지원기관의 장에게 기술적 지원을 요청할 수 있다.

④ 국가정보원장은 다음 각 호의 경우(제6조 제1항 제1호에 따른 책임기관 소관 사이버 공간에서 사이버공격으로 인한 사고가 발생한 경우에 대해서는 해당 기관의 장이 요청하는 경우로 한정한다)에는 지체 없이 사이버공격으로 인한 사고의 피해 확인, 원인 분석 및 재발 방지를 위한 조사를 하여야 한다. 이 경우 민간 분야 책임기관을 대상으로 사고 조사를 할 때에는 대통령령으로 정하는 바에 따라 관계 중앙행정기관, 수사기관 및 지원 기관으로 구성된 합동조사팀을 운영하여야 한다.

1. 제2항 각 호 외의 부분 후단에 따라 국가안보위협 사이버공격에 관한 통보를 받은 경우
2. 제2항 제1호에 따른 통보를 받은 경우
3. 국가안보위협 사이버공격으로 인한 사고가 발생하였으나 제2항 각 호 외의 부분 후단에 따른 통보를 받지 못한 경우

⑤ 제6조 제1항 제1호의 책임기관은 소관 사이버공간에서 사이버공격으로 인한 사고가 발생한 경우로서 국가정보원장에게 제4항 각 호 외의 부분 전단에 따른 조사 요청을 하지 아니하는 경우에는 직접 그 조사를 하여야 한다.

⑥ 누구든지 제3항부터 제5항까지의 규정에 따른 조사에 협조하여야 하며, 그 조사를 완료하기 전에 사이버공격과 관련된 자료를 임의로 삭제·훼손하거나 변조해서는 아니 된다.

⑦ 상급책임기관의 장과 국가정보원장은 제3항부터 제5항까지의 규정에 따라 조사를 하는 과정에서 사이버공격과 관련된 악성프로그램 또는 악성프로그램에 감염되도록 유인하는 전자적 정보(이하 "악성프로그램등"이라 한다)가 포함된 컴퓨터, 웹사이트 또는 소프트웨어 등을 발견한 경우에는 관리자에게 관련 악성프로그램등의 제공을 요청하거나 백신프로그램 제공 등을 통하여 악성프로그램등의 삭제 또는 차단을 요청할 수 있다.

(2) 「사이버안보 기본법안」의 합동조사팀 규정은 없음

제12조(사고조사) ① 책임기관의 장은 사이버공격으로 인한 사고가 발생한 때에는 신속히 사고조사를 실시하여야 하고 그 결과를 관계 중앙 행정기관 등의 장 및 국가정보원장에게 통보하여야 한다. 다만, 국가안보를 위협하는 사이버공격 사고의 발생 또는 징후를 발견한 경우에는 피해를 최소화하는 조치를 취하고 지체 없이 그 사실을 국가정보원장에게 통보하여야 한다.

② 책임기관의 장은 제1항에 따른 사고조사를 위해 관계 중앙행정 기관의 장 또는 지원기관의 장에게 기술적 지원을 요청할 수 있다.

③ 국가정보원장은 국가안보를 위협하는 사이버공격의 발생 또는 징후를 발견하거나 제1

항에 따라 국가안보를 위협하는 사이버공격 사고에 관한 통보를 받은 경우 지체 없이 사고조사를 실시하여야 한다.

④ 중앙행정기관의 장과 국가정보원장은 사고조사를 수행하는 과정에서 사이버공격과 관련된 악성프로그램 또는 악성프로그램의 감염을 유인하는 전자적 정보(이하 "악성프로그램 등"이라 한다)가 포함된 컴퓨터, 웹사이트 또는 소프트웨어 등을 발견한 경우에는 그 관리자에게 관련 악성프로그램의 제공을 요청하거나 백신프로그램의 제공 등을 통하여 악성프로그램 등을 삭제 또는 차단하게 할 수 있다.

⑤ 중앙행정기관 등의 장 및 국가정보원장은 제2항 또는 제3항에 따라 사고조사를 한 결과, 피해의 복구 및 확산 방지를 위하여 신속한 시정이 필요하다고 판단되는 경우 책임기관의 장에게 필요한 조치를 요청할 수 있다. 이 경우 책임기관의 장은 특별한 사유가 없는 한 이에 따라야 한다.

⑥ 누구든지 제2항 및 제3항에 따른 사고조사를 완료하기 전에 사이버공격과 관련된 자료를 임의로 삭제·훼손·변조하여서는 아니 된다.

⑦ 그 밖에 사고조사에 관하여 필요한 사항은 대통령령으로 정한다.

(3) 평가

「국가사이버안보법안」에는 합동조사팀에 관한 규정이 있으나, 「사이버안보 기본법안」에는 합동조사팀 규정은 없다. 행정조직법적인 측면에서 법현실적으로 합동조사가 이루어지기 때문에 법률에 명시하는 것이 타당하다. 따라서 「국가사이버안보법안」의 입법방식이 타당하다고 볼 수 있다.

합동조사팀이 행정조사와 함께 범죄수사를 동시에 수행한다고 하면 각각의 적용법리가 달리 적용되어야 하는데, 합동조사라는 명목으로 「형사소송법」상 엄격한 규제를 행정조사라는 우회로를 통해 회피할 가능성이 없지 않다.

8. 사이버위기대책본부

(1) 「국가사이버안보법안」의 사이버위기대책본부

제17조(사이버위기대책본부의 구성·운영) ① 상급책임기관의 장은 관할 사이버공간이 다음 각 호의 어느 하나에 해당하는 경우에는 사이버공격에 대한 원인 분석, 사고 조사, 긴급 대응, 피해 복구 등의 신속한 조치를 하기 위하여 책임기관, 지원기관 및 수사기관이 참여하는 사이버위기대책본부(이하 "대책본부"라 한다)를 구성·운영할 수 있다. 다만,

2개 이상의 상급책임기관에 대책본부를 구성하여야 하는 경우에는 이를 갈음하여 국가정보원장이 관련 상급책임기관의 장과 협의하여 대책본부를 구성·운영할 수 있다.
1. 대통령령으로 정하는 단계 이상의 경보 또는 분야별 경보가 발령된 경우
2. 사이버공격으로 인하여 그 피해가 심각하다고 판단하는 경우
② 대책본부의 장은 대책본부를 설치하는 기관의 장이 국가안보실장과 협의하여 정한다.
③ 대책본부의 장은 대책본부의 구성·운영을 위하여 필요한 경우 책임기관과 지원기관의 장에게 인력 파견 또는 장비 제공을 요청할 수 있다.
④ 제1항부터 제3항까지의 규정에 따른 대책본부의 구성·운영 등에 필요한 구체적인 사항은 대통령령으로 정한다.

(2) 「사이버안보 기본법안」의 사이버위기대책본부

제15조(사이버위기대책본부의 구성) ① 정부는 경계단계 이상의 사이버 위기경보가 발령된 경우 국가역량을 결집하여 원인분석, 사고조사, 긴급대응, 피해복구 등의 신속한 조치를 취하기 위하여 책임기관 및 지원 기관이 참여하는 사이버위기대책본부(이하 "대책본부"라 한다)를 구성·운영할 수 있다.
② 대책본부의 장(이하 "대책본부장"이라 한다)은 국가정보원장이 되고, 대책본부의 구성·운영 등에 관하여 필요한 사항은 대책본부장이 관계 중앙행정기관의 장과 협의하여 정한다.
③ 대책본부장은 제1항에 따른 대책본부를 구성·운영하기 위하여 책임기관 및 지원기관의 장에게 필요한 인력의 파견 및 장비의 제공을 요청할 수 있다.

(3) 평가

「국가사이버안보법안」과 「사이버안보 기본법안」 모두 사이버위기대책본부를 명시적으로 규정하고 있다. 「국가사이버안보법안」의 규정이 보다 구체적이라는 측면에서 타당한 입법방식이라고 할 수 있다.

Ⅲ. 사이버안보 관련 법안의 행정조직법적 평가와 과제

「국가사이버안보전략」상 사이버안보 행정조직은 국가안보실을 컨트롤타워로 하고, 각 부처가 협업하는 형식을 설계하고 있다. 「국가사이버안보전략」에 따르면, 각 부처는 사이버안보 관련 법규와 제도, 정책 등을 추진함에 있어

이 전략에 명시된 목표를 지향하고 기본원칙을 준수하며 전략 과제를 실천해야 한다. 그리고 국가안보실은 이 전략의 이행 여부와 개인·기업·정부 등 각 주체별 사이버안보 수준의 향상 정도를 정기적으로 점검하고 전략 이행에 필요한 예산, 인력, 조직 등 사이버안보 기반환경의 적절성을 평가하고 개선하기 위해 노력하며 안보환경 변화에 따른 사이버안보 수행체계 및 추진전략의 효율성을 점검하여 미비점을 개선하고 필요시 이를 전략에 반영한다. 그런데 국가안보실은 정책수행기능이 없는 대통령의 보좌기관이라는 행정조직법상 한계를 가지고 있다.

「국가사이버안보법안」과 「사이버안보 기본법안」 모두 사이버안보에 관한 컨트롤타워 정립, 부처간 협력체계 구축, 민관협력체계 구축 등을 통해 협업거버넌스를 상당부분 이루고 있다는 평가를 할 수 있다.

사이버안보 행정조직의 구축에 있어서 부처간 협업, 민관간 협업을 중시하는 것은 선진 외국의 경우 일반적 경향으로 볼 수 있다. 예컨대, 미국의 사이버안보 업무관련 행정조직의 특징이라면 첫째, 정책적·전략적 관점에서의 관리 및 조정이 이루어지고 있다는 점, 둘째, 운용적 관점에서의 사고 관리 및 조정 강화, 셋째, 민간영역과의 협력 등이 있다.[23]

다만, 우리나라의 경우에는 다른 국가들과는 다른 특수성 — 남북분단 — 을 가지고 있음을 외면해서는 안될 것이고 또 지나치게 그런 특수성을 강조하는 것도 입법에 있어서는 유용하지 않을 것으로 본다.

국가안보실을 중심으로 하여 각 부처의 사이버안보 관련 역할의 적정한 분담이 필요하고, 그동안 공공분야의 사이버안보를 전담해온 국정원의 실무적인 역할을 긍정적으로 인정할 필요가 있다고 본다. 왜냐하면 사이버안보분야는 경험의 축적이 필수적이기 때문이다.

---

23 김현수, "미국의 사이버안보 정책과 행정조직", 「사이버안보법정책논집」 제3호(한국사이버안보법정책학회, 2018), 168-171쪽 참조. 민관협력과 관련하여 미국은 연방정부와 민간영역 사이에 이루어지는 취약점이나 위험평가에 관한 정보공개는 임의적, 자발적으로 이루어지며, 사이버공격으로부터 주요기반시설을 보호하고 대응하거나 복구하는 데 대한 책임은 원칙적으로 이들 시설의 소유자와 운영자에게 있다. 따라서 미국 정부의 정책은 이들 민간영역과의 정보공유를 확대하는데 주안점을 두고 있음을 유의할 필요가 있다. 그리고 민간기업의 협조 없는 사이버위협정보의 분석에 사용되는 첨단기술 개발이 어려울 것이다.

사이버안보분야에도 부처 간의 견제와 균형과 함께 효율성을 동시에 제고할 수 있는 방안의 모색이 이루어져야 하고, 그런 활발한 논의가 입법시에 적극적으로 반영될 필요가 있다.

사이버안보의 특징이라면 국제협력이 필요하다는 점이다. 국가적 차원에서 사이버안보가 이루어지기 위해서는 정책적 일관성 및 장기적 안목과 함께 세계가 하나의 정보사회를 이루고 있다는 관점에서 일정한 합의(consensus)를 이루어내고 추진하는 것이 중요하다.[24] 국내적인 행정조직과 사이버안보관련 국제기구와의 협력도 체계적이고 긴밀하게 이루어져야 할 것이다. 국제협력을 흠결하고 있는 「국가사이버안보법안」은 문제점으로 지적될 수 있는데, 보완할 필요가 있다고 본다. 이는 "사이버안보 국제협력 선도"를 제시하고 있는 「국가사이버안보전략」이 제시하는 전략과제 중 하나인 "사이버안보 국제협력 선도"를 시행하기 위해서도 필요하다.

제5절 사이버안보 관련 법안의 행정작용법적 중요 쟁점 검토

I. 현행 사이버안보 행정작용 현황

현재 사이버안보 관련 법제도의 내용은 계획 수립, 보호조치 마련 및 이행, 사고 발생 시 대처, 침해행위 금지 및 처벌, 산업발전 및 연구개발, 개인정보처리로 분류할 수 있다.[25]

계획 수립, 정보보호조치 마련 및 이행, 산업발전 및 연구개발은 사이버안보를 위한 예방활동이라고 할 수 있고, 사고 발생시 대처, 침해행위 금지 및 처벌은 사이버안보를 위한 대응활동이라고 할 수 있다.

그리고 개인정보보호는 개인정보처리에 관한 것으로서 별도로 구분된다.

---

[24] 오승규, "유럽연합의 사이버안보 입법동향과 시사점(2) – 프랑스를 중심으로 – ", 「사이버안보법정책논집」 제2집(한국사이버안보법정책학회, 2016. 12), 486쪽.

[25] 이러한 분류는 정보보호에 관한 법제도의 내용상 분류를 변용한 것이다. 정보보호 법제도의 내용상 분류에 관하여 자세한 내용은 국가정보원·과학기술정보통신부·행정안전부·방송통신위원회·금융위원회, 「2019 국가정보보호백서」, 2019, 40-41쪽.

이러한 내용은 곧 행정조직의 활동으로서 행정작용이라고 할 수 있다.

Ⅱ. 사이버안보 관련 법안의 행정작용에 관한 법적 고찰

「국가사이버안보법안」과 「사이버안보 기본법안」은 행정작용법상의 문제를 일정 부분 해결할 수 있는 법적 근거 마련의 초석이 될 수 있을 것이라는 기대가 가능하다. 「국가사이버안보법안」과 「사이버안보 기본법안」은 정의규정을 통해 다루고자 하는 대상의 실체를 밝히면서 사이버안보를 위한 예방활동과 대응활동을 정하고 있다.

1. 사이버안보를 위한 예방활동

(1) 사이버안보 기본계획 및 시행계획의 수립

1) 「국가사이버안보법안」의 기본계획 및 시행계획의 수립

제10조(사이버안보 기본계획의 수립 등) ① 국가정보원장은 사이버안보 업무를 효율적이고 체계적으로 추진하기 위하여 3년마다 위원회의 심의를 거쳐 다음 각 호의 사항이 포함된 사이버안보 기본계획(이하 "기본계획"이라 한다)을 수립·시행하여야 한다.
1. 사이버안보의 정책 목표와 추진방향
2. 사이버안보와 관련된 제도 및 법령의 개선
3. 사이버공격의 예방 및 대응
4. 사이버안보 정책·기술의 연구·개발
5. 사이버안보 관련 교육 및 훈련
6. 그 밖에 대통령령으로 정하는 사이버안보를 위하여 필요한 사항
② 상급책임기관의 장은 기본계획에 따라 사이버안보 시행계획(이하 "시행계획"이라 한다)을 매년 작성하여 관할 책임기관의 장에게 통보하여야 한다.
③ 기본계획과 시행계획의 작성 방법·절차 및 세부 내용 등에 관하여 필요한 사항은 대통령령으로 정한다.

2) 「사이버안보 기본법안」의 기본계획 및 시행계획의 수립

제8조(사이버안보 기본계획 수립 등) ① 국가정보원장은 사이버안보 업무의 효율적이고

체계적인 추진을 위하여 매 3년마다 사이버안보 기본계획(이하 "기본계획"이라 한다)을 수립하고 정책조정회의의 심의·의결을 받아 시행하여야 한다.
② 중앙행정기관의 장, 국회, 법원, 헌법재판소, 중앙선거관리위원회의 행정사무를 처리하는 기관의 장(국회사무총장, 법원행정처장, 헌법재판소 사무처장, 중앙선거관리위원회 사무총장을 말한다. 이하 같다), 시·도의 장 및 교육감(이하 "중앙행정기관 등의 장"이라 한다)은 제1항의 기본계획에 따라 사이버안보 시행계획(이하 "시행계획"이라 한다)을 작성하여 소관 업무범위 내의 책임기관의 장에게 배포하여야 한다.

3) 평가

「국가사이버안보법안」과 「사이버안보 기본법안」 모두 기본계획 및 시행계획의 수립에 대해 규정하고 있고 본질적인 차이를 발견하기는 어렵다. 다만, 「국가사이버안보법안」이 구체적으로 규율하고 있어 타당한 입법방식이라 볼 수 있다.

정보기술의 발전 속도를 감안할 때 전자정부 관련 기본계획은 3년 정도가 적정하다는 주장이 있었고,[26] 그 후 대부분 3년으로 개정된 바 있다. 그런 측면에서 사이버안보 기본계획도 3년으로 한 것은 타당하다. 국회 정보위원회 검토보고서는 갑작스러운 환경변화가 있을 경우 기본계획에 반영할 수 있도록 기본계획의 변경에 대한 근거조항도 필요할 것으로 지적하고 있는데 옳은 지적이라고 본다.[27]

(2) 사이버안보 실태의 평가

1) 「국가사이버안보법안」의 실태평가

제11조(사이버안보 실태평가) ① 국가정보원장은 제6조 제1항 제2호부터 제6호까지의 책임기관 중에서 대통령령으로 정하는 책임기관을 대상으로 사이버안보를 위한 업무수행체계 구축, 사이버공격 예방 및 대응활동 등에 관한 실태평가(이하 "실태평가"라 한다)를 할 수 있다.

---

26 김재광, "전자정부의 행정법적 과제", 「공법연구」 제35집 제1호(한국공법학회, 2006. 10), 150쪽.
27 국회 정보위원회 검토보고서, 31쪽.

② 국가정보원장은 실태평가를 하거나 실태평가에 관한 전문적·기술적인 연구 또는 자문을 위하여 사이버안보실태 합동평가단을 구성·운영할 수 있다.

③ 국가정보원장은 실태평가의 결과를 평가를 받은 책임기관의 장에게 통보하여야 한다.

④ 평가를 받은 책임기관의 장은 실태평가 결과에서 나타난 미비사항에 대해서는 개선대책을 마련하여 국가정보원장에게 통보하여야 한다.

⑤ 실태평가의 절차와 방법, 결과의 처리 및 사이버안보실태 합동평가단의 구성·운영 등에 필요한 사항은 대통령령으로 정한다.

2) 「사이버안보 기본법안」의 실태평가

제9조(사이버안보 실태평가) ① 국가정보원장은 제2조 제6호 가목과 나목에 해당하는 책임기관 중에서 대통령령으로 정하는 책임기관을 대상으로 사이버안보를 위한 업무수행체계 구축, 사이버공격 예방 및 대응활동 등에 관한 실태평가(이하 "실태평가"라 한다)를 할 수 있다. 다만, 국회, 법원, 헌법재판소 및 중앙선거관리위원회의 행정사무를 처리하는 기관의 경우에는 해당 기관의 장이 필요하다고 인정하는 경우에 적용한다.

② 국가정보원장은 실태평가를 하거나 실태평가에 관한 전문적·기술적인 연구 또는 자문을 위하여 사이버안보실태 합동평가단을 구성·운영할 수 있다.

③ 국가정보원장은 실태평가의 결과를 평가를 받은 책임기관의 장에게 통보하여야 한다.

④ 평가를 받은 책임기관의 장은 실태평가 결과에서 나타난 미비사항에 대해서는 개선대책을 마련하여 국가정보원장에게 통보하여야 한다.

⑤ 실태평가의 절차와 방법, 결과의 처리 및 사이버안보실태 합동평가단의 구성·운영 등에 필요한 사항은 대통령령으로 정한다.

3) 평가

「국가사이버안보법안」과 「사이버안보 기본법안」 모두 실태평가에 대해 규정하고 있다. 「국가사이버안보법안」에 대한 국회 정보위원회 검토보고서에 따르면, 정부안에서 헌법기관에 대한 평가를 제외한 것은 입법예고 기간 중 헌법기관의 독립성을 침해할 우려가 있다는 의견이 제기됨에 따른 것이고, 민간기관을 제외한 것은 이 법 적용 민간기관의 부담을 줄여 이 법의 순조로운 정착을 위한 것으로 보고 있다.[28]

---

28 국회 정보위원회 검토보고서, 32쪽

(3) 사이버위협정보의 공유

1) 「국가사이버안보법안」의 사이버위협정보의 공유

제12조(사이버위협정보의 공유) ① 다음 각 호의 정보를 공유하기 위하여 국가정보원장 소속으로 사이버위협정보 공유센터를 둔다.

1. 사이버공격 방법에 관한 정보
2. 악성프로그램 및 이와 관련된 정보
3. 정보통신망, 정보통신기기 및 소프트웨어의 보안상 취약점에 관한 정보
4. 그 밖에 사이버공격의 예방을 위한 정보

② 책임기관의 장은 소관 사이버공간의 제1항에 따른 정보(이하 "위협정보"라 한다)가 다른 책임기관의 사이버안보를 위하여 필요하다고 인정하는 경우 대통령령으로 정하는 바에 따라 소관 사이버공간의 위협정보를 제1항에 따른 사이버위협정보 공유센터(이하 "공유센터"라 한다)의 장에게 제공할 수 있다. 이 경우 공유센터의 장은 사이버안보를 위하여 위협정보의 공유가 필요하다고 판단되는 책임기관의 장에게 위협정보를 제공하여야 한다.

③ 누구든지 제2항에 따라 공유된 위협정보를 사용할 때에는 사이버안보 목적에 필요한 최소한의 범위에서 사용·관리하여야 한다.

④ 공유센터의 장은 위협정보를 공유하는 경우 국민의 권리가 침해되지 아니하도록 기술적·관리적 또는 물리적 보호조치를 마련하여야 한다.

⑤ 공유센터의 장은 제4항에 따른 기술적·관리적 또는 물리적 보호조치에 관한 사항을 심의하기 위하여 책임기관 및 민간 전문가 등이 참여하는 사이버위협정보 공유협의회를 구성·운영하여야 한다.

⑥ 제1항부터 제5항까지의 규정에 따른 공유센터의 설치·운영, 공유센터의 장에게 제공하는 위협정보의 범위 등에 필요한 사항은 대통령령으로 정한다.

2) 「사이버안보 기본법안」의 사이버위협정보의 공유

제11조(사이버위협정보의 공유) ① 책임기관의 장은 다음 각 호의 사항에 해당하는 정보(이하 "사이버위협정보"라 한다)를 다른 책임기관의 장 및 국가정보원장에게 제공하여야 한다. 다만, 국회, 법원, 헌법재판소 및 중앙선거관리위원회의 행정사무를 처리하는 기관의 경우에는 해당 기관의 장이 필요하다고 인정하는 경우에 적용한다.

1. 사이버공격 방법에 관한 정보
2. 악성프로그램 및 이와 관련된 정보
3. 정보통신망, 정보통신기기 및 소프트웨어의 보안상 취약점에 관한 정보

4. 그 밖에 사이버공격의 예방을 위한 정보
② 국가정보원장은 국가 차원의 사이버위협정보의 효율적인 공유 및 관리를 위하여 국가
사이버위협정보공유센터(이하 "공유센터"라 한다)를 구축·운영할 수 있다.
③ 공유센터는 국가정보원과 책임기관 및 지원기관 등으로부터 파견된 인력으로 구성·
운영한다.
④ 공유센터의 장은 국가정보원, 책임기관, 지원기관 및 민간의 전문가가 참여하는 협의
회를 구성하여 사이버위협정보의 공유 과정에서 발생할 수 있는 권리 침해를 방지하기
위한 관리적·물리적·기술적 대책을 수립·시행하여야 한다.
⑤ 누구든지 제1항에 따라 제공되는 사이버위협정보를 사이버안보에 필요한 업무범위에
한하여 정당하게 사용·관리하여야 한다.
⑥ 그 밖에 공유센터의 구축·운영에 관하여 필요한 사항은 대통령령으로 정한다.

3) 평가

「국가사이버안보법안」과 「사이버안보 기본법안」 모두 사이버위협정보의
공유에 대해 규정하고 있다. 국가정보원장 소속으로 사이버위협정보공유센터
를 두고 있는 것도 동일하다.

국회 정보위원회 검토보고서에 따르면, 사이버위협 정보를 공유하게 하는
것은 어떤 기관이 사이버공격이나 공격시도가 있었을 때 다른 기관도 유사한
사이버공격을 받을 가능성이 있기 때문에 위협정보의 공유를 통하여 미리 대
비할 수 있게 하여 피해를 최소화하는데 도움이 되기 때문이다. 위협정보를
의무적으로 제공하게 되면, 보다 많은 위협정보를 공유하게 되어 국가적 사이
버공간의 안정성을 확보하는데 더 도움이 될 것으로 생각되지만, 책임기관의
재량사항으로 하게 되면 책임기관이 사이버위협정보를 제공하면 그만큼 해당
기관의 정보통신망이나 사이버공간이 취약하다는 이미지를 줄 수 있기 때문에
공유에 대해 소극적일 수 있으므로 위협정보를 공유하는 실효성이 떨어질 우
려가 있다. 그럼에도 불구하고 「국가사이버안보법안」에서는 재량적으로 공유
하게 되어 있는데 이는 민간기관을 포함한 책임기관의 자율성을 보장하여 제
정법에 대한 거부감을 해소하는데 기여할 것으로 본다.

(4) 사이버위기 대응 훈련

1) 「국가사이버안보법안」의 사이버위기 대응 훈련

제13조(사이버위기 대응 훈련) ① 상급책임기관의 장은 사이버위기(사이버공격으로 인하여 사이버공간의 기능 및 정보의 안전성을 위협하는 상황을 말한다. 이하 같다)에 효율적으로 대응하기 위하여 소관 사이버공간을 대상으로 사이버위기 대응 훈련을 정기적으로 실시하여야 한다.
② 국가정보원장은 사이버위기 발생에 대비하여 책임기관의 사이버공간을 대상으로 사이버위기 대응 통합훈련을 실시할 수 있다. 이 경우 국가정보원장은 특별한 사유가 없으면 사전에 훈련 일정 등을 해당 기관의 장에게 통보하여야 한다.
③ 제2항에 따른 통합훈련은 매년 정기훈련과 수시훈련으로 구분하여 실시할 수 있으며, 「비상대비자원 관리법」 제14조에 따른 비상대비 훈련과 함께 실시할 수 있다.
④ 제1항부터 제3항까지의 규정에 따른 훈련 대상·실시방법 및 절차 등에 관하여 필요한 사항은 대통령령으로 정한다.

2) 「사이버안보 기본법안」의 대응 훈련

제13조(대응훈련) ① 정부는 사이버위기에 체계적이고 효율적으로 대응하기 위하여 훈련을 실시하여야 한다.
② 제1항의 훈련은 매년 정기 또는 수시로 구분하여 실시할 수 있으며, 정기 훈련은 「비상대비자원 관리법」 제14조에 따른 비상대비훈련과 함께 실시할 수 있다.
③ 제1항의 훈련 대상·실시방법 및 절차 등에 관하여 필요한 사항은 대통령령으로 정한다.

3) 평가

「국가사이버안보법안」은 사이버위기 대응 훈련을, 「사이버안보 기본법안」은 대응 훈련을 규정하고 있다. 「국가사이버안보법안」의 규율방식이 구체적이므로 타당한 입법방식이라고 볼 수 있다.

2. 사이버안보를 위한 대응활동

(1) 사이버공격의 탐지 등

1) 「국가사이버안보법안」의 사이버공격의 탐지

제14조(사이버공격의 탐지 등) ① 국가정보원장은 국가적 사이버공간에 대한 사이버공격에 신속하고 효율적으로 대응하기 위하여 관계 중앙행정기관의 장과 협의하여 국가 차원의 사이버공격 탐지·대응체계를 구축·운영하여야 한다.
② 책임기관의 장은 제1항에 따른 국가 차원의 사이버공격 탐지·대응체계를 위하여 대통령령으로 정하는 바에 따라 소관 사이버공간에서 발생하는 사이버공격을 탐지하여 즉시 대응할 수 있는 기구(이하 "보안관제센터"라 한다)를 설치·운영하여야 한다. 다만, 보안관제센터를 설치·운영할 수 없는 경우에는 다른 책임기관의 장이 설치·운영하는 보안관제센터에 그 업무를 위탁할 수 있다.
③ 보안관제센터는 사이버공격 탐지·대응에 필요한 범위에서 「개인정보 보호법」 제2조 제1호에 따른 개인정보를 수집·이용할 수 있다.
④ 제2항에 따른 보안관제센터의 설치·운영, 사이버공격의 탐지 범위 등에 관하여 필요한 사항은 대통령령으로 정한다.

2) 「사이버안보 기본법안」의 사이버공격의 탐지

규정 없음

3) 평가

「국가사이버안보법안」은 사이버공격의 탐지에 대해 규정하고 있으나, 「사이버안보 기본법안」은 규정하지 않고 있다. 사이버공격의 탐지는 중요하고 본질적인 내용이라는 측면에서 법률에서 규율할 필요가 있다.

보안관제센터의 설치·운영은 대통령 훈령인 「국가사이버안전관리규정」에도 있는 내용으로 이에 따라 중앙정부와 지방정부 공공기관 등의 기관은 현재에도 보안관제센터를 운영하고 있고, 민간의 책임기관도 모두 보안관제센터를 운영하고 있는 것으로 확인되고 있다.

(2) 사이버공격으로 인한 사고의 통보 및 조사

1) 「국가사이버안보법안」의 사고의 통보 및 조사

제15조(사이버공격으로 인한 사고의 통보 및 조사) ① 국가정보원장은 책임기관의 사이버공간에서 사이버공격으로 인한 사고가 발생하는 경우에 대비하여 국가 차원의 일원화된 통보 및 조사 체계를 구축·운영하여야 한다.

② 책임기관의 장은 소관 사이버공간에서 사이버공격으로 인한 사고가 발생한 경우에는 피해를 최소화하는 조치를 하고, 그 사실을 다음 각 호의 구분에 따른 사람에게 통보하여야 한다. 이 경우 국가안보위협 사이버공격에 관한 사항은 국가정보원장에게 함께 통보하여야 한다.

1. 상급책임기관: 국가정보원장. 이 경우 특별시장·광역시장·특별자치시장·도지사·특별자치도지사(이하 "시·도지사"라 한다)는 행정자치부장관에게, 시·도 교육감은 교육부장관에게 함께 통보하여야 한다.

2. 시·군·자치구: 해당 시·군·자치구를 관할구역으로 하는 시·도지사

3. 교육지원청: 해당 교육지원청을 관할하는 시·도 교육감

4. 그 밖의 책임기관: 해당 책임기관을 관리·감독하는 상급책임기관의 장

③ 상급책임기관의 장은 제2항 제2호부터 제4호까지의 통보(국가안보위협 사이버공격에 관한 통보는 제외한다)를 받은 경우 신속히 사이버공격으로 인한 사고의 그 피해 확인, 원인 분석 및 재발 방지를 위한 조사를 하여야 한다. 이 경우 해당 기관의 장은 필요하면 지원기관의 장에게 기술적 지원을 요청할 수 있다.

④ 국가정보원장은 다음 각 호의 경우(제6조 제1항 제1호에 따른 책임기관 소관 사이버공간에서 사이버공격으로 인한 사고가 발생한 경우에 대해서는 해당 기관의 장이 요청하는 경우로 한정한다)에는 지체 없이 사이버공격으로 인한 사고의 피해 확인, 원인 분석 및 재발 방지를 위한 조사를 하여야 한다. 이 경우 민간 분야 책임기관을 대상으로 사고조사를 할 때에는 대통령령으로 정하는 바에 따라 관계 중앙행정기관, 수사기관 및 지원기관으로 구성된 합동조사팀을 운영하여야 한다.

1. 제2항 각 호 외의 부분 후단에 따라 국가안보위협 사이버공격에 관한 통보를 받은 경우

2. 제2항 제1호에 따른 통보를 받은 경우

3. 국가안보위협 사이버공격으로 인한 사고가 발생하였으나 제2항 각 호 외의 부분 후단에 따른 통보를 받지 못한 경우

⑤ 제6조 제1항 제1호의 책임기관은 소관 사이버공간에서 사이버공격으로 인한 사고가 발생한 경우로서 국가정보원장에게 제4항 각 호 외의 부분 전단에 따른 조사 요청을 하지 아니하는 경우에는 직접 그 조사를 하여야 한다.

⑥ 누구든지 제3항부터 제5항까지의 규정에 따른 조사에 협조하여야 하며, 그 조사를 완

료하기 전에 사이버공격과 관련된 자료를 임의로 삭제·훼손하거나 변조해서는 아니 된다.
⑦ 상급책임기관의 장과 국가정보원장은 제3항부터 제5항까지의 규정에 따라 조사를 하는 과정에서 사이버공격과 관련된 악성프로그램 또는 악성프로그램에 감염되도록 유인하는 전자적 정보(이하 "악성프로그램등"이라 한다)가 포함된 컴퓨터, 웹사이트 또는 소프트웨어 등을 발견한 경우에는 관리자에게 관련 악성프로그램등의 제공을 요청하거나 백신프로그램 제공 등을 통하여 악성프로그램등의 삭제 또는 차단을 요청할 수 있다.

2) 「사이버안보 기본법안」의 사고조사

제12조(사고조사) ① 책임기관의 장은 사이버공격으로 인한 사고가 발생한 때에는 신속히 사고조사를 실시하여야 하고 그 결과를 관계 중앙 행정기관 등의 장 및 국가정보원장에게 통보하여야 한다. 다만, 국가안보를 위협하는 사이버공격 사고의 발생 또는 징후를 발견한 경우에는 피해를 최소화하는 조치를 취하고 지체 없이 그 사실을 국가정보원장에게 통보하여야 한다.
② 책임기관의 장은 제1항에 따른 사고조사를 위해 관계 중앙행정 기관의 장 또는 지원기관의 장에게 기술적 지원을 요청할 수 있다.
③ 국가정보원장은 국가안보를 위협하는 사이버공격의 발생 또는 징후를 발견하거나 제1항에 따라 국가안보를 위협하는 사이버공격 사고에 관한 통보를 받은 경우 지체 없이 사고조사를 실시하여야 한다.
④ 중앙행정기관의 장과 국가정보원장은 사고조사를 수행하는 과정에서 사이버공격과 관련된 악성프로그램 또는 악성프로그램의 감염을 유인하는 전자적 정보(이하 "악성프로그램 등"이라 한다)가 포함된 컴퓨터, 웹사이트 또는 소프트웨어 등을 발견한 경우에는 그 관리자에게 관련 악성프로그램의 제공을 요청하거나 백신프로그램의 제공 등을 통하여 악성프로그램 등을 삭제 또는 차단하게 할 수 있다.
⑤ 중앙행정기관 등의 장 및 국가정보원장은 제2항 또는 제3항에 따라 사고조사를 한 결과, 피해의 복구 및 확산 방지를 위하여 신속한 시정이 필요하다고 판단되는 경우 책임기관의 장에게 필요한 조치를 요청할 수 있다. 이 경우 책임기관의 장은 특별한 사유가 없는 한 이에 따라야 한다.
⑥ 누구든지 제2항 및 제3항에 따른 사고조사를 완료하기 전에 사이버공격과 관련된 자료를 임의로 삭제·훼손·변조하여서는 아니 된다.
⑦ 그 밖에 사고조사에 관하여 필요한 사항은 대통령령으로 정한다.

3) 평가

「국가사이버안보법안」과 「사이버안보 기본법안」 모두 사고의 통보 및 조사에 대해 규정하고 있다. 두 법안 모두 규율내용상 본질적인 차이를 발견하기 어렵다. 그러나 「국가사이버안보법안」이 보다 구체적으로 규율하고 있다는 점에서 타당한 입법방식이라고 할 수 있다.

국회 정보위원회 검토보고서에 따르면, '국가안보위협 사이버공격'에 관한 사항은 국정원장에게 통보하도록 하고 있는데, 앞서 정의부분에서도 그 범위의 불명확성에 대해 언급한 바 있다. 어떤 사이버공격이 '국가안보위협 사이버공격'에 포섭되는지 여부에 대하여 국정원은 일정한 규칙에 따라 기술적으로 분류가 능하다고 하나, 새로운 유형의 사이버공격이 발생할 경우 이를 '국가안보위협 사이버공격'으로 분류하기 어려울 수 있고, 이에 따라 국정원에 통보가 필요한 공격으로 통보되지 못하거나, 반대로 이를 지나치게 넓게 해석하여 경미한 사안까지 국정원에 통보되어 사고를 조사하게 되는 결과가 초래되기 때문에 사이버공격으로 인한 사고 모두를 대상으로 할 것이 아니라 '대통령령으로 정하는 경미한 사고'를 통보 대상에서 제외하도록 하는 방안을 강구할 필요가 있을 것이다.

(3) 사이버위기경보의 발령 및 조치

1) 「국가사이버안보법안」의 사이버위기경보의 발령 및 조치

제16조(사이버위기경보의 발령 및 조치) ① 국가정보원장은 사이버공격에 국가 차원에서 체계적으로 대응하기 위하여 단계별 국가사이버위기경보(이하 "경보"라 한다)를 발령할 수 있다. 이 경우 국가정보원장은 경보의 발령 시점과 단계 등에 관하여 국가안보실장과 미리 협의하여야 한다.
② 대통령령으로 정하는 중앙행정기관의 장은 소관 분야를 대상으로 분야별 사이버위기경보(이하 "분야별 경보"라 한다)를 발령할 수 있다. 이 경우 중앙행정기관의 장은 분야별 경보의 발령 시점과 단계 등에 관하여 국가정보원장과 미리 협의하여야 한다.
③ 책임기관의 장은 경보 또는 분야별 경보가 발령된 경우 즉시 피해발생의 최소화 및 피해복구를 위한 조치를 하여야 한다.
④ 경보 및 분야별 경보 발령의 기준·절차 및 책임기관의 장의 조치 등에 필요한 사항은 대통령령으로 정한다.

2) 「사이버안보 기본법안」의 사이버위기경보의 발령 및 조치

제14조(사이버위기경보의 발령) ① 국가정보원장은 사이버공격에 대한 체계적인 대응을 위하여 관심 · 주의 · 경계 · 심각 단계의 사이버위기 경보(이하 "경보"라 한다)를 발령할 수 있다. 이 경우 국가정보원장은 경보의 발령 시점과 단계 등에 관하여 국가안보실장과 미리 협의하여야 한다.

② 책임기관의 장은 제1항에 따른 사이버위기경보가 발령된 경우 즉시 피해발생의 최소화 및 피해복구를 위한 조치를 취하여야 한다.

③ 경보 발령의 기준 · 절차 및 책임기관의 장의 조치 등에 관하여 필요한 사항은 대통령령으로 정한다.

3) 평가

「국가사이버안보법안」과 「사이버안보 기본법안」 모두 사이버위기경보의 발령 및 조치에 대해 규정하고 있다. 두 법안 모두 규율내용상 본질적인 차이를 발견하기 어렵다.

3. 개인정보의 처리

(1) 「국가사이버안보법안」의 개인정보의 처리

제21조(개인정보 처리 등) 사이버안보를 위하여 처리되는 개인정보는 「개인정보 보호법」 제58조 제1항에 따라 같은 법이 적용되지 아니하는 개인정보로 본다. 다만, 사이버안보를 위하여 개인정보를 처리하는 경우 개인정보 처리 기준 및 필요한 조치 마련 등에 관하여는 같은 법 제58조 제4항을 준용한다.

(2) 「사이버안보 기본법안」의 개인정보의 처리

제23조(개인정보 처리 등) 사이버안보를 위하여 처리되는 개인정보는 「개인정보 보호법」 제58조 제1항에 따라 같은 법이 적용되지 아니하는 개인정보로 본다. 다만, 사이버안보를 위하여 개인정보를 처리하는 경우 개인정보 처리 기준 및 필요한 조치 마련 등에 관하여는 같은 법 제58조 제4항을 준용한다.

(3) 평가

「개인정보 보호법」은 "개인정보"란 살아 있는 개인에 관한 정보로서 다음 각 목("가. 성명, 주민등록번호 및 영상 등을 통하여 개인을 알아볼 수 있는 정보. 나. 해당 정보만으로는 특정 개인을 알아볼 수 없더라도 다른 정보와 쉽게 결합하여 알아볼 수 있는 정보. 이 경우 쉽게 결합할 수 있는지 여부는 다른 정보의 입수 가능성 등 개인을 알아보는 데 소요되는 시간, 비용, 기술 등을 합리적으로 고려하여야 한다. 다. 가목 또는 나목을 제1호의2에 따라 가명처리함으로써 원래의 상태로 복원하기 위한 추가 정보의 사용·결합 없이는 특정 개인을 알아볼 수 없는 정보(이하 "가명정보"라 한다))의 어느 하나에 해당하는 정보를 말한다."고 정의하고 있다(제2조 제1호). 여기서 "가명처리"란 개인정보의 일부를 삭제하거나 일부 또는 전부를 대체하는 등의 방법으로 추가 정보가 없이는 특정 개인을 알아볼 수 없도록 처리하는 것을 말한다(제2조1의2). "처리란 개인정보의 수집, 생성, 연계, 연동, 기록, 저장, 보유, 가공, 편집, 검색, 출력, 정정(訂正), 복구, 이용, 제공, 공개, 파기(破棄), 그 밖에 이와 유사한 행위를 말한다"(제2조 제2호).

「개인정보 보호법」의 보호대상이 되는 개인정보는 업무를 목적으로 개인정보파일을 운용하기 위하여 스스로 또는 다른 사람을 통하여 개인정보를 처리하는 공공기관, 법인, 단체 및 개인 등(동법 제2조 제5호)의 개인정보를 포함한다.[29]

「국가사이버안보법안」과 「사이버안보 기본법안」 모두 개인정보의 처리에 대해 규정하고 있다.[30] 두 법안 모두 규율내용상 본질적인 차이를 발견하기 어

---

29 박균성·김재광, 「경찰행정법」 제4판, 497쪽.

30 개인정보보호법 제58조(적용의 일부 제외) ① 다음 각 호의 어느 하나에 해당하는 개인정보에 관하여는 제3장부터 제7장까지를 적용하지 아니한다.
   1. 공공기관이 처리하는 개인정보 중 「통계법」에 따라 수집되는 개인정보
   2. 국가안전보장과 관련된 정보 분석을 목적으로 수집 또는 제공 요청되는 개인정보
   3. 공중위생 등 공공의 안전과 안녕을 위하여 긴급히 필요한 경우로서 일시적으로 처리되는 개인정보
   4. 언론, 종교단체, 정당이 각각 취재·보도, 선교, 선거 입후보자 추천 등 고유 목적을 달성하기 위하여 수집·이용하는 개인정보
   ② 제25조 제1항 각 호에 따라 공개된 장소에 영상정보처리기기를 설치·운영하여 처리되는 개인정보에 대하여는 제15조, 제22조, 제27조 제1항·제2항, 제34조 및 제37조를 적용

렵다.

「국가사이버안보법안」에 대한 국회 정보위원회 검토보고서에 따르면, 「국가사이버안보법안」 제21조에서 사이버안보를 위하여 처리되는 개인정보는 「개인정보 보호법」 제58조 제1항에 따라 동법이 적용되지 아니하는 개인정보로 보도록 하고 있는데, 사이버위협정보 공유, 보안관제, 사고조사 등 사이버안보 업무처리과정에서 개인정보를 불가피하게 접할 수밖에 없을 것이므로 효과적으로 관련 업무를 수행할 수 있게 하는데 불가피한 조치로 보인다. 일부에서 사이버안보는 정보보안, 사이버범죄, 사이버전쟁, 개인정보보호를 포괄하는 개념으로 국가안보보다 넓은 개념인데도 국가안보의 범주에 포함하여 동일하게 보는 것은 사이버안보라는 이유로 개인정보에 대한 접근을 무제한 허용하는 것이 아니냐는 우려를 제기하고 있다. 이러한 우려에 대해서 보면, 「국가사이버안보법안」 제21조 후단에서 사이버안보를 위하여 처리되는 개인정보에 대해 개인정보의 처리기준 및 필요한 조치 마련에 관하여 「개인정보 보호법」 제58조 제4항을 준용하도록 하고 있는바, 동조 제4항에서 "그 목적을 위하여 필요한 범위에서 최소한의 기간에 최소한의 개인정보만을 처리하여야 하며, 개인정보의 안전한 관리를 위하여 필요한 기술적·관리적 및 물리적 보호조치, 개인정보의 처리에 관한 고충처리, 그 밖에 개인정보의 적절한 처리를 위하여 필요한 조치를 마련하여야 한다"고 규정되어 있으므로 사이버안보 업무를 수행하는 과정에서 처리되는 개인정보에 대해 위와 같은 제한을 법적으로 규정하고 있음을 감안할 필요가 있다.

하지 아니한다.

③ 개인정보처리자가 동창회, 동호회 등 친목 도모를 위한 단체를 운영하기 위하여 개인정보를 처리하는 경우에는 제15조, 제30조 및 제31조를 적용하지 아니한다.

④ 개인정보처리자는 제1항 각 호에 따라 개인정보를 처리하는 경우에도 그 목적을 위하여 필요한 범위에서 최소한의 기간에 최소한의 개인정보만을 처리하여야 하며, 개인정보의 안전한 관리를 위하여 필요한 기술적·관리적 및 물리적 보호조치, 개인정보의 처리에 관한 고충처리, 그 밖에 개인정보의 적절한 처리를 위하여 필요한 조치를 마련하여야 한다.

4. 국가사이버안보 기반 조성

(1) 연구개발

1) 「국가사이버안보법안」의 연구개발

제9조(사이버안보 연구기관) ① 국가정보원장은 사이버안보에 필요한 정책과 기술을 연구·개발하기 위하여 사이버안보 연구기관을 설립하거나, 다른 법령에 따라 설립된 기관 또는 기관 부설연구소를 관계 중앙행정기관의 장과 협의하여 사이버안보 연구기관으로 지정할 수 있다.
② 사이버안보 정책·기술의 연구·개발에 관한 절차와 방법 등 세부적인 사항은 대통령령으로 정한다.

2) 「사이버안보 기본법안」의 연구개발

제17조(연구개발) ① 정부는 사이버안보에 필요한 기술개발과 기술 수준의 향상을 위하여 다음 각 호의 시책을 추진할 수 있다.
1. 사이버안보에 관한 국가 연구개발 계획의 수립·시행
2. 사이버안보 관련 기술 수요조사 및 관련 동향분석 등에 관한 사업
3. 사이버안보에 관한 기술의 개발·보급·확산 사업
4. 그 밖에 사이버안보 관련 기술개발 및 기술향상 등에 관하여 필요한 사항
② 정부는 제1항의 시책을 추진하기 위하여 전문연구기관을 설립 하거나, 다른 법령에 의하여 설립된 기관 및 기관부설연구소를 전문연구기관으로 지정하여 사이버안보에 필요한 연구개발을 수행하게 할 수 있다.
③ 사이버안보 기술의 연구개발에 관한 절차·방법 등 세부사항은 대통령령으로 정한다.

3) 평가

「국가사이버안보법안」은 연구개발을 행정조직법적인 측면에서 규율하고 있으나, 「사이버안보 기본법안」은 행정작용법적인 측면에서 규정하고 있다. 사이버안보의 경우 연구개발이 필요하다고 볼 수 있다. 입법론으로는 행정조직법적인 측면과 행정작용법적인 측면을 고려해서, 별도의 규정으로 입법하는 것도 검토할 필요가 있다.

(2) 산업육성

1)「국가사이버안보법안」의 산업육성

규정 없음

2)「사이버안보 기본법안」의 산업육성

제18조(산업육성) ① 정부는 사이버안보에 필요한 산업의 육성을 지원하기 위하여 다음 각 호의 시책을 수립·시행하고 이에 필요한 재원 확보 방안 등을 마련하여야 한다.
1. 사이버안보 산업 진흥정책 수립 지원
2. 사이버안보 산업 발전을 위한 유통시장 활성화 지원
3. 사이버안보 산업 육성을 위한 산·학·연 협력체계 구축
4. 사이버안보 산업 관련 국제교류·협력 및 해외진출의 지원
② 정부는 제17조 제2항의 전문연구기관으로 하여금 제1항의 산업 육성에 필요한 업무를 수행하게 할 수 있다.

3) 평가

「국가사이버안보법안」은 산업육성에 관한 규정이 없으나, 「사이버안보 기본법안」은 산업육성을 규정하고 있다. 참고로 소방, 경찰 등 공안 관련 법률의 경우에도 관련산업 육성을 규정하고 있다. 따라서 사이버안보의 경우에도 산업육성이 필요하다고 볼 수 있으므로 「사이버안보 기본법안」이 타당한 입법방식이라 할 수 있다.

(3) 인력양성 및 교육홍보

1)「국가사이버안보법안」의 인력양성 및 교육홍보

규정 없음

2)「사이버안보 기본법안」의 인력양성 및 교육홍보

제19조(인력양성 및 교육홍보) ① 정부는 사이버안보 기반을 조성하고 국민적 인식을 제

고하기 위하여 다음 각 호의 시책을 강구하여야 한다.

1. 사이버안보 관련 전문인력의 양성
2. 사이버안보에 관한 대국민 홍보활동 및 교육
3. 그 밖에 사이버안보 관련 전문인력 양성 및 교육홍보 등에 관하여 필요한 사항

② 책임기관의 장은 전문연구기관의 장에게 소속 직원들을 대상으로 사이버안보에 관한 교육훈련 지원 등을 요청할 수 있다.

3) 평가

「국가사이버안보법안」은 인력양성 및 교육홍보에 관한 규정이 없으나, 「사이버안보 기본법안」은 인력양성 및 교육홍보를 규정하고 있다. 사이버안보의 경우 인력양성 및 교육홍보가 매우 필요하다고 볼 수 있으므로 「사이버안보 기본법안」이 타당한 입법방식이라 할 수 있다.

우리나라의 경우에 사이버안보의 사회적 인식 제고를 위한 노력이 필요하다. 그중의 하나가 전문적 사이버안보 교육체계의 강화이고, 다른 하나는 사이버안보에 관한 홍보 강화이다.[31]

(4) 국제협력

1) 「국가사이버안보법안」의 국제협력

규정 없음

2) 「사이버안보 기본법안」의 국제협력

제20조(국제협력) 정부는 사이버안보에 관하여 국제기구·단체 및 외국과의 협력을 증진하기 위하여 다음 각 호의 업무를 수행할 수 있다.

1. 사이버안보를 위한 상호간 협력체계 구축
2. 사이버안보 기술에 관한 정보의 교류와 공동대응
3. 사이버안보 전담인력의 상호간 파견교육

---

31 이에 대해서는 김재광, "사이버안보의 사회적 인식 제고를 위한 법정책적 개선방안", 「사이버안보법정책논집」 창간호(한국사이버안보법정책학회, 2014), 243쪽 이하 참조.

3) 평가

「국가사이버안보법안」은 국제협력에 관한 규정이 없으나, 「사이버안보 기본법안」은 국제협력을 규정하고 있다. 사이버안보의 경우 국제협력이 매우 필요하다고 볼 수 있으므로 「사이버안보 기본법안」이 타당한 입법방식이라 할 수 있다.

5. 국방분야에 대한 특례

(1) 「국가사이버안보법안」의 국방분야에 대한 특례

제20조(국방 분야에 대한 특례) ① 전시(戰時)의 경우 이 법에 따른 사이버안보에 관한 업무는 군사작전을 지원하기 위하여 수행되어야 한다.

② 제6조 제1항 제4호에 따른 책임기관에 대한 다음 각 호의 업무는 제11조 및 제15조 제4항에도 불구하고 국방부장관이 수행한다.

1. 제11조에 따른 사이버안보 실태평가

2. 제15조 제4항에 따른 사이버공격으로 인한 사고의 조사

③ 제16조제2항에 따라 국방부장관이 제6조 제1항 제4호에 따른 책임기관에 관한 분야별 경보를 발령하는 경우에는 같은 항 후단을 적용하지 아니한다.

④ 국방부장관은 제2항 또는 제3항에 따른 업무를 수행함에 있어 국가안보에 필요하다고 판단되거나 국가정보원장의 요청이 있는 경우에는 관련 내용을 국가정보원장에게 통보하여야 한다.

(2) 「사이버안보 기본법안」의 국방분야에 대한 특례

규정 없음

(3) 평가

「국가사이버안보법안」의 국방분야에 대한 특례를 규정하고 있으나, 「사이버안보 기본법안」은 규정하지 않고 있다. 국방분야에 대한 특례를 인정할 필요성이 있으므로 「국가사이버안보법안」의 규율방식이 타당한 입법방식이라 할 수 있다.

6. 사이버안보의 실효성 확보수단

「국가사이버안보법안」과 「사이버안보 기본법안」은 사이버안보의 실효성 확보수단으로는 포상, 벌칙, 과태료 등을 규정하고 있다. 행정목적의 달성을 위하여 관련법을 제정하고, 국민에게 의무를 부과하는데, 국민이 법을 위반하거나 의무를 이행하지 않는 경우가 적지 않다. 그리하여 국민이 행정법규를 위반하지 않고 행정처분에 의해 부과된 의무를 이행하도록 하여 행정목적의 실효성을 달성할 수 있도록 하는 여러 법적 수단이 필요하다.[32]

(1) 포상

1) 「국가사이버안보법안」의 포상

제19조(포상 등) ① 국가정보원장은 다음 각 호의 어느 하나에 해당하는 자에게 포상하고, 예산의 범위에서 포상금을 지급할 수 있다.
1. 위협정보 제공에 기여한 자
2. 사이버공격 기도(企圖)에 관한 정보를 제공한 자
3. 사이버공격을 가한 자를 신고한 자
4. 사이버공격의 탐지 및 대응·복구에 기여한 자
5. 사이버공격의 예방 및 탐지·대응·복구에 필요한 신기술을 개발한 자
② 제1항에 따른 포상과 포상금 지급의 기준·방법과 절차, 지급액 등은 대통령령으로 정한다.

2) 「사이버안보 기본법안」의 포상

제22조(포상 등) ① 정부는 사이버안보와 관련하여 다음 각 호의 어느 하나에 해당하는 자에 대하여 포상하고, 예산의 범위에서 포상금을 지급할 수 있다.
1. 사이버공격 기도에 관한 정보를 제공한 자
2. 사이버공격을 가한 자를 신고한 자
3. 사이버공격의 탐지 및 대응·복구에 공이 많은 자
② 제1항에 따른 포상과 포상금 지급의 기준·방법과 절차, 구체적인 지급액 등 필요한 사항은 대통령령으로 정한다.

---

32 박균성·김재광, 「경찰행정법」 제4판, 404쪽.

3) 평가

「국가사이버안보법안」과 「사이버안보 기본법안」 모두 포상에 대해 규정하고 있다. 두 법안 모두 본질적인 차이를 찾기는 어렵다. 「국가사이버안보법안」이 보다 구체적으로 규율하고 있어 타당한 입법방식이라 할 수 있다.

(2) 벌칙

1) 「국가사이버안보법안」의 벌칙

제22조(벌칙) 다음 각 호의 어느 하나에 해당하는 자는 5년 이하의 징역 또는 5천만원 이하의 벌금에 처한다.
1. 제12조 제3항을 위반하여 위협정보를 사이버안보에 필요한 업무 외의 용도에 영리 또는 부정한 목적을 위하여 사용하거나 관리한 자
2. 제15조 제6항을 위반하여 조사를 방해할 목적으로 사이버공격과 관련된 자료를 삭제·훼손하거나 변조한 자
3. 제18조를 위반하여 직무상 알게 된 비밀을 누설하거나 직무상 목적 외의 용도에 이용한 자

2) 「사이버안보 기본법안」의 벌칙

제24조(벌칙) ① 다음 각 호의 어느 하나에 해당하는 자는 5년 이하의 징역 또는 5천만원 이하의 벌금에 처한다.
1. 제11조 제5항을 위반한 자
2. 제12조 제6항을 위반한 자
3. 제21조를 위반한 자
② 업무상 과실로 인하여 제1항의 죄를 범한 자는 1년 이하의 징역 또는 1천만원 이하의 벌금에 처한다.

3) 평가

「국가사이버안보법안」과 「사이버안보 기본법안」 모두 벌칙을 규정하고 있다. 최근의 입법방식은 수범자들이 이해하기 알기 쉽도록 규정을 정비하고 있다. 그런 측면에서 「국가사이버안보법안」의 규율방식이 타당한 입법방식이라 할 수 있다. 다만, 「사이버안보 기본법안」은 업무상 과실의 경우 별도로 규

정하고 있는바, 법현실적으로 타당성이 인정되므로 올바른 입법이라 할 수 있다. 따라서 「국가사이버안보법안」에 「사이버안보 기본법안」 제24조 제2항을 추가할 필요가 있다.

(3) 과태료

1) 「국가사이버안보법안」의 과태료

제23조(과태료) ① 제15조 제2항을 위반하여 사이버공격으로 인한 사고를 통보하지 아니한 자(제6조 제1항 제1호부터 제6호까지의 책임기관의 장은 제외한다)에게는 1천만원 이하의 과태료를 부과한다.
② 제1항에 따른 과태료는 대통령령으로 정하는 바에 따라 해당 기관을 관리·감독하는 상급책임기관의 장이 부과·징수한다.

2) 「사이버안보 기본법안」의 과태료

제25조(과태료) ① 제12조 제1항을 위반하여 사이버공격으로 인한 사고를 통보하지 아니한 자(제2조 제6호 가목과 나목에 해당하는 책임기관의 장은 제외한다)에게는 1천만원 이하의 과태료를 부과한다.
② 제1항에 따른 과태료는 대통령령으로 정하는 바에 따라 해당 기관을 관리·감독하는 상급책임기관의 장이 부과·징수한다.

3) 평가

과태료는 국가 또는 지방자치단체가 일정한 행정상의 질서위반행위에 대하여 부과하는 금전벌을 말한다.[33] 한편 판례는 행정법상의 의무위반에 대하여 일반통치권에 기하여 과하는 행정질서벌로 정의하고 있다. 과태료는 직접적으로 행정목적이나 사회공익을 침해하는 데까지에는 이르지 아니하고, 다만 간접적으로 행정상 질서에 장애를 줄 위험성이 있는 단순한 의무태만에 대한 제재로서 과하여지는 것으로 이해되고 있다.[34]

---

[33] 김재광, "과태료제도와 관련한 법적 문제", 「경희법학」 제52권 제2호(2017. 6. 30), 108쪽.
[34] 대법원 1965. 5. 24. 선고 64사22 판결 참조.

「국가사이버안보법안」과 「사이버안보 기본법안」 모두 과태료를 규정하고 있다. 두 법안 모두 본질적인 차이를 발견하기는 어렵다.

Ⅲ. 사이버안보 관련 법안의 행정작용법적 평가와 과제

「국가사이버안보법안」과 「사이버안보 기본법안」 모두 사이버공격과 국가안보위협 사이버공격으로 구분하고 있는 점이 특징적이다. 「국가사이버안보법안」과 「사이버안보 기본법안」이 두 가지 형태로 사이버공격을 정의하고 있는 것은 예측불가하고 다양한 형태로 진행되고 진화될 것이라는 것을 고려한 것으로 보인다. 그런 측면에서 이러한 '도전'에 대한 사이버안보 행정작용법적 '응전'도 심화되고 진화되어야 할 책무를 지고 있다.

여기서는 (1) 행정작용의 대상 및 보호법익으로서 사이버안보, (2) 사이버안보와 행정입법, (3) 사이버안보와 행정계획, (4) 사이버안보와 행정행위, (5) 사이버안보와 공법상 계약, (6) 사이버안보와 행정조사, (7) 사이버안보와 개인정보보호로 나누어 지면관계상 간략히 살펴보고자 한다.

1. 행정작용의 대상 및 보호법익으로서 사이버안보

세계 각국에서 행하여지고 있는 정보화의 진전에 따라 인간의 제반 활동이 정보통신에 의존하고 있고 지구촌의 모든 국가가 인터넷을 신경망으로 삼아 하나의 생명체처럼 상호연동하면서 의존하게 되었다. 이에 따라 특정한 국가 또는 특정한 지역에 대한 사이버전쟁이나 사이버위협은 해당 지역에만 한정되는 것이 아니라 지구촌 전체에 대한 위협이 될 수 있다.[35]

또한 국가 내적으로도 인터넷이 신경망과 같은 역할을 함에 따라 최초에는 일부 범위에서만 발생한 위협으로 인한 피해가 국가 전체에 영향을 끼칠 가능성도 배제할 수 없다. 오늘날에는 이러한 상황에 기초하여 사이버공격을 국가적 차원에서 대응하여야 하는 국가안보 문제로 인식하는 경우가 많아지고

---

35 정준현, "고도정보화사회의 국가사이버안보법제에 관한 검토", 441-442쪽.

있다. 예를 들어 미국은 대통령, 의회, 정보당국과 군이 모두 사이버공간의 위험 문제가 가장 우려되는 국가안보 문제라는 입장을 밝힌 바 있다. 우리나라에서도 사이버공격이 국가적 차원의 위해를 끼치는 사례를 다수 발견할 수 있다.[36]

「국가사이버안보법안」과 「사이버안보 기본법안」 모두 사이버안보의 정의를 "사이버공격으로부터 사이버공간을 보호함으로써 사이버공간의 기능을 정상적으로 유지하거나 정보의 안전성을 유지하여 국가의 안전을 보장하고 국민의 이익을 보호하는 것"이라고 정하고 있다.[37] 사이버안보 정의의 통일화라는 측면에서 혼란을 방지하는 바람직한 입법태도라 할 수 있다.

지금까지 국내 법제도의 유사 용어는 '정보보호', '사이버안전' 등이 있으나 국가안보의 성격을 충분히 나타내는 바는 없었다. 예를 들어 '정보보호'란 정보의 수집, 가공, 저장, 검색, 송신, 수신 중 발생할 수 있는 정보의 훼손, 변조, 유출 등을 방지하기 위한 관리적·기술적 수단을 마련하는 것을 의미한다고 하거나,[38] 정보의 수집, 가공, 저장, 검색, 송신, 수신 중에 발생할 수 있는 정보의 훼손, 변조, 유출 등을 방지 및 복구하는 활동 및 암호·인증·인식·감시 등의 보안기술을 활용하여 재난·재해·범죄 등에 대응하거나 관련 장비·시설을 안전하게 운영하는 활동을 위한 관리적·기술적·물리적 수단을 마련하는 것을 의미한다고 한다.[39] 한편 '사이버안전'은 사이버공격으로부터 국가정보통신망을 보호함으로써 국가정보통신망과 정보의 기밀성·무결성·가용성 등 안전성을 유지하는 상태를 의미한다고 한다.[40] 「국가사이버안보법안」과 「사이버안보 기본법안」 모두 기존의 법제도와 차별화되는 보호법익으로서 국가안보에 특화된 점을 명백히 밝힌 것이다. 이는 사이버공격과 별도로 "국가안

---

36 우리나라에 대한 사이버공격의 주요 사례와 위협 양상에 관하여 자세한 내용은 김재광, "사이버안보 위협에 대한 법제적 대응방안", 「법학논고」 제58집(경북대학교 법학연구원), 2017, 148-159쪽 참조.

37 「국가사이버안보법안」 제2조 제4호.

38 「국가정보화 기본법」 제3조 제6호.

39 「정보보호산업의 진흥에 관한 법률」 제2조 제1항 제1호.

40 「국가사이버안전관리규정」 제2조 제3호.

보위협 사이버공격"의 정의를 정한 것에서도 추측이 가능하다고 본다.

다른 사이버안보 법제도와 다르게 「국가사이버안보법안」과 「사이버안보 기본법안」은 국가안보, 즉 국가의 안전보장을 보호대상으로 하게 된다. 따라서 「국가사이버안보법안」과 「사이버안보 기본법안」에 따라 보호될 것으로 기대되는 법익은 일차적으로 국가라는 인적·공간적 공동체의 안전이며, 궁극적으로는 국가를 구성하는 국민의 안전으로까지 이어지게 된다.[41] 안전은 피해가 없으며 위험에서 벗어났거나 위험이 없다고 여기는 상태를 가리킨다. 안전은 내적 안전과 외적 안전으로 구분될 수 있다. 내적 안전은 국가 내부에서 공공질서를 형성하고 유지하여 내적 평화를 확보하는 것을 의미하며, 외적 안전은 외부 위협을 제거하여 국가의 존립과 질서를 유지하는 것을 의미한다. 현대적 의미의 안전은 생명과 신체에 대한 안전은 물론 사회적 안전까지 포함하며, 현 세대의 위험뿐 아니라 미래 세대의 위험도 대응 대상에 포함한다.[42]

사이버안보 법제도의 일차적 보호법익인 국가의 안전과 그로부터 이어지는 국민의 안전은 현대적 의미의 사회적 안전에 해당한다고 할 수 있다. 다만, 경우에 따라서는 사이버공간을 통해 제공된 정보를 통해 사제폭탄을 제작하여 현실에서 테러공격이 발생하는 형태가 있을 수 있으며, 특히 앞으로 사물인터넷, 무인자동차, 드론, 그리고 로봇병기 등을 통해 보다 세련된 형태로 구현될 것이다. 인터넷을 통해 연결된 로봇병기나 드론 등이 현실폭력을 실행하는 주요 주체가 될 수 있는 것이다.[43] 사이버안보위협에 따른 이와 같은 파급효과가 사회적 안전의 문제를 생명과 신체의 안전에 대한 직접적인 문제로 전환 또는 확장시킬 가능성도 배제할 수 없다.[44]

---

41 박상돈·김소정·김규동, "사이버안보 법제도의 의의에 대한 새로운 이해", 「보안공학연구논문지」 제14권 제2호(보안공학연구지원센터, 2017), 162쪽.

42 허완중, "국가의 목적이면서 과제이고 의무인 안전보장", 「강원법학」 제45권(강원대학교 비교법학연구소, 2015), 70~78쪽.

43 김재광, "사이버안보 위협에 대한 법제적 대응방안", 157쪽.

44 박상돈·김소정·김규동, "사이버안보 법제도의 의의에 대한 새로운 이해", 162쪽.

2. 사이버안보와 행정입법

사이버안보법령의 경우에 특성상 입법적 통제가 중요할 것으로 본다. 현행 「국회법」은 행정입법제출 및 위법통보제도를 규정하고 있으므로(제98조의 2),[45] 행정입법이 법률의 취지 또는 내용에 합치되지 아니하다고 판단되는 경우에는 행정입법제출 및 위법통보제도가 적극 활용될 것으로 예상된다. 따라서 법률 제정시 하위법령에 위임하는 경우 법률의 특수성을 감안하여 헌법에 합치되게 구체적 위임을 하여야 하고 포괄적·추상적 위임을 해서는 안될 것이다.

예컨대, 「국가사이버안보법안」은 위원회와 실무위원회의 구성·운영 등에 필요한 사항(제5조 제7항), 행정적·재정적·기술적 지원의 요건, 지원 대상의 선정과 관리 등에 필요한 사항(제6조 제4항), 전문기업의 지정·관리에 필요한 사항(제8조 제3항), 사이버안보 정책·기술의 연구·개발에 관한 절차와 방법 등 세부적인 사항(제9조 제2항), 공유센터의 설치·운영, 공유센터의 장에게 제공하는 위협정보의 범위 등에 필요한 사항(제12조 제6항) 등에 대해 규정하고 있다.

사이버안보법령은 성격상 '법규적 성질(효력)을 갖는 행정규칙'을 활용할 가능성이 클 것으로 본다. '법규적 성질(효력)을 갖는 행정규칙'이란 행정규칙의 형식으로 제정되었지만, 그 내용이 실질에 있어서 법규적 성질을 갖고, 법규와 같은 효력을 갖는 행정규칙을 말한다.

사회적 변화에 대응한 입법수요의 급증과 종래의 형식적 권력분립주의로는 현대사회에 대응할 수 없다는 기능적 권력분립론 등을 감안하여 헌법 제40조와 헌법 제75조, 제95조의 의미를 살펴보면, 의회가 구체적으로 범위를 정하여 위임한 사항에 관하여는 해당 행정기관이 법정립의 권한을 갖게 되고, 이 경우 입법자는 규율의 형식도 선택할 수 있다 할 것이므로, 헌법이 명시하고 있는 법규명령의 형식이 아닌 행정규칙에 위임하더라도 이는 국회입법의 원칙과 상치되지 않는다. 다만, 행정규칙은 법규명령과 같은 엄격한 제정 및

---

45 박균성·김재광, 「경찰행정법」 제4판, 211쪽.

개정 절차를 요하지 아니하므로, 기본권을 제한하는 내용에 대해서는 법규명령에 위임함이 바람직하고, 부득이 고시와 같은 형식으로 위임을 할 때에는 적어도 전문적·기술적 사항이나 경미한 사항으로서 업무의 성질상 위임이 불가피한 사항에 한정된다(헌법재판소 2016. 2. 25. 선고 2015헌바191 결정). 행정규제기본법 제4조 제2항 단서도 "법령이 전문적·기술적 사항이나 경미한 사항으로서 업무의 성질상 위임이 불가피한 사항에 관하여 구체적으로 범위를 정하여 위임한 경우에는 고시등으로 정할 수 있다"라고 법령보충적 행정규칙(고시)의 일반적 근거와 한계를 규정하고 있다.

3. 사이버안보와 행정계획

오늘날 사이버안보의 중요성이 증진되는 현실을 감안하면 사이버안보는 국가과제의 한 내용을 이룬다고 평가할 수 있으며, 그에 따라 사이버안보 관련 정책은 단기적·일시적 추진에 그치지 않고 중장기적 관점에서 추진하는 것이 필요하다. 이에 따라 사이버안보 관련 행정계획을 체계적으로 수립하여 시행할 것이 요구된다. 행정계획은 행정에 관한 전문적·기술적 판단을 기초로 하여 특정한 행정목표를 달성하기 위하여 서로 관련되는 행정수단을 종합·조정함으로써 장래의 일정한 시점에 있어서 일정한 질서를 실현하기 위한 활동기준으로 설정된 것이다.[46]

사이버안보 관련 행정계획에 관한 사항을 법률에 정하는 것은 사이버안보에 관한 행정계획적 과제에 대한 규범적 인식이 용이하도록 하여 국가과제의 실행에 기여하는 것이다. 현재 우리나라에는 이른바 정보보호와 차별점이 있는 사이버안보에 관하여 중장기적인 관점에서 정책을 수립하고 시행하는 체계가 법률상 마련되어 있지 않다.

「국가정보화 기본법」에 따르면 국가정보화 기본계획 및 시행계획의 내용 중 일부로 정보화 관련 분야별 정보보호를 포함시키고 있으나,[47] 그러한 계획

---

46 대법원 2016. 2. 18. 선고 2015두53640 판결.
47 「국가정보화 기본법」 제6조.

들은 궁극적으로 정보화에 중점을 둔 것이며 정보통신 보호는 정보화의 일부에 해당할 뿐이고, 특히 사이버안보는 정보통신 보호 중에서도 일부에 불과하다. 국가정보화 기본계획 및 시행계획의 일부에 불과한 정도의 개괄적 내용의 계획만으로는 국가안보적 관점에서 사이버안보가 충분히 이루어질 정도의 구체화된 중장기적 정책 추진에는 어려움이 있다. 특히 동 계획을 수립하는 주체에 공공기관이 제외되어 있기 때문에 공공부문조차도 온전히 포괄하지 못한다. 또한 대통령훈령인 「국가사이버안전관리규정」에 따른 사이버안전대책은 중장기적 성격의 정책인지 여부가 해당 조문의 문언해석상 명확하지 않다.[48]

그러한 점에서 보면 「국가사이버안보법안」 제10조에서 사이버안보의 정책 목표와 추진방향, 사이버안보와 관련된 제도 및 법령의 개선, 사이버공격의 예방 및 대응, 사이버안보 정책·기술의 연구·개발, 사이버안보 관련 교육 및 훈련, 그 밖에 대통령령으로 정하는 사이버안보를 위하여 필요한 사항을 담은 사이버안보 기본계획을 정기적으로 수립하도록 한 것은 사이버안보분야 행정계획의 법제화 시도라는 점에서 큰 의의가 있다고 평가할 수 있는 것이다. 이는 「사이버안보 기본법안」이 제8조에서 사이버안보 기본계획 수립에 대해 규정하고 있는 것도 동일한 취지라고 할 수 있다.

「국가사이버안보법안」과 「사이버안보 기본법안」상 사이버안보 기본계획은 구체적 사업을 확정짓는 것은 아니므로 대국민적 관계에서는 구속력이 없는 행정구속적인 계획이다. 즉 구체적 사업을 확정짓는 것은 아니므로 행정처분으로서의 법적 성질은 부여되지 아니하고 행정내부의 지침을 정하는데 불과하다.[49] 사이버안보 기본계획은 사이버안보를 위한 예방활동으로서 중요한 의미를 가지고 있다.

정보통신망과 사이버공간 보호 시설·장비·인력 등에 대비 수준에 차이를 반영하여 시행계획을 기관마다 달리 적용하기 때문에 정부측에서는 문제가 없을 것으로 보고 있으나, 민간부문 책임기관은 회사마다 차이가 클 것이기

---

48 박상돈, "사이버안보 거버넌스 개선에 관한 공법적 고찰", 362~363쪽.
49 박균성·김재광, 「경찰행정법」 제4판, 231쪽.

때문에 오히려 이러한 계획이 하향 평준화를 초래할 가능성에 대한 우려가 있으므로 이러한 우려를 불식시킬 수 있도록 민간기업에 대해서는 자율성을 최대한 보장하는 등 세심한 계획수립이 필요할 것이다.[50]

4. 사이버안보와 판단여지

사이버안보와 관련한 행정작용은 판단여지에 해당될 가능성이 크다. 판단여지란 행정행위의 요건을 이루는 불확정개념의 해석·적용에 있어서 이론상 하나의 판단만이 가능할 것이지만, 둘 이상의 판단이 모두 적법한 판단으로 인정될 수 있는 가능성이 있는 것을 말한다.[51]

「국가사이버안보법안」과 「사이버안보 기본법안」상의 "사이버공간", "사이버공격",[52] "국가안보위협 사이버공격",[53] "사이버안보"[54] 등 불확정개념이 다수 사용되고 있다. 「국가사이버안보전략」상 "사이버위협"[55]도 마찬가지이다.

---

50 국회 정보위원회 검토보고서, 31쪽.

51 박균성·김재광, 「경찰행정법」 제4판, 245쪽.

52 「국가사이버안보법안」은 다음과 같이 "사이버공격"을 정의하고 있다. "사이버공격"이란 해킹, 컴퓨터 바이러스, 서비스 거부 등 전자적 방법으로 사이버공간을 불법침입·교란·마비·파괴하거나 정보를 빼내거나 훼손하는 등의 공격 행위를 말한다(제2조 제2호).

53 「국가사이버안보법안」은 다음과 같이 "국가안보위협 사이버공격"을 정의하고 있다. "국가안보위협 사이버공격"이란 다음 각 목(가. 군사분계선 이북지역에 기반을 두고 있는 반국가단체의 구성원 또는 그 지령을 받은 자가 하는 사이버공격, 나. 에너지·통신·교통·금융 등 국가기반체계 또는 전자정부를 운영하는 데 사용되는 사이버공간 등 국가적 사이버공간을 불법침입·교란·마비·파괴하는 사이버공격, 다. 국가기밀, 군사기밀 또는 국가핵심기술 등 국가적으로 중요한 정보를 빼내거나 훼손하는 사이버공격)의 어느 하나에 해당하는 사이버공격을 말한다(제2조 제3호).
한편 사이버안보를 사이버심리전 또는 이메일이나 전화 등의 도감청 등 정보수집 또는 첩보활동을 중심으로 하는 것이 아니라 발전소, 한은금융망, 인터넷접속망, 국가정보통신망, 침해사고대응지원시스템, 발전제어시스템, 천연가스생산제어시스템 등 주요정보통신기반시설에 대한 사이버공격에 대한 방어를 그 핵심으로 한다는 주장도 있는데(박영철, "사이버안보와 통신비밀보호법", 「사이버안보법정책논집」 창간호(한국사이버안보법정책학회, 2014. 12), 107쪽), 법안 제2조 제3호의 "국가안보위협 사이버공격"을 의미하는 것으로 볼 수 있다.

54 「국가사이버안보법안」은 다음과 같이 "사이버안보"를 정의하고 있다. "사이버안보"란 사이버공격으로부터 사이버공간을 보호함으로써 사이버공간의 기능을 정상적으로 유지하거나 정보의 안전성을 유지하여 국가의 안전을 보장하고 국민의 이익을 보호하는 것을 말한다(제2조 제4호).

판단여지는 행정행위의 요건 중 일정한 불확정개념의 판단에서 인정된다. 판단여지는 주로 비대체적 결정의 영역, 구속적 가치평가의 영역, 예측결정의 영역, 정책적 결정의 영역, 고도의 전문성이 요구되는 영역 등에서 인정된다.

판단의 여지가 인정되는 범위 내에서 내려진 행정청의 판단은 법원에 의한 통제의 대상이 되지 않는다. 달리 말하면 판단의 여지가 인정되어 가능한 복수의 판단이 존재하는 경우 행정청이 그중 하나를 신중하게 선택한 때에는 그 행정기관의 판단은 법원에 의해 배척될 수 없고 그 판단에 기초하여 내려진 행정행위는 위법한 처분이 되지 않는다. 다만, 판단여지가 인정되는 경우에도 명확히 법을 위반하거나 사실의 인정을 잘못했거나 객관적인 기준을 위반하는 것은 위법이 된다. 또한 명백히 판단을 잘못한 경우에도 위법이 된다고 보아야 한다.[56]

5. 사이버안보와 행정조사

행정조사란 행정기관이 사인으로부터 행정상 필요한 자료나 정보를 수집하기 위하여 행하는 일체의 행정작용을 말한다.[57] 권력적 행정조사는 국민의 자유와 재산에 대한 제한을 수반하므로 법적 근거가 있어야 한다. 비권력적 행정조사는 원칙상 법률의 근거가 없어도 가능하다고 보아야 할 것이다. 「행정조사기본법」상 행정기관은 법령 등에서 행정조사를 규정하고 있는 경우에 한하여 행정조사를 실시할 수 있다. 다만, 조사대상자의 자발적인 협조를 얻어 실시하는 행정조사의 경우에는 그러하지 아니하다(제5조).

행정조사로 인하여 프라이버시권, 영업의 자유, 보고요구와 재산권 등 개인이나 기업의 기본권이 침해될 가능성이 적지 않으므로 행정조사에는 엄격한

---

[55] 「국가사이버안전관리규정」과 「국가사이버안보법안」에는 사이버위협에 대한 정의는 없다. 19대 국회때 이철우 의원이 발의한 「사이버위협정보 공유에 관한 법률안」에는 "사이버위협"을 "해킹·컴퓨터 바이러스·서비스방해·전자기파 등 전자적 수단을 이용하여 정보통신망과 정보통신기기를 침입·교란·마비·파괴 하거나 정보를 절취·훼손·왜곡 전파할 수 있는 행위를 말한다"고 정의하고 있다(제2조 제4호).

[56] 박균성·김재광, 「경찰행정법」 제4판, 257쪽.

[57] 행정조사기본법의 입법과정에 대해서는 김재광, "행정조사기본법 입법과정에 관한 고찰", 「법학논총」 제33권 제2호(단국대 법학연구소, 2009. 12), 489쪽 이하 참조.

실체법적·절차법적 한계가 설정되어야 한다.[58] 절차법적 한계와 관련하여 영장주의의 적용 여부가 문제된다. 즉 행정조사를 위해 압수수색이 필요한 경우에 명문의 규정이 없는 경우에도 영장주의가 적용될 것인지가 하는 문제가 제기된다. 현재 완전긍정설, 완전부정설은 없고, 절충설이 지배적 견해인데, 절충설에도 원칙적 긍정설, 개별적 긍정설이 있다. 판례는 수사기관의 강제처분이 아닌 행정조사의 성격을 가지는 한 영장은 요구되지 않는다고 부정설을 취하고 있다(대법원 2013. 9. 26. 선고 2013도7718 판결<마약류관리에 관한 법률위반(향정)>).[59]

생각건대, 기본권 보장과 행정조사의 필요를 조화시키는 개별적 결정설이 타당하다. 그 논거는 다음과 같다.[60] ① 행정조사가 실질적으로 형사책임추급을 목적으로 하는 경우에는 영장이 필요하다. ② 그 이외 영장주의에 버금가는 권익보호조치가 취해지는 경우에는 영장은 요구되지 않는다고 보아야 한다. 그러나 영장주의를 대체할 수 있는 정도의 권익보호조치가 취해지지 않는 경우에는 영장주의가 적용된다. ③ 국민의 생명·신체·재산을 보호하기 위하여 긴급한 조사의 필요성이 인정되는 경우에는 영장이 불필요하다.

「국가사이버안보법안」제15조 제4항 제2호는 상급책임기관의 사고통보를 받은 경우 모든 경우에 국정원이 조사하도록 하고 있는데, 상급책임기관은 통보받은 책임기관의 사고 피해확인·원인분석·재발방지를 위한 조사권한을 부여받고 있으므로(안 동조 제3항) 자체적으로 사고조사 능력은 갖추었다고 보여지고, 공격대상이 상급행정기관이라고 하더라도 경미한 사고의 경우 국정원의 조사가 필요하지 않을 수 있는데도 불구하고 국정원이 모든 경우에 조사하도록 하는 것은 지나칠 수 있으므로, 동호를 삭제하고, "국가위협정보 사이버

---

58 박균성·김재광,「경찰행정법제」제4판, 339쪽.
59 우편물 통관검사절차에서 이루어지는 우편물의 개봉, 시료채취, 성분분석 등의 검사는 수출입물품에 대한 적정한 통관 등을 목적으로 한 행정조사의 성격을 가지는 것으로서 수사기관의 강제처분이라고 할 수 없으므로, 압수·수색 영장 없이 우편물의 개봉, 시료채취, 성분분석 등 검사가 진행되었다 하더라도 특별한 사정이 없는 한 위법하다고 볼 수 없다고 한 사례.
60 박균성·김재광,「경찰행정법제」제4판, 340-341쪽.

공격"에 대해서만 조사하도록 하는 방안을 검토할 필요가 있다는 국회 정보위원회의 검토보고서를 참고할 필요가 있다.[61]

한편 「국가사이버안보법안」 제15조와 「사이버안보 기본법안」 제12조는 사이버공간에서 사이버공격으로 인한 사고가 발생하는 경우에 이루어지는 사고조사에 관하여 정하고 있다. 앞에서 언급하였듯이 사이버안보 법제도 시행과정에서 이루어지는 사고조사이므로 영장주의는 적용되지 않는다고 할 수 있다. 사고조사는 수사가 아니기 때문이다. 수사란 범죄의 혐의 유무를 명백히 하여 공소의 제기와 유지 여부를 결정하기 위하여 범인을 발견, 확보하고 증거를 수집·보전하는 수사기관의 활동을 의미하며,[62] 수사 및 기소과정에서 이루어지는 구속·압수·수색 등 형사법상 강제처분 시 영장이 요구된다.

그러나 「국가사이버안보법안」과 「사이버안보 기본법안」에서 정한 바에 의한 관계기관 등의 행위는 이해당사자에 대한 행정행위인 것이며 범죄자에 대한 수사에 해당하지 않는다. 따라서 사이버안보 관련 사건에 대한 수사는 「국가사이버안보법안」과 「사이버안보 기본법안」이 직접적으로 다루는 범위가 아니다. 사고조사는 이미 발생한 피해를 복구하고 추가적인 피해의 발생을 방지하는 방안을 강구하기 위한 행정행위에 활용하기 위하여 사고의 원인을 밝히는 것이다. 사이버공격의 원인을 규명하는 조사는 일차적으로 행정조사로서 다루어져야 하며, 그에 부합하는 공법상의 원칙에 따라야 한다.[63] 따라서 형사책임추급으로 이어지지 않으며, 형사법상 강제처분에도 해당하지 않는다. 그리고 국민의 권리를 제한하는 요소가 일부 있더라도 보호법익에 비하여 권리를 지나치게 제한하는 점이 없고 사고조사과정에서 국민의 권리를 부당하게 제한하는 것을 방지하는 적절한 조치가 병행된다면 정당성이 인정될 수 있다고 본다. 다만, 실제 시행과정에서 사고조사 결과가 피해복구와 추가 피해 예방 목적으로 활용되고 형사법상 강제처분에는 직접적으로 활용되지 않는 것이

---

61 국회 정보위원회 검토보고서, 39쪽.
62 「법률용어사전」, 현암사. 2012.
63 박재윤, "사이버 공격에 대한 공법적 대응의 기초", 「법학논총」 제34집 제3호(한양대학교 법학연구소, 2017), 96쪽.

영장주의가 적용되지 않는 것의 주요 전제이며, 그러한 점을 관계기관이 항상 상기하고 준수하여야 한다.[64]

6. 사이버안보와 개인정보보호

한국에서 사이버안보 관련 법안은 항상 기본권 보호문제와 연관된 찬반 대립을 수반하였으며, 특히 사이버안보의 강화가 헌법 제16조에서 정하는 주거의 자유, 헌법 제17조에서 정하는 사생활의 비밀과 자유, 헌법 제18조에서 정하는 통신의 비밀 등으로 대표되는 개인의 사적 영역을 보호하는 권리에 악영향을 준다는 인식이 상당부분 존재하였다.[65]

사이버안보 정책의 추진에 있어 개인정보보호나 인권 침해 여지가 발생하지 않도록 고려하여야 한다. 개인정보보호와 사이버안보는 서로 긴장관계에 있으면서도 불가분의 관계에 있다. 사이버안보를 꾀하기 위해서는 개인정보의 처리가 불가피하지만, 개인정보보호를 함으로써 사이버안보도 도모할 수 있으며, 사이버안보가 확보되면 개인정보보호도 함께 이루어질 수 있는 긴밀한 관계이다.[66] 이러한 점에 비추어 국내에서 추진되는 국가차원의 사이버안보 정책 및 법령의 정비에 개인정보나 프라이버시 보호는 필수적인 고려사항이 되어야 할 것이다.[67] 그것은 기술의 발전에 비례하여 프라이버시에 대한 위협은 더욱 더 커지기 때문이다.

「국가사이버안보법안」과 「사이버안보 기본법안」은 사이버안보 분야의 각종 행정작용에서 개인정보보호 법제도의 적용을 배제하지 않는다. 「국가사이버안보법안」과 「사이버안보 기본법안」은 보안관제센터가 사이버공격 탐지·대응에 필요한 범위에서 개인정보를 수집·이용할 수 있도록 하여, 개인정보의 수집이용의 근거와 그 범위를 명시하였다. 또한 사이버안보를 위하여 처리되

---

64 박상돈·김소정·김규동, "사이버안보 법제도의 의의에 대한 새로운 이해", 163쪽.
65 박상돈, "일본 사이버시큐리티 법제도 및 정책과 프라이버시·개인정보보호의 관계에 관한 시론적 고찰", 「사이버안보법정책논집」 제3집(한국사이버안보법정책학회, 2018. 4), 266쪽.
66 최경진, "사이버안보와 개인정보보호법령의 상관성", 「사이버안보법정책논집」 제2집(한국사이버안보법정책학회, 2016. 12), 177쪽.
67 김현수, "미국의 사이버안보 정책과 행정조직", 172쪽 참조.

는 개인정보는「개인정보 보호법」제58조 제1항에 따른 개인정보로 보는 동
시에[68]「개인정보 보호법」제58조 제4항에 따른 개인정보 처리 기준 및 필요
한 조치 등을 요구하여[69] [70] 보안관제뿐만 아니라 사이버안보 활동 전체에서
개인정보가 어떻게 처리되어야 하는지를 명확히 밝히고 있다.

「국가사이버안보법안」과「사이버안보 기본법안」에 따른 사이버안보 목적
의 개인정보처리에「개인정보 보호법」중 개인정보의 처리, 개인정보의 안전
한 관리, 정보주체의 권리 보장, 개인정보 분쟁조정위원회, 개인정보 단체소송
등에 관한 규정이 적용되지 않는 것은「국가사이버안보법안」과「사이버안보
기본법안」이「개인정보 보호법」과 전혀 다른 내용을 정하여「개인정보 보호
법」의 적용을 원천적으로 배제하였기 때문이 아니라「개인정보 보호법」제58
조 제1항을 적용함에 따른 결과이다.

사이버안보 목적의 개인정보처리에「개인정보 보호법」제58조 제1항을
적용하도록 한「국가사이버안보법안」과「사이버안보 기본법안」의 규정은 그
러한 내용의 명시를 통하여「국가사이버안보법안」과「사이버안보 기본법안」
에 따른 사이버안보 목적의 개인정보처리가「개인정보 보호법」제58조 제1항
에서 정한 국가안전보장과 관련된 정보 분석 목적의 개인정보처리에 해당하는
지 여부에 대한 논란을 방지하는 역할을 하는 것에 불과하며, 개인정보보호
법제도를 배제하고자 하는 의도는 아니라고 보아야 한다.

그리고「국가사이버안보법안」과「사이버안보 기본법안」에서 정한 사이버
안보 활동의 외관을 갖추더라도 실제로는 이른바 불법사찰 등과 같이 사이버

---

68 「개인정보 보호법」제58조 제1항에 의한 개인정보는「개인정보 보호법」의 내용 중 개인정
   보의 처리, 개인정보의 안전한 관리, 정보주체의 권리 보장, 개인정보 분쟁조정위원회, 개
   인정보 단체소송 등에 관한 규정이 적용되지 않는다.

69 「국가사이버안보법안」제21조.

70 「개인정보 보호법」제58조 제4항은「개인정보 보호법」의 내용 중 개인정보의 처리, 개인
   정보의 안전한 관리, 정보주체의 권리 보장, 개인정보 분쟁조정위원회, 개인정보 단체소송
   등에 관한 규정이 적용되지 않는 개인정보를 처리하지 않는 경우에도 개인정보처리자가
   그 목적을 위하여 필요한 범위에서 최소한의 기간에 최소한의 개인정보만을 처리하여야
   하며, 개인정보의 안전한 관리를 위하여 필요한 기술적·관리적 및 물리적 보호조치, 개인
   정보의 처리에 관한 고충처리, 그 밖에 개인정보의 적절한 처리를 위하여 필요한 조치를
   마련할 것을 정하고 있다.

안보와 무관한 목적으로 개인정보를 처리한 자는 「개인정보 보호법」 제58조 제1항의 적용대상이 될 요건을 갖추지 못한 것이며, 개인정보의 목적 외 이용에 대한 금지규정 위반에 대한 벌칙에 따라 처벌받게 될 것이다. 또한 사이버안보 목적으로 개인정보를 처리하는 경우에도 「개인정보 보호법」 중 개인정보 보호의 원칙, 정보주체의 권리, 국가 등의 책무와 같이 총칙에서 정하는 사항, 개인정보 보호위원회를 중심으로 한 개인정보 보호정책 수립·추진체계에 관하여 정하는 사항, 각종 벌칙에 관하여 정한 사항은 예외 없이 적용된다.[71]

결국 「국가사이버안보법안」과 「사이버안보 기본법안」은 개인정보보호 법제도의 적용을 전제로 하고 있는 것이며, 사이버안보 법제도와 개인정보보호 법제도는 상호 교차적인 관계에 놓이게 된다. 따라서 사이버안보를 위한 각종 행정작용에서 개인정보의 처리가 올바르게 이루어지려면 사이버안보 법제도에서 개인정보보호에 관한 내용을 적절히 정하는 것뿐만 아니라 개인정보보호 법제도의 내용도 적절히 갖추어져야 한다는 점을 알 수 있다.

사이버안보 법제도의 존재가 사이버안보 관련 사안에서 개인정보보호 법제도의 적용을 배제하는 것이 아니며, 개인정보보호의 기본법은 사이버안보를 위한 행정작용에서 다루게 되는 개인정보의 보호에서도 기본법으로서의 역할을 하기 때문이다. 그러한 상황에서 개인정보보호 법제도의 내용이 적절히 갖추어지지 않는다면 사이버안보 문제에 개인정보보호 법제도를 적용하는 경우에 사이버안보 법제도에는 문제가 없음에도 불구하고 개인정보보호가 바람직하게 이루어지지 않을 우려가 발생할 수 있는 것이다.[72]

그리고 한 가지 덧붙여서 지적한다면 「개인정보 보호법」 제58조 제1항에 따른 개인정보에 대하여 「개인정보 보호법」 전부의 적용을 배제하는 것이 아니라는 점은 앞에서 논한 바와 같다. 따라서 「국가사이버안보법안」 제21조와 「사이버안보 기본법안」 제23조에서 "「개인정보 보호법」 제58조 제1항에 따라

---

71 최경진, "사이버안보와 개인정보보호법령의 상관성", 「가천법학」 제8권 제4호, 가천대학교 법학연구소, 2015), 216-219쪽.
72 박상돈, "일본 법제도에서 사이버시큐리티와 개인정보보호의 관계 -「사이버시큐리티기본법」과 「개인정보의 보호에 관한 법률」을 중심으로 - ", 「성균관법학」 제30권 제2호(성균관대학교 법학연구원, 2018), 85-86쪽.

같은 법이 적용되지 아니하는"이라는 표현은 정확한 표현이 아니며 불필요한 오해를 만들 수 있는 요소이기 때문에 수정할 필요가 있다.

제6절 결론

「국가사이버안보전략」의 수립은 사이버안보의 국가적 책무로서의 표상으로 생각할 수 있을 정도로 중요한 의미를 가지고 있다는 평가를 할 수 있다. 사이버안보 관련한 20대 국회에 제출된 정부입법인 「국가사이버안보법안」과 21대 국회에서 조태용 의원이 대표발의한 「사이버안보 기본법안」도 사이버안보 행정조직과 행정작용의 설계와 관련하여 부처 간 협업, 민관 간 협업을 중시하고 있는 것으로 평가할 수 있다. 사이버안보 행정조직의 구축에 있어서 부처 간 협업, 민관 간 협업을 중시하는 것은 선진 외국의 일반적 경향으로 볼 수 있다. 국가안보실과 국가정보원을 중심으로 하여 각 부처의 사이버안보 관련 역할의 적정한 분담이 필요하다. 그동안 공공분야의 사이버안보를 전담해 온 국정원의 역할이 「국가정보원법」 개정을 통해 국정원의 직무로 사이버안보가 신설된 것은 매우 바람직한 일이 아닐 수 없다.

비교법적으로 미국의 경우 종래 연방정부의 네트워크 보호를 위한 정책은 업무나 기능에 따라 다양한 기관에 분산되어 있었다. 그러나 점차 백악관 또는 국토안보부 등을 중심으로 정책적·전략적 관점의 관리나 조정, 그리고 운용적 관점에서의 사고 관리나 조정기능을 강화하고 있다. 그리고 이를 위한 법적 근거를 마련하기 위한 노력도 지속적으로 이루어지고 있음을 참고할 필요가 있다.[73]

이 글은 비정형적이고 무차별적으로 자행되는 사이버공격이라는 '도전'에 대한 행정조직법적 및 행정작용법적 '응전'을 20대 국회의 정부제출법안인 「국가사이버안보법안」과 21대 국회에서 조태용 의원이 대표 발의한 「사이버

---

73 김현수, "미국의 사이버안보 정책과 행정조직", 172쪽.

안보 기본법안」을 통해 살펴본 것이다. 먼저 행정조직법적 측면에서 향후 입법시 요청되는 컨트롤타워, 부처 간 협력 및 민관 간 협력이라는 사이버안보 행정조직체계의 정립과 관련한 내용들을 제시하였다. 다음으로 행정작용법적 측면에서 행정작용의 대상 및 보호법익으로서 사이버안보, 사이버안보와 행정입법, 사이버안보와 행정계획, 사이버안보와 판단여지, 사이버안보와 공법상 계약, 사이버안보와 행정조사, 사이버안보와 개인정보보호 등에 관하여 살펴보았다. 중장기적으로 사이버안보에 관한 입법을 통하여 부처 간 협력체계 및 민관협력체계 구축 등을 통해 협업거버넌스의 정립과 그에 따른 행정작용법제의 정합성을 확보하는 것이 중요하다.

⋮⋮ 참고문헌

곽관훈, "일본의 사이버안보 행정조직 분석과 우리에게 주는 시사점", 「사이버안보법정책논집」 제3집, 한국사이버안보법정책학회, 2018. 4.

곽대훈, "영국의 사이버안보 행정조직 분석", 「사이버안보법정책논집」 제3집, 한국사이버안보법정책학회, 2018. 4.

국가정보원·과학기술정보통신부·행정안전부·방송통신위원회·금융위원회, 「2019 국가정보보호백서」, 2019.

김재광, "전자정부의 행정법적 과제", 「공법연구」 제35집 제1호, 한국공법학회, 2006. 10.

김재광, "행정조사기본법 입법과정에 관한 고찰", 「법학논총」 제33권 제2호, 단국대 법학연구소, 2009. 12.

김재광, "사이버안보의 사회적 인식 제고를 위한 법정책적 개선방안", 「사이버안보법정책논집」 창간호, 한국사이버안보법정책학회, 2014.

김재광, "과태료제도와 관련한 법적 문제", 「경희법학」 제52권 제2호, 경희대 법학연구소, 2017. 6. 30.

김재광, "사이버안보 위협에 대한 법제적 대응방안", 「법학논고」 제58집(경북대학교 법학연구원), 2017.

김재광, 「행정법담론(중판)」, 박영사, 2019.

김현수, "미국의 사이버안보 정책과 행정조직", 「사이버안보법정책논집」 제3집, 한국사이버안보법정책학회, 2018. 4.

박균성·김재광, 「경찰행정법(제4판)」, 박영사, 2019.

박상돈, "사이버안보 거버넌스 개선에 관한 공법적 고찰", 「공법학연구」 제17권 제4호, 한국비교공법학회, 2016.

박상돈, "정보통신기반에 대한 국가책임에 관한 연구", 성균관대학교 박사학위논문, 2016.

박상돈, "일본 사이버시큐리티 법제도 및 정책과 프라이버시·개인정보보호의 관계에 관한 시론적 고찰", 「사이버안보법정책논집」 제3집, 한국사이버안보법정책학회, 2018. 4.

박상돈, "일본 법제도에서 사이버시큐리티와 개인정보보호의 관계 – 「사이버시큐

리티기본법」과 「개인정보의 보호에 관한 법률」을 중심으로 − ”, 「성균관
법학」 제30권 제2호, 성균관대학교 법학연구원, 2018.

박상돈·김소정·김규동, “사이버안보 법제도의 의의에 대한 새로운 이해”, 「보안
공학연구논문지」 제14권 제2호, 보안공학연구지원센터, 2017.

박영철, “사이버안보와 통신비밀보호법”, 「사이버안보법정책논집」 창간호, 한국사
이버안보법정책학회, 2014. 12.

박인수, “헌법과 사이버안보”, 「사이버안보법정책논집」 제3집, 한국사이버안보법
정책학회, 2018. 4.

박재윤, “사이버 공격에 대한 공법적 대응의 기초”, 「법학논총」 제34집 제3호, 한
양대학교 법학연구소, 2017.

박춘식, “국가사이버안보전략 시급하다”, 디지털타임스 2016년 7월 8일자 칼럼.

오승규, “유럽연합의 사이버안보 입법동향과 시사점(2) − 프랑스를 중심으로 − ”,
「사이버안보법정책논집」 제2집, 한국사이버안보법정책학회, 2016. 12.

이성엽, “사이버위협에 대응한 국가사이버안보법의 제정 필요성 및 고려요소”, 「사
이버안보법정책논집」 제2집, 한국사이버안보법정책학회, 2016. 12.

정준현, “고도정보화사회의 국가사이버안보법제에 관한 검토”, 「법학논총」 제37권
제2호, 단국대학교 법학연구소, 2013.

정준현, “사이버위협과 국민과 국가를 보호하기 위한 방향과 과제”, 「사이버안보법
정책논집」 창간호, 한국사이버안보법정책학회, 2014. 12.

정찬모·유지연·조용혁, 「정보통신기반보호법 제정관련 기초연구(정책연구 00-12)」,
정보통신정책연구원, 2000.

정태진, “주요 국가별 사이바안보 대응체계 연구”, 「사이버안보법정책논집」 제2집,
한국사이버안보법정책학회, 2016. 12.

최경진, “사이버안보와 개인정보보호법령의 상관성”, 「사이버안보법정책논집」 제2
집, 한국사이버안보법정책학회, 2016. 12.

홍석한, “국가역할의 변화에 따른 규제된 자율규제에 관한 연구 − 개인정보보호
영역을 중심으로 − ”, 성균관대학교 박사학위논문, 2008.

홍성만, “위험사회와 공공성 탐색: 불산가스 및 방사능 누출 위험사례를 중심으
로”, 「한국정책연구」 제13권 제2호, 경인행정학회, 2013.

허완중, “국가의 목적이면서 과제이고 의무인 안전보장”, 「강원법학」 제45권, 강원
대학교 비교법학연구소, 2015.

제7장

사이버위협정보 공유

박영철*

제1절 서론

　제4차 산업혁명시대에서 사람들은 보다 편안하고 빠르게, 자신의 요구를 구현해 줄 수 있는 보다 안전하고 자신에게 최적화된 지능화 서비스를 제공받고자 한다. 국민의 기본적 생활 수요를 충족하기 위한 시설로서의 '기반시설'[1]과 제4차 산업혁명시대를 실현하기 위한 '정보통신기반시설'[2]의 안전이 그 어느 때보다 요구된다. 그렇지만 2001년 미국의 Code Red 웜, 2003년 1.25인터

---

* 이 논문은 2017년 「인터넷법제도포럼」에서 발표한 글을 수정·보완한 것임. [원제] 사이버위협정보 공유 관련 법적 쟁점

[1] 기반시설은 ① 도로·철도·항만·공항·주차장 등 교통시설, ② 광장·공원·녹지 등 공간시설, ③ 유통업무설비, 수도·전기·가스공급설비, 방송·통신시설, 공동구 등 유통·공급시설, ④ 학교·운동장·공공청사·문화시설 및 공공필요성이 인정되는 체육시설 등 공공·문화체육시설, ⑤ 하천·유수지·방화설비 등 방재시설, ⑥ 장사시설 등 보건위생시설, ⑦ 하수도·폐기물 및 재활용시설, 빗물저장 및 이용시설 등 환경기초시설을 말한다(「국토의 계획 및 이용에 관한 법률」 제2조 제6호).
[2] "정보통신기반시설"이라 함은 국가안전보장·행정·국방·치안·금융·통신·운송·에너지 등의 업무와 관련된 전자적 제어·관리시스템 및 「정보통신망 이용촉진 및 정보보호 등에 관한 법률」 제2조 제1항 제1호의 규정에 의한 정보통신망을 말한다(「정보통신기반보호법」 제2조 제1호).

넷 대란, 2007년 에스토니아의 DDoS공격 및 7. 7 DDoS사건, 2010년 이란 부세르 원전 중단 사건, 2011년 3. 4 DDoS사건, 2012년 사우디 아람코 해킹 사건, 2014년 NATO, EU, 우크라이나 정부, 미국 전문기관 등을 대상으로 한 Havex사건, 2015년 뉴욕 댐 해킹시도, DD4BC의 지방은행 및 증권사 DDoS 공격, 한수원사태, 우크라이나의 발전소 장애 및 정전사건, 2016년 방글라데시의 스위프트(SWIFT)공격 및 2017년 이후 지금까지 지속되고 있는 서비스형 또는 표적형 등 랜섬웨어 감염 등 국내외에서 다양한 사이버위협이 있었다.

　　이와 같은 일련의 사건은 개인으로부터 단체 또는 기업이나 국가의 지원을 받는 조직 나아가 국가가 직접 사이버위협 또는 공격을 자행하는 주체로 변모하고, 그 목적이 자신의 실력을 과시하거나 자기만족으로부터 국가안전보장 및 공공복리를 침해하고 무질서를 초래하려는 정치적 목적과 금전적 이익으로 변화하며, 그 목적의 실현을 위한 대상이 기반시설로 전환되고 있음을 증명하고 있다.

　　"사이버위협정보"라는 개념에 대하여 법적 정의는 이루어지고 있지 않지만, 일반적으로는 정보통신망, 정보보호 시스템, 정보통신기기 및 정보 등의 안전성을 확보할 목적으로 전자적 침해행위[3] 또는 사이버공격[4]을 미리 방지하는 데 필요한 각종 정보를 말한다 할 수 있다. 이철우 전 의원이 2015년 5월 대표 발의한 「사이버위협정보 공유에 관한 법률안」에 따르면 "해킹·컴퓨터바이러스·서비스방해·전자기파 등 전자적 수단을 이용하여 정보통신망과 정보통신기기를 침입·교란·마비·파괴 하거나 정보를 절취·훼손·왜곡 전파할 수 있는 행위", 즉, "사이버위협"에 관련된 정보를 말하고, 여기에는 ① 전자적 제어·관리시스템, 정보통신망·정보통신기기 및 정보보호시스템 등에 의해

---

3 "전자적 침해행위"란 다음 각 목의 방법으로 정보통신기반시설을 공격하는 행위를 말한다.
　가. 해킹, 컴퓨터바이러스, 논리·메일폭탄, 서비스거부 또는 고출력 전자기파 등의 방법
　나. 정상적인 보호·인증 절차를 우회하여 정보통신기반시설에 접근할 수 있도록 하는 프로그램이나 기술적 장치 등을 정보통신기반시설에 설치하는 방법(「정보통신기반보호법」 제2조 제2호).
4 "사이버공격"이라 함은 해킹·컴퓨터바이러스·논리폭탄·메일폭탄·서비스방해 등 전자적 수단에 의하여 국가정보통신망을 불법침입·교란·마비·파괴하거나 정보를 절취·훼손하는 일체의 공격행위를 말한다(「국가사이버안전관리규정」 제2조 제2호).

사이버 위협으로 판단되는 정보로서 사이버위협의 발신지와 목적지 및 발생일 시 등을 포함한 로그기록자료, ② 악성프로그램 및 이와 관련한 정보, ③ 정보 통신망·정보통신기기 및 소프트웨어 보안취약점에 관한 정보를 포함한다.[5]

지능정보화되고, 국내·외 정치환경이 급변함에 따라 다수의 사이버위협 에 노출될 가능성이 증가하고 있고, 특히 북한의 사이버공격과 중국 해커들의 사이버위협이 공공, 민간의 구분없이 상시적으로 이루어지고 있다.[6] 또한 파

---

[5] 「사이버위협정보 공유에 관한 법률안」 제2조 제4호·제7호.

[6] MS사가 2020년 발간한 "마이크로소프트 디지털 방어 보고"에 따르면 북한은 러시아, 이란, 중국을 뒤이어 전 세계에서 사이버공격을 가장 많이 벌인 국가 가운데 하나로서, 사이버공 격 대상은 정부, 인도주의 단체, 싱크탱크 등 다양했고, 특히 개인정보 탈취에 집중되고 있 다. <https://www.voakorea.com/korea/korea-politics/microsoft-report-analyzed-ns ns> (2020. 12. 18. 방문확인). 국가정보원이 국회 정보위원회에 보고한 '최근 5년간 국가 공공 및 산·학·연구기관에 대한 북한의 사이버공격 현황' 자료에 따르면, 지난 5년간 (2015. 1-2020. 6) 국가 공공기관에서 발생한 사이버공격 피해 건수는 1만 1,727건으로 집 계되었고, 이 가운데 70-80%가 북한에 의한 것이라고 파악되었다(<https://www.upine ws.kr/newsView/upi202010160030>). 북한에 의한 주요 사이버공격 사례는 다음과 같다.

일 시	사 고 내 용
2011. 4.	농협 전산망 유지보수업체 직원의 노트북에 악성코드를 심어 원격제어로 공격명령 프로그램을 실행하여 순차적으로 농협 전산망 마비
2013. 3.	주요 방송사와 일부 금융사들을 대상으로 한 동시다발적인 사이버 테러로 6개사 서버와 PC 등 4만 8천여 대 피해
2013. 6.	청와대 홈페이지 및 주요 정부기관 웹사이트가 악성코드에 감염되어 홈페이지 변 조, 전산망 마비, 신상정보 유출 피해
2014. 8.	서울 메트로의 PC관리프로그램 운영 핵심서버 2대 권한 탈취, 악성코드 감염 PC 58대, 비인가 접속 피해 PC 213대 등의 피해로 네트워크 망구성도를 비롯해 주요 정보통신 기반시설 점검계획 등 공문서 53개 파일 유출
2014. 12.	한수원 직원 3천여 명 대상 악성코드가 담긴 메일 발송 후, 감염된 PC로부터 원전 설계도면 등 내부자료 유출
2016. 2.	정부기관, 대기업, 공공기관 등 160여 기관에서 사용하는 PC 통합관리망 해킹. 대 한항공등 기업 PC에 저장되어 있던 자료 약 4만 2천여 건 유출
2016. 3.	우리 정부의 외교·안보 라인 300여 명의 스마트폰에 해킹을 시도해 스마트폰에 저장되어 있던 음성통화 내역, 문자메시지와 전화번호 유출
2016. 9.	육·해·공 부대의 인터넷 접속용 컴퓨터의 보안을 담당하는 사이버사령부의 백신 중계서버의 취약점을 악용한 악성코드 유포
2017. 3.	ATM 관리대행업체 청호이지캐쉬社가 운영하는 ATM 63대를 해킹, 개인금융정보 23만여 건을 절취한 후 중국 범죄조직에 판매

엄정호, "국방 사이버 위협정보 공유 및 협력체계 구축 방안", 「보안공학연구논문지」 Vol.13, No.5 (2016), 343쪽 <표1> 인용; <https://www.upinews.kr/newsView/upi202010160030>

밍, 원격제어악성코드, 지능형지속위협(APT), 랜섬웨어 및 새로운 변종 등에 의한 사이버위협이 계속되고 있다. 사이버위협으로부터 피해를 방지하기 위하여 필요한 수단은 예방과 대응이다. 그러나 은밀성, 잠복성, 자동화 등의 특징으로 인하여 그 위협의 시기, 수단, 방법, 경로, 대상 등을 쉽게 알 수 없다. 그러므로 공공 및 민간 부문의 관련기관이 보유하고 있는 사이버위협정보를 공유하고 공유정보를 분석하여 최적의 해결수단 및 방법을 마련하여야 한다.

제2절 미국에서의 사이버위협정보 공유

Ⅰ. 사이버위협정보 공유를 위한 여정

1996년 컴퓨터 네트워크, 데이터 저장·생성장치, 인터넷, 위성통신을 포함하는 데이터 장치 사이의 연결시스템과 민간네트워크 등 국가정보기반시설에 대한 무단침입과 피해를 주는 행위를 처벌하기 위하여 「국가정보기반시설보호법」(National Information Infrastructure Protection Act)이 제정되었다. 이후 클린턴 대통령은 1998년 5월 국가정보기반시설에 대한 사이버안보 체계 마련을 위한 "대통령령"(Presidential Decision Directive: PDD) 제63호를 시작으로 연방차원에서 사이버안보 정책을 추진하였다. 2001년 9.11 테러 이후 보안 강화에 대한 필요성이 증대되었다. 2002년 「국토안보법」(Homeland Security Act)을 제정하여 국토안보부를 사이버안보정책의 컨트롤타워로 하였다. 이후 대통령령으로 국토안보부장관을 사이버안보 총괄 책임자로 지정하였다.

2008년 국토안보대통령령 제23호로 '국가 사이버안보 종합계획'(Comprehensive National Cybersecurity Initiative: CNCI)을 수립하였다. CNCI는 사이버스페이스에서의 미국의 안전을 보장하기 위하여 첫째, 즉각적 위협에 대응하기 위한 방어전선을 구축하고, 둘째, 모든 위협을 방어하며, 셋째, 미래 사이버안보 환경을 강화하는 것을 그 목표로 한다. 즉각적 위협에 대응하기 위한 방어전선을 구축하기 위하여 연방정부 ― 궁극적으로는 주정부, 지방정부 및 민간부문 ― 내에 네트워크 취약성, 위협 및 사건에 대하여 공유된 상황인식을 하도

록 하고, 취약성을 신속하게 축소하며, 침입을 신속하게 방지할 수 있는 능력
을 개발하거나 증진한다. 모든 위협을 방어하기 위하여 방첩(counterintelligence)
활동 능력을 증진하고 주요 정보 기술의 공급망의 안전을 증진한다. 그리고
미래 사이버안보 환경을 강화하기 위하여 사이버교육을 확대하고, 범정부차원
에서 연구·개발 노력을 조정하고 수정하며, 사이버스페이스에서의 적대적이
고 악의적인 행동을 저지하기 위한 전략을 정하고 개발하기 위한 노력을 한
다.[7]

2009년 이후 백악관이 국가사이버안보 업무의 컨트롤타워 역할을 수행
하고 있다. 백악관의 국가안전보장회의(National Security Council) 내 사이버안
보국(Cybersecurity Directorate)은 대통령에 대한 정책자문을 수행하고, 사이버
안보조정관(Cybersecurity Coordinator)은 국가사이버안보정책을 총괄한다. 예산
관리국(Office of Management and Budget)은 전자정부정보기술과(Office of E-
Government & Information Technology)를 통해 연방기관의 사이버안보에 관한
사항을 감독 및 조율하고 연방정부 정보시스템을 보호하는 역할을 수행한다.
국가정보국(Office of Director of National Intelligence)은 사이버위협정보통합센터
(Cyber Threat Intelligence Integration Center)를 통해 전체 사이버위협 및 사고를
종합적으로 분석하여 유관기관 및 민관기관과 공유한다. 중앙정보국(Central
Intelligence Agency)은 스파이에 의한 정보활동(Humint)를 중심으로 사이버위협
정보를 수집 및 분석한다.[8]

미국은 사이버안보의 중요성을 초기부터 인식하여 사이버안보와 관련
한 법률을 제정·공포함으로써 법률로써 사이버안보 사항을 규율해 왔다.
대표적인 법률로는 「국토안보법」(Homeland Security Act of 2002), 「연방정보
보안관리법」(The Federal Information Security Management Act of 2002), 「사이
버안보연구개발법」(Cyber Security Research and Development Acts), 「국가사이
버안보보호법」(National Cybersecurity Protection Act), 「연방정보보안현대화법」

---

7 <https://fas.org/irp/eprint/cnci.pdf>
8 김소정·양정윤, "미국과 중국의 사이버안보 전략과 한국의 안보정책에 대한 함의", 「국가
　안보와 전략」 제17권 2호(통권 제66호)(국가안보전략연구원, 2017 여름), 5-6쪽.

(Federal Information Security Modernization Act of 2014), 「사이버안보강화법」 (Cybersecurity Enhancement Act of 2014) 등이 있다.

2015년 12월 오바마 대통령은 「사이버안보 정보 공유법」(Cybersecurity Information Sharing Act: CISA)[9]에 서명하였다.[10] CISA는 첫째, 사이버안보위협 (cybersecurity threat)[11]에 직면한 정보시스템에 대하여 방어적 조치(defensive measures)를 감시하고 수행할 권한을 기업에 부여하고, 둘째, 기업이 연방정부, 주 및 지방 정부, 그리고 그 밖의 기업 및 민간기관(이하 "연방정부등"이라 한다) 과 자발적으로 정보 ─ 특히 사이버위협 지표(cyber threat indicators) 및 방어적 조치 ─ 를 공유할 수 있도록 장려하기 위한 보호조치 ─ 책임보호, 공정거래법 적용면제(anti-trust exemption), 특권의 불포기, 독점정보, 연방 또는 주의 「정보 자유법」의 적용면제 등 ─ 를 주요 내용을 하고 있다.

Ⅱ. 「사이버안보 정보 공유법」의 주요 내용

1. 사이버위협정보 공유의 내용

민간부문과 공공부문의 정보공유체계 구축을 목표로 하는 CISA의 사이버 정보공유에 관한 주요 내용은 다음과 같다.[12]

---

9 6 U.S.C. §§ 149, 151, 1501-1510, 1521-1525, 1531-1533.

10 「사이버안보 정보 공유법」은 「사이버안보법」(Cubersecurity Act) 제1편을 말하고, 제2편은 「연방 사이버안보증진법」(Federal Cybersecurity Enhancement Act)으로 부른다.

11 "사이버안보위협"(cybersecurity threat)이란 정보시스템에 저장하거나 정보처리시스템으로 처리 또는 전송하는 정보시스템 또는 정보의 가용성, 기밀성 또는 무결성 등 보안에 거꾸 로 영향을 미치려는 허가받지 않은 시도로 초래될 수 있는 정보시스템에 대한 또는 정보 시스템을 통한, 연방헌법 수정 제1조가 보호하지 않는, 행동을 말한다. 다만, 소비자 서비 스 조건 또는 소비자 라이선스 계약 위반만을 포함하는 행동은 제외한다(6 U.S.C. § 1501(5)). 여기에서의 "정보시스템"이란 정보의 수집, 처리, 유지, 이용, 공유, 전파, 처분을 위해 체계화된 독립적 정보세트(a discrete set of information)를 말하고(44 U.S.C. § 3503(8)), 관리제어(supervisory control) 및 데이터획득시스템, 분산된 제어시스템, 그리고 프로그램 가능한 논리 컨트롤러와 같은 산업용제어시스템(industrial control system)을 포 함한다(6 U.S.C. § 1501(9)).

12 아래의 내용에 관한 규정은 2015년 12월 18일부터 2025년 12월 30일까지 시행한다(6 U.S.C. § 1510(a)).

첫째, 민간기관 및 주정부 등 비연방기관은 "사이버안보 목적"[13]을 위하여 사이버위협지표 및 방어적 조치에 관한 정보를 다른 비연방기관 또는 연방기관[14]과 공유하고 비연방기관 또는 연방기관으로부터 수령할 수 있는 권한을 인정한다. 그러나 다른 비연방기관 또는 연방기관으로부터 사이버위협지표 또는 방어적 조치를 수령한 비연방기관은 그 공유 또는 이용을 규정한 법적 제한(lawful restriction)을 준수하여야 한다.[15] 여기에서 "사이버위협지표"란 (A) 사이버안보위협 또는 보안취약성에 관한 기술적 정보를 수집할 목적으로 전송하는 이상한 유형의 통신을 포함하는 악의적 정찰(malicious reconnaissance), (B) 보안통제 또는 보안취약성의 탐지를 무력화하는 방법, (C) 보안취약성이 존재하는 것을 가리키는 이상 활동을 포함하는 보안취약성, (D) 보안통제 또는 보안취약성의 탐지를 무력화하려고 정보시스템에 저장하거나 정보처리시스템으로 처리 또는 전송하는 정보시스템 또는 정보에 정당한 접근을 초래하는 방법, (E) 악의적 사이버 명령 및 통제, (F) 침해사고로 인한 실제적 또는 잠재적 해악, (G) 그 속성의 공개가 법률에 의하여 금지되지 않는 경우 그 밖의 사이버안보위협의 특성, (H) 그에 따른 조합을 설명하거나 확인하는 데 필요한 정보를 말한다.[16] 그리고 "방어적 조치"란 알려지거나 의심이 되는 사이버안보위협 또는 보안 취약성을 탐지하거나 방지하거나 또는 완화하는 정보시스템에 저장하고, 정보시스템으로 처리하며 정보시스템으로 전송하는 정보시스템 또는 정보에 적용하는 조치, 디바이스, 절차, 서명, 기술 또는 그 밖의 수단을 말한다.[17]

---

13 "사이버안보 목적"(cybersecurity purpose)이란 사이버안보위협 또는 보안취약성으로부터 정보시스템에 저장하거나 정보처리시스템으로 처리 또는 전송하는 정보시스템 또는 정보를 보호할 목적을 말한다(6 U.S.C. § 1501(4)).

14 "연방기관"이란 연방정부의 부처 및 기관, 그 부처 또는 기관의 부서를 말한다(6 U.S.C. § 1501(8)).

15 6 U.S.C. § 1503(c).

16 6 U.S.C. § 1501(6).

17 다만, 그 정보시스템에 저장하거나 그 정보시스템으로 처리하거나 또는 전송하는 정보시스템 또는 정보를 파괴하거나, 이용할 수 없도록 하거나 권한없는 접근을 하거나 또는 실질적으로 해악을 가하는 조치를 포함하지는 않는다. 이 경우 ① 그 조치를 하는 민간기업,

둘째, 민간기업은 사이버안보 목적을 위하여 자신의 정보시스템, 다른 비연방기관의 정보시스템,[18] 연방기관의 정보시스템,[19] 민간기업에 의하여 감시되는 정보시스템에 저장되거나 그 시스템에 의해 처리 또는 전송되는 정보를 감시할 수 있다.[20]

셋째, 기밀정보, 정보 소스 및 방법, 그리고 프라이버시 및 시민의 자유 보호를 위하여 국가정보국장(Director of National Intelligence), 국토안보부장관, 국방부장관, 법무부장관은 관련 연방기관의 장과 협의하여 기밀로 분류된 사이버위협지표 및 방어적 조치 또는 사이버위협과 관련되거나 그 이용이 인정된 사이버위협지표와 방어적 조치의 이용 및 정보공유 등을 촉진하고 장려하기 위한 절차를 마련하여야 한다. 즉 ① 연방정부가 보유하고 있는 기밀로 분류된 사이버위협지표 및 방어적 조치의 시의적절한 공유, ② 비밀 해제되고 기밀이 아닌 수준에서 공유된 연방정부가 보유하고 있는 사이버안보위협 또는 허가받은 이용과 관련한 사이버위협지표, 방어적 조치 및 정보의 관련 연방기관 및 비연방기관과의 시의적절한 공유, ③ 연방정부가 보유하고 있는 비밀이 아닌 사이버위협지표 및 방어적 조치를 관련 연방기관 및 비연방기관 또는 국민과의 시의적절한 공유, ④ 사이버안보위협으로 인한 역효과를 방지하거나 완화하기 위하여 그 기관에 대한 사이버위협에 대하여 연방정부가 보유하고 있는 사이버안보위협 또는 허가받은 이용과 관련하는 정보의 연방기관 및 비연방기관과의 시의적절한 공유, ⑤ 중소기업이 접하는 접근성 및 실현과제에 주목하면서 연방정부가 보유하고 있는 사이버위협지표, 방어적 조치 또는 허가받은 이용과 관련하는 사이버위협지표, 방어적 조치 및 정보의 계속적 분석에 근거하여 개발하는 사이버보안 모범사례의, 공표 및 대상 지원을 통한, 주기적 공유를 촉진하고 장려하기 위한 절차를 개발하여 공포하여야 한다.[21]

또는 ② 동의를 할 수 있는 권한을 위임한 그리고 그런 조치를 할 수 있도록 민간기업에 대한 동의를 한 또 다른 기업 또는 연방기관이 소유하는 경우에는 그러하지 아니하다(6 U.S.C. § 1501(7)).

18 다만, 그 기관의 권한위임 및 문서에 의한 동의를 받아야 한다.

19 다만, 연방기관의 권한 있는 대표자의 권한 위임 및 문서에 의한 동의를 받아야 한다.

20 6 U.S.C. § 1503(a).

넷째, 법무부장관과 국토안보부장관은 관련 연방기관의 장과 협의하여 연방정부의 사이버위협지표 및 방어적 조치의 수령과 관련한 정책 및 절차를 공동으로 공포하여 이용할 수 있도록 하여야 한다.[22] 정책 및 절차는 실시간으로 비연방기관이 연방기관과 공유한 사이버위협지표에 대하여 ① 모든 관련 연방기관과 자동화된 방법으로 공유하고, 모든 관련 연방기관의 실시간 수령을 방해할 수 있는 실시간 처리를 위해 마련된 통제 때문에 지체, 수정 또는 그 밖의 조치만을 대상으로 하며, 그 밖의 연방기관에 적용될 수 있도록 보장하여야 한다. ② 모든 관련 연방기관이 신속하게 기능적으로 실현가능하도록 공유하고, 모든 관련 연방기관에 의한 수령을 방해할 수 있는 불필요한 지체, 수정 또는 그 밖의 조치를 대상으로 하여서는 아니 되며, 그 밖의 연방기관에 적용될 수 있도록 보장하여야 한다. ③ 회계감사능력, 그리고 허가없이 고의적 계획적 조사활동을 하는 공무원, 피용자 또는 대리인에 대한 적절한 제재를 보장하여야 한다.[23]

다섯째, 법무부장관과 국토안보부장관은 기관을 지원하고 연방기관과의 사이버위협지표의 공유를 증진하기 위하여 가이드라인을 공동으로 개발하고 이용할 수 있도록 하여야 한다.[24] 그 가이드라인에는 ① 사이버안보위협과 직접 관련이 없고 개인정보를 포함하지 않는 사이버위협지표로서의 요건을 갖춘 정보 유형의 확인, ② 사이버안보위협과 직접 관련되지 않는 프라이버시 관련 법률에 따라 보호받는 정보 유형의 확인, ③ 법무부장관 및 국토안보부장관이 연방기관과 사이버위협지표를 공유하는 기관에게 적합하다고 생각하는 문제에 관한 내용을 규정하여야 한다.[25]

---

[21] 6 U.S.C. § 1502.

[22] 연방정부의 사이버위협지표 및 방어적 조치의 수령자에 관한 임시 정책 및 절차를 2015년 12월 18일 이후 60일 이내에 법무장관과 국토안보부장관은 관련 연방기관의 장과 협의하여 연방의회에 공동으로 개발하여 제출하여야 한다. 그리고 2015년 12월 18일 이후 180일 이내에 최종 정책 및 절차를 제출하도록 강제하였다(6 U.S.C. § 1504(a)(1),(2)).

[23] 6 U.S.C. § 1504(a)(3).

[24] 6 U.S.C. § 1504(a)(4)(A).

[25] 6 U.S.C. § 1504(a)(4)(B).

2. 공유된 사이버위협정보 이용에 대한 제한

「사이버안보 정보 공유법」은 공유된 정보의 이용과 관련하여 다음과 같은 제한 규정을 두고 있다.

첫째, 사이버위협정보를 공유하려는 비연방기관은 사이버보안 위협과 직접 관련없는 정보로서 특정 개인을 확인할 수 있는 정보를 삭제하여야 한다.[26]

둘째, 연방정부, 주정부, 부족 자치정부(tribal government), 지방정부는 공유된 정보를 비연방기관의 합법행위 또는 강제기준(mandatory standard)에 따라 비연방기관이 행한 행동을 규제하기 위하여 이용할 수 없다.[27]

셋째, 비연방기관이 다른 당사자로부터 사이버위협지표 또는 방어적 조치를 수령한 경우 그 정보를 공유 또는 이용하기 위해서는 공유하는 기관이 준수하여야 하는 법적 제한조치에 따라야 한다.[28]

넷째, 정보를 공유하거나 수령한 비연방기관은 「사이버안보 정보 공유법」에 따라 사이버위협지표 또는 방어적 조치를 허가받지 않은 접근 또는 획득으로부터 보호하기 위하여 "보안통제"(security control)를 하여야 한다.[29]

다섯째, 비연방기관의 경우 정보공유는 의무가 아니고, 수령한 정보에 근거하여 경고하거나 조치를 하여야 할 의무 또한 없으며, 연방정부 또는 다른 당사자와 정보를 공유한 기업에 대하여 사이버위협지표의 공유를 조건으로 할 수 없다.[30]

여섯째, 연방정부에 제공된 사이버위협지표와 방어적 조치는 ① 사이버안보 목적, ② 보안취약성의 확인, ③ 테러리스트 행위 또는 대량파괴무기의 이용을 포함한 생명·상해·중대한 경제적 해악의 특수한 위협에 대한 대응·예방·경감의 목적, ④ 성적 착취 및 육체적 안전을 포함한 미성년자에 대한

---

26 6 U.S.C. § 1503(c)(1), (d)(2)(A),(B).

27 6 U.S.C. § 1504(d)(5)(D)(ⅰ),(ⅱ).

28 6 U.S.C. § 1503(c)(2).

29 6 U.S.C. § 1503(d)(1).

30 6 U.S.C. §§ 1505(c)(1)(A), 1507(h)(2).

중대한 위협에 대한 대응·수사·기소·예방·경감의 목적, ⑤ ③과 그 밖의 법률 규정에서 정하고 있는 위협으로부터 발생하는 범죄의 예방·수사·중단·기소의 목적으로만 연방법률에 따라 연방정부의 기관 또는 부처, 구성기관, 공무원, 피용자 또는 요원에게 공개, 보유, 이용될 수 있다.[31]

제3절 EU에서의 사이버위협정보 공유

Ⅰ. 사이버위협정보 공유를 위한 여정

EU는 1987년의 단일유럽의정서(Single European Act: SEA)에 따라 회원국 사이의 장벽을 철폐하고 자본은 물론 노동의 이동성을 보장하는 등 통합이 가속화되었다. 그렇지만 그 이면에는 국경을 초월한 각종 불법행위가 이루어지게 되었고, 자금세탁과 테러리즘이 횡행하게 되었으며, 이로 인한 EU의 위기의식은 계속적으로 증대되었다. 이와 같은 위기로부터 벗어나 보다 안전한 EU 건설을 위하여 회원국 사이의 긴밀한 정보공유가 필요하게 되었다. 이를 위하여서는 회원국 사이의 입장 조율이 필수적인데, 회원국들은 EU 통합의 가속화와 더불어 공동외교안보정책의 안보 분야를 보다 구체화하여 1997년에 체결된 암스테르담 조약에 기초하고, 1999년 12월 헬싱키 유럽이사회(European Council)와 2000년 12월 니스조약을 통해 합의한 대로 "공동안보외교정책" (Common Foreign and Security Policy: CFSP) 내에서 '유럽안보방위정책'(European Security and Defense Policy: ESDP)을 수립하였다.[32] 이후 2009년 리스본조약에 따라 '공동안보방위정책'(Common Security and Defence Policy)으로 변화하면서 EU의 권한이 안보 및 방위 영역으로까지 확대되었고, 이 정책에 따라 EU차원의 정보수집 및 분석이 시작되었다.

2010년 3월 EU는 "유럽 2020전략"(Europe 2020 Strategy)을 발표하였다. 이

---

31 6 U.S.C. § 1504(d)(5)(A).

32 ESDP에 대한 자세한 것은 이승근·배규성, "EU 안보축의 변화에 대한 고찰", 대한정치학회보 14집 1호(2006), 225-248쪽 참조.

정책은 7대 핵심 과제를 담고 있다. 즉, "① 혁신적 공동체, ② 청년들의 변화, ③ 디지털 아젠다, ④ 자원의 효율적 사용, ⑤ 산업정책의 글로벌화, ⑥ 일자리 창출, ⑦ 빈곤탈출 플랫폼"이 핵심과제로 발표되었다. 이 가운데 디지털 기술 활용을 통한 유럽의 지속 가능한 성장을 이루는 것을 목표로 하는 '디지털 아젠다'(digital agenda)를 채택하였다. '디지털 아젠다'는 첫째, 유럽의 국경없는 디지털 경제 촉진, 둘째, 상호호환성의 ICT 전개와 정보의 교환 및 사용 개선을 통해 공공부문 혁신을 촉진함, 셋째, 네트워크 서비스의 세계적 주도력을 회복하기 위해 고속 유무선 브로드밴드 네트워크에 대한 민간 투자를 촉진함, 넷째, 사용자와 운영자를 위한 안전하고 신뢰할 수 있는 인터넷 환경 촉진: 글로벌 리스크에 대응하는 유럽·국제 협력을 강화함, 다섯째, 유럽의 클라우드 컴퓨팅 서비스를 위한 일관된 프레임워크 및 여건을 확립하여, 세계 최대의 클라우드 기반 ICT 시장을 조성함, 여섯째, 전통적인 비즈니스를 전환하는데 유리한 환경을 조성하고, 혁신적인 웹기반 벤처들을 촉진하며, 디지털 이해력과 디지털 기술의 보급을 향상시켜 ICT 전문가의 수급 격차를 메움, 일곱째, 주요 기반기술(enabling technologies)의 자금지원에 기초하는 산업 경쟁력을 위해, 대규모의 전략적 연구혁신 정책을 실행함 등 7가지 주요 분야와 행동을 제안하였다.[33]

이 가운데 '글로벌 리스크에 대응하는 유럽·국제 협력'을 위하여 2013년 'EU의 사이버보안 전략: 개방되고 안전한 사이버스페이스'(Cybersecurity Strategy of the European Union: An Open, Safe and Secure Cyberspace)를 발표한다. 이 전략은 EU의 안전한 온라인 이용 환경 구축 및 시민들의 권리 증진을 목적으로 하며, 사이버안보정책 수립의 경우에 포함되어야 하는 5가지 원칙을 천명하고 있다. 5원칙은 ① 사이버 복원력 확보(Achieving cyber resilience), ② 사이버범죄의 급격한 감소(Drastically reducing cybercrime), ③ 공동 보안 및 방어 정책(Common Security and Defence Policy)과 관련된 사이버 방어 정책과 능력 배양, ④ 사이버안보를 위한 산업과 기술적 자원 개발, ⑤ EU를 위한 일관

---

33 NIPA, "EU, 유럽 디지털 아젠다: 디지털 전환을 통한 성장 촉진", 「IT R&D 정책동향」 2013-2, 2013.

된 국제적 사이버스페이스 정책 수립 및 EU의 주요 가치 진작 등이다.[34] 특히 사이버복원력을 강화하고 사이버범죄를 줄이기 위하여 EU 차원에서 집중하여 감독하기보다는 각국 정부 스스로 사이버위협에 대한 예방 및 대응 수단을 마련하거나 정책적·법적 수단을 통하여 민간과의 협력체계를 확립할 것을 강조하고 있다.[35]

Ⅱ. "네트워크 및 정보시스템 보안 지침"

1. "네트워크 및 정보시스템 보안 지침"의 목표

EU의 사이버안보전략의 특징은 네트워크 및 정보보안(Network and Information Security), 법집행(Law Enforcement), 국방(Defence) 등의 영역으로 구분하여, 각 영역에서 EU와 회원국 차원에서의 역할들을 제시하고, 선언적으로 형식적·추상적 조치를 하기보다는 실질적이고 구체적인 입법을 하고 있다는 사실이다. 예를 들면, 「정보통신 네트워크지침」(DIRECTIVE 2002/21/EC OF THE EUROPEAN PARLIAMENT AND OF THE COUNCIL of 7 March 2002 on a common regulatory framework for electronic communications networks and services), 「ENISA 설립에 관한 규정」[Regulation (EC) No 460/2004 of the European Parliament and of the Council of 10 March 2004 establishing the European Network and Information Security Agency], 「통신데이터 보관에 관한 지침」(Directive 2006/24/EC of the European Parliament and of the Council of 15 March 2006), 그리고 「네트워크 및 정보시스템 보안 지침」(Directive on Security of Network and Information Systems) 등이 있다.

「네트워크 및 정보시스템 보안 지침」(Directive on Security of Network and Information Systems: NIS지침)은 EU가 2016년 5월 제정하여, 같은 해 8월부터 시행하였다. 「NIS지침」은 "모든 회원국의 네트워크 및 정보 보안 기준의 강

---

34 김방룡·홍재표·고순주, "정보보호산업의 글로벌 동향 — 시장, 정책, 법 규제를 중심으로", 「전자통신동향분석」 제30권 제2호(한국전자통신연구원, 2015. 4), 73쪽.

35 <http://europa.eu/rapid/press-release_IP-13-94_en.htm> (2017. 12. 2. 방문확인).

화"를 목표로 하고 있다. 이 목표를 달성하기 위하여 첫째, 네트워크 및 정보
시스템의 보안에 관한 국가전략을 채택할 의무를 규정하고, 둘째, 전략적 협
조, 회원국 사이의 정보 교환을 지원하고 촉진하기 위하여, 그리고 회원국 사
이의 신임과 신뢰를 향상시키기 위하여 Cooperation Group을 구성하며, 셋째,
회원국 사이의 신임과 신뢰를 향상시키기 위하여 그리고 신속하고 효율적인 운
용상 협력을 증진하기 위하여 '컴퓨터보안 침해사고 대응팀 네트워크'(computer
security incident response teams network)를 구성하고, 넷째, 필수 서비스 사업자
및 디지털 서비스 사업자의 안전 및 신고(notification) 요건을 제정하며, 다섯째,
회원국의 네트워크 및 정보시스템의 보안 관련 업무에 관한 국가감독관청
(competent authority), 단일연락창구를 설치할 의무를 규정하고 있다.[36]

2. 보호대상 및 회원국의 의무

이 지침에서의 '네트워크 및 정보시스템'(network and information system)은
① Directive 2002/21/EC 제2조의 전자통신네트워크,[37] ② 프로그램에 따라
디지털 데이터를 자동으로 처리하는 하나 또는 그 이상의 디바이스 또는 상호
연결 또는 관련 디바이스의 그룹, ③ 그 운용, 이용, 보호 및 유지를 목적으로
①과 ②에 따라 보호되는 요소에 따라 저장, 처리, 검색 또는 전송되는 디지털
데이터를 말한다.[38] 그리고 "네트워크 및 정보 시스템의 보안"이란 "기존의 신
뢰 수준에서 저장, 전송 또는 처리된 데이터나 네트워크 및 정보시스템이 제
공하거나 네트워크 및 정보시스템을 통하여 접근할 수 있는 관련 서비스의 가

---

36 「NIS지침」 Art.1(2).
37 "Directive 2002/21/EC"는 전자통신 네트워크 및 서비스를 위한 공동 규제 프레임워크에
관한 것이다(Directive 2002/21/EC of the European Parliament and of the Council of 7
March 2002 on a common regulatory framework for electronic communications
networks and services). 제2조(a)는 다음과 같이 전자통신네트워크를 정의하고 있다. "전
송시스템 및 해당되는 경우 위성네트워크를 포함한 유선, 무선, 광학 또는 그 밖의 전자기
적 수단으로 신호 전달을 허용하는 스위칭 또는 루팅 장비 및 그 밖의 자원, 전달하는 정
보의 형태와 관계없이 신호 전송을 위해 이용하는 범위에서 고정적(인터넷을 포함한 회로
및 패킷 교환방식) 지상파 네트워크 및 모바일 지상파 네트워크, 전기케이블시스템, 라디
오 및 텔레비전 방송용 네트워크, 그리고 케이블텔레비전 네트워크를 포함한다."
38 「NIS지침」 Art.4(1).

용성, 진정성, 무결성, 기밀성을 훼손하는 어떤 행동을 격퇴하려는 네트워크 및 정보시스템의 능력"을 말한다.[39]

　회원국은 이 지침을 집행하기 위한 입법을 마련하고, 그 대상이 되는 필수 서비스 사업자(operators of essential services)[40] ― 에너지(전기, 석유, 가스), 운송(항공·철도·해상·도로 운송), 은행, 금융시장인프라, 보건부문, 음용수 급수 및 배수, 디지털 인프라 ― 와 디지털 서비스 사업자(DSPs)[41]를 2018년 11월 9일까지 지정하여야 한다.[42] 필수 서비스 사업자는 민간 또는 공공의 구분 없이 첫째, 중요한 사회적·경제적 활동의 유지를 위하여 필요한 서비스 제공 기관, 둘째, 네트워크 및 정보시스템을 통한 서비스의 제공, 셋째, 사고가 그 서비스 제공에 상당한 파괴적 효과(significant disruptive effect)를 초래하는 경우 등 3가지 기준에 따라 지정한다.[43]

　회원국이 서비스제공기관을 지정하는 경우 회원국은 그 리스트를 마련하여야 한다. 둘 이상의 회원국에 하나의 사업자가 선정된 경우 당사국이 서로 협의하여야 하고, 그 협의는 지정 결정 전에 이루어져야 한다. 그리고 2018년 5월 9일 이후 2년마다 심사하여 지정된 필수서비스사업자의 리스트를 최신화하여야 한다.[44] 특히 파괴적 효과의 상당성을 결정할 때에는 회원국은 다음과 같은 사유를 설명하여야 한다. 즉, ① 관련 기업이 제공하는 서비스를 필요로 하는 이용자의 수, ② 기업이 제공하는 서비스에 별표Ⅱ(Annex Ⅱ)에서 언급하고 있는 다른 섹터의 의존성, ③ 사고가 정도 및 지속 기간의 입장에서, 경제적 사회적 활동 또는 공공의 안전에 미칠 수 있는 영향, ④ 기업의 시장 점유율, ⑤ 사고에 의하여 영향을 받을 수 있는 영역의 지리적 확산, ⑥ 충분한 서

---

39 「NIS지침」 Art.4(2).

40 「NIS지침」 Art.4(4), 5(2), Annex Ⅱ.

41 "디지털 서비스"(Digital Service)란 "원격지에서 전자적 수단을 이용하여 서비스 수령자의 요청에 따라 보수를 받고 제공하는 서비스"로서 온라인 시장(online marketplace), 온라인 검색엔진(online search engine), 클라우드 컴퓨팅 서비스(cloud computing service)를 말한다(NIS지침 Art.4(5), Annex Ⅲ).

42 「NIS지침」 Art.5(1).

43 「NIS지침」 Art.5(2)

44 「NIS지침」 Art.5(3)-(5).

비스의 수준을 유지하기 위한 기업의 중요성. 다만, 서비스의 제공을 위한 선택적 수단의 유용성을 설명하여야 한다.[45]

3. 사이버위협정보 공유 관련 주요 내용

「NIS지침」 가운데 사이버정보 공유와 관련된 주요 내용은 다음과 같다.

첫째, 회원국은 네트워크 및 정보시스템 보안에 관한 국가전략을 채택하여야 한다. 국가전략에는 전략적 목표와 정책 및 규제조치 등을 포함하여야 하는데, 이것은 네트워크 및 정보시스템의 높은 보안 수준을 달성하고 유지하는 것을 그 목표로 한다. 특히 필수서비스사업자 및 디지털서비스사업자를 보호 대상으로 포함하여야 한다. 국가전략에 포함하여야 하는 사항은 다음과 같다;

① 네트워크 및 정보시스템의 보안에 관한 국가전략의 목표 및 우선 사항
② 네트워크 및 정보시스템의 보안에 관한 국가전략의 목표 및 우선 사항을 달성하기 위한 거버넌스 프레임워크에 관한 사항(정부기관 및 그 밖의 관련 행위자의 역할 및 책임을 포함한다.)
③ 준비, 대응 및 복구에 관한 조치의 확인에 관한 사항(공공 및 민간 부문 사이의 협조 사항을 포함한다.)
④ 네트워크 및 정보시스템의 보안에 관한 국가전략 관련 교육, 인식제고 및 훈련 프로그램에 관한 사항
⑤ 네트워크 및 정보시스템의 보안에 관한 국가전략 관련 연구 및 개발 계획에 관한 사항
⑥ 위험을 확인하기 위한 위험평가계획(risk assessment plan)에 관한 사항
⑦ 네트워크 및 정보시스템의 보안에 관한 국가전략의 이행과 관련한 다양한 행위자의 리스트에 관한 사항[46]

둘째, 국가 간의 협조를 증진하기 위하여 각 회원국에 "컴퓨터 보안 침해 사고 대응팀"(Computer Security Incident Response Teams: CSIRTs)을 창설하고, 사

---

45 「NIS지침」 Art.6(1).
46 「NIS지침」 Art.7(1).

이버안보 감시, 보고, 침해사고 대응 및 다른 국가 간의 협조를 위한 감독청을 설치하고 네트워크 및 정보시스템 보안에 관한 단일 창구를 지정하도록 강제하고 이들 사이의 협조체계의 구축을 요구하고 있다.[47] CSIRTs는 국가 수준에서 침해사고를 감시하고, 침해사고와 관련된 정보를 조기에 경고, 경보 및 공표할 수 있어야 하며, 침해사고에 대응하고, 침해사고의 분석 및 상황인식을 할 수 있어야 하며, 민간부문 및 다른 나라의 CSIRTs와 협조관계를 구축하고, 침해사고 처리 절차 및 사고, 위험 및 정보 분류 계획을 제정하고 시행할 수 있어야 한다.[48]

셋째, 회원국 사이의 정보교류 및 협조를 지원하고 촉진하기 위하여 "Cooperation Group"을 구성한다. Cooperation Group은 회원국, EU 네트워크 정보보안청(ENISA), EU집행위원회의 대표자로 구성한다. Cooperation Group은 ① CSIRTs 네트워크 활동에 관한 전략적 가이드라인의 제정, ② 침해사고 관련 정보 교환에 관한 모범사례 교환, ③ 네트워크 및 정보시스템의 안전을 보장할 능력을 배양하기 위한 회원국 사이의 모범사례 교환 및 ENISA와 공동으로 하는 회원국의 지원, ④ 회원국의 능력 및 준비성의 검토, 자발적으로 네트워크 및 정보시스템의 보안 및 CSIRTs의 효율적 운영에 관한 국가 전략의 평가, 모범사례 확인, ⑤ 인식제고 및 교육에 관한 정보와 모범사례의 교환, ⑥ 네트워크 및 정보시스템의 보안 관련 연구 개발에 관한 정보 및 모범사례 교환, ⑦ 관련 EU기관과 함께 네트워크 및 정보시스템의 보안에 관한 경험의 교환, ⑧ EU표준화기구의 대표자와 함께 표준 및 명세서 검토, ⑨ 위험 및 침해사고에 관한 모범사례 정보 수집, ⑩ 매년 요약보고서 조사, ⑪ ENISA의 실적을 포함하여 네트워크 및 정보시스템의 보안, 교육프로그램 및 훈련 실적의 검토, ⑫ ENISA의 지원을 받아 회원국의 필수서비스사업자의 확인에 관한 모범사례 교환(위험 및 침해사고에 관한 국경 간 의존성에 관한 것을 포함한다), ⑬ 침해사고의 통지 보고 양식 검토에 관한 업무를 행한다.[49] 2018년 2

---

47 「NIS지침」 Art.8, Art.10(1).
48 「NIS지침」 Art.9, Annex I (2).
49 「NIS지침」 Art.11(2).

월까지 그리고 그로부터 2년마다 Cooperation Group은 그 업무 처리에 관한 프로그램을 마련하여야 한다.[50] 특히 「NIS지침」은 국제협력과 관련하여 유럽연합이 제3국가 또는 국제기구와 Cooperation Group의 활동 참여를 인정하는 국제조약을 체결할 수 있는 근거를 마련하고 있다.[51]

    넷째, 「NIS지침」은 회원국 사이의 신뢰성을 증진하고 신속하고 효율적인 운영상의 협력을 증진하기 위하여 "국가 CSIRTs 네트워크"를 설립한다. CSIRTs 네트워크는 회원국의 CSIRTs 및 CERT-EU(컴퓨터비상대응팀)[52]의 대표자로 구성하는데, 유럽집행위원회는 CSIRTs의 네트워크에 옵저버로 참여한다. ENISA는 사무국을 제공하고 CSIRTs 사이의 협력을 적극적으로 지원한다. CSIRTs 네트워크는 ① CSIRTs의 서비스, 운영 및 협력 역량에 관한 정보의 교환, ② 침해사고에 따라 영향을 받을 가능성이 있는 회원국 출신 CSIRTs 대표자의 요청에 따라 침해사고 및 관련 위험과 관련있는 비상업적 민감정보의 교환 및 토론,[53] ③ 개별적 침해사고에 관한 비밀이 아닌 정보의 교환 및 이용, ④ 회원국 CSIRT 대표자의 요청에 따라 같은 동일 관할 내에서 확인할 수 있는 침해사고에 대한 공동대응의 검토 및 확인, ⑤ 자발적 상호 지원을 근거로 국경 간 침해사고 지원, ⑥ 위험 및 침해사고의 범주, 조기경고, 상호지원, 회원국이 국경 간 위험 및 침해사고에 대응하는 경우 협조 원칙 및 양식과 관련한 더 나은 운영상 협조 형태의 검토, 탐색 및 확인, ⑦ 활동 및 더 나은 운영상 협조 형태의 Cooperation Group에 대한 통지 및 지침의 요청, ⑧ 네트워크 및 정보시스템의 보안 관련 사례식 강좌 검토, ⑨ 개별적 CSIRTs의 요청에

---

50 「NIS지침」 Art.11(2).

51 조약에는 정보보호에 관한 내용이 포함되어야 한다(「NIS지침」 Art.13).

52 EU의 컴퓨터비상대응팀(Computer Emergency Response Team)은 2012년 9월 구성된 EU기구로 주요 EU기구 – 유럽연합 집행위원회(European Commission), 평의회사무국 (General Secretariat of the Council), 유럽의회(European Parliament), 지역위원회 (Committee of the Regions), 경제사회위원회(Economic and Social Committee) – 의 IT보안 전문가로 구성하고, 전문화된 IT보안 회사뿐만 아니라 회원국의 CERTs와 긴밀하게 협력한다.   자세한   것은   <https://cert.europa.eu/cert/plainedition/en/cert_about.html> (2017. 12. 2. 방문확인) 참조.

53 그렇지만 회원국의 CSIRT는 침해사고 조사에 대한 편견의 위험성이 있다고 판단하는 경우에는 그 토론에 해당 정보의 제공을 거부할 수 있다.

따른 CSIRTs의 능력 및 준비성 검토, ⑩ 운영사례의 수렴을 촉진하기 위한 가이드라인 제정에 관한 업무를 수행한다.[54]

다섯째, 「NIS지침」은 회원국이 네트워크 및 정보시스템의 보안에 관한, 특히 필수 서비스 사업자 및 디지털 서비스 사업자를 보호하기 위한, 국가 감독관청을 설치하도록 강제하고 있다. 감독관청은 국가 수준에서 「NIS지침」의 적용을 감시하여야 한다. 감독관청의 구성 외에 각 회원국은 국가적 단일 접촉 창구를 마련하여야 한다. 이 경우 감독관청이 단일 접촉 창구가 될 수 있는데, 회원국과 다른 회원국 사이, 그리고 Cooperation Group과의 국경 간 협조를 보장하기 위한 것이다. 감독관청 및 단일접촉창구는 「NIS지침」의 목표를 달성하기 위하여 필요한 자원을 회원국으로부터 지원받아야 하고, 사법기관과 국가데이터보호기관과 협조한다. 회원국은 감독관청과 단일 접촉 창구를 설치하는 때에는 유럽연합 집행위원회에 통지하여야 한다.[55]

제4절 우리나라에서의 사이버위협정보 공유를 위한 논의 방향

계속적으로 진화하고 전방위적으로 확산되어가는 사이버 위협 또는 공격으로부터 국가의 안전보장, 질서유지, 국민의 생명, 신체, 재산의 보호 등을 위하여 국가기관이 민간기관과 협력하여 정보공유체계를 구축하여 사이버공격을 무력화하고 신속하게 대응하여 그 피해를 최소화하여야 할 때이다. 이미 사용되어 알려진 공격을 무력화해서 공격 확산을 방지하고, 일반적인 공격을 방어하는 자원을 효율적으로 이용하고 배치하여 정교한 공격을 방어하여야 한다.

우리나라의 현행 사이버위협 관리체계는 청와대가 사이버안보의 컨트롤타워를 수행하고 국가정보원을 중심으로 각 중앙행정기관이 소관 분야를 관리하도록 하고 있다. 사이버위협을 예방하고 대응하기 위한 계획의 수립도 각

---

54 「NIS지침」 Art.12.
55 「NIS지침」 Art.8.

중앙행정기관의 장에게 맡겨져 있으므로 기관 사이의 정보공유 및 협력을 기대하기 어렵다. 그 결과 과학기술정보통신부는 민간분야 및 정보통신분야, 금융위원회는 금융분야, 산업통상자원부는 에너지분야, 국토교통부는 교통·운송분야, 국방부는 국방분야, 외교부는 외교안보분야로 각각 구분하여 각각 독자적인 대책과 계획을 수립한다. 기관 사이의 정보공유 및 협력이 이루어지지 않으므로 컨트롤타워의 효율성도 저하되고 사이버위협에 대한 대응력이 낮을 수밖에 없다. 제4차 산업혁명시대에서의 사이버위협 관리체계는 중앙행정기관을 중심으로 체계를 구축하여 명령적 관리체계를 통한 "통제"보다는 각 산업분야의 기업과 행정기관이 제 기능을 다할 수 있도록 "협력과 조정"이 이루어져야 하는 체계로의 전환이 필요하다. 즉, "국가기관 주도형 수직적 관리체계"로부터 벗어나 "협력형 수평적 관리체계"로 전환되어야 한다. 민간부문과 공공부문이 공동으로 사이버위협의 예방 및 대응을 위한 정책형성부터 집행에 이르기까지의 일련의 과정을 포괄하는 광범위한 거버넌스 구조를 형성하여야 한다. 민간부문이 사이버위협 예방 및 대응에 대한 정책의 형성 및 심의·의결 과정에 참여하여 그 정책을 구체화하는 기준, 가이드라인을 정립하고, 사이버위협의 예방, 침해대응, 피해복구, 정보 공유·분석 및 관리 등 집행작용에 참여할 수 있도록 하여야 한다.

사이버위협은 공공부문과 민간부문의 구별없이 무차별적으로 그리고 동시다발적으로 이루어지고 있다. 미리 그 정보를 파악하여 차단하지 않는 한 그 위협의 목적 그대로의 피해를 받을 수밖에 없고, 그 피해의 범위는 예상하기 어려우며, 그 확산속도도 상상할 수 없다. 사이버위협을 예방하거나 신속한 대응을 통하여 그 피해를 최소화하기 위해서는 공공부문은 물론 민간부문이 서로 협력하여 사이버위협정보를 공유하고 공유된 정보를 분석하여 사이버위협을 조기에 탐지하고 그 해결수단을 전파할 수 있는 공유체계를 마련하여야 한다.

공공부문에서의 정보공유 또는 협력이 이루어지지 않고 있을 뿐만 아니라, 민간부문과의 정보공유 및 협력 또한 이루어지지 않고 있다. 사이버위협은 민간부문으로까지 확대되고 있는데, 특히 북한에 의한 공격이 더 이상 공공부문에만 국한되어 있지 않다. 사고 조사 결과 북한 관련 악성코드가 발견되었다. 그런데 소관 중앙행정기관보다 국가정보원이 보다 많은 사이버위협정보를 축적하고 있지만, 기밀로 분류되어 민간분야에 대한 공유가 제한적이어서 그에 대한 대응이 어려웠다.

그런데 정보보호산업을 중심으로 한 민간부문도 사이버위협에 관한 많은 정보를 축적해 놓고 있다. 풍부한 사이버위협정보 자원을 공유하고 협력을 통한 인적·물적 자원의 활용방안을 모색할 때이다. 특히, 사이버위협은 공공부문과 민간부문을 구별하지 않고 자행되고 있는데, 미디어, 금융기관, 운송, 식품·의약품 등 민간부문에 대한 사이버위협은 결국 공공부문의 위험을 초래한다는 상황을 고려할 때, 공공과 민간을 구분하는 이원화된 사이버위협 관리체계를 계속 유지하여야 하는가에 대해서는 회의적이다. 더욱이 제4차 산업혁명 시대에서는 정보통신망 및 정보 외에 국민, 사물, 공간 등의 보호가 더욱 필수적이다. 이를 위하여 공공부문과 민간부문을 구별함이 없이 일원화된 사이버위협 관리체계를 구축하여 운영하여야 한다.

사이버위협정보의 공유가 그 목적을 실현하기 위해서는 공공 및 민간 부문으로부터 사이버위협정보를 제공받아 종합하여 분석하기 위한 기구의 마련이 필요하다. 그 기구를 통하여 피해의 발생을 방지하고 그 확산을 예방하기 위한 분석한 사이버위협정보를 공공 및 민간의 공유기관에 제공할 수 있도록 하여야 한다. 나아가 사이버위협정보의 공유과정에 나타할 수 있는 권리침해를 방지하기 위한 관리적·기술적 조치를 수립하여 시행하여야 한다.

사이버위협정보를 제공하는 경우 제공하여야 하는 정보와 제공하지 않아야 하는 정보를 명확히 구분하여야 한다. 즉, 개인정보는 물론 사이버위협과 직접 관련 없는 정보 등은 제공하지 않아야 하지만, 사이버위협과 직접 관련 있는 로그기록자료, 보안취약점에 관한 정보, 그리고 악성프로그램 및 이와 관련한 정보는 제공하여야 한다. 또한 사이버위협정보에 대한 권한 없는 접근이나 취득으로부터 해당 정보를 보호하기 위한 통제장치를 마련하여야 한다. 또한, 사이버위협정보의 표현체계, 탐지엔진 및 결과, 공유체계 및 대응체계의 불일치의 문제점을 해결하기 위하여 사이버위협정보 공유체계의 표준화를 이루어야 한다.

⠿ 참고문헌

김방룡·홍재표·고순주, "정보보호산업의 글로벌 동향 – 시장, 정책, 법 규제를 중심
　　　으로", 「전자통신동향분석」 제30권 제2호, 한국전자통신연구원, 2015. 4.

김소정·양정윤, "미국과 중국의 사이버안보 전략과 한국의 안보정책에 대한 함
　　　의", 「국가안보와 전략」 제17권 2호(통권 제66호), 국가안보전략연구원,
　　　2017 여름.

엄정호, "국방 사이버 위협정보 공유 및 협력체계 구축 방안", 「보안공학연구논문
　　　지」 Vol.13, No.5, 보안공학연구지원센터, 2016.

이승근·배규성, "EU 안보축의 변화에 대한 고찰", 「대한정치학회보」(대한정치학
　　　회) 14집 1호, 2006.

AhnLab, 「사회기반시설 공격 동향 분석보고서」, 2016. 5. 18.

NIPA, "EU, 유럽 디지털 어젠다: 디지털 전환을 통한 성장 촉진", 「IT R&D 정책동
　　　향」 2013-2, 정보통신산업진흥원, 2013.

Cybersecurity Infrmation Sharing Act of 2015.

http://europa.eu/rapid/press-release_IP-13-94_en.htm

http://europa.eu/rapid/press-release_MEMO-16-2422_en.htm

https://cert.europa.eu/cert/plainedition/en/cert_about.html

https://corpgov.law.harvard.edu/2016/03/03/federal-guidance-on-the-cybersecuri
　　　ty-information-sharing-act-of-2015/

https://fas.org/irp/eprint/cnci.pdf

제8장

사이버안보와 개인정보보호

이성엽*

제1절 서론

　인터넷이 발전하고 네트워크화가 진전되면서 점점 사이버안보(cyber-security)[1]의 중요성도 높아지고 있다. 이제 지능화된 사이버공격이 국경을 넘어 공공, 민간 부문 구분 없이 무차별적으로 이루어지고 있다. 이런 사이버위협에 대비해 사이버안보 대응체계를 고도화하고 보안에 대한 투자를 강화해야 할 필요성이 있다. 왜냐하면 물리적 보안이 국민 생존의 기본조건인 것처럼 사이버안보는 디지털 경제의 신뢰성과 4차 산업혁명의 핵심 기반이 되기 때문이다. 이제 사이버안보는 단순한 컴퓨터 데이터의 파괴 문제가 아니라 국가사회의 근간에 위해를 가할 수 있는 국가안보 차원의 이슈가 되고 있다.

* 이 논문은 「행정법연구」 제54호(행정법이론실무학회, 2018. 8)에 게재된 것임. [원제] 미국의 사이버안보법상 개인정보보호에 관한 연구

1 Security는 우리말로는 보안, 안보로 혼용되어 번역되나 보안이 개인, 조직 차원의 통제메커니즘이라면 안보는 사회적, 국가적 차원의 통제 메커니즘이라고 할 수 있다. 가급적 이런 원칙에 따라 구분 사용하고자 한다.

이와 관련하여 미국은 세계에서 가장 강력한 사이버안보 추진체계를 갖추고 있다. 이는 미국이 자본주의 최대 강대국으로서 여러 국가로부터의 견제의 대상이 되어 왔다는 점과 특히 2001. 9.11 테러 이후의 쓰라린 경험이 원인이 되었다. 그런데 이러한 사이버안보의 강화는 필연적으로 개인정보를 포함한 광범위한 사이버위협정보의 수집, 공유, 사이버상 위협활동에 대한 모니터링을 전제하고 있다는 점에서 프라이버시 보호와 갈등, 긴장관계에 있다고 할 수 있다. 미국은 사이버안보법제를 강화하고 있음에도 불구하고 민간과의 협력, 민간의 프라이버시 보호 등 전통적 시장경제 원칙과 헌법상 기본권 수호 역시 중요하게 고려하는 등 사이버안보와 개인정보의 균형과 조화를 위해 노력하고 있다.

한국의 경우 세계 최고수준의 인터넷 네트워크와 스마트폰 이용자수로 인해 사이버공격 및 위험에 지속적으로 노출되고 있고 또한 다른 국가와 달리 지속적인 남북 대치 상황으로 인한 사이버공격 위협이 높다. 이런 점에서 미국의 사이버안보 법제를 살펴보고 한국에서의 시사점을 찾아보는 것은 의의가 있다고 할 것이다. 또한 미국이 사이버안보를 중요시하면서도 개인정보를 어떻게 보호하고 있는지를 살펴봄으로써 사이버안보와 개인정보보호라는 두 마리 토끼를 잡을 수 있는 방안을 검토해 볼 필요가 있다.

이하에서는 미국의 사이버안보 법제와 개인정보보호 법제를 살펴본 후 미국의 사이버안보상 개인정보보호에 관한 규정을 분석해 보고자 한다. 이를 통해 한국의 사이버안보 법제에서 개인정보 이슈에 대한 시사점을 검토해 보고자 한다.

제2절 미국의 사이버안보법제

미국의 국가 사이버안보에 관한 최초의 법률은 1987년 제정되어 1990년대 중반까지 시행되었던 「컴퓨터보안법(Computer Security Act)」이다. 이 법은 연방정부의 컴퓨터시스템 내의 기밀정보(unclassified information)의 보안 및 프라이버시 보호 등의 기능을 담당하였다. 동법의 특성 중 하나는 이러한 기능을 상무부 산하 국가 표준기술 기관(National Institute for Standards and Technology: NIST)이 담당한다는 것이다.[2]

미국의 사이버안보 관리체계는 2001년에 발생한 9.11 테러를 전후로 하여 크게 바뀌고 있다. 9.11 테러 이전에는 냉전이 종식됨에 따라 정보활동 관련된 예산과 기관의 규모를 줄였으나, 9.11 테러 발생으로 인하여 미국의 국토방위가 최우선순위로 부상하면서 미국 정부는 행정체계 조직과 운영방향에 일대 개혁을 단행하게 되었다.[3] 조직적으로 보면 국토안보부(Department of Homeland Security), 국가정보국(Director of National Intelligence), 사이버안보조정관(Cybersecurity Coordinator)이 새롭게 설치되었다.

국토안보부는 종래 FBI에 속해있던 국가기반시설보호센터(NIPC)뿐만 아니라 상무부의 중요기반보장국(CIAO) 등 기존 부서들을 통합한 부처로서 물리적인 국토 및 기반시설 보호 업무 외에도 사이버안보의 총괄 조정업무를 담당하게 되었다.[4] 또한 백악관 내 국가안전보장회의(National Security Council)와 유사하게 국토안전보장회의(Homeland Security Council)를 설립하였다.[5]

국가정보국은 CIA, FBI 등 정보기관간의 업무조정을 위해 9.11 테러 이후 정보개혁 및 테러방지법(Intelligence Reform and Terrorism Prevention Act of 2004)에 따라 2005년에 설치된 장관급 기구이다.[6] 사이버황제(czar)라고 불리는 2009년 오바마 정부가 임명한 대통령 직속의 사이버안보 조정관은 정부의 사

---

2 Nicholas Bruin, *How the Computer Security Act Affects Cyber Crime and Cyber Security*, June 2, 2018, p. 5. (https://www.researchgate.net/publication/325531099, 2018. 7. 1. 접속)

3 이에 관한 자세한 내용은 Michael Leiter, John Carlin, Ivan Fong, Daniel Marcus, Stephen Vladeck, *Ten Years after 9/11: The Changing Terrorist Threat American University National Security Law Brief*, Volume 2 | Issue 1 Article 5, 2012, pp. 113-147 참조.

4 George W. Bush, *THE DEPARTMENT OF HOMELAND SECURITY*, June 2002, pp. 1-7.

5 George W. Bush, *HOMELAND SECURITY PRESIDENTIAL DIRECTIVE-1, ORGANIZATION AND OPERATION OF THE HOMELAND SECURITY COUNCIL*, OCTOBER 29, 2001, pp. 1-4.

6 https://www.dni.gov/index.php/who-we-are/history 2018. 7. 25. 접속.

이버안보 관련 정책과 활동의 조정자로서의 역할을 하였다.[7]

현재 미국의 사이버안보를 규율하는 3가지 중요한 법으로는 「국토안보법
(Homeland Security Act)」, 「2015 사이버안보정보공유법(Cybersecurity Information
Sharing Act of 2015)」, 「2015 사이버안보법(Cybersecurity act of 2015)」이 있다.
다만, 사이버안보와 개인정보의 관계 분석 관련해서는 「2015 사이버안보정보
공유법」과 동법에 의한 프라이버시와 시민의 자유 가이드라인(Privacy and Civil
Liberties Final Guidelines)이 중요하다. 이 법들의 내용에 간략히 대해 살펴보고
자 한다.

Ⅰ. 국토안보법

기술한 바와 같이 2001년 9·11 테러 이후 부시 대통령은 국토안보부
(Department of Homeland Security)를 신설하였고 그 권한을 근거지우는 「국토안
보법(Homeland Security Act)」을 제정하였다.

이러한 사이버안보체제에 대한 법적 근거로서 총 17장으로 구성된 「국토
안보법」은 사이버안보에 관한 규정들을 포함하고 있는데, 제2장에 정보의 분
석과 기반보호에 관한 규정, 제10장 정보보안에 관한 규정이 대표적이다. 구
체적으로   제2장에서는   정보의   분석과   기반시설   보호국(Directorate   for
Information Analysis and Infrastructure Protection)을 두고 있으며, 기관장인 차관
(under secretary)은 대통령이 상원의 협의와 동의를 얻어 임명하는데 각각 정보
분석과 기반시설 보호를 담당하는 차관보(assistant secretary)에 의해 업무보좌
를 받도록 하고 있다. 제3장 2절에서 「주요기반시설정보법(Critical Infrastructure
Information Act)」은 식품, 수자원, 건강, 농업 서비스와 같은 중요한 기반시설
의 취약성과 위협에 관하여 국토안보부에 보고된 정보의 사용과 공개를 규제

---

7 http://itlaw.wikia.com/wiki/U.S._Cybersecurity_Coordinator, 2018. 8. 27. 접속. 다만, 2018
년 5월 트럼프 행정부는 효율성, 책임성 등을 이유로 사이버안보 조정관 직위를 폐지하였
다(https://www.nytimes.com/2018/05/15/technology/white-house-cybersecurity.html 2018.
7. 29. 접속)

하는데, 주요기반 또는 보호시스템에 관해 계획되거나 과거의 운영상 문제점 또는 해결책에 관한 정보를 포함한다. 같은 장의 3절에서는 정보보안을 다루면서 개인정보의 무분별한 사용을 방지하기 위한 규정도 두고 있다. 개인정보의 남용으로 인한 프라이버시 침해를 막기 위한 제도, 프라이버시법의 실행, 내부통제 등을 그 내용으로 담고 있다. 개인정보보호뿐만 아니라 비연방의 정부기관과 민간부분의 기관들의 사이버안보 강화를 강조하는 규정도 두고 있다.[8]

Ⅱ. 2015 사이버안보정보공유법

2015년 12월 오바마 대통령은 「사이버안보정보공유법(Cybersecurity In-formation Sharing Act: CISA)」[9]에 서명하였다. CISA는 첫째, 사이버안보위협(cybersecurity threat)에 직면한 정보시스템에 대하여 방어조치(defensive mea-sures)[10]를 취하고 수행할 권한을 기업에 부여하고, 둘째, 기업이 연방정부, 주 및 지방 정부, 그리고 그 밖의 기업 및 민간 기관과 자발적으로 정보, 특히 사이버위협 지표(cyber threat indicators)[11] 및 방어조치를 공유할 수 있도록 장려

---

8 The Department of Homeland Security, *Homeland Security Act of 2002*, PUBLIC LAW 107-296—NOV. 25, 2002(https://www.dhs.gov/xlibrary/assets/hr_5005_enr.pdf), Gina Marie Stevens, Report for Congress, Homeland Security Act of 2002: Critical Infrastructure Information Ac, tFebruary 28, 2003(https://fas.org/sgp/crs/RL31762.pdf). 조정은, "북미의 사이버안보 입법동향과 시사점", 「사이버안보법정책논집」 제2호(한국사이버안보법정책학회, 2016), 419쪽.

9 6 U.S.C. §§ 149, 151, 1501-1510, 1521-1525, 1531-1533.

10 방어조치(defensive measure)란 알려져 있거나 의심스러운 사이버안보 위협 또는 보안 취약성을 탐지, 예방, 완화하기 위하여 정보시스템 또는 그러한 정보시스템에 저장, 처리되거나 정보시스템을 통과하는 정보에 적용되는 활동, 기기, 절차, 서명, 기술 및 기타 조치를 의미한다(6 U.S.C. §1501(7)).

11 사이버위협 지표(cyberthreat indicator)란 1) 사이버안보 위협 또는 보안취약성 관련 기술 정보를 수집하기 위하여 전송되는 변칙적 통신패턴을 포함한 악의적 정찰(malicious reconnaissance), 2) 보안통제 및 보안취약성 이용을 무력화하는 수단, 3) 보안취약성의 존재를 표시하는 변칙적 활동을 포함하는 보안취약성, 4) 정보시스템 또는 그러한 정보시스템에 저장, 처리되거나 정보시스템을 통과하는 정보에 대한 합법적인 접근권이 있는 사용자를 이용하여 해당 사용자가 알지 못하는 사이에 보안 통제를 무력화하거나 보안취약성

하기 위한 보호조치 − 책임보호, 공정거래법 적용면제(anti-trust exemption), 특권의 불포기, 독점정보, 연방 또는 주의 「정보자유법」의 적용면제 등을 규정하고 있다.

　　민간부문과 공공부문의 정보공유체계 구축을 목표로 하는 CISA의 정보공유에 관한 주요 내용은 다음과 같다. 첫째, 민간부문 및 주정부 등 비연방기관은 사이버안보 목표를 위하여 사이버위협 지표 및 방어조치에 관한 정보를 연방정부 등과 공유하고 연방정부로부터 수령할 수 있는 권한을 인정한다.[12] 둘째, 민간부문은 사이버안보 목적을 위하여 자신의 정보시스템, 연방기관 및 비연방기관의 정보시스템, 민간기관에 의하여 감시되는 정보시스템에 저장되거나 그 시스템에 의해 처리되는 정보를 감시할 수 있다. 셋째, 기밀정보, 정보자원 및 방법, 그리고 프라이버시 및 시민의 자유 보호를 위하여 국가정보국장,[13] 국토안보부장관, 국방부장관, 법무부장관은 관련 연방기관의 장과 협의하여 기밀로 분류된 사이버위협 지표 및 방어조치 또는 사이버위협과 관련되거나 그 이용이 인정된 사이버위협 지표와 방어조치의 이용 및 정보공유 등을 촉진하고 장려하기 위한 절차를 마련하여야 한다. 셋째, 법무부장관과 국토안보부장관은 관련 연방기관의 장과 협의하여 연방정부의 사이버위협 지표 및 방어조치의 수령과 관련한 정책 및 절차를 공동으로 공포하여 이용할 수 있도록 하여야 한다. 넷째, 법무부장관과 국토안보부장관은 기관을 지원하고 연방기관과의 사이버위협 지표의 공유를 증진하기 위하여 지침을 공동으로 개발하고 이용할 수 있도록 하여야 한다.[14]

　　을 이용하는 수단, 5) 악의적인 사이버명령 및 통제, 6) 특수한 사이버안보 위협의 결과로서 적진에서 탈출한 정보의 묘사를 포함하는 사고에 의하여 야기되는 실재적 내지 잠재적 피해, 7) 그 밖에 사이버안보 위협의 기타 징후로서 법률상 공개가 금지된 바 없는 사항, 상기 사항들의 조합을 의미한다(6 U.S.C. §1501(6)).

[12] 2016년에는 비연방기관이 연방기관과 정보를 공유하는 절차에 대한 안내서를 발간하였다. The Department of Homeland Security, The Department of Justice, *Guidance to Assist Non-Federal Entities to Share Cyber Threat Indicators and Defensive Measures with Federal Entities under the Cybersecurity Information Sharing Act of 2015*, June 15.

[13] CIA, FBI 등 정보기관간의 업무조정을 위해 9/11 테러 이후 정보개혁 및 테러방지법(Intelligence Reform and Terrorism Prevention Act of 2004)에 따라 2005년에 설치된 장관급 기구이다.

2009년 이래로 미국의 사이버안보법제의 방향은 사이버공격을 처벌하는 것 보다는 사이버공격으로 인한 피해의 발생과 확산을 방지하기 위한 법체계, 거버넌스 개선에 초점을 두고 있다고 할 수 있다. 「사이버안보 정보공유법」의 통과와 시행은 최근 미국의 사이버안보 입법 활동이 맺은 가장 큰 성과로 동법은 자율성에 기초한 정보의 공유를 근간으로 하면서, 국가정보국과 국토안보부가 사이버안보를 위한 정보공유에서 핵심 역할을 담당하게 된 점과 민간의 정보시스템 모니터링과 정보공유를 활성화하는 기반을 마련하고 정보공유 과정에서 초래될 수 있는 폐해를 제거하기 위한 장치도 마련하고 있다는 특성이 있다.[15]

Ⅲ. 2015 사이버안보법

「2015 사이버안보법」(Cybersecurity Act of 2015)은 미국의 여러 사이버안보 관련 법률이 통합적으로 정비된 것이다. 2015 사이버안보법은 「사이버안보정보공유법안」(Cybersecurity Information Sharing Act), 「국가사이버안보보호발전법안」(National Cybersecurity Protection Advancement Act), 「연방사이버안보강화법안」(Federal Cybersecurity Enhancement Act), 「연방사이버안보인력평가법안」(Federal Cybersecurity Workforce Assessment Act) 등 미국 의회에 계류되었던 사이버안보 관련 법안들이 통합되어 새로이 구성된 것이다.[16]

「2015년 사이버안보법」은 총 4개의 장으로 구성되어 있다. 제1장은 사이

---

14 Brad S. Karp, Paul, Weiss, Rifkind, *Federal Guidance on the Cybersecurity Information Sharing Act of 2015*, Thursday, March 3, 2016(https://corpgov.law.harvard.edu/2016/03/03/federal−guidance−on−the−cybersecurity−information−sharing−act−of−2015/ 2018. 7. 20. 접속), 박영철, "향상된 사이버위협에 대응하기 위한 정보 공유 방안", 『인터넷법제도 동향』 제119호(KISA, 2017. 8), 29쪽−32쪽 참조.

15 박상돈, "미국 사이버안보 정보공유법(CISA)의 규범적 의의", 「융합보안논문지」 17권 제1호(한국융합보안학회, 2017), 8쪽.

16 John Evangelakos, Brent J. McIntosh, Jennifer L. Sutton, Corey Omer and Laura S. Duncan, SULLIVAN & CROMWELL LLP, *The Cybersecurity Act of 2015*, December 22, 2015, pp. 1−13.

버안보정보공유라는 표제이며, "2015 사이버안보 공유법"으로도 불린다. 제2장은 국가 사이버안보 발전이라는 표제이며, 다시 두 개의 장으로 되어 있다. 하나는 국가사이버안보통신통합센터라는 표제이며, 「2015 국가사이버안보보호발전법」으로도 불린다. 다른 하나는 연방사이버안보 강화라는 표제이며, 「2015 연방 사이버안보 강화법」이라고 부를 수도 있다. 제3장은 연방 사이버안보 인력평가라는 표제이며, 「연방 사이버안보인력평가법」이라고 할 수도 있다. 제4장은 기타 사이버문제들이라는 표제로서 위에 해당하지 않는 사항들을 다룬다.[17]

제3절 미국의 개인정보보호 규제의 내용

미국의 개인정보보호와 관련된 이슈는 프라이버시권의 등장과 관련이 있다. 독자적 권리로서의 프라이버시권을 인정한 최초의 논문은 1890년 미국의 Samuel Warren과 Louis Brandeis의 "The Right to Privacy"이다. 이들은 보통법의 기존 법리로는 생명, 신체, 재산에 대한 물리적 침해를 방지할 수 있으나 인간의 정신적 측면을 보호하는 프라이버시를 보호하기 어렵기 때문에 프라이버시권리라는 독자적 권리를 구성하여 대응할 필요가 있다고 보았다. 이들에 의해 프라이버시(Privacy)는 "홀로 있을 권리(right to be alone)", "광범위한 시민권을 보장하는 자유권(right to liberty secures the exercise of extensive civil privileges)"으로서 삶은 즐길 수 있는 권리(right to enjoy life) 묘사되었다.[18]

1972년 워터게이트 사건으로 프라이버시 입법화 논의가 진행되었으며 1974년 현대적 의미로는 최초로 공공부문에서 프라이버시에 대한 권리를 보장하는 「연방프라이버시법」(Federal Privacy Act of 1974)이 제정되기에 이르렀

---

17 John Evangelakos, Brent J. McIntosh, Jennifer L. Sutton, Corey Omer and Laura S. Duncan, op. cit., pp. 4-5.

18 Samuel D. Warren & Louis D. Brandeis, *The Right to Privacy*, 4 Harv. L. Rev. 193, 195, 1890.

다. 이후 「금융 프라이버시법」(1978년), 「전자통신 프라이버시법」(1986년) 등 기술의 발전과 사회적 요구에 따라 다양한 법제를 통해 개인정보보호를 강화 하였다. 이와 같이 미국은 개인정보보호 사항을 포괄적인 개인정보보호기본법 의 제정으로 규제하는 것은 아니며, 기본적으로 산업에서의 자율규제를 원칙 으로 하고 있다. 그러므로 미국은 개인정보보호 침해의 사례가 발생될 경우 보통법상의 불법행위로 간주하여 규제를 하며, 특정적인 사회적 이슈를 일으 키거나 심각한 개인정보침해를 야기할 수 있는 문제에 대해 개별법을 제정하 여 이를 규율하는 구조를 보이고 있다.[19]

즉, 미국은 각 부문별로 개인정보 또는 프라이버시와 관련한 법률을 가지 고 있다. 이런 법들은 「헌법」이나 판례법에서 보장하는 권리보호를 해당 분야 에서 성문화하여 더욱 명확하게 원칙을 확립하고 있다는 점에 그 의의를 찾을 수 있다.[20]

기술한 바와 같이 미국은 공공부문에 있어서는 1974년 「프라이버시법」이 미국 정부기관이 보유한 개인의 정보를 보호하고 있다. 그러나 공공부문과 달 리 민간부문에서는 단일한 개인정보보호법제가 존재하지 않고 있으며, 다만, 민간의 영역별로 입법이 이루어지고 있다. 개인정보보호 기구의 경우도 별도 의 독립된 기구는 없으며 공공과 민간이 각각 개인정보보호 기능을 수행하는 기관을 두고 있을 뿐이다. 공공부문에 있어서는 「프라이버시법」에 따라 예산 관리국(The Office of Management and Budget: OMB)에서 프라이버시 정책을 맡 고 있다. 민간부문에 있어서는 연방거래위원회(The Federal Trade Commission: FTC)가 개인정보 보호 역할을 맡고 있다.[21]

보다 구체적으로 보면 민간분야의 개별법으로는 「건강보험이동및책임법」 (The Health Insurance Portability and Accountability Act: HIPAA), 「공정신용보고법」

---

19 임창균, "미국의 개인정보보호 규제 동향", 「Journal of Communications & Radio Spectrum」 SPECIAL ISSUE, 한국방송통신전파진흥원, 2013, 49쪽-50쪽.
20 조규범, "미국의 프라이버시 법제에 관한 연구", 「성균관법학」 제17권 제3호, 2005, 88쪽.
21 전은정 외, "미국의 개인정보보호 법·제도 동향", 「정보보호학회지」 22권 제2호, 2012, 50 쪽-51쪽; Lisa J Sotto and Aaron P Simpson, *Data protection and privacy 2015*, Law Business Research Ltd, 2015, pp. 208-209.

(Fair Credit Reporting Act of 1970), 「교육기록법」(Education Records Act), 「영상프라이버시보호법」(Video Privacy Protection Act of 1988), 「통신판매소비자보호법」(Telephone Consumer Protection Act of 1991), 「온라인아동프라이버시보호법」(Children's Privacy Online Protection Act of 1998), 「케이블통신정책법」(Cable Communication Policy Act of 1984) 등이 있고 이러한 특별법이 없는 분야는 사업자의 자율규제에 맡기고 있다.[22]

제4절 미국의 사이버안보법과 개인정보보호의 관계

Ⅰ. 도입

이미 언급한 바와 같이 2015년에는 「사이버안보법」(Cybersecurity Act of 2015: CSA)을 제정하여 16개 정보기관을 관장하는 국가정보국과 국토안보부 등이 공공과 민간 간 정보공유 절차를 마련하였다. 이 법의 주요 내용은 다음 네 가지 정도로 볼 수 있다. 첫째, 민·관 사이버안보 정보공유체계 구축이다(Sharing centralized in DHS). 국가정보국장, 국토안보부장관, 국방부장관 및 법무부장관은 연방기관과 비연방기관(민간기관, 주·지방정부 등 포함) 간 사이버위협 지표 및 방어조치에 관한 정보공유 절차 구축 및 가이드라인을 마련하였다. 국토안보부와 법무부는 공유 받은 정보를 특정 연방기관(상무부, 국방부, 에너지부, 국토안보부, 법무부, 재무부 및 국가정보국)과 자동화된 방식으로 실시간 공유할 수 있도록 하는 정책·절차를 수립·공표하였다. 둘째, 민간기업의 책임제한이다(Liability protections require sharing "in accordance" with CISA). 민간기관이 사이버안보 목적으로 정보시스템 및 정보를 ① 모니터링 및 ② 방어조치를 취하고, ③ 정보를 공유할 수 있는 법적 근거를 마련하였다. 이때 민간 기관이 법에 따라 사이버위협 지표와 방어조치를 모니터링, 공유하고 제공받는 행위

---

22 Ieuan Jolly, Loeb & Loeb, *Data protection in the United States: overview*, https://uk.practicallaw.thomsonreuters.com/6-502-0467?transitionType=Default&contextData=(sc.Default)&firstPage=true&bhcp=1> 2018. 7. 10. 접속)

는 소송의 이유(cause of action)가 되지 못하도록 하고 독점규제법에 따른 책임도 면제하는 규정을 마련하고 있다. 셋째, 개인정보 삭제의무이다(Requirement to remove information known to be unrelated personal information). 즉, 정보 공유 전에 사이버안보 위협과 직접 관련성이 없는 특정 개인의 개인정보 또는 특정 개인을 식별할 수 있는 정보의 포함 여부를 심사하여 삭제하는 절차를 확보하도록 하였다. 넷째, 정보의 사용제한이다(Limited use of shared information by federal and state governments). 연방기관은 '사이버안보 목적'을 위해 사이버안보 위협이나 취약점을 확인하는 용도로만 공유 받은 사이버안보 정보를 사용하도록 제한을 받는다. 다만, 생명 또는 신체·재산상의 중대한 위해가 되는 특정한 위협 등 특정 범죄 관련된 법 집행을 목적하는 경우 등에는 예외가 인정된다. 한편 동법에 따라 국토안보부에 설립된 국가사이버안보 정보공유센터(NCCIC, National Cybersecurity and Communications Integration Center)에 사이버위협 지표 및 방어조치 정보, 사이버안보 위험과 사고 관련 정보공유 기능이 부여되었다.[23]

　　미국 국토안보부 홈페이지에도 자동화된 사이버위협 지표 정보공유(Automated indicator sharing)시 프라이버시 보호를 위한 조치의 원칙에 대해 설명하고 있다. 첫째, 사이버위협과 직접 관련되지 않는 개인 식별 정보의 분석과 삭제, 둘째, 자동화된 절차를 보완하기 위한 특정 지표 분야에 대한 사람에 의한 심사, 셋째, 사이버위협과 직접 관련 정보 수집의 최소화, 넷째, 사이버위협에 대응목적만으로 정보 보유, 다섯째, 네트워크 보호 내지 법령상 목적만을 위한 정보의 사용이 5대 원칙이다.[24]

---

23 John Evangelakos, Brent J. McIntosh, Jennifer L. Sutton, Corey Omer and Laura S. Duncan, op. cit., pp. 3-4.

24 1) Perform automated analyses and technical mitigations to delete PII that is not directly related to a cyber threat, 2) Incorporate elements of human review on select fields of certain indicators to ensure that automated processes are functioning appropriately, 3) Minimize the amount of data included in a cyber threat indicator to information that is directly related to a cyber threat, 4) Retain only information needed to address cyber threats, 5) Ensure any information collected is used only for network defense or limited law enforcement purposes(https://www.us-cert.gov/ais. 2018. 7. 20.

기술한 바와 같이 미국은 사이버안보에서 프라이버시를 강조하는 차원에서 개인정보 삭제의무와 정보의 목적외 사용제한을 규정하고 있다. 결국 이 문제는 사이버안보를 포함하는 국가안보와 프라이버시라는 가치의 충돌을 어떻게 해결하여야 할 것인지에 대한 문제이다. 즉, 국가입장에서는 국민의 생명, 재산을 보호하여야 하는 의무와 국민의 기본권을 보호하여야 하는 의무간의 충돌이고 국민입장에서 프라이버시권이라는 자유권과 생명, 신체, 재산의 자유 등 자유권간 권리의 충돌이라고 할 수 있다.[25]

이와 관련 이하에서는 2015년 「사이버안보법」에 근거를 두고 만들어진 개인정보 가이드라인을 살펴볼 필요가 있다. 동 가이드라인의 정확한 명칭은 「프라이버시와 시민의 자유 가이드라인」(Privacy and Civil Liberties Final Guidelines: Cybersecurity Information Sharing Act of 2015)이다.

Ⅱ. 프라이버시와 시민의 자유 가이드라인의 내용

1. 목적, 적용대상, 배경

본 가이드라인의 목적은 2015년 「사이버안보정보공유법」(CISA)에 의해 허용된 활동과 관련하여 연방기관이 사이버위협 지표를 수령, 보유, 사용 및 보급하는데 필요한 개인정보보호 및 시민의 자유 지침을 수립하고 보호하는 것이다. 그리고 이 가이드라인은 CISA에서 정의된 사이버위협 지표를 수령, 보유, 사용 또는 보급하고 CISA에 따라 적절한 방어 조치를 취한 연방기관에 적용된다. 2015년 12월 18일 대통령이 CISA에 서명하여 법률로 채택되었다. 의회는 CISA에 기밀정보(classified information), 정보소스 및 방법, 프라이버시 및 시민의 자유를 보호하면서 공공 및 민간단체가 사이버위협 정보를 공유하도록 권장하는 자발적인 사이버안보 정보공유 프로세스를 두도록 하였다. CISA는 검찰총장과 국토안보부장관이 공동으로 개발하여 의회에 제출하였고

접속)

25 이성엽, "사이버위협에 대응한 국가사이버안보법의 제정 필요성 및 고려요소", 「사이버안보법정책논집」 제2호(한국사이버안보법정책학회, 2016), 401쪽.

사이버위협 지표의 수령, 보유, 사용 및 보급에 적용되는 프라이버시 및 시민의 자유에 관한 일반지침을 제정할 것을 요구했다. 이에 2016년 2월 16일, 국토안보부(DHS)와 법무부(Department of Justice)는 공동으로 「프라이버시 및 시민 자유를 위한 가이드라인」을 제정하기에 이르렀다.[26]

2. 원칙

(1) 투명성(Transparency)

연방기관은 CISA 103(b)(1)과 105(a)(1)-(3)에 따라 사이버위협 지표를 수령, 보유, 사용 및 보급하는 것에 대해 투명성을 확보하여 한다. 또한 연방기관은 「2002년 전자정부법(E-Government Act of 2002)」에 따라 개인정보보호 영향평가(Privacy Impact Assessment)나 개인정보보호방침(Privacy policy) 등과 같은 개인정보 보호 준수 문서를 작성하고 게시해야 한다.

(2) 개인의 참여(Individual participation)

사이버위협 지표의 본질을 감안할 때, 개인정보가 사이버안보 위협과 직접 관련이 있는 개인은 개인정보 처리에 동의할 권한은 없지만, 동 개인은 해당 정보를 수집, 액세스 또는 수정하는 데 사용되는 프로세스에 참여해야 한다. 이는 사이버위협 지표의 유용성과 상반될 수 있다. 그러나 특정 개인의 개인 정보나 특정 개인을 식별할 수 있는 정보로서 사이버안보 위협에 직접적으로 관련되지 않은 정보가 포함된 사이버위협 지표의 수령, 보유, 사용 및 보급을 제한함으로써 연방기관은 개인의 사생활과 시민의 자유에 미치는 영향을 제한할 수 있다.

(3) 목적의 명확화(Purpose specification)

CISA는 연방기관이 사이버위협 지표를 수령, 보유, 사용 및 보급할 수 있

---

26 The Department of Homeland Security, The Department of Justice, *Privacy and Civil Liberties Final Guidelines*, 2016. 6. 15, pp.3-4. 이하 DHS, Guidelines. 국토안보부와 법무부 외에도 상무부(Department of Commerce), 국방부(Department of Defense), 에너지부(Department of Energy, 재무부(Department of the Treasury), 국가정보국(Office of the Director of National Intelligence)과 협의를 거쳤다고 한다.

는 권한을 부여한다. CISA에 따라 접수된 사이버위협 지표는 CISA 제105조 (d)(5)(A)에서 허용된 목적으로만 사용될 수 있다.

(4) 데이터 사용 최소화(Data minimization)

연방기관은 특정 개인의 개인정보 또는 특정 개인을 식별할 수 있는 정보가 포함된 사이버위협 지표의 수령, 보유, 사용 및 보급을 할 때 동 가이드라인 제105조 (a)(1)-(3)상의 관련 절차에 따라야 한다. 이 조치에는 CISA에 의해 허용된 사용과 직접 관련이 없는 특정 개인의 개인정보 또는 특정 개인을 식별할 수 있는 정보가 포함한 사이버위협 지표의 적절한 시점에서의 파기의무가 포함된다.

(5) 사용제한(Use limitation)

연방기관은 제105조 (d)(5)(A)에서 허용된 목적으로만 특정 개인의 개인정보 또는 특정 개인을 식별할 수 있는 정보가 포함된 사이버위협 표지를 사용할 수 있다.

(6) 데이터 품질과 무결성(Data quality and integrity)

사이버안보 위협은 시간이 지남에 따라 변화하고 진화한다. 이러한 요인들 때문에 개별 사이버위협 지표의 유용성과 적시성은 단기간으로 제한될 수 있다. 오래되거나 저질인 정보의 사용을 줄이기 위해 사이버위협 지표는 특정기간 동안 또는 CISA에서 허용된 사용과 직접적으로 관련될 때까지만 유지된다.

(7) 보안(Security)

연방기관은 사이버위협과 직접 관련된 특정 개인의 개인정보나 특정개인을 식별할 수 있는 정보가 포함된 사이버위협 지표 또는 CISA에서 허용된 사용을 포함하는 사이버위협 지표를 허가받지 않은 액세스 또는 획득으로부터 보호해야 한다. 또한 이 가이드라인을 위반하여 연방정부의 임원, 직원 또는 대리인이 수행한 활동에 대해 적절한 제재조치를 취해야 한다.

(8) 책임과 감사(Accountability and auditing)

연방기관은 CISA의 제103조 (b)(1)과 제105조 (a)(1)-(3)에 따라 개발된 절차뿐만 아니라 프라이버시 및 시민의 자유 지침을 준수해야 할 책임이 있다. 또한 연방기관은 사이버위협 지표의 수령, 보유, 사용 및 보급과 관련된 감사 기능을 가지고 있어야 한다.[27]

3. 연방기관의 활동

(1) 방어조치(Defensive measures)

연방기관은 사이버안보 위협과 직접적으로 관련이 없는 정보나 개인정보를 포함하고 있는지 여부를 평가하기 위해 정보공유 전에 방어조치를 검토해야 한다. 방어조치의 수령자는 권장된 보호조치를 시행한 결과로 시스템이나 개인에 대한 후속적인 피해를 입히지 않도록 실사를 해야 한다.

(2) 수령(Receipt)

연방기관은 (1) 특정 개인의 개인정보 또는 특정 개인을 식별할 수 있는 정보로서 (2) CISA에서 허용한 용도와 직접 관련이 없는 것으로 알려진 정보를 적절한 시기(timely manner)에 파기해야 한다. CISA에 따라 사이버위협 지표를 수령한 각 연방기관은 위에서 설명한 정보를 삭제하였다는 점을 확인해야 한다. 기관은 가능한 경우 기술적 방법(technical capability)을 통해 이 조치를 수행해야 한다.[28]

(3) 통지절차(Notification procedures)

CISA 제103조 (b)(1)(C)는 CISA에 따라 연방기관으로부터 사이버위협 지

---

27 이상 원칙은 DHS, Guidelines, p. 6.
28 방어조치와 수령은 DHS, Guidelines, pp. 7-9.

표 또는 방어조치를 받은 연방기관 및 비연방기관이 그것들이 CISA의 요구사항 또는 연방법 내지 정책에 위배되거나 위반된 것으로 결정된 경우 이를 연방기관에 통지하여야 한다. 또한 CISA 제105조 (b)(3)(E)는 CISA에 따라 받은 정보가 사이버위협 표지를 구성하지 않는 정보인 경우 이를 연방기관에 통지하여야 한다.

통지에는 다음 사항이 포함되어야 한다. 1) 사이버위협 표지 또는 방어조치를 식별하는 정보(예: 고유 식별자), 2) CISA의 제103조 (b)(1)(C)에 따라 CISA의 요구사항 또는 다른 연방법률 또는 규정에 위배되거나 불리한 것으로 알려진 정보의 식별, 3) 오류를 바로 잡기 위해 배포하는 주체와 관련이 있을 수 있는 기타 정보.

통지를 받은 후 배포하는 기관은 원래 공유에 사용된 것과 동일한 메커니즘을 사용하여 업데이트된 사이버위협 표지 또는 방어조치를 재배포해야 한다. 이를 수령한 기관은 업데이트를 즉시 적용하여 위반 정보를 대체하고 삭제해야 한다.[29]

(4) 미국인에 대한 통지(Notification of a United States person)

CISA 제103조 (b)(1)(F)는 CISA를 위반하여 공유된 것으로 알려진 개인정보가 있는 경우 연방기관이 해당 미국인에게 적시에 이를 통지하는 절차를 이행하도록 하고 있다.

사이버위협 표지 또는 방어조치의 일부로 교환되는 대부분의 개인정보는 불완전하거나 특정 개인을 식별하지 못할 수도 있고 미국인과 관련되어 있는지를 확인할 수 있는 충분한 정보가 부족할 수도 있다. 미국인 신분을 확인하는 것과 관련하여 기관들이 적절한 정책을 가지고 있다면 그러한 정책이 사용될 수 있다. CISA 제103조 (b)(1)(F)에 의거한 통지가 특정 개인을 식별하기에 충분한 정보가 없기 때문에 요구되지 않을지라도 다른 통지절차를 적용할 수 있다.

---

29 DHS, Guidelines, pp. 8-9.

연방기관이 CISA를 위반하여 미국인의 개인정보를 공유했다는 사실을 알게 된 경우 연방기관은 자신의 법위반/사고 대응 계획에 따라 해당 사실을 그 사람에게 알려야 한다. 연방기관은 자체적으로 위반사항을 결정하거나 정보를 받은 다른 기관으로부터 위반사실을 보고받고 위반여부의 결정을 내릴 수도 있다. CISA를 위반하여 미국인의 개인정보를 공유한 연방기관이 다른 연방기관(CISA를 위반하여 개인정보를 공유했을 수도 있음)으로부터 개인정보를 받은 경우 수령기관은 최초로 정보를 공유한 기관과 접촉하여 통지절차를 조정하여야 한다.

또한 배포기관은 원래 공유에 사용된 것과 동일한 메커니즘을 사용하여 업데이트된 사이버위협 표지 또는 방어조치를 재배포하여 업데이트를 제공해야 한다. 업데이트를 받은 즉시 수령 연방기관은 가능한 한 최대한 CISA를 위반하여 공유된 미국인에 관한 정보를 대체하고 삭제하기 위한 업데이트를 즉시 적용해야 한다.

CISA를 위반하여 공유된 개인정보의 유형과 정보공개가 야기할 수 있는 잠재적 해악을 기초로 하여, 연방기관의 기존 정책을 참고하여 피해를 받은 미국인을 위한 시정조치 또는 보상(remedial actions)을 고려해야 한다.[30]

(5) 사용제한(Use)

CISA 제105조 (d)(5)에 따라 사이버위협 지표 및 방어 조치를 받는 연방기관은 CISA에서 허용된 용도로만 이를 사용해야 한다. 특히, CISA에 따라 연방정부에 제공되는 사이버위협 지표 및 방어조치는 다음 목적으로만 사용가능하다.

1. 사이버안보 목적
2. 그러한 사이버안보 위협의 근원을 포함하는 사이버안보 위협 또는 (ii) 보안 취약성을 확인하는 목적
3. 테러행위 또는 대량 살상무기 사용을 포함하여 사망, 심각한 신체 상해 또

---

30 DHS, Guidelines, pp. 9-10.

는 중대한 경제적 피해 위협에 대처하거나 예방 또는 완화하기 위한 목적

4. 성착취 및 신체적 안전에 대한 위협을 포함하여 미성년자에게 심각한 위협을 조사, 기소 혹은 예방하거나 완화할 목적

5. 상기 제3항에 기술된 위협이나 미국 연방법 (Title 18)의 (i) section 1028에서 1030에 열거된 위반으로 인하여 발생하는 범죄(사기와 관련하여 신원 도용), (ii) 제37조(간첩 행위 및 검열과 관련한), (iii) 그러한 제목의 제90장(영업 비밀 보호와 관련한) 범죄를 예방, 조사 또는 기소하는 목적[31]

(6) 보호조치(Safeguards)

연방기관은 사이버위협과 직접 관련된 특정 개인의 개인정보나 특정개인을 식별할 수 있는 정보가 포함된 사이버위협 지표 또는 CISA에서 허용된 사용을 포함하는 사이버위협 지표를 허가받지 않은 액세스 또는 획득으로부터 보호하기 위해 적절한 통제(controls)를 실시해야 한다.

그러한 통제는 사이버위협과 직접 관련된 특정 개인의 개인정보나 특정 개인을 식별할 수 있는 정보가 포함된 사이버위협 지표 또는 CISA에서 허용된 사용을 포함하는 사이버위협 지표의 기밀성을 실행 가능한 최대한도로 보호해야한다. 그러한 사이버위협 지표의 수령자는 CISA가 승인한 용도로만 사용할 수 있다는 사실을 통보받아야 한다. 그러한 통제에는 다음이 포함된다.

- 내부 사용자 액세스 제어
- 데이터의 물리적 및 / 또는 논리적 분리에 대한 고려
- 필수적 교육
- 「2014년 연방정보보안근대화법」(FISMA)에 규정된 요건(PL 113-283, 44 USC 3554)[32]

(7) 보유(Retention)

연방기관은 CISA 제105조 (d)(5)(A)에서 허용된 목적을 위해서만 CISA에 따라 연방정부에 제공되는 사이버위협 지표 및 방어조치를 보유할 수 있다.

---

31 DHS, Guidelines, pp. 10-11.
32 DHS, Guidelines, p. 11.

연방기관이 사이버위협 표지에 CISA에 허용된 사용과 직접 관련이 없는 특정 개인의 개인정보나 특정 개인을 식별할 수 있는 정보가 포함된 것을 알게 된 경우 이를 즉시 파기, 삭제하는 조치를 포함한 적절한 파기절차를 마련하여야 한다.[33]

(8) 배포(Dissemination)

연방기관은 CISA 제103조 (b)(1)(E)에 따라 아래에 명시된 절차에 따라서만 사이버위협 지표를 배포한다. 사이버위협 지표를 공유하기 전에 모든 연방기관은 다음 정보가 포함되어 있는지 평가하기 위해 사이버위협 지표를 검토해야 한다.

1) 정보가 사이버안보 위협과 직접 관련이 없는 경우

사이버안보 위협은 부분적으로 "컴퓨터 시스템의 보안, 가용성, 기밀성 또는 무결성에 악영향을 미칠 수 있는 권한 없는 노력을 초래하는 행동"으로 정의된다. 정보가 다른 사람들이 사이버안보 위협을 탐지, 예방 또는 완화하도록 돕지 않는 경우 그 정보는 사이버안보 위협과 직접 관련이 없다. 예컨대, 스피어 피싱메일에서 송신자의 주소 부분은 사이버위협과 직접 관련이 있지만 수신자의 이름, 이메일 주소는 사이버위협과 직접 관련이 없고 따라서 사이버위협 지표의 일부로 간주되어서는 안 된다.

2) 연방기관이 정보공유 시 그 정보가 특정 개인의 개인정보 또는 특정 개인을 식별할 수 있는 정보인지를 알고 있는지 여부

이 요소는 연방기관이 정보를 공유할 때 특정 개인의 개인정보 또는 특정 개인을 식별할 수 있는 정보라는 사실을 알 수 있는 근거가 있는 경우에만 적용된다. 예를 들어, "받는 사람" 라인이나 스피어 피싱 전자 메일의 희생자 또는 파일 경로에 포함된 사용자 이름이 있는 경우 이 기준을 충족시킬 수 있다.[34]

---

33 DHS, Guidelines, pp. 11-12.
34 DHS, Guidelines, pp. 12-13.

(9) 제재(Sanction)

개인이 본 가이드라인에 명시된 요건을 준수하지 못하면 해당 부서 또는 정부기관의 정부 컴퓨터 및 시스템의 부적절한 사용 관련 정책에 따라 적절한 제재조치를 받을 수 있다. 그러한 정책에서 일반적으로 발견되는 제재는 오용의 심각성에 따라 다음과 같다. 정보에 대한 접근권의 상실, 보안인가 상실, 고용 종료이다.[35]

제5절 한국에의 시사점

Ⅰ. 현행법상 국가안보, 사이버안보와 개인정보보호와의 관계

2011년 9월 공공과 민간부문에 모두 적용되는 「개인정보보호법」이 제정됨에 따라 종래의 「공공기관의 개인정보보호에 관한 법률」은 폐지되었다. 동법에 따르면 원칙적으로 개인정보보호에 관하여는 다른 법률에 특별한 규정이 있는 경우를 제외하고는 「개인정보보호법」이 적용된다(제4조). 그러나 「개인정보보호법」 제3장 개인정보의 처리, 제4장 개인정보의 안전한 관리, 제5장 정보주체의 권리 보장, 제6장 개인정보 분쟁조정위원회, 제7장 개인정보 단체소송의 규정은 국가안전보장과 관련된 정보 분석을 목적으로 수집 또는 제공 요청되는 개인정보의 경우에는 이 적용되지 않는다(법 제58조 제1항 제2호). 이에 따라 「개인정보보호법」상 주요한 개인 정보보호 관련 규정은 국가안전보장 관련 개인정보 수집, 이용활동에 적용되지 않는다. 따라서 국가안전보장에 해당하는 사이버안보 활동의 경우에도 「개인정보보호법」상 위 조항은 적용되지 않는다고 할 수 있다.

또한 「개인정보보호법」은 공공기관의 장이 개인정보파일을 운용하는 경우에는 행정안전부장관에게 등록하도록 하고 있는데, 다만, 국가 안전, 외교상 비밀, 그 밖에 국가의 중대한 이익에 관한 사항을 기록한 개인정보파일의 경

우에는 등록이 면제된다(법 제32조 제1항, 제2항). 이에 따라 국가 안전, 국가 중
대이익에 관한 사항을 기록한 개인정보파일을 운용하는 경우에는 행정안전부
장관에게 등록할 필요가 없으며 사이버안보의 경우에도 이에 해당하면 같은
결론에 이르게 된다.

위 적용제외 조항의 반대해석에 따르면 국가안보와 관련된 사이버안보활
동의 경우에도 제1장 총칙상 개인정보처리의 기본원칙, 정보주체의 권리, 국
가의 책무, 제2장 개인정보보호 정책의 수립 등 정책 추진체계에 관한 규정,
제8장 보칙상 금지행위 조항[36] 등은 적용된다고 할 수 있다. 또한 국가안보와
관련되어 법적용이 제외되는 경우에도 개인정보처리자는 그 목적을 위하여 필
요한 범위에서 최소한의 기간에 최소한의 개인정보만을 처리하여야 하는 의무
와 개인정보의 안전한 관리를 위하여 필요한 기술적·관리적 및 물리적 보호
조치, 개인정보의 처리에 관한 고충처리, 그 밖에 개인정보의 적절한 처리를
위하여 필요한 조치를 마련할 의무가 부과되어 있으나(법 제58조 제4항), 동 조
항 위반에 대해서는 벌칙이나 과태료 등의 제재는 없다.

결론적으로 현행법에 따르면 사이버안보 활동에 대한 개인정보보호는 원
칙적, 선언적 수준에서만 이루어지고 있을 뿐 구체적인 개인정보보호 절차, 정
보주체의 권리행사 요건 및 절차 등은 사이버안보 담당 공공기관의 재량에 맡
겨져 있다고 할 수 있다.

Ⅱ. 2016년 제안된 「국가사이버안보법」상 개인정보보호 관련 내용

2016년 9월 국가정보원에 의해 제안된 「국가사이버안보법」은 공공 및 민

---

36 개인정보를 처리하거나 처리하였던 자는 ① 거짓이나 그 밖의 부정한 수단이나 방법으로
개인정보를 취득하거나 처리에 관한 동의를 받는 행위, ② 업무상 알게 된 개인정보를 누
설하거나 권한 없이 다른 사람이 이용하도 록 제공하는 행위, ③ 정당한 권한 없이 또는
허용된 권한을 초과하여 다른 사람의 개인정보를 훼손, 멸실, 변경, 위조 또는 유출하는 행
위를 하지 말아야 한다(법 제59조). 제1호 위반에 대해서는 3년 이하의 징역 또는 3천만원
이하의 벌금, 제2호 및 제3호 위반에 대해서는 5년 이하의 징역 또는 5천만원 이하의 벌금
에 처하도록 되어 있다(법 제71조, 제72조).

간 영역의 구분이 없이 광범위하게 발생하는 사이버공격으로 인하여 막대한 경제적 피해와 사회 혼란이 유발되고 있는바, 국가안보를 위협하는 사이버공격을 신속히 차단하고 피해를 최소화하기 위하여 대통령 소속의 국가사이버안보위원회를 설치하고, 국가기관·지방자치단체 및 국가적으로 중요한 기술을 보유·관리하는 기관 등을 책임기관으로 하여 소관 사이버공간 보호책임을 부여하며, 사이버위협정보의 공유와 사이버공격의 탐지·대응 및 사이버공격으로 인한 사고의 통보·조사 절차를 정하는 등 국가사이버안보를 위한 조직 및 운영에 관한 사항을 체계적으로 정립하려는 것을 제안이유로 하고 있다.[37]

　　동 법안은 국가 사이버안보를 위한 효율적 거버넌스 구축과 사이버안보 위기 발생 시 대응체계 구축을 위해 정부 각 기관 간 역할을 명확히 하는 것을 목적으로 하고 있으며, 특히, 종래 국가정보원, 과학기술정보통신부가 중심이 된 집중형 사이버안보 관리체계에서 전 부처에 관리책임을 이전하는 분산형 사이버안보 관리체계를 구축하고자 하는 것으로 파악된다. 다만, 국가사이버안보위원회나 사이버위기대책본부 등 일부 사항에 대해서는 여전히 집중형 관리체계를 유지함으로써 집중형과 분산형의 조화를 이루고 있는 점이 특색이라고 할 수 있다. 다만, 국무조정실이 기관 간 정보공유를 위해 ‘국가사이버위협정보 공유센터’를 운영하고, 책임기관은 소관 사이버위협정보를 센터에 자율 제공한다고 규정하고 있을 뿐 개인정보보호에 대해서는 특별한 규정이 없어 사이버안보 활동의 개인정보보호는 「개인정보보호법」에 전적으로 맡겨져 있다고 할 수 있다.

Ⅲ. 향후 개선방안

　　「국가사이버안보법」 추진이 중단된 현재로서는 사이버안보와 관련 개인정보의 보호를 위해서는 현행 「개인정보보호법」상 규정을 충실히 적용하는 방안 외에는 없으나, 이 경우에도 “국가안전보장과 관련된 정보 분석을 목적

---

37 정부 제출 「국가사이안보법안」 제안이유, 2016. 9. 다만 동 법안은 국정원의 역할을 둘러싼 야당의 반대 등으로 인해 추진동력을 상실하고 문재인 정부 출범 후 사실상 폐기되었다.

으로 수집 또는 제공 요청되는 개인정보의 경우"에 대한 요건을 보다 구체화하는 입법론적 해결을 시도해 봄직하다. 또한 사이버안보 관련 정부기관이 개인정보보호조치, 정보주체의 권리행사와 관련된 지침이나 가이드라인을 자율적으로 제정, 공개하는 것을 고려할 수도 있다. 만약 향후 다시 「국가사이버안보법」이 추진되는 경우 사이버위협정보 공유 시 개인정보보호에 관한 규정을 미국의 CISA를 참고하여 동 법안에 직접 규정하는 것을 고려할 수 있을 것이다. 사이버안보에 관련된 개인정보보호의 경우 사이버위협정보의 광범위성, 즉시성으로 인한 개인정보 침해 가능성의 증대라는 점을 고려하면 일반 개인정보보호법상 규정을 통해 적용 제외를 하는 것보다는 특별법에서 개인정보보호 규정을 두는 것이 타당하다고 보기 때문이다.

제6절 결론

사이버위협정보를 연방기관, 비연방기관 그리고 민간기관과 공유하는 과정에서 필연적으로 발생하는 개인정보의 공유 문제와 관련하여 미국의 사이버안보법제는 엄격한 법령과 가이드라인을 운영하고 있다.

그 내용 중 개인정보보호와 관련해 특별한 의미를 가지는 조항은 첫째, 연방기관은 「2002년 전자정부법」(E-Government Act of 2002)에 따라 개인정보보호 영향평가(Privacy Impact Assessment)를 받거나 또는 개인정보보호 방침(Privacy policy)을 작성하고 게시할 의무, 둘째, 정보공유 전에 사이버안보위협과 직접적 관련이 없는 특정 개인의 개인정보나 특정개인을 식별할 수 있는 정보의 포함 여부를 심사하여 이를 삭제하는 절차를 확보할 의무, 셋째, CISA를 위반하여 공유된 것으로 알려진 개인정보가 있는 경우 연방기관은 해당 미국인에게 적시에 이를 통지하는 절차를 확보할 의무, 넷째, 연방기관이 사이버위협 표지에 CISA에 허용된 사용과 직접 관련이 없는 특정 개인의 개인정보나 특정 개인을 식별할 수 있는 정보가 포함된 것을 알게 된 경우 이를 즉시 파기하는 조치의 의무화 등이다.

　　이러한 특성을 보면 미국이 사이버안보위협정보의 처리과정에서 개인정보 처리에 상당한 주의를 기울이고 있음을 알 수 있다. 전통적으로 미국은 프라이버시 보호와 국가 안보 이슈와의 충돌에서 시기에 따라 강조점을 달리하기는 하였으나 기본적으로 양 이익의 조화를 위해 노력해 왔다고 할 수 있다. 기본적으로 정부의 역할은 한편으로는 시큐리티를 향상시키는 것이고 다른 한편으로는 개인의 자유에 대한 침해를 최소화하는 것이다.[38]

　　사이버위협이 인터넷 네트워크를 통해 전 세계적인 차원에서 진행되고 있다는 점에서 이를 막기 위한 노력은 불가피하게 개인정보보호와의 충돌하게 된다. 그럼에도 불구하고 최대한 개인정보보호를 위한 노력을 기울이는 미국 사이버안보 법제가 우리에게도 시사하는 바가 있다고 할 수 있다.

　　종전에 제안된 「국가사이버안보법」은 개인정보에 관한 특별한 규정을 포함하지 않고 있기 때문에 원칙적으로 사이버안보를 위한 개인정보 공유의 경우에도 「개인정보 보호법」이 적용된다고 할 수 있다. 다만, 현행 「개인정보 보호법」은 국가안전보장과 관련된 정보 분석을 목적으로 수집, 제공 요청되는 개인정보의 경우 「개인정보 보호법」 제3장 등을 적용하지 않기로 되어 있어 자칫 사이버안보가 국가안보 이슈로 되는 경우 개인정보보호가 소홀히 될 우려가 있다. 향후 다시 사이버안보법이 추진되는 경우 미국과 같이 사이버안보법에 개인정보처리에 관한 특별한 규정을 포함하는 방안을 검토할 필요가 있을 것이다.

---

38 Alexander Moens, Seychelle Cushing, Alan W. Dowd, *Cybersecurity Challenges for Canada and the United States*, Fraser institute, 2015, pp. 24-25.

⠿ 참고문헌

박상돈, "미국 사이버안보 정보공유법(CISA)의 규범적 의의", 「융합보안논문지」 17
　　　권 제1호, 한국융합보안학회, 2017.

박영철, "향상화된 사이버위협에 대응하기 위한 정보 공유 방안", 「인터넷법제도
　　　동향」 제119호, KISA, 2017. 8.

이성엽, "사이버위협에 대응한 국가사이버안보법의 제정 필요성 및 고려요소", 「사
　　　이버안보법정책논집」 제2호, 한국사이버안보법정책학회, 2016.

임창균, "미국의 개인정보보호 규제 동향", 「Journal of Communications & Radio
　　　Spectrum」 SPECIAL ISSUE, 한국방송통신전파진흥원, 2013.

전은정 외, "미국의 개인정보보호 법·제도 동향", 「정보보호학회지」 22권 제2호,
　　　2012.

조규범, "미국의 프라이버시 법제에 관한 연구", 「성균관법학」 제17권 제3호,
　　　2005.

조정은, "북미의 사이버안보 입법동향과 시사점", 「사이버안보법정책논집」 제2호,
　　　한국사이버안보법정책학회, 2016.

Alexander Moens, Seychelle Cushing, Alan W. Dowd, *Cybersecurity Challenges
　　　for Canada and the United States*, Fraser institute, 2015.

Brad S. Karp, Paul, Weiss, Rifkind, *Federal Guidance on the Cybersecurity
　　　Information Sharing Act of 2015*, Thursday, March 3, 2016.

George W. Bush, *HOMELAND SECURITY PRESIDENTIAL DIRECTIVE-1,
　　　ORGANIZATION AND OPERATION OF THE HOMELAND SECURITY
　　　COUNCIL*. OCTOBER 29, 2001.

George W. Bush, *THE DEPARTMENT OF HOMELAND SECURITY*, June 2002.

Ieuan Jolly, Loeb & Loeb, *Data protection in the United States: overview*, 2017. 7.

John Evangelakos, Brent J. McIntosh, Jennifer L. Sutton, Corey Omer and Laura
　　　S. Duncan, SULLIVAN & CROMWELL LLP, *The Cybersecurity Act of 2015*,
　　　December 22, 2015.

Lisa J Sotto and Aaron P Simpson, *Data protection and privacy 2015*, Law
　　　Business Research Ltd, 2015.

Michael Leiter, John Carlin, Ivan Fong, Daniel Marcus, Stephen Vladeck, *Ten Years after 9/11: The Changing Terrorist Threat American University National Security Law Brief*, Volume 2 | Issue 1 Article 5, 2012.

Nicholas Bruin, *How the Computer Security Act Affects Cyber Crime and Cyber Security*, June 2, 2018.

Samuel D. Warren & Louis D. Brandeis, *The Right to Privacy*, 4 Harv. L. Rev. 193, 195 (1890).

The Department of Homeland Security, *Homeland Security Act of 2002*, PUBLIC LAW, 107-296-NOV. 25. 2002.

The Department of Homeland Security, The Department of Justice, *The Department of Justice, Privacy and Civil Liberties Final Guidelines*, 2016. 6. 15.

The Department of Homeland Security, The Department of Justice, *Guidance to Assist Non−Federal Entities to Share Cyber Threat Indicators and Defensive Measures with Federal Entities under the Cybersecurity Information Sharing Act of 2015*, June 15.

제9장

인공지능과 사이버안보

박영철*

제1절 인공지능시대의 도래

"인간은 만물의 영장이다"는 명제에 기반하여 만물 가운데 가장 뛰어난 능력을 가졌다고 자부하면서 생활하던 우리의 환경이 변화하고 있다. 인간의 지적 능력을 컴퓨터로 구현하는 과학기술로서의 인공지능은 상황을 인지하고 이성적·논리적으로 판단·행동하며, 감성적·창의적인 기능을 수행하는 능력을 갖추어 가고 있다.

1956년 다트머스 컨퍼런스(Dartmouth Conference)에서 인간처럼 "생각할 수 있는 기계"(thinking machine)를 "Artificial Intelligence"(인공지능)로 부르기로 한 이후,[1] 1960년대까지는 "추론과 탐색을 할 수 있는 기계"를 만드는 것으

---

* 이 논문은 (사)한국공법학회가 2020년 10월 17일 주최한 "2020 한국공법학자대회"에서 발표한 논문을 수정·보완한 것임. [원제] 인공지능과 사이버안보의 법적 과제

1 이 컨퍼런스를 처음으로 제안한 John MaCarthy 교수는 "인공지능에 관한 다트머스 여름 연구 프로젝트 제안"(Dartmouth Summer Research Project on Artificial Intelligence)에서 "모든 학습 양상 또는 그 밖의 지능의 특징은 원칙적으로 기계에게 시뮬레이션할 수 있도록 매우 정교하게 기술할 수 있다는 추측에 근거하여 진행된다. 기계가 언어를 사용하고,

로 미로 찾기, 퍼즐 풀기, 체스 게임 등 특정 문제를 기계가 해결하는 형식으로 연구를 진행하였다. 그 이후 '인간처럼 생각하는 것이 불가능할 수 있다'는 인식 아래 1980년대에는 컴퓨터에 가능한 많은 지식을 넣어 전문가 시스템을 만드는 방식으로 전개되어 이를 활용하는 사람은 전문가의 조언을 듣는 것 같이 느낄 수 있도록 하였다. 그렇지만 언어로 정리하여 입력하고 구조화시키는 데 한계가 있고, 많은 비용이 투입되어야 해서 1990년대에는 그 관심이 반감되었다.[2] 그러나 '지식의 획득 및 관리의 비용 문제'를 해결할 수 있는 기술문제가 해결된 2010년대부터 AI의 산업화가 이루어져 ① 인터넷/웹/소셜데이터와 머신러닝의 산업화, ② 자율주행자동차, 왓슨, 시리의 개발, ③ 딥러닝 기술의 산업화가 이루어지고 있다. 2016년 3월 알파고의 승리를 계기로 이제 인공지능은 모두에게 친숙한 동반자로서 성장해 가고 있다.

특히 상업투자자, 국방전문가, 정책결정자 등의 많은 관심을 받고 있는 인공지능분야는 급속한 기술적 성장을 하고 있는 분야이다. 중국은 2017년 7월 20일 2030년까지 인공지능을 주도하기 위한 전략을 마련하여 공표하였고, 러시아의 Vladimir Putin 또한 "인공지능 분야의 지도자가 세계를 지배한다"고 주장하면서 인공지능기술을 개발하려는 의도를 공개적으로 선언하였다. 미국은 2019년 「인공지능에서 미국의 주도권을 유지하기 위한 행정명령」[3]을 발하였고, 이 행정명령에 따라 「American Initiative」가 착수되어 「국가 인공지능 연구 및 개발 전략 계획」[4]이 수립·공표되었다. 이미 미국의 국방부는 2018년 인공지능을 "전쟁을 하여 승리할 수 있도록 하는" 주요 기술의 하나로 확인한

관념 및 개념을 형성하며, 현재 인간에게 유보된 문제를 해결하고, 스스로 향상시키는 방법을 찾기 위한 시도가 이루어질 것이다. 신중하게 선정된 과학자 집단이 여름 동안 함께 연구한다면 이러한 문제들 가운데 하나 이상에서 상당한 진전을 이룰 수 있다고 생각한다"고 설명하고 있다. <http://jmc.stanford.edu/articles/dartmouth/dartmouth.pdf> (2020. 8. 3. 방문확인).

2 <https://subinne.tistory.com/47> (2020. 8. 3. 방문확인).

3 Executive Order on Maintaining American Leadership in Artificial Intelligence, Executive Order 13859.

4 THE NATIONAL ARTIFICIAL INTELLIGENCE RESEARCH AND DEVELOPMENT STRATEGIC PLAN: 2019 UPDATE.

바 있다.[5] 나아가 미군은 이미 이라크와 시리아에서 인공지능 알고리즘을 이용하여 반란군 표적을 확인하는 "Project Maven"을 통하여 인공지능시스템을 전투에 투입한 바 있다.[6]

우리나라도 2019년 9월 3일 "자유롭고 안전한 사이버공간을 구현하여 국가 안보와 경제 발전을 뒷받침하고 국제평화에 기여"하는 것을 비전으로 하고, ① 국가 주요 기능의 안정적 수행, ② 사이버공격에 빈틈없는 대응, ③ 튼튼한 사이버안보 기반 구축을 목표로 하는 「국가사이버안보 전략 및 기본계획」을 발표하였다. 이 기본계획에서는 인공지능을 활용한 사이버안보를 강화하기로 하고, 사이버공격 탐지역량 강화를 위해 머신러닝 기술을 활용한 동적 분석 기반의 악성파일 탐지 및 사이버공격 통신형태 분석기술 등을 개발하기로 하였다.[7] 이와 같이 세계는 인공지능을 활용하여 온·오프라인에서의 사이버안보의 강화를·위하여 필요한 인공지능기술의 연구·개발을 위한 다양한 정책과 계획을 수립·시행하고 있다.

제2절 인공지능 및 사이버안보의 개념

Ⅰ. 인공지능의 개념

1. 인공지능 개념의 연혁적 정의

비록 그 이름은 1956년에 지어졌지만, 인공지능에 대한 연구는 1940년대부터 시작되었고, 인공지능이 구체화된 것은 1950년 Aaln Turing의 "계산하는 기계와 지능"(Computing Machinery and Intelligence)이라는 논문에서이다.[8] Turing

---

5 Congressional Research Service, Artificial Intelligence and National Security, 2019. 11, p. 1.

6 <https://www.defenseone.com/technology/2017/05/pentagons-new-algorithmic-warfare-cell-gets-its-first-mission-hunt-isis/137833/> (2020. 8. 3. 방문확인).

7 관계부처 합동, 국가 사이버안보 기본계획, 2019. 9. 3.

8 A. M. Turing, "Computing Machinery and Intelligence", Mind 49, 433-460(1950) <https://www.csee.umbc.edu/courses/471/papers/turing.pdf> (2020. 8. 5. 방문 확인);

은 이 논문에서 "기계가 생각할 수 있을까?"라는 질문을 던지면서, 이 물음에 답하기 위한 기준, 즉 '튜링 테스트'를 제안하고,[9] 대화로써 인간과 기계를 구별할 수 없다면 그것이 바로 인공지능일 수 있다고 주장한다. 1990년대 중반까지 큰 관심을 얻지 못하던 인공지능이 폭발적 관심을 얻게 된 것은 2010년 이후 인공지능의 산업화가 이루어지면서부터인데, 그 요인은 ① 전자상거래, 사업, 소셜미디어, 과학 및 정부 등 정보원에서의 빅데이터 이용, ② 기계학습 방법 및 알고리즘을 극적으로 개선할 수 있는 원자재(raw material)의 제공, ③ 보다 강력한 컴퓨터의 능력 등 3가지로 집중된다.[10]

보편적으로 인정되는 인공지능의 개념은 없다. "지능이 필요하다고 일반적으로 생각하는 행동을 나타내는 전산시스템(computerized system)" 또는 "어떤 현실 세계의 상황에 직면하더라도 그 목표를 달성하려고 적절한 행동을 하거나 복잡한 문제를 합리적으로 해결할 수 있는 시스템" 등으로 정의한다. 벤처투자자인 Frank Chen은 인공지능을 논리적 추론, 지식 표현, 계획 및 항법(planning and navigation), 자연어 처리, 그리고 인지 등 5가지 범주의 문제로 구분하고 있다. Pedro Domingos는 인공지능 연구자들은 연구방법에 따라 ① 추상적 상징에 근거하여 논리적 추론을 하는 "상징주의자"(symbolist), ② 인간의 뇌에서 영감을 받아 구조를 만드는 "연결주의자"(connectionists), ③ 다윈의 진화론에 영감을 받은 방법을 이용하는 "진화론자"(evolutionaries), ④ 확률적 추론(probabilistic inference)을 이용하는 "베이즈주의자"(Bayesians), ⑤ 이전에 본 유사 사례에서 추론하는 "유추론자"(analogizer) 등 5가지 부족(部族)으로 표현하고 있다.[11]

"계산하는 기계와 지능"의 번역본은<http://kimyonghun.blogspot.com/2013/04/computing-machinery-and-intelligence.html> (2020. 8. 5. 방문 확인) 참조.

9 또한, 기계가 어린아이의 경험만큼 많이 학습하도록 프로그램될 가능성을 제기하고 있다.

10 Executive Office of the President National Science and Technology Council Committee on Technology, PREPARING FOR THE FUTURE OF ARTIFICIAL INTELLIGENCE, 2016. 10, p. 6.

11 Frank Chen, "AI, Deep Learning, and Machine Learning: A Primer," Andreessen Horowitz, June 10, 2016, http://a16z.com/2016/06/10/ai-deep-learning-machines.; Pedro Domingos, The Master Algorithm: How the Quest for the Ultimate Learning

인공지능 초기의 연구는 대부분 '인간처럼 생각하는 시스템'과 '합리적으로 행동하는 시스템'으로의 접근을 하였지만, 딥러닝 등장 이후에는 '합리적으로 생각하는 시스템'과 '인간처럼 행동하는 시스템'으로의 접근이 주류를 이루고 있다. 인공지능의 개념에 대해서는 다양한 정의가 이루어지고 있다. Stuart Russel & Peter Norvig은 대표적인 8개의 정의를 [표 1]과 같이 정리하면서 첫째, 사고과정 및 추론, 둘째, 행동을 중심으로 이를 유형화하였다. 왼쪽에 있는 것은 인간의 능력에 충실하다는 의미에서의 성공을 다루고, 오른쪽은 우리가 합리성(rationality)이라고 부르는 지능의 이상적(ideal) 개념을 다룬다. 어떤 시스템이 자신의 지식으로 "정확한 일"(right thing)을 한다면 그 시스템은 합리적(rational)이다. 연혁적으로 인간을 중심으로 한 접근방식과 합리성을 중심으로 한 접근방식이 존재하여 왔다. 인간 중심의 접근방식은 가설과 실험적인 확인을 포함하는 '경험과학'이고, 합리주의적 접근방식은 수학과 공학의 조화를 포함한다.[12]

[표 1] 인공지능에 관한 연혁적 정의[13]

인간처럼 생각하는 시스템	합리적으로 생각하는 시스템
• "인간의 사고와 결합한 활동, 즉 의사결정, 문제해결, 그리고 학습과 같은 활동의 자동화" (R. Bellman, 1978) • "컴퓨터를 생각하도록 하는 흥미로운 새로운 노력, 문자 그대로 마음을 가진 기계" (Haugeland, 1985)	• "계산모델(computational models)을 이용한 정신능력의 연구"(Charniak and McDermott, 1985) • "지각, 추론 그리고 행동 가능하게 하는 계산 연구(study of computations)"(Winston 1992)
인간처럼 행동하는 시스템	합리적으로 행동하는 시스템
• "인간처럼 지능을 필요로 하는 그런 기능을 수행하는 기계를 창조하는 기술(Kurzwell, 1990) • "인간이 더 잘하는 것을 어떻게 하면 컴퓨터가 하게 만들지를 연구하는 것"(Rich and Knight, 1991)	• "계산과정의 측면에서 지능적 행동(intelligent behavior)을 설명하고 모방하려는 연구 분야"(Schalkoff, 1990) • "지능적 행동의 자동화와 관련한 컴퓨터 과학의 분야"(Luger and Stubblefield, 1993)

Machine Will Remake Our World(Basic Books, 2015); ibid., p. 7.

12 Stuart Russel & Peter Norvig, Artificial Intelligence: A Modern Approach(Prentice Hall, 2010), pp. 1-2.

13 ibid., p. 2.

2. 미국에서의 인공지능의 개념 정의

미국의 「2019 회계연도 국방수권법」(National Defence Authorization Act for Fiscal Year 2019)은 인공지능에 대한 구체적 개념 정의를 하고 있지는 않고 있다. 그렇지만 인공지능에는 ① 상당한 인간의 감독 없이 다양하고 예측불가능한 상황에서 임무를 수행하거나 경험을 통해 학습하며 데이터 세트가 주어지면 그 '성능을 향상시키는 인공시스템', ② 인간과 같은 인식, 인지, 계획, 학습, 소통, 물리적 행동을 필요로 하는 임무를 해결하는 컴퓨터 소프트웨어, 물리적 하드웨어, 또는 그 밖의 환경에서 '개발된 인공시스템', ③ 인지적 아키텍처 및 신경망을 포함한 인간처럼 생각하고 행동하도록 '고안된 인공시스템', ④ 인지과제에 접근하도록 설계된, 기계학습과 같은 '일련의 기술', ⑤ 인식, 계획, 논리적 사고, 학습, 소통, 의사결정 및 행동을 통해 목적을 달성하는 지능형 소프트웨어 에이전트 또는 형체가 있는 로봇을 포함한 '이성적으로 행동하도록 설계된 인공시스템'을 포함한다고 규정하고 있다(Sec.238(g)).[14]

미국에서의 인공지능의 개념 정의와 관련하여 흥미로운 것은 "자동화시스템"(automated system), "자율성"(autonomy), "로봇"(robot)과의 관계를 정립하고 있다는 점이다. 즉, "자동화시스템"은, Andrew Ilachinski에 따르면, "전형적으로 구조적이고 불변의 환경에서 인간 오퍼레이터가 전혀 개입하지 않거나 제한적으로 개입하여 기능하는 물리적 시스템, 그리고 시스템의 기능이 달성하여야 하는 특별한 일련의 행동으로 제한된다. …전형적으로 이러한 것은 간단한 대본에 따른 또는 규칙에 기반한 지시에 따라 미리 결정된 대응을 하는 명확한 임무(well-defined tasks)이다"라고 정의한다.[15] 또한 자동화시스템은 "기능별로 입력(input) 및 지시를 하는 인간 오퍼레이터 없이 자동적으로 작업

---

14 2019년 2월 11일 공포된 「행정명령 제13859호」에 따르면 인공지능에 대한 구체적 정의를 하고 있지는 않지만, 인공지능에는 "핵심 인공지능 기술 연구개발(R&D), 인공지능 원형 시스템, 인공지능 기술의 적용 및 적응, 인공지능 구조 및 시스템 지원, 인공지능 사이버인프라, 데이터세트, 기준 등"을 포함한다고 규정하고 있다(Sec.9).

15 Andrew Ilachinski, AI, Robots, and Swarms, Issues, Questions, and Recommended Studies, Center for Naval Analysis, January 2017, p. 6.

하도록 설계되고 프로그램된 소프트웨어 및 하드웨어의 결합"을 말한다.[16] "자율성"이란 시스템 스스로 상황 인식(통합적 센싱, 인지, 그리고 분석), 계획, 그리고 의사결정에 근거하여 정해진 임무를 달성하기 위한 자기 지배의 조건이나 질을 말한다.[17] "로봇"이란 직접 인간의 통제, 컴퓨터의 통제, 또는 양자의 결합에 따라 일련의 행동을 수행할 수 있는 전동기계(powered machine)를 말하고, 최소한 플랫폼, 소프트웨어, 그리고 전원으로 구성한다.[18]

　인공지능, 자동화시스템, 자율성, 로봇 사이의 관계에 대하여 많은 논의가 있었지만, 이들 개념은 혼용되고 있다. 예를 들면, 자동화시스템은 엄격하게 규칙에 기반하고, 자율시스템은 인공지능을 말한다고 주장하면서 자동화시스템과 자율시스템을 시스템의 복잡성에 근거하여 설명하고 있다. 미국의 국방부는 자율무기체계(autonomous weapon system)[19]를 시스템의 복잡성이 아닌 목표물 선정 및 교전에서 인간의 개입없이 처리할 수 있는 기능의 한 유형으로 설명하고 있다. 또한 인공지능을 인지임무를 자동으로 처리하는 수단으로, 물

16　<http://www.padakuu.com/article/1-difference-between-manual-and-automated-system-manual-system-vs-automated-system> (2020. 8. 8. 방문확인).

17　Congressional Research Service, Artificial Intelligence and National Security, p. 3.

18　ibid.

19　"자율무기체계" 또는 "치명적 자율무기체계"(Lethal Autonomous Weapon System; "LAWS")(살인로봇)란 일단 활성화되면 인간 오퍼레이터의 개입없이 목표물을 선택하여 교전하는 무기체계를 말한다. 여기에는 무기체계의 운용을 중단시키기 위하여 인간 오퍼레이터의 승인이 필요하지만, 활성화 후에는 추가적인 인간의 input 없이 목표물을 선택하여 교전할 수 있는 "인간이 감독하는 자율무기체계"(human-supervised autonomous weapon systems)를 포함한다. "반자율무기체계"(semi-autonomous weapon system)란 활성화되면 인간 오퍼레이터가 선택한 개별 목표물 또는 집단 목표물과 교전하도록 의도된 무기체계를 말한다. 반자율무기체계에는 자율적 교전 관련 기능을 채택하고 있지만, 교전을 위한 개별 또는 집단 목표물을 선택할 결정권을 인간이 보유하고 있는 한, 목표물을 포착, 추적, 확인하고, 잠재적 목표물을 인간 오퍼레이터에게 알리며, 선택된 목표물을 우선 처리하고, 발포 시기를 정하며, 또는 선택된 목표물을 향해 나아가도록 최종 가이던스(terminal guidance)를 제공하는데 그치지는 않는다(Department of Defense Directive 3000.09. Autonomy in Weapon Systems). 국제적십자위원회(ICRC)는 자율무기체계를 "결정적 기능에서 자율성을 가진 무기체계, 즉, 인간의 개입없이 목표물을 선택하여 공격할 수 있는 무기체계"로 정의하면서, 자율무기체계는 결정적 기능에서 자율성이 인정되므로 개별적 무기의 범주는 아니라고 한다. ICRC, Autonomy, artificial intelligence and robotics: Technical Aspects of Human Control, 2019. 9, p. 7.

리적 임무를 자동으로 처리하는 로봇으로 설명하고 있다. 그렇지만 아직까지는 인공지능이 기능하는 방식을 설명하기에는 충분하지 않지만, 이들 사이의 관계는 다음과 같이 나타낼 수 있다.[20]

[그림 1] 자동화시스템, 인공지능, 자율성, 로봇의 관계[21]

3. EU에서의 인공지능의 개념 정의

2019년 4월 EU의 "인공지능에 관한 독립적 고급전문가 그룹"(Independent High-Level Expert Group on Artificial Intelligence)이 발간한 "인공지능의 정의: 주요 능력 및 훈련"(A Definition of AI: Main Capabilities and Disciplines)에서 인공지능을 다음과 같이 정의하고 있다. 즉, "인공지능"이란 특수한 목표를 달성하려고 어느 정도의 자율성을 가지면서 자신의 상황을 분석하고 행동함으로써 지능적 행동(intelligent behaviour)을 보여주는 시스템을 말한다. 그런데 인공지능의 개념에 대하여 다양성이 존재하는 이유는 "지능"의 개념이 모호하기 때문이라고 설명하고 있다. 비록 지능에 대하여 심리학자, 생물학자 및 신경과학자 등이 많은 연구를 하여 왔지만, 이에 대한 정확한 정의가 이루어지고 있지는 않다. 인공지능은 대부분 최적화된 일정한 기준과 이용 가능한 자원을 제시하고 일정한 목표를 달성하는 데 취하여야 하는 최선의 행동을 선택할 능력

20 Congressional Research Service, Artificial Intelligence and National Security, p. 4.
21 ibid.

을 "합리성"에 기초하여 연구되고 있다.[22]

(1) 인공지능시스템

"가상세계에서 활동(즉, 음성지원, 이미지 분석 소프트웨어, 검색엔진, 음성 및 안면 인식시스템)하는 인공지능시스템은 전적으로 소프트웨어에 기반할 수 있거나 하드웨어 디바이스에 내장될 수 있다(즉, 고급 로봇, 자율주행 자동차, 드론 또는 IoT 애플리케이션)."[23] 인공지능시스템은 합리성에 기반하고 있는데, 합리성을 달성하기 위하여 시스템이 센서를 이용하여 환경을 인지하여 데이터를 수집·해석하고, 인지된 것을 추론하거나 데이터에서 파생된 정보를 처리하며, 최선의 행동을 결정하고, 일정한 액츄에이터(actuator)를 통하여 행동하여 환경을 변경할 수 있다. 이를 그림으로 표현하면 다음과 같다.

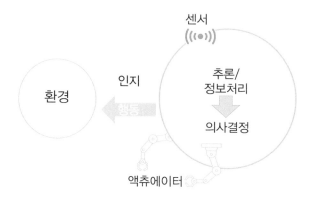

[그림 2] 인공지능시스템의 개념도[24]

---

22 아래의 내용은 Independent High-Level Expert Group on Artigicial Intelligence, A Definition of AI: Main Capabilities and Disciplines, 2019를 요약·정리한 것이다.

23 Communication from the Commission to the European Parliament, the European Council, the Council, the European Economic and Social Committee and the Committee of the Regions on Artificial Intelligence for Europe, Brussels, 25. 4. 2018 COM(2018) 237 final.

24 Independent High-Level Expert Group on Artigicial Intelligence, A Definition of AI: Main Capabilities and Disciplines, p. 2.

1) 센서와 인지

[그림 2]에서 보는 바와 같이 시스템의 센서는 카메라, 마이크, 키보드, 웹사이트 또는 그 밖에 입력 디바이스는 물론 온도, 압력, 거리, 힘/토크, 촉각 센서 등을 말하는데, 인공지능시스템은 인간 디자이너가 제시하고 있는 목표에 적합한 환경의 데이터를 인지하는 센서를 보유하여야 한다.

2) 추론/정보처리 및 의사결정

인공지능시스템의 핵심은 추론/정보처리 및 의사결정 모듈로서 센서로부터 데이터를 수집하여 추론/정보처리모듈이 이해할 수 있는 정보로 변환시키고, 취하여야 할 행동을 제안하고 달성할 목표를 제시한다. 추론/정보처리모듈은 ① 데이터를 정보로 변환시켜 그 정보를 만들고, ② 추론을 하거나 최선의 행동을 결정[25]하려고 정보를 수치모델(numeric model)로 처리한다.

3) 행동

행동이 결정되면 인공지능시스템은 이용 가능한 액츄에이터를 통하여 수행할 준비를 마치는데, 액츄에이터는 물리적인 것에 국한되는 것은 아니고, 소프트웨어일 수도 있다. 수행된 행동은 환경을 변경하여 그 결과 시스템은 변경된 환경에서 다양한 정보를 인식하기 위하여 센서를 활용하여야 한다.

결국 합리적 인공지능시스템은 자신의 목표를 위한 최선의 행동을 항상 선택하는 것이 아니라 시간 또는 처리능력의 한계 때문에 제한적 합리성을 달성하는 것이다. 따라서 환경을 변경시킬 수는 있지만 더 나은 목표를 성취하기 위하여 자신의 행동을 변경할 수는 없다.

(2) 과학적 교육훈련으로서의 인공지능

인공지능은 인지, 추론/의사결정, 그리고 작동(actuation) 등 3가지 능력에 근거하여 정의할 수 있지만, 다양한 시스템의 능력을 언급하기 위해서는 인공지능시스템의 구축을 위하여 이용되고 있는 인공지능 기술 및 교육훈련 내용

---

25 여기에서의 결정은 넓게 생각하여 취할 행동을 선택하는 것을 말하는 것이지 반드시 인공지능 시스템이 자율적이어야 한다는 것을 말하는 것은 아니다. 또한 결정은 최종결정자인 인간에게 제공되는 여러 추천 결정 가운데 하나를 선택하는 것일 수 있다.

을 도입하고 이해하여야 한다. 그 기술은 추론 및 학습 능력 등 2가지로 집약할 수 있다.

1) 추론 및 의사결정

이 기술은 지식 표현 및 추론, 계획, 스케줄링, 탐색, 그리고 최적화를 포함하고, 센서를 통하여 수집한 데이터의 추론을 허용한다. 이를 실행하기 위하여서는 데이터를 지식으로 전환하여야 하고, 그 지식을 만들기 위한, 즉 지식 표현을 위한 최선의 방법과 관계있다. 지식이 만들어지면, 다음 단계는 계획 및 스케줄링 활동, 대규모 솔루션 세트 탐색, 모든 가능한 솔루션 가운데 상징적 규칙(symbolic rule)을 통한 지식추론(knowledge reasoning)이다. 그리고 마지막 단계는 취하여야 하는 행동 결정이다. 이와 같은 추론/의사결정은 매우 복잡하고 여러 기술이 혼화되어야 한다.

2) 학습능력

이 기술에는 머신러닝, 신경망(neural networks), 딥러닝, 의사결정 트리(decision trees), 그리고 그 밖에 많은 학습기술이 포함된다. 이 기술을 통하여 인공지능시스템은 문제해결방법을 학습하는데, 문제해결방식은 정확하게 명시할 수 없고, 상징적 추론 규칙으로 표현할 수도 없다. 그 예는 말과 언어 이해 인지능력은 물론 컴퓨터 비전 또는 행동 예측과 관련된다. 이것은 인간에게는 쉬운 문제이지만, 인공지능시스템에게는 쉬운 문제가 아니다. 왜냐하면 인공지능시스템은 상식추론에 의존할 수 없고, 특히 비정형 데이터의 경우에는 이를 해석하여야 하는 어려움이 존재하기 때문이다. 이를 해결하기 위하여 다양한 학습방법이 존재하는데, 그 대표적인 것인 머신러닝이다. 그렇지만 머신러닝은 인지보다 더 많은 임무를 위하여 이용될 수 있으며 데이터로부터 결정을 하기 위하여 이용되는 수치모델, 즉, 수학공식을 생산한다.[26] 신경망은 머신러닝 도구이지만, random forests와 bosted trees, clustering methods, matrix factorization 등 상이한 특성을 가지고 있다. 로보틱스(robotics)란 "물리세계에서 작동하는 인공지능"을 말하고, "내장형 인공지능"(embedded AI)이

---

[26] 머신러닝 가운데 가장 많이 사용되는 방법은 지도학습(supervised learning), 비지도학습, 그리고 강화학습이다.

라고 부르기도 한다. 로봇은 물리적 기계로서 물리적 세계의 역동성, 불확실성 그리고 복잡성에 적용하여야 한다. 인지, 추론, 행동, 학습은 물론 다른 시스템과의 상호작용 능력은 로봇시스템의 통제아키텍처와 통합되어 있다. 지금까지 언급한 것을 정리하면 다음과 같은 그림으로 표현할 수 있다. 다만, 주의할 것은 인공지능은 그림보다 더 많은 하위 분야 및 기술을 포함하고 있어서 그림보다 더 복잡하고, 로봇은 인공지능 공간 외부의 기술에 더 의존하고 있다는 것에 주의하여야 한다.

[그림 3] 인공지능 하위분야 및 그 관계의 개관

4. 우리나라에서의 인공지능의 개념 정의

과학기술정보통신부는 인공지능을 단순 신기술이 아닌 4차 산업혁명을 촉발하는 핵심 동력으로 보고, "인지, 학습 등 인간의 지적능력(지능)의 일부 또는 전체를 '컴퓨터를 이용해 구현하는 지능'"으로 인공지능을 정의하고 있다.[27] 인공지능의 개념을 법률에서 특별히 정의하고 있지는 않다. 물론 기술변화에 따라 그 개념이 가변적이므로 이를 구체적으로 규정하는 것은 오히려 시대변화에 적응하지 못하거나 그 기술개발을 어렵게 하는 상황을 만들어 낼 수 있다. 따라서 기술적 개념을 구체적으로 법률로 규정하는 것은 바람직하지 않

---

27 과학기술정보통신부, 「I-Korea 4.0 실현을 위한 인공지능(AI) R&D 전략」, 2018. 5.

을 수 있다.

현행 법률에서는 "인공지능"이라는 용어보다는 "지능" 또는 "자율"이라는 용어를 선호하는 듯하다. 즉, 「지능형로봇법」에서는 "지능형 로봇"을 "외부환경을 스스로 인식하고 상황을 판단하여 자율적으로 동작하는 기계장치(기계장치의 작동에 필요한 소프트웨어를 포함한다)를 말한다"고 정의하고 있다(제2조 제1호). 그러므로 "지능"이란 "외부환경을 스스로 인식하고 상황을 판단하여 자율적으로 동작[하는 것]"을 말한다고 할 수 있다. 그리고 2020년 6월 개정된 「지능정보화 기본법」에서는 "지능정보기술"을 ① 전자적 방법으로 학습·추론·판단 등을 구현하는 기술, ② 데이터(부호, 문자, 음성, 음향 및 영상 등으로 표현된 모든 종류의 자료 또는 지식을 말한다)를 전자적 방법으로 수집·분석·가공 등 처리하는 기술, ③ 물건 상호간 또는 사람과 물건 사이에 데이터를 처리하거나 물건을 이용·제어 또는 관리할 수 있도록 하는 기술, ④ 「클라우드컴퓨팅 발전 및 이용자 보호에 관한 법률」 제2조 제2호에 따른 클라우드컴퓨팅기술, ⑤ 무선 또는 유·무선이 결합된 초연결지능정보통신기반 기술, ⑥ 그 밖에 대통령령으로 정하는 기술 또는 그 결합 및 활용 기술로 정의하고 있다(제2조 제4호).

「자동차관리법」 제2조 제1호의3은 "자율주행자동차"를 "운전자 또는 승객의 조작 없이 자동차 스스로 운행이 가능한 자동차"로 정의하고 있다.[28] 그리고 「자율주행자동차법」은 "자율주행시스템"을 "운전자 또는 승객의 조작 없이 주변상황과 도로 정보 등을 스스로 인지하고 판단하여 자동차를 운행할 수 있게 하는 자동화 장비, 소프트웨어 및 이와 관련한 모든 장치"로 정의하고 있다(제2조 제2호). 「지능형해상교통정보법」에 따른 "지능형 해상교통정보시스템"은 해상교통정보를 수집·저장·검색·분석·가공·관리하고, 지능형 해상교통정보서비스를 효과적으로 제공하기 위하여 컴퓨터의 하드웨어, 소프트웨어 및 데이터베이스 등을 유기적으로 연계하여 구축·운영하는 정보시스템을 말

---

28 자율주행자동차는 부분자율주행자동차와 완전자율주행자동차로 구분한다. "부분자율주행자동차"란 자율주행시스템만으로는 운행할 수 없거나 운전자가 지속적으로 주시할 필요가 있는 등 운전자 또는 승객의 개입이 필요한 자율주행자동차를 말하고, "완전자율주행자동차"란 자율주행시스템만으로 운행할 수 있어 운전자가 없거나 운전자 또는 승객의 개입이 필요하지 아니한 자율주행자동차를 말한다(「자율주행자동차법」 제2조 제2항).

한다(제2조 제5호). 따라서 인공지능의 범주에 속한다. 그렇지만 「지능형전력망법」에 따른 "지능형 전력망"이란 전력망에 정보통신기술을 적용하여 전기의 공급자와 사용자가 실시간으로 정보를 교환하는 등의 방법을 통하여 전기를 공급함으로써 에너지 이용효율을 극대화하는 전력망을 말하므로(제2조 제2호), 인공지능의 범주에 속하지는 않는다.

제3절 사이버안보의 개념

정부는 2011년 8월 '3.4 DDoS 공격', '농협 전산망 장애사건' 등을 계기로 고도화·지능화되어가고 있는 국가 사이버위협에 보다 효율적으로 대응하기 위한 범국가 차원의 종합적인 대응 전략으로서의 '국가 사이버안보 마스터플랜'을 수립한 바 있다.[29] 정부 차원에서는 이 마스터플랜에서 처음으로 '사이버안보'라는 용어를 사용하였고, 그 이전에는 '사이버보안' 또는 '사이버안전'이라는 용어를 사용하였다. 사이버안보, 사이버보안, 사이버안전 가운데 법령에서 그 개념을 정의하고 있는 것은 '사이버안전'이다.

"사이버안전"이란 사이버공격으로부터 국가정보통신망을 보호함으로써 국가정보통신망과 정보의 기밀성·무결성·가용성 등 안전성을 유지하는 상태를 말한다(「국가사이버안전관리규정」 제2조 제3호).[30] 사이버보안이라는 개념과 별도로 사이버안전이라는 개념이 사용된 배경은 「국가사이버안전관리규정」 제정 당시 참여정부가 사이버보안에서 보안이라는 개념이 가진 과거의 부정적인 어감을 고려하여, 사이버보안이라는 용어가 아닌 새로운 용어를 찾았고 그

---

29 마스터플랜에서는 사이버공간을 영토·영공·영해에 이어 국가가 수호해야 할 또 하나의 국가영역으로 인식하고, '예방, 탐지, 대응, 제도, 기반' 등 5대 분야의 중점 전략과제를 선정하여 추진하기로 한 바 있다. 자세한 것은 방송통신위원회 보도자료, "정부, 「국가 사이버안보 마스터플랜」 수립 – 국가 사이버공간 수호를 위한 범정부 차원의 청사진 마련 – ", 2011. 8. 8.
30 "사이버공격"이라 함은 해킹·컴퓨터바이러스·논리폭탄·메일폭탄·서비스방해 등 전자적 수단에 의하여 국가정보통신망을 불법침입·교란·마비·파괴하거나 정보를 절취·훼손하는 일체의 공격행위를 말한다(「국가사이버안전관리규정」 제2조 제2호).

결과 '사이버안전'이라는 새로운 개념이 등장하였다고 한다.[31]

대통령훈령인 「국가사이버안전관리규정」에 의하여 사이버안전의 개념이 정의되고 있는데 반하여, 사이버보안과 사이버안보에 대한 개념 정의는 명확하게 이루어지고 있지는 않다. 다만 사이버보안과 사이버안전은 사이버공간 및 정보통신망을 대상으로 하는 사이버위협 또는 공격으로부터 무결성, 가용성, 기밀성의 유지를 목적으로 한다는 점에서 이들 두 개념의 차이를 발견하기 어렵다.

사이버보안과 사이버안전의 개념과 유사한 개념으로 「지능정보화기본법」과 「정보보호산업의 진흥에 관한 법률」의 '정보보호'의 개념을 고려할 수 있다. 「지능정보화기본법」에 따르면 "정보보호"란 정보의 수집·가공·저장·검색·송신 또는 수신 중 발생할 수 있는 정보의 훼손·변조·유출 등을 방지하기 위한 관리적·기술적 수단, 즉 "정보보호시스템"을 마련하는 것을 말한다(제2조 제15호). 또한 「정보보호산업법」에 따르면 "정보보호"란 ① 정보의 수집, 가공, 저장, 검색, 송신, 수신 중에 발생할 수 있는 정보의 훼손, 변조, 유출 등을 방지 및 복구하거나, ② 암호·인증·인식·감시 등의 보안기술을 활용하여 재난·재해·범죄 등에 대응하거나 관련 장비·시설을 안전하게 운영하기 위한 관리적·기술적·물리적 수단, 즉 "정보보호시스템"을 마련하는 것을 말한다(제2조 제1호). 양 법률의 개념 정의의 차이점은 「정보보호산업법」이 '보안기술의 활용을 통한 재난 등에 대응하거나 관련 장비·시설의 안전한 운영을 위한 물리적 수단'을 정보보호의 개념에 추가하고 있다는 점이다.

초연결사회에서 교통시스템, 주택, 상·하수도, 전력망, 정보통신망 등의 사회인프라와 함께, 장래적으로 인공기능이 탑재된 로봇 등과 더불어 우리 인간은 생활을 하면서 물리적 세계를 유지하고 형성하여 간다. 그런데 정보통신기술에 기반한 IoT, 센서 또는 각종 디바이스 등을 통하여 다양하고 방대한 양의 데이터를 수집하여 사이버공간에서 그 데이터를 처리하여 인간의 물리적 생활의 안전성과 편리성 등을 인지, 분석, 예측한다. 이와 같이 물리적 세계와

---

31 한국인터넷진흥원, 「사이버 보안법제 선진화 방안 연구」(방송통신위원회, 2011. 12), 286쪽.

사이버 세계가 서로 융합하여 서로 밀접하게 상호작용을 하는 "사이버–물리세계"에서 생활한다. 초연결사회는 정보통신기반시설을 통해 구현되는데, 여기에서 "정보통신기반시설"이라 함은 국가안전보장·행정·국방·치안·금융·통신·운송·에너지 등의 업무와 관련된 전자적 제어·관리시스템 및 정보통신망을 말한다(「정보통신기반보호법」 제2조 제1호).[32] 결국 정보통신기반시설에 의하여 국가와 사회는 서로 연결되어 상호작용을 하므로, 국가와 사회를 엄격하여 구별하여 사이버보안 및 사이버안보라는 개념을 각각 구분하여 사용하는 것은 현실적이지 않다.

"정보"를 중심으로 그 무결성, 기밀성, 가용성, 책임성을 보장하려는 "사이버보안" 및 사이버공격으로부터 국가정보통신망을 보호하려는 "사이버안전"과는 달리 "사이버안보"는 사이버공간은 물론 그와 연결된 현실 생활공간에 대한 사이버위협 또는 공격을 전제로 한다.[33] 일반적으로 사이버위협 또는 공격은 다양성, 복잡성, 그리고 대담성으로 인하여 사이버안보의 대상을 확정하기는 매우 어렵다. 사이버위협 또는 공격의 대상은 국가, 사회, 또는 개인이될 수 있고, 그 유형 또는 방법에 따라 사이버전쟁 또는 무력공격, 사이버첩보행위, 사이버테러, 사이버범죄, 사이버침해사고 등으로 분류될 수 있다.[34]

사이버안보는 사이버심리전, 이메일이나 전화 등의 도·감청 등을 통한 정보수집 또는 첩보활동을 중심으로 하는 것이 아니라 발전소, 금융전산망, 인

---

[32] 각 중앙행정기관의 장은 소관분야의 정보통신기반시설 가운데 ① 당해 정보통신기반시설을 관리하는 기관이 수행하는 업무의 국가·사회적 중요성, ② 당해 기관이 수행하는 업무의 정보통신기반시설에 대한 의존도, ③ 다른 정보통신기반시설과의 상호 연계성, ④ 침해사고가 발생할 경우 국가안전보장과 경제·사회에 미치는 피해 규모 및 범위, ⑤ 침해사고의 발생 가능성 또는 그 복구의 용이성 등 5개 기준에 따라 전자적 침해 행위로부터 보호해야 할 필요가 있다고 인정되는 시설을 주요정보통신기반시설로 지정할 수 있다. 2019년 12월 기준으로 공공분야 141개와 관리기관 265개 시설, 민간분야 91개와 관리기관 149개 시설 등 총 414개의 주요정보통신기반시설을 지정·관리 중이다(2020 국가정보보호백서, 90쪽).

[33] 사이버위협에 대한 법률적 정의는 없지만, 국가기록원훈령인 「국가기록원 사이버안전센터 운영지침」에 따르면 "사이버위협"이란 해킹·컴퓨터바이러스·서비스방해 등 전자적 수단에 의하여 정보통신망을 불법침입·교란·마비·파괴하거나, 정보를 위조·변조·절취·훼손·유출하는 일체의 위협행위를 말한다(제4조 제2호).

[34] 김인중, "국가사이버안보전략 수립의 필요성과 추진 전략", 「사이버공간과 국가안보」(국가 안보전략연구소 학술회의, 2014. 4), 58쪽.

터넷접속망, 국가정보통신망, 침해사고대응지원시스템, 발전제어시스템, 천연가스생산제어시스템 등 주요정보통신기반시설에 대한 사이버위협 또는 공격에 대한 방어를 그 핵심으로 한다. 이러한 점에 기초하여 볼 때, '사이버안보'란 "사이버위협 또는 공격을 예방 또는 탐지하거나 적절한 대응을 하여 국가의 안전보장, 질서유지 그리고 국민의 자유와 권리를 보호하는 것"을 말하고, 사이버보안 및 사이버안전을 포괄한다.[35]

　　사이버안보는 「헌법」 제37조 제2항에 근거한다. 즉, 기본권 제한의 목적 가운데 국가안전보장 및 질서유지에 근거한다. 지금까지의 우리의 논의는 사이버안보를 국가적 법익을 중심으로 논의하여 국가안전보장에 치우쳐 왔지만, '사이버-물리 세계'에서 국가안전보장과 질서유지는 불가분의 관계로서 국가안전보장은 물론 질서유지도 함께 보장하여야 한다. "국가의 안전보장"이란 국가의 존립, 헌법의 기본질서의 유지 등을 포함하는 개념으로서 결국 국가의 독립·영토의 보전·헌법과 법률의 기능·헌법에 의하여 설치된 국가기관의 유지 등을 말한다.[36] "질서유지"란 국민이 평온하고 안전하게 생활을 유지하는 것을 말한다. 「헌법」 제37조 제2항의 국가안전보장 및 질서유지에 근거할 때, 사이버안보의 확보를 위한 국가의 정책을 수립하는 정당성을 확보할 수 있고, 기본권 제한의 정당성 또한 확보할 수 있다.

제4절 인공지능의 응용과 사이버안보의 강화

Ⅰ. 민간부문에서의 인공지능의 응용

　　민간부문에서는 인공지능을 활용한 사이버보안 테스트를 하고 있는 경우가 증가하고 있다. 그 이유는 초연결사회로 진입하면서 IoT, 네트워크, 소

---

35 정부가 2017년 1월 제안한 「국가사이버안보법안」에 따르면 "사이버안보"란 사이버공격으로부터 사이버공간을 보호함으로써 사이버공간의 기능을 정상적으로 유지하거나 정보의 안전성을 유지하여 국가의 안전을 보장하고 국민의 이익을 보호하는 것을 말한다(제2조 제4호).

36 헌법재판소 1992. 2. 25. 선고 89헌가104 결정.

프트웨어 등이 서로 연결되어 사이버위협이 증가하고, 사이버공격 또한 정교해지고 지속적으로 증가하고 있으며, 그에 따른 피해 규모도 폭발적으로 증가하고 있다. 기업이 성장하면 할수록 그에 따라 사이버위협 또는 공격 또한 증가한다.

2018년 Capgemini Research Institute는 소비재, 소매, 은행, 보험, 자동차, 유틸리티, 통신 등 7개 산업분야 850명의 임원을 대상으로 사이버보안에서의 인공지능 활용 조사를 실시하였다. 그 결과 약 21%의 임원은 자신들의 조직이 네트워크, 디바이스, 애플리케이션 또는 데이터에 불법 접근으로 이어진 사이버보안을 위반하였다고 응답하였고, 14%의 임원은 다음 12개월 동안 2배 이상의 사이버 공격을 예상하고 있다. 사이버보안 위반으로 인하여 지출한 비용은 20% 이상의 기업이 5천만 달러 이상을 지출하였고, 특히, 통신회사 고객정보는 사이버 공격의 좋은 먹잇감으로, 통신회사의 40%가 5천만 달러 이상의 사이버보안 위반에 따른 금전적 피해를 받았다고 보고하고 있다.[37]

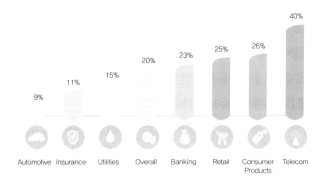

[그림 4] 5천만 달러 이상의 금전적 피해를 경험한 기업의 유형[38]

사이버공격으로부터 벗어나기 위하여 기업들은 인공지능의 채택을 시험하고 있다. 대체로 73%의 기업이 이러한 시험을 수행하고 있고, 인공지능이

37 Capgemini Research Insitute, Reinventing Cybersecurity with Artificial Intelligence: The new frontier in digital security, 2019, p. 6.

38 Ibid.

내장된 보안제품을 28%의 기업이 사용하고 있으며, 30%의 기업이 인공지능 알고리즘을 이용하고 있고, 42%의 기업이 독점적 솔루션 및 내장 제품을 사용하거나 사용할 계획을 가지고 있다. 인공지능을 사용하는 부문은 네트워크보안, 데이터보안, 그리고 엔드포인트보안[39] 등의 순으로 응답하였다.

[그림 5] 사이버안보에서 인공지능을 사용할 영역[40]

기업은 사이버위협의 탐지, 예측, 대응에 광범위하게 인공지능을 적용하고 있다. 특히 탐지영역에서의 활용에 더욱더 많은 예산과 시간을 투자하고 있다. 임원들의 사이버위협 탐지영역에서 인공지능을 집중적으로 활용하는 비율이 51%인 것에 비하여 예측은 34%, 복구는 14%의 수준으로 상대적으로 낮았다. 기업이 사이버보안을 위하여 인공지능을 사용하고 채택함에 따라, 그리고 머신러닝의 기술이 발전하면서 예측 및 복구 분야도 점진적으로 증가할 것으로 예상된다.

---

39 공격자의 위협과 침해로부터 네트워크에 최종적으로 연결된 IT디바이스를 지켜내는 것을 말한다.

40 Capgemini Research Insitute, Reinventing Cybersecurity with Artificial Intelligence: The new frontier in digital security, p. 7.

[그림 6] 사이버안보에서 인공지능의 활용 비율41

Ⅱ. 사이버안보 강화를 위한 인공지능의 활용

1. 미국에서의 인공지능의 활용을 통한 사이버안보의 강화 노력

인공지능과 머신러닝은 사이버안보 및 사이버전쟁의 변혁을 가져올 수 있다고 보고 있다. 특히 인공지능과 머신러닝은 사이버안보 영역에서 특수한 임무를 수행하여야 하는 수많은 사람을 줄일 수 있다.42 사이버도구의 출현으로 첩보활동의 생산성은 극대화되었고, 디지털 감시장비를 사용하여 정부와 기업은 소수의 사람으로도 10억 명 이상 사람의 디지털 활동을 감시할 수 있게 되었다. 사이버영역에서 인공지능의 계속적인 채택은 결국 이러한 도구와 시스템을 운용·감독하는 사람들의 권력을 증대시켰다. 그럼에도 불구하고 인공지능은 사이버국방을 강화하기 위하여 이용되고 있는데, 지능적인 자동화를 통하여 취약점의 조사 및 시스템의 모니터링을 향상시킬 수 있기 때문이다.

미국의 국방부는 비밀 인공지능 전략을 공표하였고, 국방부 가이던스 및 「2019회계연도 국방수권법」(National Defense Authorization Act for Fiscal Year

---

41 Ibid., p. 8.
42 구 동독 정부는 102,000명의 비밀경찰(Stasi)이 1,700만 명의 감시하였는데, 1명의 비밀경찰이 166명을 감시하는 구조이다. 그렇지만, 인공지능을 활용하면 이와 같은 인력은 불필요하다. Bruce Schneier, Data and Goliath: the hidden battles to collect your data and control your world(W.W. Norton & Company, 2016), p. 27.

2019)에 따른 복합 임무를 수행하고 있다. 여기에는 첫째, JAIC(Joint AI Center, 합동인공지능센터)[43]를 설립하여 "인공지능기술을 작전에 이용하기 위하여 개발, 완성, 그리고 이행하려는 국방부의 노력을 조정"하고,[44] 둘째, 인공지능 개발 및 배치를 위한 전략적 로드맵뿐만 아니라 "작전상황에서 운용 가능한 인공지능 시스템 및 기술의 개발·이용에 적용하는 국방부의 적절한 윤리적, 법적, 그 밖의 정책"에 관한 가이던스를 공표하며,[45] 셋째, National Security Commission on Artificial Intelligence(인공지능에 관한 국가안보위원회)를 설치하여 군사적으로 적합한 인공지능 기술의 종합 평가를 수행하고, 미국의 경쟁력을 강화하기 위한 권고안을 제시[46]하도록 하는 등의 내용이 포함되어 있다.

미국의 국방부는 다양한 인공지능의 응용을 고려하면서 인공지능의 연구·개발은 DARPA(Defense Advanced Research Projects Agency, 국방첨단연구계획국) 및 IARPA(Intelligence Advanced Research Projects Agency, 지능첨단연구계획국) 등의 연구기관의 재량을 허용하고 있다. 그렇지만 미국의 국방부는 현재 "인공지능 이니셔티브"에 관하여 JAIC와 협동하도록 하고 있다.[47] 더욱이 JAIC는 "National Mission Initiatives"를 감독하는 임무를 부여받았다. 2017년 4월 시작되어 기술의 잠재력을 입증하기 위하여 기존의 미국 국방부 시스템에 인공지능을 신속하게 통합하려는 Project Maven으로 알려진 "Algorithmic Warfare Cross-Functional Team"(알고리즘 활용을 위한 교차기능팀)은 이전에는 국방부의 인공지능 통합의 중심이었지만, 국방부 정보차관(Under Secretary of Defense for Intelligence)에서 JAIC로 이전한다.[48]

---

43 JAIC는 2018년 6월 설립된 국방분야에서 인공지능의 적용방안과 전략을 책임진다. <https://www.ai.mil/> (2020. 8. 10. 방문 확인).
44 Public Law 115-232, Sec.2, Div. A, Title X, §1051.
45 Public Law 115-232, Sec.2, Div. A, Title Ⅱ, §238.
46 Public Law 115-232, Sec.2, Div. A, Title X, §1051.
47 Congressional Research Service, Artificial Intelligence and National Security, p. 13.
48 Robert Work, Deputy Secretary of Defense, Memorandum, "Establishment of an Algorithmic Warfare Cross-Functional Team (Project Maven)," 2017. 4. 26. <https://www.govexec.com/media/gbc/docs/pdfs_edit/establishment_of_the_awcft_project_maven.pdf.> (2020. 8. 10. 방문).

인공지능이 국방분야에서 수많은 그 밖의 지능, 감시, 그리고 정찰(re-connaissance) 애플리케이션뿐만 아니라 군수, 사이버스페이스 작전, 정보작전, 지휘 및 통제, 반자율주행 및 자율주행차 그리고 자율살상무기시스템(lethal autonomous weapon systems)으로 구현되고 있다. 그렇지만 문제는 인공지능이 개발되어 널리 쓰이면 쓰일수록 역설적으로 사이버공격은 계속 증가한다는 데 있다. 현재의 사이버공격은 노동 및 재능에 의존하는 것이지만, 인공지능이 고도의 능력을 갖게 되면 자본에 의존하는 방식으로 전환될 것이다. 가장 문제가 되는 공격유형은 "지능형 지속 공격"(Advanced Persistent Threat: APT)으로서 공격자는 방어자의 보안 약점을 능동적으로 사냥하고 방어자가 실수하도록 조용히 기다린다. 이 공격은 지극히 노동집약적 활동으로 일반적으로 고도로 숙련된 노동자를 필요로 한다. 그런데 인공지능과 머신러닝의 능력이 향상되면 약점사냥활동이 자동화되고, 그 결과 미래의 지능형 지속 공격은 자본에 의존하게 될 것이다. 즉, 자금이 풍부한 행위자가 인공지능 APT시스템을 구입하면, 행위자가 인터넷 보안에 무지하더라도 엄청난 공격적인 사이버 능력에 접근할 수 있고, 복제 비용이 거의 들지 않으므로 이를 제한하기는 매우 어렵다.

인공지능기술 애플리케이션을 사이버영역으로 가져오면 강력한 국가가 될 수 있다. 그렇지만 현재의 시장에는 숙련된 사이버 범죄자의 시장이 존재하고 있다. 청부살인업자로서 살인하기를 거부하는 많은 사람은 기꺼이 총기를 구입할 것이므로 보다 능력있고 자율적인 사이버 총기를 제조하는 인공지능의 발전에 대한 관심을 가져야 한다. 사이버무기를 개발하는 것은 탐지되지 않는 취약성을 무기화하고, 희망하는 효과를 초래할 수 있도록 소프트웨어를 주문에 따라 만들고, 방어를 피하기 위하여 무기를 제작하는 등 어려운 단계를 포함한다.[49] 인공지능 관련 사이버기술이 향상되면 될수록 대부분의 운용은 자동화시스템으로 변경되어 숙련된 사이버 오퍼레이터에 지급하여야 하는 보수도 하락하고 또 그들의 일자리도 결국 인공지능으로 대체될 것이다.

---

49 Greg Allen, Taniel Chan, Artificial Intelligence and National Security, 2017. 7, p. 20.

2. 우리나라에서의 인공지능의 활용을 통한 사이버안보의 강화 계획

(1) 「국방개혁 2.0」의 주요 내용

2006년 12월 선진 정예 강군을 육성하는 것을 목적으로 지속적인 국방개혁을 통하여 우리 군이 북한의 핵실험 등 안보환경 및 국내외 여건 변화와 과학기술의 발전에 따른 전쟁 양상의 변화에 능동적으로 대처할 수 있도록 국방운영체제, 군구조 개편 및 병영문화의 발전 등에 관한 기본적인 사항을 정하기 위하여 「국방개혁에 관한 법률」이 제정·시행되고 있다. 이 법률은 정보·과학 기술을 토대로 국군조직의 능률성·경제성·미래지향성을 강화해 나가는 지속적인 과정으로서 군을 비롯하여 국방에 관련된 모든 조직을 관리·운영하는 법적·제도적 장치, 즉, 국방운영체제를 개선·발전시켜 나가기 위하여 대통령의 승인을 얻어 "국방개혁기본계획"을 수립하여야 한다. 기본계획에는 ① 국방개혁의 목표, ② 국방개혁의 분야별·과제별 추진계획, ③ 국방개혁의 추진과 관련된 국방운영체제 및 재원에 관한 사항, ④ 그 밖에 국방개혁을 추진하기 위하여 필요한 주요사항이 포함되어야 한다. 국방부장관은 "국방개혁기본계획"을 5년 단위의 국방개혁추진계획을 수립·시행하되, 5년마다 중간 및 기간 만료시점에 한미동맹 발전, 남북군사관계 변화추이 등 국내외 안보정세 및 국방개혁 추진 실적을 분석·평가하여 그 결과를 국방개혁기본계획에 반영하여야 한다(「국방개혁법」 제5조).

「국방개혁기본계획」은 2005년 "국방개혁 2020"이 발표된 이후 2009년 일부수정("국방개혁 기본계획 2009-2020")을 거쳐 "국방개혁 2012-2030"이 발표되었고, 박근혜 정부 들어 "국방개혁 2014-2030"으로 변경되었으며, 2018년 "국방개혁 2.0"이 발표되었다. "전방위적 위협에 대응할 수 있는 강한 군대, 국민에게 신뢰받는 국민의 군대로 거듭나는 것"을 비전과 목표로 하는 "국방개혁 2.0"은 대내적 요인으로서 '국방여건의 제한 심화'와 대외적 요인으로서 '안보위협의 다변화 및 불확실성의 증대'를 위한 국방개혁의 필요성을 강조하고 있다. 그 주요 내용은 첫째, '군 구조 분야'는 양적 규모를 축소하고 질적 능력을 강화하여 강한 군대를 양성하고 유지하는 데 중점을 두고, 둘째, '국방운영 분야'는 장군 정원을 현 436명에서 360명으로 76명 감축하는 등 각 직책의 직위에 대한 계급구조를 검토하여 조정하고, 국방의 문민화 및 합동성 강화를 위한 인사운영 혁신을 추진하며, 셋째, '병영문화 분야'는 국민의 눈높이에 부합하는 인권 및 복지를 구현하며, 군 복무가 개인의 미래를 설계하는 데 기여할 수 있도록 개선해 나가고, 넷째, '방위산업 분야'는 비리와 부실의 근본 원인을 차단하고 안보환경과 기술의 변화에 신속히 부응할 수 있는 진화적인 국방 획득을 실시하고, 규제 개선 등을 통해 방산경쟁력을 강화하는 것을 주요 내용으로 하고 있다.[50]

(2) 2018년 국방백서와 인공지능

2018년 발간된 "국방백서"에 따르면 우리 군은 "유능한 안보 튼튼한 국방"을 국방비전으로 하고, 우수한 첨단전력, 실전적인 교육훈련 및 강인한 정신력 등을 토대로 우리 주도의 전쟁 수행능력을 구비한 "유능한 안보"와 굳건한 한미동맹 기반 위에 우리 주도의 강력한 국방력을 토대로 적의 도발을 억제하고, 도발 시 적극 대응하여 싸우면 이기는 전방위 군사대비태세를 확립하기 위한 "튼튼한 국방"을 추진한다. 외부의 도발과 침략을 억제하고, 억제에 실패할 때에는 '최단 시간 내 최소 피해'로 전쟁에서 조기에 승리를 달성하는 것을 "군사전력의 목표"로 하고, 사이버·우주위협에 효과적으로 대응할 수 있는 능력과 작전수행체계의 구축 및 테러, 국제범죄, 재해·재난 등 비군사적 위협에 적극적으로 대응하기 위한 군사적 지원체계의 보강하기 위한 군사력을

---

50 국방부, 문재인 정부의 「국방개혁 2.0」: 평화와 번영의 대한민국을 책임지는 '강한 군대', '책임 국방' 구현, 보도자료, 2018. 7. 27; 그런데, 국방은 "누구와 어떻게 싸울 것인가?"의 설정이 필요하다. 위협으로부터 국가의 존립과 안전, 국민의 생명, 자유, 재산을 보호하기 위하여 다양한 위협에 대한 분석을 하여 구체적 대응방식을 결정하여야 한다. 국방부는 2018년 이미 '워리어 플랫폼'(warrior platform) 계획을 제시하고 있다. 그렇지만, ① 워리어 플랫폼과 미래 전쟁의 주요 수단으로 거론되는 드론(drone) 등 무인화 전력들은 어떤 연관성을 지니는가? ② 플랫폼을 착용할 병사들은 미래 한국군에서 특수한 임무를 띤 병사 혹은 간부(부사관 등)인가 아니면 전 병사인가? ③ 워리어 플랫폼을 갖춘 미래 군대에서 병사 충원 방식은 어떻게(징병제 혹은 모병제) 설정될 것인가? 에 대한 구체적 방법의 제시가 필요하다. 차두현, 「국방개혁 2.0」의 의미와 과제: 설득력이 부족한 '2.0'으로의 변신", issue BREIF, 2018-22, 2018. 9.

건설한다.[51]

군의 사이버안보 역량을 획기적으로 강화하기 위해 "국방개혁 2.0"은 '국방 사이버안보 역량 강화 방안'을 과제로 선정하였다. "국방 사이버공간에서의 절대적 우위를 달성한다"는 비전 아래 사이버공간을 정확하고 안전하며 효과적으로 창출·유지·보호하고, 사이버전장에서 적대 세력에 비해 사이버공간 활용의 우위를 보장한다는 전략목표를 수립하였다. 국방 사이버공간에 대한 침해가 발생할 경우의 군사대응행동을 '사이버작전'의 영역으로 판단하고, 합동참모본부 중심의 사이버작전 수행체계를 정립한다. 사이버작전은 국방부가 사이버정책의 컨트롤타워로서의 역할을 담당하고, 합동참모본부는 전군의 사이버작전을 지휘하며, 사이버사령부는 전군 차원의 사이버보안 및 작전의 최종실행 책임부대 역할을 수행한다. 각 군 본부 및 각급 부대는 소관 영역과 자산에 대한 사이버보안과 방어작전을 책임지게 된다. 사이버전을 성공적으로 수행하기 위해서 사이버공격의 전술기법절차에 대한 분석을 통하여 다중방어 개념의 대응체계를 구축하고, 효과적 사이버작전 수행을 위한 사이버작전체계도 구축한다.[52]

2018년에는 문재인 정부 규제혁신 추진 방향의 핵심인 미래 신산업·신기술 분야의 지원을 위해 미래 도전 기술개발 제도 도입을 추진하여 무기체계 개발에 무인·로봇·인공지능 등의 신기술을 활용할 수 있는 기반을 마련하였다.[53] 장래적으로 국방부는 인공지능과 관련하여 인공지능 및 빅데이터 기술을 적용하여 무기체계를 개발하고 지능화하며, 군위성, 정찰기, 무인기(UAV) 등의 다양한 센서에서 수집된 영상정보를 통합·분석할 수 있는 '지능형 ICT 감시정찰 시스템'을 구축하여 정보감시정찰(ISR34) 역량을 크게 향상할 계획이다. 장기적으로 인공지능 기반의 지능형 지휘통제체계를 개발하여 전장 상황을 실시간으로 분석·공유함으로써 신속한 지휘통제를 보장할 것이다. 장기적으로 인공지능 기반의 지능형 지휘통제체계를 개발하여 전장 상황을 실시간으

51 국방부, 「2018 국방백서」, 34-36쪽.
52 국방부, 「2018 국방백서」, 59-61쪽.
53 국방부, 「2018 국방백서」, 197쪽.

로 분석·공유함으로써 신속한 지휘통제를 보장하려고 한다.[54]

(3) 사이버안보를 강화하기 위한 노력의 필요성

세계 각국은 인공지능의 연구·개발 및 응용에 대하여 경쟁적으로 많은 노력을 하고 있는데 반하여, "국방개혁 2.0"에서는 그 내용을 찾기 어렵다. 다만, 빅데이터, 인공지능, 네트워크 등 4차 산업혁명 기술 기반의 유·무인 복합체계, 지능화된 감시-타격체계, 과학화 훈련체계, 스마트 병영관리 시스템을 구현하고, 부대 및 전력구조 정예화는 물론 국방운영과 병영문화를 포함한 국방 전 분야의 효율성을 획기적으로 개선하는 것을 국방개혁 3가지 추진 기조 가운데 하나로 정하고 있다.[55] "국방개혁 2.0"은 위협은 예상하지만 구체적인 대응방식을 제시하고 있지는 않다. 특히 사이버공간을 통한 위협에 대한 과학적 분석을 통하여 보다 즉응성과 효율성 모두를 성취할 수 있는 사이버안보체계의 구축이 필요하다. 특히 사이버안보 분야에서는 사이버위협에 대한 탐지 및 예측을 우선함으로써 선제적 공격 및 적절한 방어를 통한 피해 최소화가 가능하다. 물론 모든 위협을 탐지하여 대응할 수 있는 사이버안보 능력을 갖추기는 어렵다. 그렇지만 사이버안보를 위하여 인공지능 기술의 연구·개발 및 활용을 통하여 가능한 모든 사이버위협을 탐지하여 예측하고 이에 대응할 수 있도록 필요한 역량을 결집하여야 한다.

더 이상 사회와 국가를 엄격하게 구별하기 어려운 초연결사회에 살고 있는 현실을 직시하여 필요한 노력을 다하여야 한다. 4차 산업혁명을 외치면서 사이버안보를 경시하거나 자유와 권리의 침해적 요인만을 강조하여서는 더 이상 국민의 자유와 권리를 공고히 보장할 수 있는 국가의 안전보장 및 우리의 생활질서는 계속적으로 사이버공격자들의 좋은 먹잇감이 될 것이다.

인공지능기술의 연구·개발 및 응용은 사이버안보의 패러다임을 변화시키고 있다. 노동 또는 재능 집약적 사이버위협의 탐지, 분석은 더 이상 효율적

---

54 국방부, 「2018 국방백서」, 106-197쪽.
55 국방부, 「2018 국방백서」, 39쪽.

이지 않다. 자본집약적 인공지능을 통하여 사이버위협을 탐지·예측하여 대응할 수 있어야 하므로 이에 맞는 새로운 교리(doctrine)의 마련이 필요하고, 사이버안보의 새로운 패러다임의 변화에 맞는 전략계획의 수립이 필요하다. 첨단무기체계의 확보를 목표로 하기보다는 사이버안보를 확고히 할 수 있는 인공지능시스템의 연구·개발을 추진하고, 실전에 배치하여 운용할 수 있는 체계를 구축하기 위한 새로운 사이버안보 교리(cybersecurity doctrine)를 마련하고, 인공지능시스템을 운용할 수 있는 인력의 확보와 구성원들의 전문성을 높일 수 있는 교육·훈련체계를 마련하여야 한다.

Ⅲ. 사이버공간 작전에서의 인공지능의 적용

인공지능은 감시정찰(Intelligence, Surveillance and Reconnaissance: ISR), 군수(logistics), 사이버 작전(cyberspace operations), 정보 작전(information operations), 지휘통제(command and control), 반자율·자율 차량(semiautonomous and autonomous vehicles), 자율살상무기(lethal autonomous weapon systems) 등 다양한 분야에 적용할 수 있다.[56] 인공지능은 분석에 이용할 수 있는 대규모 양질의 데이터세트에 기반할 때 더욱 유용하다. Project Maven의 첫 번째 과제는 이슬람국가(Islamic State of Iraq and the Levant: ISIL) 격퇴작전의 지원을 위하여 정보를 자동화하는 것으로 컴퓨터 화면과 머신러닝 알고리즘을 사람이 살지 않는 지역의 운송수단의 궤적에서 흔적을 샅샅이 찾아내고, 목표 설정된 적대적 행위를 자동적으로 확인하는 정보수집셀로 통합한다. 인공지능은 인간 분석가의 작업을 자동화하여 실행 가능한 정보로 전환하는 기간을 절약하고, 잠재적으로 데이터에 근거한 효과적이고 시의적절한 결정을 할 수 있도록 한다.[57]

---

56 자세한 것은 Congressional Research Service, Artificial Intelligence and National Security, 2019. 11, pp. 10-15를 참조할 것. 아래의 부분은 pp. 10-11을 요약·정리한 것이다.

57 CIA는 영상인식과 예측분석과 같은 임무의 성공을 위하여 인공지능을 활용하는 14개의 프로젝트를 수행하고, IARPA(Intelligent Advanced Research Projects Agency)는 4-5년 내에 분석도구를 생산하기 위한 인공지능 개발프로젝트, 예를 들면, 시끄러운 환경에서 다중언어의 음성인식(speech recognition)과 번역을 수행하는 알고리즘, 연관된 메타데이터 없

우리나라 육군의 경우에도 인공지능을 이용한 이미지 인식을 위한 "밀리터리 이미지넷"을 추진 중이다. 군의 인원, 장비, 물자 등의 이미지(다각도 사진, 영상 등)를 수집·정제·저장하여 수요자들에게 제공함과 동시에, 수집된 이미지 데이터를 활용하여 인공지능 학습용 데이터세트를 구축하고, 인공지능을 활용한 지능형 객체식별·인식·분석 기능 등을 구현함으로써 군의 전투 수행 체계를 발전시키는 것을 목표로 하고 있다.[58]

사이버공간에서 군사작전을 향상하는 데 중요한 역할을 하는 것이 인공지능이다. 미국 사이버사령부 사령관인 Michael Rogers 장군은 상원군사위원회(Senate Armed Services Committee)에서, 사이버공간에서 인간의 지능에 의존하는 것은 "패배하는 전략"이라고 증언한 바 있다. 그 후에도 Rogers 장군은 "'네트워크를 방어할 때 사람이 가능하다고 생각하는 수준으로 대처할 수 있는 인공지능 또는 머신러닝이 없다면, 우리들은 항상 뒤처질 것이다"고 하여 인공지능의 중요성을 강조하였다. 일상적 사이버안보 도구는 알려진 악성도구에 대처할 수 있지만, 해커는 방어를 피하기 위하여 코드의 일부를 수정한다. 한편으로는 인공지능을 활용한 도구는 보다 넓은 네트워크활동의 패턴에서 변종을 탐지하도록 훈련될 수 있으므로 공격에 보다 종합적이고 역동적인 대응방안을 제시할 수 있다. 2016년 DARPA의 Cyber Grand Challenge는 인공지능을 활용한 사이버도구의 잠재력을 증명하였다. 참가자들은 소프트웨어의 취약점을 자동으로 탐지, 평가 그리고 수정하는 인공지능 알고리즘을 개발하여야 했다. Cyber Grand Challenge는 인공지능을 활용한 도구의 신속성뿐만 아니라 공격과 방어를 동시에 수행할 수 있는 단일알고리즘의 가능성을 증명하였다. 이러한 능력은 미래 사이버작전에서 뚜렷한 장점을 제공할 수 있다.

이 위치이미지를 확인하는 알고리즘, 2D이미지를 3D모델로 생성하려고 융합하는 알고리즘, 생활패턴 분석(pattern-of-life analysis)에 기반한 건물의 기능을 추론하는 도구 등 지원하고 있다.

58 육군본부, AI와 머신러닝을 사용한 '알고리즘 전쟁', <https://blog.naver.com/armynuri 2017/221961961858>(2020. 8. 15. 방문확인).

제5절 인공지능과 사이버안보의 관계

Ⅰ. 사이버안보 강화를 위한 솔루션의 마련

현재 좁은 인공지능(Narrow AI) 또는 약한 인공지능(Weak AI)[59]이 사이버 안보에서 활용되고 있고, 점진적으로 방어적(반작용) 조치 및 공세적[선제적(proactive)] 조치 모두에서 기능할 것으로 전망된다. 안전한 시스템을 설계하여 운용하는 것은 많은 시간의 투자와 전문가의 노력이 필요하다. 그렇지만 전문가의 노력을 자동화하면 그 비용을 낮추고 기민한 사이버방어를 가능하게 할 수 있고, 진화하는 사이버위협을 탐지하여 신속한 대응을 할 수 있다. 인공지능과 특히 머신러닝 시스템은 복잡한 사이버공간에서 인간의 의사결정을 효과적으로 지원하여 신속한 사이버공격에 대한 대응을 가능하게 한다.

미래의 인공지능시스템은 양이 많고, 늘 변화하며, 종종 불완전한 이용 가능한 데이터원으로부터 역동적인 모델을 만들어 냄으로써 사이버공격의 예측분석을 수행할 수 있다. 이 데이터에는 네트워크 노드, 링크, 장비, 아키텍처, 프로토콜 및 네트워크의 체계적 분류(topology)와 상태를 포함한다. 인공지능은 이 데이터를 해석하고, 취약성을 확인하여 미리 대책을 마련하며, 장래의 공격을 예방하고 완화할 수 있는 조치를 취할 수 있는 가장 효과적이다.[60] 인공지능시스템은 자신만의 사이버안보 수요를 갖는데, 인공지능 주도 애플리케

---

59 현재 채택되어 있는 인공지능은 일반적으로 좁은 인공지능 또는 약한 인공지능으로 하나 또는 소수의 특수임무를 수행할 수 있는 대체시스템을 말한다. 이에 대하여 일반적 인공지능(general AI) 또는 강한 인공지능(strong AI)이란 인간이 하는 대부분의 행동을 수행할 수 있는 시스템을 말한다. 일반적 인공지능을 달성하는 데 필요한 능력을 구축하는 데에는 많은 윤리적, 과학적, 기술적 문제가 제기되고 있다. 예를 들면, 상식추론(common sense reasoning), 자기인식, 그리고 자신의 목적을 정할 수 있는 기계의 능력과 같은 문제가 있다. Independent High-Level Expert Group on Artigicial Intelligence, A Definition of AI: Main Capabilities and Disciplines, p. 5.

60 DARPA의 Cyber Grand Challenge의 결과 이러한 접근방법이 가능하다는 것을 입증하였다. 즉 세계 최고의 보안연구자 및 해커로 구성된 100개 이상의 팀이 참가하여 자율적으로 작동하는 인공지능 시스템을 이용해 상대방 서버의 보안 취약점을 공격하고 자신의 서버를 해킹으로부터 방어하는 능력을 겨루었다. <https://archive.darpa.mil/CyberGrandChallenge/> (2020. 8. 8. 방문 확인).

이션(AI-driven applications)은 데이터 및 기능성의 완전성, 프라이버시 및 기밀성을 보호하고, 유용성을 유지하기 위하여 건전한 사이버안보 통제를 수행하여야 한다.

사이버안보는 다양한 사회적, 기술적, 경제적, 그리고 법적 목표, 행위자 및 과정이 상호작용을 하는 '다면적 영역'(multifaceted domain)으로 이해되어야 하고, 사이버안보를 향상하기 위한 솔루션은 종합적인 맥락에서 설계되고 평가되어야 한다. 사이버안보 영역에서 주의 깊게 관찰하여야 하는 것은 다음과 같다.[61]

① 적(adversaries) - 적은 가능한 이익이 자신들이 쏟아부은 노력 및 가능한 결과보다 크면 악의적 사이버 활동을 수행할 것이다.
② 방어자(defenders) - 방어자는 가치있고 중요한 시스템에 대한 악의적 사이버 활동을 좌절시켜야 한다.
③ 사용자(users) - 사용자는 부적절하고, 비효과적이며, 비효율적이고, 지나치게 부담스럽다고 인식하는 사이버안보 관행을 피해 갈 것이다.
④ 기술(technology) - 기술은 현실 및 사이버 세계를 연결하므로 두 세계의 위험과 장점은 서로 연결되어 있다.
⑤ 이중이용(dual-use) - 많은 보안기술은 공격적이고 방어적 목적으로 이용할 수 있다.
⑥ 정책 영향(policy impact) - 특허, 규제, 또는 수출통제와 같은 국가정책은 연구 및 실무에의 연구 이전 모두에 중대한 영향을 미칠 수 있다.

Ⅱ. 사이버안보 강화를 위한 전략의 마련

1. 미국의 경험

미국 대통령실이 발표한 2016년의 「연방 사이버안보 연구 및 개발 전략계획」(FEDERAL CYBERSECURITY RESEARCH AND DEVELOPMENT STRATEGIC

---

61 National Science and Technology Council, FEDERAL CYBERSECURITY RESEARCH AND DEVELOPMENT STRATEGIC PLAN, 2019. 12, p. 3.

PLAN)에 따르면 "지속 가능하게 안전한 시스템 개발 및 운용"의 필요성을 강조하고 있다. 이 계획은 또한 2018년의 「미국의 국가 사이버 전략」 및 행정부의 「2021 회계연도 연구 및 개발예산 우선 사항 각서」(Administration's FY 2021 Research and Development Budget Priorities Memorandum)에 의해 우선 사항이 되었다.

2019년의 「연방 사이버보안 연구 및 개발 전략 계획」은 2014년 제정된 「사이버안보 강화법」(Cybersecurity Enhancement Act of 2014)에 따라 4년마다 갱신되는 계획으로 2016년에 발표된 계획을 새로이 개편하고 2018년에 발표된 「미국의 국가 사이버 전략」을 반영하고 있다. 2019년의 「연방 사이버안보 연구 및 개발 전략 계획」은 ① 인간 차원의 사이버안보의 이해, ② 효과적이고 효율적인 위기관리, ③ 악의적인 사이버행동의 억제 및 대응을 위한 효과적이고 효율적인 방법의 개발, ④ 통합적 안전-보안-프라이버시 프레임워크 및 방법론의 개발, ⑤ 지속 가능한 보안 시스템의 개발 및 운용 개선 등 5대 전략을 목표로 하고, 이를 「사이버안보 국가 행동 계획」(Cybersecurity National Action Plan)이라고 한다. 이와 같은 사이버보안 목표를 실현하기 위하여 ① 억제(deter), ② 보호(protect), ③ 탐지(detect), ④ 대응(respond) 등 4개의 사이버안보 구성요소를 통하여 상호 관련된 방어 요소의 프레임워크를 제시하고 있다. 4대 사이버안보 구성요소의 내용은 다음과 같다.

[표 2] 4대 사이버안보 구성요소[62]

| 억 제 | • "억제"란 악의적 사이버활동을 방지하기 위하여 비용 증가, 약탈 감소, 잠재적인 적(adversaries)에 대한 위험 및 불확실성의 증가에 따른 악의적 사이버활동을 저지할 수 있는 능력을 말함.
• "억제"는 넓은 의미로 사용하고, 적이 자신의 목표를 달성하기 위하여 쏟는 노력 수준을 높이고, 그 활동 결과 부정적 결과의 가능성을 높여야 함. 즉, 적은 악의적 활동의 가능한 비용이 자신의 기대 이익보다 클 때에는 그 활동을 하지 않을 것임. 그렇지만, |

---

[62] National Science and Technology Council, FEDERAL CYBERSECURITY RESEARCH AND DEVELOPMENT STRATEGIC PLAN, 2019. 12, pp.6-10. 2016년의 계획에서는 "대응"을 "적응"(adapt)이라고 하고 있었다(National Science and Technology Council, FEDERAL CYBERSECURITY RESEARCH AND DEVELOPMENT STRATEGIC PLAN, 2016, p.3).

	기소 및 제재와 같은 보복 위협은 사이버공격의 속성 및 관할권의 제한 때문에 악의적 사이버활동에 대한 효과적 수단은 아님.
보 호	• "보호"란 효율적으로 악의적 사이버활동에 저항하고 기밀성, 무결성, 가용성, 책임성을 보장하기 위한 구성요소(components), 시스템, 이용자 및 중요 인프라의 능력을 말함. • "보호"는 시스템을 보호하고 동시에 확인 가능한 증거를 공급하는 '보증기반 엔지니어링 실무'(assurance-based engineering practices)를 통한 악의적 활동에 강도 높게 저항하는 시스템 및 네트워크의 창조에 집중함.
탐 지	• "탐지"란 완전한 보안이 불가능하고 시스템이 악의적 사이버활동에 취약하다고 추정되는 경우, 적의 결정 및 행동을 효율적으로 탐지하고 예견할 수 있는 능력을 말함. • "탐지"는 시스템 및 네트워크 소유자 및 사용자가 상황인식 및 계속적인(허가된 또는 악의적인) 활동을 이해하여 대체로 자동 탐지 및 경고로 전환하도록 하는 것.
대 응	• "대응"이란 효과적으로 붕괴에 적응하고, 악의적 활동에 응수하며, 피해를 회복하고, 복구를 마치는 동안 기능을 유지하며, 유사한 장래의 활동을 저지함으로써 악의적 사이버활동에 역동적으로 대응하기 위한 방어자, 방어, 그리고 인프라의 능력을 말함. • "대응"이란 악의적 사이버활동에 적응(adapt), 응수(counter), 회복(recover), 그리고 바로잡을 수 있는(adjust) 능력을 말함.

4대 사이버안보 구성요소는 악의적인 사이버활동과 작전, 그리고 효과 및 효율성에서 계속적인 결과 중심의 개선 가치를 무력화하는 것을 목적으로 하고 있다. 이들 구성요소는 상호 관련성을 가지고 악의적인 사이버활동을 무력화하는데 그 관계는 다음과 같이 정리할 수 있다.

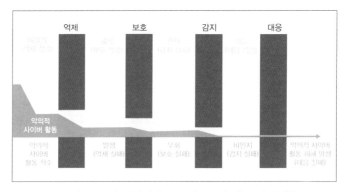

[그림 7] 4대 사이버안보 구성요소의 상호 관련성[63]

63 National Science and Technology Council, FEDERAL CYBERSECURITY RESEARCH AND DEVELOPMENT STRATEGIC PLAN, 2019. 12, p. 5.

2018년의 「미국의 국가 사이버 전략」 및 「2021 회계연도 연구 및 개발예산 우선 사항 각서」의 우선 사항 및 목표를 추진하기 위한 2019년의 「연방 사이버안보 연구 및 개발 전략 계획」은 ① 인공지능, ② 양자정보과학(Quantum Information Science), ③ 신뢰할 수 있는 분산형 디지털인프라(Distributed Digital Infrastructure), ④ 프라이버시, ⑤ 안전한 하드웨어 및 소프트웨어, ⑥ 교육 및 노동인력 개발(workforce development) 등 6개 영역을 우선사항으로 하는 연구목표를 설정하였다. 인공지능은 컴퓨터 및 그 밖에 자동화시스템이 연혁적으로 인간의 인식(cognition)이 요구되고 전형적으로 인간의 의사결정 능력이라고 생각하는 임무를 수행할 수 있다. 2019년 트럼프 대통령은 인공지능에서 미국의 리더십을 유지하기 위한 명령을 발하여 인공지능 연구·개발의 추진, 프라이버시 보전, 기밀성 보호, 안전 및 보안 유지, 사이버공격을 최소화하기 위한 인공지능기술 표준 개발. 그리고 인공지능기술에서 국민의 신뢰 구축을 국가목표로 설정하였다. 2019년 6월 21일 발표한 「국가 인공지능 연구 및 개발 전략계획」(National Artificial Intelligence Research and Development Strategic Plan: 2019 Update)에 따르면 인공지능의 연구·개발을 위한 8가지의 전략을 규정하고 있다.

[표 3] 인공지능의 연구·개발을 위한 8가지 전략의 주요 내용[64]

전략	목표	주요 내용
전략 1	인공지능 연구를 위한 장기간의 투자	발견 및 통찰을 주도하여 미국이 인공지능에서 세계지도자로 남을 수 있도록 차세대 인공지능에 투자를 우선한다.
전략 2	인간과 인공지능의 협동을 위한 효과적 방법의 개발	효과적으로 인간의 능력을 보완하고 증가시키는 인공지능시스템의 창조 방법의 이해를 증진한다.
전략 3	인공지능의 윤리적, 법적, 과학적 함의의 이해 및 강조	기술적 메커니즘을 통하여 윤리적, 법적, 그리고 사회적 관심사를 구체화하는 인공지능시스템을 연구한다.
전략 4	인공지능시스템의 안전 및 보안의 보장	믿을 수 있고, 의지할 수 있으며, 안전하고 신뢰할 수 있는 인공지능시스템의 설계방법에 대한 지식을 개발한다.
전략 5	인공지능 교육 및 테스팅을 위한 공유된 공공데이터세트 및 환경의 개발	고품질의 데이터세트 및 환경뿐만 아니라 테스팅 및 교육자원을 개발하고 접근할 수 있도록 한다.

---

64 자세한 것은 SELECT COMMITTEE ON ARTIFICIAL INTELLIGENCE of the NATIONAL SCIENCE & TECHNOLOGY COUNCIL, THE NATIONAL ARTIFICIAL INTELLIGENCE RESEARCH AND DEVELOPMENT STRATEGIC PLAN: 2019 UPDATE, 2019. 6. 참조.

전략 6	표준 및 벤치마크를 통한 인공지능기술의 측정 및 평가	기술표준 및 벤치마크를 포함한 인공지능 평가기술의 광범한 스펙트럼을 개발한다.
전략 7	국가 인공지능 개발의 더 나은 이해	전략적으로 인공지능 지원 인력(AI-ready workforce)을 양성하기 위한 연구·개발 인력을 개발하기 위한 기회를 개선한다.
전략 8	인공지능의 발전을 가속화할 공공 및 민간 파트너십의 확대	산·학, 국제파트너 및 그 밖에 비연방 기관과 협동하는 인공지능의 연구·개발, 그리고 실무능력의 향상을 위한 지속적 투자 기회를 촉진한다.

2. 우리나라의 사이버안보 강화를 위한 노력

(1) 2019년 「국가 사이버안보 전략」

정부는 2019년 4월 3일 사이버위협에 대응하여 사이버공간에서 우리 국민이 안전하고 자유롭게 활동할 수 있도록 보장하기 위하여 사이버안보 분야 정책 방향을 제시한 「국가사이버안보전략」을 발간하였다. 「국가사이버안보전략」을 발간한 배경에는 첫째, 진화하는 사이버공격에 효율적으로 대응하기 위해서는 국가 핵심 서비스의 생존성 강화 및 능동적인 대응 수단 확보가 필요하고, 둘째, 사이버안보 전문 인력을 충원하는 데 필요한 예산 비중이 선진국보다 낮은 수준이며 시장수요의 급증으로 전문 인력의 질적·양적 부족 현상도 심각하게 발생하고 있고, 셋째, 보안을 비용으로 인식하여 투자에 소극적이고 기초·차세대 보안기술 등의 연구가 활성화되지 못해 주요 국가와 기술 격차가 좁혀지지 않으며, 넷째, 개인은 기본적인 보안수칙을 실천하지 않고 많은 기업은 정보보호대책을 이행하지 않는 등 인식과 실천 사이에 괴리가 존재하고, 다섯째, 국제협약 가입, 정보·기술 교류 및 사이버안보 국제규범 마련 등 보다 체계적이고 실질적인 국제공조 활동 추진이 필요하다는 것을 인식하였기 때문이다.[65]

「국가사이버안보전략」은 사이버안보 정책의 최상위 지침서로 ① 국가 주요기능의 안정적 수행, ② 사이버공격에 빈틈없는 대응, ③ 튼튼한 사이버안보 기반 구축을 통한 "자유롭고 안전한 사이버공간을 구현하여 국가안보와 경

---

[65] 국가안보실, 「국가 사이버안보 전략」(2019. 4. 3), 8-9쪽.

제 발전을 뒷받침하고 국제평화에 기여[하는 것]"을 비전으로 하고 있다. 또한, 사이버안보 정책을 추진하는 과정에서 프라이버시 침해에 대한 국민 우려를 해소하고 신뢰 기반의 사이버안보 정책을 추진하기 위하여 ① 국민 기본권과 사이버안보의 조화, ② 법치주의 기반 안보 활동 전개, ③ 참여와 협력 수행체계 구축 등 3대 기본원칙도 함께 마련하였다. 특히 인공지능을 통한 사이버안보를 강화하기 위하여 첫째, 인공지능 환경에서 국민이 온라인 서비스를 편리하고 안전하게 이용할 수 있도록 차세대 보안 인증인프라를 구축하며, 둘째, 사이버공격에 대해 실시간으로 탐지·차단할 수 있도록 공격탐지 범위를 확대하고 인공지능기술 기반의 대응기술을 개발하며, 셋째, 국방분야 정보통신망에 대한 사이버위협에 능동적으로 대응하기 위하여 국방 사이버안보 수행체계를 개선하고, 넷째, 사이버위협 정보를 신속하게 공유할 수 있도록 민간·공공·국방 영역을 포괄하는 국가 차원의 정보공유체계를 구축하며, 다섯째, 사이버안보 역량의 극대화를 통한 사이버안보 위협에 대한 체계적 대응, 사이버위협정보의 체계적 공유·분석·활용, 그리고 인공지능기술 발전으로 인한 새로운 취약요인 출현 등 변화하는 사이버안보 환경에 적극 대응하기 위한 법적 기반의 강화 등을 그 과제로 선정하였다.[66]

(2) 2019년 「국가 사이버안보 기본계획」

2019년 4월 3일 발표된 「국가 사이버안보 전략」을 추진하기 위하여 범부처 차원에서 이행할 구체적 실행계획을 담고 있는 「국가 사이버안보 기본계획」을 2019년 9월 3일에 발표하였다. 기본계획은 사이버안보 6대 전략과제를 뒷받침하기 위해 기관별 실행계획을 18개 중점과제, 100개의 세부과제로 종합하고 2022년까지 단계적으로 추진할 계획이다. 정부는 전략과 기본계획의 성실한 시행을 위하여 과학기술정보통신부, 국방부, 교육부 등 9개 부처별로 「국가 사이버안보 시행계획」을 수립하여 추진하여 정부는 전략-기본계획-시행계획으로 구성되는 국가 사이버안보 전략체계를 구현하여 국가 사이버안보의

---

66 국가안보실, 「국가 사이버안보 전략」(2019. 4. 3), 12-23쪽.

비전과 목표를 달성할 수 있도록 책임을 다하며 리더십을 발휘하려고 한다. 기본계획의 주요 내용은 ① 모든 지방자치단체의 방어수준을 높이기 위해 지능형통합관제체계를 구축하고, 지방자치단체 망분리 단계적 추진, ② 빅데이터·인공지능 등 첨단기술을 안전하게 이용하기 위한 기반을 제공하기 위해 국내·외 기술을 연구하고 보안 가이드라인 개발, ③ 군의 사이버 의존도가 심화됨에 따라 군 전산망 대상 취약점 점검을 지속 시행하고 모의침투팀 운영 등으로 취약점 상시 식별, ④ ICT 융합 분야의 신종 사이버 공격에 대한 분석기술을 확보하고 머신러닝 등을 활용한 보안위협 자동분석체계 구축, ⑤ 사이버공격 탐지역량 강화를 위해 머신러닝 기술을 활용한 동적 분석 기반의 악성파일 탐지 및 사이버공격 통신형태 분석기술 개발, ⑥ 중앙·지방자치단체 대상 사이버위협 탐지능력 향상을 위해 인공지능·빅데이터 등 지능정보기술 기반의 차세대 보안시스템을 구축, ⑦ '국가 사이버위협 정보공유시스템'을 민·관·군 등 분야별 정보공유 시스템과 연계하여 운영 내실화 추진 등이다.[67]

3. 인공지능의 활용에 따른 사이버안보의 주요 이슈

인공지능의 연구·개발을 위한 이와 같은 전략을 수립하고 있는 것은 인공지능이 국가 경제 및 안보에 중대한 영향을 미칠 수 있다는 인식에 기반하고 있다. 따라서 인공지능기술이 의도되지 않은 이용 및 적대적인 이용이 되지 않도록 보호하여야 한다. 그렇지만 인공지능이 강화된 자율시스템에 의한 위협이 생성되고 있지만, 역설적으로, 인공지능기술은 일상적 임무를 자동화하거나 인간 시스템 매니저를 지원하여 사이버시스템에 대한 위협을 관제하고, 분석하며, 대응하여 사이버안보를 강화할 수 있을 것으로 기대된다. 따라서 인공지능과 사이버안보의 필요성 및 장점에 주목하여야 한다. 세계적으로도 인공지능기술의 채택을 위한 많은 관심과 투자가 이루어지고 있다.[68]

---

67 정부부처합동, 「국가 사이버안보 기본계획」, 2019. 9. 3.

68 미국은 2017년 「미국의 국가안보전략」(National Security Strategy of the United States of America)에서 인공지능에 대한 투자를 늘릴 것을 요청하고 있었다. https://www.white house.gov/wp-content/uploads/2017/12/NSS-Final-12-18-2017-0905.pdf (2020. 8. 8. 방문 확인).

　　주요 시스템에 내장된 인공지능은 광범위한 사이버공격을 견딜 수 있도록 강건해야 하고, 이를 위해서는 시스템의 취약성 및 행위자의 활동을 이해할 수 있어야 한다. 인공지능시스템은 보안, 안전, 그리고 프라이버시 원칙에 따라 설계되어야 한다. 이러한 원칙은 서로 긴장관계에 있지만 달성할 수 있는 결과, 즉, 재현성(reproducibility), 책임성(accountability), 해석가능성(interpretability), 설명가능성(explainability), 검증가능성(verifiability), 투명성, 그리고 신뢰성 등에 집중되는 공통된 특징이 있다. 이러한 점에서 인공지능 모델, 알고리즘, 그리고 인간과 인공지능시스템 사이의 상호작용에 적합한 사이버안보 개념을 만들어야 할 필요가 있다. 인공지능과 사이버안보에 대한 주요 이슈는 다음과 같다.[69]

(1) 인공지능의 운용상 속도와 규모에 대한 영향

　　인공지능은 인간 및 현재의 기술 능력을 초월한 속도와 규모로 운영되는데, 악의적 활동이 인공지능에 의하여 이루어지는 경우 인공지능이 이를 방어하지 않는 한 공격자와 방어자 사이에 심각한 불균형이 발생한다. 일반적으로 인공지능시스템은 정교하게 그리고 자동으로 사이버방어를 할 수 있으므로 일정한 통제를 하지 않으면 오히려 악의적 활동의 수행에 이용될 수 있다.

(2) 인공지능의 해석가능성, 설명가능성, 그리고 투명성

　　인공지능에서 이용하고 있는 추론은 인간이 이용하는 것과는 매우 다르므로 개별적 알고리즘을 이해할 수 있다고 하더라도 그를 통한 집합행동(collective behavior)은 항상 그렇지는 않다. 따라서 인공지능이 현실 세계에 내어놓는 산출물을 이해, 해석, 설명, 그리고 예상하는 것은 매우 어렵다. 따라서 데이터 또는 인공지능 알고리즘의 편견을 평가하여 잠재적 편견을 예방함으로써 인공지능의 정확성, 탄력성, 안전, 신뢰성, 객관성, 그리고 보안을 강화함으

---

69 아래의 내용은 National Science and Technology Council, FEDERAL CYBERSECURITY RESEARCH AND DEVELOPMENT STRATEGIC PLAN, 2019. 12, pp. 11-12를 요약·정리한 것이다.

로써 인공지능의 신뢰도를 향상시킬 수 있다. 신뢰도 향상은 상황인식, 위협, 위험도 평가 및 관리, 프라이버시 위험 경감, 그리고 자원할당 등 사이버안보 영역에서의 관심사 가운데 하나이다.

(3) 인공지능부품(AI components)을 가진 시스템의 취약성

인공지능에 대한 공격은 전통적인 소프트웨어 또는 하드웨어에 대한 위협과는 다르다. 머신러닝 알고리즘은 많은 공격을 받는 대상으로 첫째, 모델품질(model quality)을 떨어드리려고 데이터세트를 오염시키거나, 둘째, 모델 크리에이터가 다른 시스템의 접근을 허용하는 백도어를 만들거나, 셋째, 분류오류(classification error)와 모델 자체 및 훈련을 위하여 이용하는 데이터세트에 대한 추론 공격을 유발하는 등의 공격이 이루어질 수 있다.

(4) 인공지능 사이버안보 시스템의 효율성 평가

인공지능은 헬스케어 및 운송 등 우리 일상생활과 밀접한 기술이 되었다. 사이버공간, 현실세계, 사회, 경제 사이의 경계가 모호하며, 의존성이 증가하고 자연적, 인위적, 그리고 프로그램에 따른 사건 및 위협이 계속되고 있다. 그 결과 시스템의 위험 가능성과 위협으로 인한 해악이 계속적으로 증가할 것이다. 이를 해결하기 위해서는 인공지능에 기반한 보안 통제, 보안수준, 그리고 위협에 직면한 결과 사이의 다차원적 연계를 측정하는 것이 중요하다.

제6절 인공지능의 활용을 통한 사이버안보의 강화

Ⅰ. 사이버안보 강화를 위한 법제 현황

'정보'의 무결성, 기밀성, 가용성, 책임성을 보호하기 위한 '정보보호'가 악의적인 해킹으로부터 정보를 보호하는 행위라고 하면, 사이버안보는 정보보호는 물론 ICT 기술을 활용한 물리적 시설 및 사람의 심리적 요소 등에 대한 사이버위협 또는 사이버공격을 방어하는 것이다. 우리나라에서 사이버안보와 직접 관련되는 법률은 찾아볼 수 없고, 정보보호 또는 사이버보안, 사이버안전을 위한 법률을 찾아볼 수 있지만, 일반법이 아닌 각 분야별 개별법률이 존재하고, 개별법률에 근거하여 사이버공격에 대응하고 있다.

1. 공공부문 및 민간부문에서의 정보보호 또는 사이버보안을 위한 법제 현황

2020년「국가정보화기본법」을 전부 개정하고, 법률의 제명을 변경한「지능정보화기본법」은 정보의 생산·유통 또는 활용을 기반으로 지능정보기술이나 그 밖의 다른 기술을 적용·융합하여 사회 각 분야의 활동을 가능하게 하거나 그러한 활동을 효율화·고도화하여 산업·경제, 사회·문화, 행정 등 모든 분야에서 가치를 창출하고 발전을 이끌어가는 '지능정보사회'를 구현하는데 필요한 법적 근거의 마련을 목적으로 하는 법이다.「지능정보화기본법」은 정보보호의 법적 기초를 제공하는 기능을 한다. 정보보호를 위하여 국가 및 지방자치단체에 시책을 마련하도록 의무화하고(제57조 제1항), 과학기술정보통신부장관은 정보보호시스템의 성능과 신뢰도에 관한 기준, 지능정보기술 및 지능정보서비스의 안전성을 확보조치의 내용과 방법을 정하여 고시하여야 하며(제58조, 제60조), 초연결지능정보통신기반을 구축·운용하는 자에 대하여 초연결지능정보통신기반의 안전성 및 신뢰성 향상을 위하여 노력할 의무를 부여하고 있다(제59조).「지능정보화기본법」은 국가, 지방자치단체, 공공기관, 정보통신접근성 품질인증기관, 지능정보기술 개발자 또는 활용자, 지능정보서비스 제공자, 지능정보기술 또는 지능정보서비스 이용자 등을 규율대상으로 하고 있다.

「정보통신기반보호법」은 국가안전보장·행정·국방·치안·금융·통신·운송·에너지 등의 업무와 관련된 전자적 제어·관리시스템 및 정보통신망법의 정보통신망 등 정보통신기반시설 가운데 중앙행정기관의 장이 지정한 '주요정보통신기반시설'에 대한 '전자적 침해행위'[70]를 금지하고 그로 인하여 발생한

---

[70] 「정보통신기반보호법」 제2조(정의) 2. "전자적 침해행위"란 다음 각 목의 방법으로 정보통신기반시설을 공격하는 행위를 말한다.

'침해사고'의 피해확산 방지와 신속한 대응 복구 및 보호를 위하여 필요한 조치를 하도록 규정하고 있다(제8조, 제12조-제14조 등).

2. 공공부문에서의 정보보호 또는 사이버보안을 위한 법제 현황

행정업무의 전자적 처리를 위한 기본원칙, 절차 및 추진방법 등을 규정하고 있는 「전자정부법」은 행정정보의 처리업무를 방해할 목적으로 행정정보를 위조·변경·훼손하거나 말소하는 행위, 행정정보 공동이용을 위한 정보시스템을 정당한 이유 없이 위조·변경·훼손하거나 이용하는 행위, 행정정보를 변경하거나 말소하는 방법이나 프로그램을 공개·유포하는 행위를 금지하고 있다(제35조). 국회, 법원, 헌법재판소, 중앙선거관리위원회 및 행정부는 전자정부의 구현에 필요한 정보통신망과 행정정보 등의 안전성 및 신뢰성 확보를 위한 보안대책을 마련하여야 한다. 또한 정보통신망을 이용하여 전자문서를 보관·유통할 때 위조·변조·훼손 또는 유출을 방지하기 위하여 국가정보원장이 안전성을 확인한 보안조치를 하여야 하고, 국가정보원장은 그 이행 여부를 확인할 수 있다(제56조). 그렇지만 「전자정부법」은 행정기관 및 공공기관이 전자정부를 통하여 다른 행정기관, 공공기관 및 국민, 기업 등에 제공하는 전자정부서비스의 개발·제공 및 보편적 활용, 전자정부포털의 구축·관리 및 활용 촉진(제20조), 데이터활용공통기반시스템의 구축·운영(제30조의3), 행정정보의 공동이용(제4장) 등을 주요 내용을 하고 있으므로 정보보호 또는 사이버안보를 위한 법률로 보기는 어렵다.

대통령 훈령인 「국가사이버안전관리규정」은 사이버공격으로부터 중앙행정기관, 지방자치단체 및 공공기관의 국가정보통신망을 보호하기 위하여 사이버안전대책의 수립, 사이버위기 대응훈련, 사이버공격과 관련한 정보의 협력, 보안관제센터의 설치·운영, 경보 발령, 사고조사 및 처리의 조치 등에 관한 사항을 규율하고 있다. 현행 「국가사이버안전관리규정」은 정보통신망에 대한

가. 해킹, 컴퓨터바이러스, 논리·메일폭탄, 서비스거부 또는 고출력 전자기파 등의 방법
나. 정상적인 보호·인증 절차를 우회하여 정보통신기반시설에 접근할 수 있도록 하는 프로그램이나 기술적 장치 등을 정보통신기반시설에 설치하는 방법

침해 대응과 관련하여 「정보통신기반보호법」, 「정보통신망법」 등에서도 별도의 규정을 두어 규율하고 있으므로 중복규제의 문제가 있다.

3. 민간부문에서의 정보보호 또는 사이버보안을 위한 법제 현황

안전한 정보통신망 이용 환경을 조성하기 위한 「정보통신망법」은 정당한 접근권한 없이 또는 허용된 접근권한을 넘어 정보통신망에 침입하거나, 정당한 사유 없이 정보통신시스템, 데이터 또는 프로그램 등을 훼손·멸실·변경·위조하거나 그 운용을 방해할 수 있는 악성프로그램을 전달 또는 유포하거나, 정보통신망의 안정적 운영을 방해할 목적으로 대량의 신호 또는 데이터를 보내거나 부정한 명령을 처리하도록 하는 등의 방법으로 정보통신망에 장애를 발생시키는 행위를 금지하고 있다(제48조). 정보통신서비스 제공자 및 집적정보통신시설 사업자는 침해사고가 발생하면 즉시 그 사실을 과학기술정보통신부장관이나 한국인터넷진흥원에 신고하여야 한다(제48조의3). 정보통신서비스제공자 또는 정보통신망연결기기를 제조·수입하는 자는 정보통신망의 안정성 및 정보의 신뢰성을 확보하기 위한 보호조치를 하여야 한다(제45조). 그리고 정보통신서비스 제공자는 새로이 정보통신망을 구축하거나 정보통신서비스를 제공하고자 하는 때에는 그 계획 또는 설계에 정보보호에 관한 사항을 고려하여야 한다(제45조의2). 또한 집적정보통신시설 사업자는 정보통신시설을 안정적 운영을 위하여 필요한 보호조치를 하여야 한다(제46조).

전자금융거래의 안전성과 신뢰성을 확보하기 위한 「전자금융거래법」은 ① 접근권한을 가지지 아니하는 자가 전자금융기반시설에 접근하거나 접근권한을 가진 자가 그 권한을 넘어 저장된 데이터를 조작·파괴·은닉 또는 유출하는 행위, ② 전자금융기반시설에 대하여 데이터를 파괴하거나 전자금융기반시설의 운영을 방해할 목적으로 컴퓨터 바이러스, 논리폭탄 또는 메일폭탄 등의 프로그램을 투입하는 행위, ③ 전자금융기반시설의 안정적 운영을 방해할 목적으로 일시에 대량의 신호, 고출력 전자기파 또는 데이터를 보내거나 부정한 명령을 처리하도록 하는 등의 방법으로 전자금융기반시설에 오류 또는 장애를 발생하게 하는 전자적 침해행위를 금지하고 있다(제21조의4). 금융회사·

전자금융업자 및 전자금융보조업은 전자금융거래가 안전하게 처리될 수 있도록 선량한 관리자로서의 주의를 다하여야 하며, 전자금융거래의 안전성과 신뢰성을 확보하여야 한다(제21조). 그리고 전자금융거래의 안전성과 신뢰성을 확보하기 위하여 전자금융기반시설에 대한 취약점을 분석·평가하고, 그 결과를 금융위원회에 보고하여야 하며, 그에 따른 필요한 보완조치의 이행계획을 수립·시행하여야 한다(제21조의3). 침해사고가 발생하면 금융회사등은 침해사고가 발생한 때에는 금융위원회에 지체없이 이를 알려야 하고, 그 원인을 분석하고 피해의 확산을 방지하기 위하여 필요한 조치를 하여야 하며, 침해사고에 대응하기 위하여 침해사고에 관한 정보의 수집·전파, 침해사고의 예보·경보, 침해사고에 대한 긴급조치 등의 업무를 수행하여야 한다(제21조의5~제21조의6).

Ⅲ. 사이버안보 강화를 위한 법제의 마련

1. 사이버위협정보의 공유 필요

현행 법제를 보면, 부문별, 목적별로 개별법이 존재하고 있으므로 예상하고 있고, 예상할 수 있을 정도의 사이버공격에는 대응할 수 있다. 그렇지만 끊임없이 다양화·고도화되고 있는 사이버공격에 탄력적으로 대응하기 위해서는 그에 따라 계속적으로 개별법이 만들어지거나 해당 법률이 개정되지 않으면 더 이상 안정성을 확보하기 어렵다. 더욱이 복합적으로 여러 부문 및 영역에 걸쳐 동시다발적으로 발생하고 있는 사이버공격의 양상에 비추어 볼 때, 현행 법제는 그 대응성이 떨어진다. 또한 계속적으로 급변하는 사이버공격 기술에 대한 대응성을 높이는 것을 목적으로 법령을 개정하여 왔기 때문에 관련 법률 사이의 부정합성, 규율대상의 중복, 국가기관 등 관련 기관 사이의 권한의 중복 또는 충돌, 대응 기관 및 관련 위원회의 과다한 설치·운영, 다양한 대응체계와 대응방법 등으로 인하여 사이버공격에 대한 체계적이고 통일적인 대응이 곤란하다.[71]

---

71 박영철 외 7인, 「사이버보안체계 강화를 위한 정보보호법제 비교법연구」(한국인터넷진흥원, 2015. 12), 19쪽.

현행 법률은 사이버공격을 주요 대상으로 하고 있는데, 사이버공격 이외에 사이버위협에 대한 대응도 논의하여야 한다. 2003년 1.25인터넷 대란, 2007년 에스토니아의 DDoS공격 및 7.7 DDoS사건, 2010년 이란 부세르 원전중단 사건, 2012년 사우디 아람코 해킹 사건, 2015년 뉴욕 댐 해킹시도, DD4BC의 지방은행 및 증권사 DDoS공격, 한수원사태, 우크라이나의 발전소장애 및 정전사건, 2016년 방글라데시의 스위프트(SWIFT)공격 및 랜섬웨어감염 등 국내외에서 다양한 사이버위협이 있었다. ICT에서의 "위협"(threat)이란 자산의 손실을 발생시키는 원인이나 행위, 또는 보안에 해를 끼치는 행동이나 사건을 말하는데, "사이버위협"은 조직의 자산에 손실을 가져올 수 있는 사이버공간에서의 잠재적인 위협으로 정의할 수 있다. 우리가 흔히 사용하는 사이버위협이라는 용어는 사이버공격의 유형, 예를 들어 데이터 유출 및 위·변조, 시스템 파괴, 서비스 거부공격(DoS) 등으로 표현하기도 하며, 이러한 위협과 관련된 정보들을 "사이버위협정보"(Cyber Threat Intelligence)라고 볼 수 있다. 미국의 경우 2015년 「사이버안보 정보공유법」(Cybersecurity Information Sharing Act: CISA)을 제정하였다. CISA는 첫째, 사이버안보위협(cybersecurity threat)[72]에 직면한 정보시스템에 대하여 방어적 조치(defensive measures)를 감시하고 수행할 권한을 기업에 부여하고, 둘째, 기업이 연방정부, 주 및 지방 정부, 그리고 그 밖의 기업 및 민간기관과 자발적으로 정보 – 특히 사이버위협 지표(cyber threat indicators)[73] 및 방어적 조치[74] – 를 공유할 수 있도록 장려하기 위한 보

---

[72] "사이버안보위협"(cybersecurity threat)이란 정보시스템에 저장하거나 정보처리시스템으로 처리 또는 전송하는 정보시스템 또는 정보의 가용성, 기밀성 또는 무결성 등 보안에 거꾸로 영향을 미치려는 허가받지 않은 시도로 초래될 수 있는 정보시스템에 대한 또는 정보시스템을 통한, 연방헌법 수정 제1조가 보호하지 않는, 행동을 말한다. 다만, 소비자 서비스 조건 또는 소비자 라이선스 계약 위반만을 포함하는 행동은 제외한다(Sec.102(5)). 여기에서의 "정보시스템"이란 정보의 수집, 처리, 유지, 이용, 공유, 전파, 처분을 위해 체계화된 독립적 정보세트(a discrete set of information)를 말하고(44 U.S.C. § 3502), 관리제어(supervisory control) 및 데이터획득시스템, 분산된 제어시스템, 그리고 프로그램 가능한 논리 콘트롤러와 같은 산업용제어시스템(industrial control system)을 포함한다(Sec.102(10)).

[73] "사이버위협지표"란 (A) 사이버보안위협 또는 보안취약성에 관한 기술적 정보를 수집할 목적으로 전송하는 이상한 유형의 통신을 포함하는 악의적 정찰(malicious reconnais–sance), (B) 보안통제 또는 보안취약성의 탐지를 무력화하는 방법, (C) 보안취약성이 존재

호조치 — 책임보호, 「공정거래법」 적용면제(anti-trust exemption), 특권의 불포기, 독점정보, 연방 또는 주의 「정보자유법」(Freedom of Information Act)의 적용면제 등 — 를 주요 내용을 하고 있다.

사이버위협은 공공부문과 민간부문의 구별없이 무차별적으로 그리고 동시다발적으로 이루어지고 있다. 미리 그 위협정보를 파악하여 차단하지 않는 한 그 위협의 목적 그대로의 피해를 받을 수밖에 없고, 그 피해의 범위는 예상하기 어려우며, 그 확산속도 또한 상상할 수 없다. 사이버위협을 예방하거나 신속한 대응을 통하여 그 피해를 최소화하기 위해서는 공공부문은 물론 민간부문이 서로 협력하여 사이버위협정보를 공유하고 공유된 정보를 분석하여 사이버위협을 조기에 탐지하고 그 해결수단을 전파할 수 있는 공유체계를 마련하여야 한다.[75]

2. 사이버안보 강화를 위한 법률의 제정 필요성

사이버안보는 사이버위협 또는 사이버공격의 억제, 보호, 탐지, 대응을 핵심으로 하며, 이를 위해서는 무엇보다도 국가 차원의 신속하고 즉응성이 높은 기획·조직·조정·통제가 필요하다.[76] 그렇지만 국내 사이버안보 관련 입법은

하는 것을 가리키는 이상 활동을 포함하는 보안취약성, (D) 보안통제 또는 보안취약성의 탐지를 무력화하려고 정보시스템에 저장하거나 정보처리시스템으로 처리 또는 전송하는 정보시스템 또는 정보에 정당한 접근을 초래하는 방법, (E) 악의적 사이버 명령 및 통제, (F) 침해사고로 인한 실제적 또는 잠재적 해악, (G) 그 속성의 공개가 법률에 의하여 금지되지 않는 경우 그 밖의 사이버보안위협의 특성, (H) 그에 따른 조합을 설명하거나 확인하는데 필요한 정보를 말한다(Sec.102(6)).

74 "방어적 조치"란 알려지거나 의심이 되는 사이버보안위협 또는 보안 취약성을 탐지하거나 방지하거나 또는 완화하는 정보시스템에 저장하고, 정보시스템으로 처리하며 정보시스템으로 전송하는 정보시스템 또는 정보에 적용하는 조치, 디바이스, 절차, 서명, 기술 또는 그 밖의 수단을 말한다(Sec.102(7)).

75 2015년 5월 사이버위협을 신속히 차단하여 피해를 최소화하는 등 효과적으로 대처할 수 있도록 공공·민간이 함께 사이버위협정보를 공유·분석하는 등 협력을 활성화하여 사이버위협을 조기 탐지·전파할 수 있는 체계를 구축하고, 사이버위협정보 공유를 효율적으로 수행하기 위하여 국정원장 소속으로 사이버위협정보 공유센터의 설치·운영을 주요 내용으로 하는 「사이버위협정보 공유에 관한 법률안」이 제출된 바 있다.

76 이재은 외, 「국가 사이버 위기관리체계 강화방안에 관한 연구」, 20쪽.

분야별·목적별·대상별로 다양하기 때문에 사이버안보의 체계도 그에 따라 다양할 수밖에 없다. 그 결과 필연적으로 법령 간의 중복, 부처 간 업무혼선, 원활하지 못한 부처 간 협력관계의 문제를 드러내고 있어서 정부 차원의 사이버침해사고 대응체계는 부실할 수밖에 없다.

지능정보시대에서 인공지능 및 머신러닝에 대한 개발 및 연구가 활발히 이루어지고 있고, 그 결과물이 현실에 적용되고 있다. 지능정보사회로의 패러다임의 전환을 가져온 전부개정된 「지능정보화기본법」에 의하여 우리나라도 보다 활발한 인공지능의 연구 및 개발, 그리고 그 응용서비스가 활발하게 이루어질 수 있는 계기가 마련되었다. 「지능정보화기본법」은 정보보호를 위한 법적 근거로서뿐만 아니라 함과 동시에 인공지능, 데이터, 5G 등 첨단기술의 혁신적 발전으로 초연결·초지능 기반의 핵심기술의 고도화 및 산업생태계를 육성·강화하는 기능을 하고 있다. 특히 인공지능 등의 기술개발과 그 기술을 활용한 서비스를 활성화하기 위한 다양한 제도적 장치를 마련하고 있다. 정부는 인공지능기술, 데이터처리기술, IoT, 클라우드컴퓨팅기술 등을 결합하고 활용하는 지능정보기술[77]의 개발과 보급을 촉진하기 위한 정책을 추진하고(제20조), 지능정보기술의 기술기준을 고시할 수 있고, 표준화 사업을 추진할 수 있으며, 전문인력의 양성에 필요한 시책을 수립·추진할 수 있다(제21조-제23조). 또한 정부는 인공지능기술, 데이터처리기술, IoT, 클라우드컴퓨팅기술 등을 활용한 지능정보서비스의 안정적으로 제공·이용될 수 있도록 초연결지능정보통

---

[77] 「지능정보화기본법」 제2조(정의)

　　4. "지능정보기술"이란 다음 각 목의 어느 하나에 해당하는 기술 또는 그 결합 및 활용 기술을 말한다.

　　가. 전자적 방법으로 학습·추론·판단 등을 구현하는 기술

　　나. 데이터(부호, 문자, 음성, 음향 및 영상 등으로 표현된 모든 종류의 자료 또는 지식을 말한다)를 전자적 방법으로 수집·분석·가공 등 처리하는 기술

　　다. 물건 상호간 또는 사람과 물건 사이에 데이터를 처리하거나 물건을 이용·제어 또는 관리할 수 있도록 하는 기술

　　라. 「클라우드컴퓨팅 발전 및 이용자 보호에 관한 법률」 제2조 제2호에 따른 클라우드컴퓨팅기술

　　마. 무선 또는 유·무선이 결합된 초연결지능정보통신기반 기술

　　바. 그 밖에 대통령령으로 정하는 기술

신기반 구축·운용에 관한 시책을 마련하고, 과학기술정보통신부장관은 국가 재정으로 공공기관과 비영리기관이 이용하는 초연결지능정보통신망을 구축· 관리하고, 효율적 확충·관리에 필요한 시책을 강구하며, 초연결지능정보통신 망의 효율적인 운영과 정보의 공동활용을 촉진하기 위하여 초연결지능정보통 신망 간 상호연동에 필요한 시책을 마련하여야 한다(제34조~제37조). 정부는 인 공지능 개발의 자원인 데이터의 생산·수집 및 유통·활용 등을 촉진하기 위하 여 필요한 정책을 추진하고, 데이터의 효율적인 생산·수집·관리와 원활한 유 통·활용을 위하여 국가기관등, 법인, 기관 및 단체와의 협력체계를 구축하고, 이를 위한 지원을 할 수 있다(제42조~제43조).

지능정보시대에서 효율적으로 사이버안보를 강화하기 위해서는 노동집약 또는 재능에 의존하는 방식에서 탈피하여 자본집중적인 인공지능의 채택하여 야 할 필요가 있다. 특히 인공지능에 의한 사이버위협 또는 사이버공격이 보 다 정교화되고 동시다발적으로 이루어지고 있고, 더욱 빈발할 것으로 예상되 므로 인공지능을 통한 억제, 보호, 탐지, 대응이 이루어져야 한다. 사이버안보 에 인공지능을 채택하기 위해서는 우선적으로 ① 고품질 데이터세트가 플랫 폼을 통하여 인공지능의 알고리즘으로 제공될 수 있는 체계가 마련되어야 하 고, ② 사이버위협정보의 공유 및 공공·민간 부문의 협업이 실질화되어야 하 며, ③ 인공지능이 다양한 사이버 위협 및 공격에 대한 대응 프로세스를 자동 화하고 조율할 수 있는 능력을 갖추어야 하고, ④ 인공지능 거버넌스를 구축 하여 인공지능 알고리즘의 모니터링 및 통제가 이루어질 수 있는 제도적 장치 를 마련하여야 한다.

사이버안보를 강화하기 위해서는 공공부문과 민간부문을 아우르는 컨트 롤타워를 두고, 각 영역별로 그에 적합한 기능을 분산하여 집중과 분산이 조 화를 이루는 추진체계를 갖출 필요가 있다. 이러한 추진체계를 갖춰야만, 지능 정보사회에 부합하는 사이버안보 대응체계를 갖출 수 있다. 이를 위해서는 우 선적으로 사이버안보 관련 기본법을 제정하고, 개별입법을 지도하여 그 내용 을 반영하도록 정비하는 방안이 최선이라 생각된다. 다만 기본법을 마련하는 경우에도 입법기술적으로 다음의 사항을 검토하여야 한다.

첫째, 사이버안보 법제의 기본이념이다. 기본법 영역에서 기본이념은 법을 지배하는 기본원칙으로 실제 법률에 근거하여 시행되는 제도들과 관련 개별법령을 구체화함에 있어서 준수되어야 하는 입법형성의 원칙일 뿐만 아니라 입법적 한계이다. 비록 추상적이기는 하지만 기본법에서 기본이념이 차지하는 입법 비중은 매우 크다. 따라서 21세기 사이버안보 환경과 이에 대응하는 기본이념을 설정하고 이를 입안하여야 한다.

둘째, 국내 사이버안보 관련 기본법을 제정하는 경우 우선 해결되어야 하는 것이 '사이버안보'의 개념 정의이다. 기본법에서의 정의 규정은 그 기본법뿐만 아니라 이를 구체화하는 개별 법령의 규율범위와 규율대상, 소관기관, 정책형성과 집행의 준칙, 절차법적 내용의 확정 등을 위해 필연적이다. 사람과 사물이 서로 연결되어 상호작용을 하면서 생활하는 초연결시대에서 더 이상 국가와 사회를 엄격하게 구분하여 국가안전보장만을 사이버안보의 법익으로 치부하는 것은 현실적이지 않다. 따라서 사이버보안이냐 사이버안보이냐에 관한 더 이상의 지리한 다툼을 종식하고, 국가안전보장은 물론 질서유지까지 포괄하는 "사이버안보"의 개념을 사용할 필요가 있다.

셋째, 협업적 집행체계를 명확히 하여야 한다. 사이버안보 관련 집행체계에서 가장 중요한 것은 컨트롤타워, 실무추진기구와 정부부처 사이의 협업시스템을 공고히 하는 것이다. 이것은 주요 외국 사례에서 보는 바와 같이 중앙부처 가운데 단일화·집중화된 기관이 개별 정부부처와 협력하여 사이버안보 관련 협의·조정 기능을 수행하도록 하는 것에서 찾을 수 있다. 부처이기주의 등이 팽배해 있는 우리의 경우에도 이 부분은 반드시 입법적으로 해결할 사항이다.

넷째, 사이버안보 민·관 협력체계의 구축에 관한 사항이다. 사이버안보 분야는 민·관 사이의 협력적 거버넌스가 중요하다. 물론 이러한 협력적 거버넌스는 기존의 수직적 규제체계로부터 벗어난 수평적 규제체계를 전제로 하여야 한다. 왜냐하면 민·관 거버넌스를 수직적 규제체계에 따라 형성하는 경우 여기에 참여하는 민간부문은 거버넌스 자체를 또 하나의 규제로 받아들일 수 있기 때문이다. 그리고 수평적 규제체계 아래에서의 민·관 거버넌스의 경우

가장 바람직한 것은 사이버안보와 관련된 민간부문과 공공부문이 정책형성단계부터 집행단계에 이르기까지 광범위하게 거버넌스 구조를 형성할 수 있도록 하여야 한다.

다섯째, 사이버안보에서 가장 중요한 것은 사이버위협 또는 공격의 억제, 보호, 탐지, 대응이다. 현재 개별법령에 따라 규율되고 있는데, 기본법에서는 사이버침해사고에 대한 대응절차의 기본적 사항을 조직법적 사항과 결부하여 정하고, 개별법령의 특수성을 반영하여야 하는 분야에서는 해당 법령에서 특별법 조항의 성격을 둔 개별적 사이버침해 대응절차를 마련할 수 있는 근거를 제시하여야 할 필요가 있다.

여섯째, 인공지능을 사이버안보의 첨병으로 채택하기 위해서는 인공지능은 광범위한 사이버공격을 견딜 수 있도록 강건해야 하고, 이를 위해서는 시스템의 취약성 및 행위자의 활동을 이해할 수 있어야 하며, 인공지능시스템은 보안, 안전, 그리고 프라이버시 원칙에 따라 설계되어야 한다.

⁝ 참고문헌

과학기술정보통신부, 「I-Korea 4.0 실현을 위한 인공지능(AI) R&D 전략」, 2018. 5.

관계부처합동, 「국가 사이버안보 기본계획」, 2019. 9. 3.

국가안보실, 「국가 사이버안보 전략」, 2019. 4. 3.

국가정보원 외, 「2020 국가정보보호백서」, 2020.

국방부, 「2018 국방백서」, 2018.

국방부, 문재인 정부의「국방개혁 2.0」: 평화와 번영의 대한민국을 책임지는 '강한 군대', '책임 국방' 구현, 보도자료, 2018. 7. 27.

김동희 외, "사이버 위협정보 공유체계 구축방안에 관한 연구 – 미국 사례를 중심 으로 – ", 「융합보안 논문지」 제17권 제2호, 2017. 6.

김인중, "국가사이버안보전략 수립의 필요성과 추진 전략", 사이버공간과 국가안 보(국가안보전략연구소 학술회의), 2014. 4.

박영철 외 7인, 「사이버보안체계 강화를 위한 정보보호법제 비교법연구」, 한국인 터넷진흥원, 2015. 12.

박영철, "항상화된 사이버위협에 대응하기 위한 정보 공유 방안", 「인터넷법제동향」 제119호, 2017. 8.

방송통신위원회 보도자료, "정부, 「국가 사이버안보 마스터플랜」 수립 – 국가 사 이버공간 수호를 위한 범정부 차원의 청사진 마련 – ", 2011. 8. 8.

양천수 외, "미국 사이버보안법의 최근 동향", 「법제연구」 제54호, 2017.

육군본부, AI와 머신러닝을 사용한 '알고리즘 전쟁', <https://blog.naver.com/army nuri2017/221961961858>.

이재은 외, "국가 사이버 위기관리체계 강화방안에 관한 연구", 「한국위기관리논집」 제4권 제2호, 2008. 12.

한국인터넷진흥원, 「사이버 보안법제 선진화 방안 연구」, 방송통신위원회, 2011. 12.

황성기, "사이버안보 관련 법제의 문제점과 개선방향", 「경제규제와 법」 제12권 제 1호, 2019. 5.

A. M. Turing, "Computing Machinery and Intelligence", Mind 49, 433-460(1950) <https://www.csee.umbc.edu/courses/471/papers/turing.pdf>

Andrew Ilachinski, AI, Robots, and Swarms, Issues, Questions, and Recommended Studies, Center for Naval Analysis, January 2017.

Bruce Schneier, Data and Goliath: the hidden battles to collect your data and control your world. W.W. Norton & Company, 2016.

Capgemini Research Insitute, Reinventing Cybersecurity with Artificial Intelligence: The new frontier in digital security, 2019.

Communication from the Commission to the European Parliament, the European Council, the Council, the European Economic and Social Committee and the Committee of the Regions on Artificial Intelligence for Europe, Brussels, 25. 4. 2018 COM(2018) 237 final.

Congressional Research Service, Artificial Intelligence and National Security, 2019. 11.

Executive Office of the President National Science and Technology Council Committee on Technology, PREPARING FOR THE FUTURE OF ARTIFICIAL INTELLIGENCE, 2016. 10.

Executive Order on Maintaining American Leadership in Artificial Intelligence, Executive Order 13859.

Greg Allen, Taniel Chan, Artificial Intelligence and National Security, 2017. 7. <https://www.whitehouse.gov/wp-content/uploads/2017/12/NSS-Final-12-18-2017-0905.pdf>

ICRC, Autonomy, artificial intelligence and robotics: Technical Aspects of Human Control, 2019. 9.

Independent High-Level Expert Group on Artigicial Intelligence, A Definition of AI: Main Capabilities and Disciplines, 2019.

National Science and Technology Council, FEDERAL CYBERSECURITY RESEARCH AND DEVELOPMENT STRATEGIC PLAN, 2019. 12.

Robert Work, Deputy Secretary of Defense, Memorandum, "Establishment of an Algorithmic Warfare Cross-Functional Team (Project Maven)," 2017. 4. 26. <https://www.govexec.com/media/gbc/docs/pdfs_edit/establishment _of_the_awcft_project_maven.pdf>

Stuart Russel & Peter Norvig, Artificial Intelligence: A Modern Approach, Prentice

Hall, 2010.

THE NATIONAL ARTIFICIAL INTELLIGENCE RESEARCH AND DEVELOPMENT
 STRATEGIC PLAN: 2019 UPDATE.

＜http://jmc.stanford.edu/articles/dartmouth/dartmouth.pdf＞

＜https://archive.darpa.mil/CyberGrandChallenge/＞

＜https://subinne.tistory.com/47＞

＜https://www.defenseone.com/technology/2017/05/pentagons－new－algorithmic－
 warfare－cell－gets－its－first－mission－hunt－isis/137833/＞

제10장

국외 사이버공격 주체에 대한
법적 조치

정태진* **

제1절 서론

지난 10년 동안 국내 주요 전산망에 대한 사이버공격은 대부분 북한 해커들에 의한 소행으로 밝혀졌다. 그러나 사이버공격 진원지가 국외로 밝혀지면서 그들에 대한 법적제재 조치가 현실적으로 상당히 어렵고 특히나 우방국이 아닌 국가에서 시작한 사이버공격은 증거를 획득하여 실체적 진실을 밝히는 것이 거의 불가능했다. 이제까지 발생한 사이버공격의 주체에 대한 수사는 대부분 IP 추적을 통한 서버의 위치 확인과 악성코드 분석을 통해 공격 주체가 누구인지 추정하는 것에 그쳤다. 이 연구 주제에서 "국외 사이버공격 주체"라고 표현한 것은 '개인', '조직', '국가'를 포함하는 것을 의미하지만 '국가'를 직

* 이 논문은 이광민(국민대 교수)과 공저한 것임.
** 이 논문은 「한국경찰연구」 제19권 제1호(한국경찰연구학회, 2020. 3. 23)에 게재된 것임.
 [원제] 국외 사이버공격 주체에 대한 조치를 위한 법적 과제 — 미국의 사례가 우리나라에 주는 시사점 —

접적으로 포함하게 되면 '상대국가에 대한 기소', 「국제법」 적용 등의 문제가 있어서 우회적으로 표현하는데 그쳤으나 북한 해커 배후에 '북한정부'가 있다는 것은 배제할 수 없다. 그리고 우리나라가 북한 사이버공격에 대해서 기소까지 가지 못했던 것에 대한 실증적인 연구는 부재하고 그동안 여러 차례의 심각한 사이버공격 후 뒤따르는 수사결과는 항상 동일하게 "북한 해커그룹의 소행으로 추정한다"라는 발표가 전부이다 보니 일부 국민들은 정부의 수사 발표에 만족하지 못하는 것이 사실이었다. 그리고 대다수의 국민들은 국외발 사이버공격 주체에 대한 제한적인 수사는 가능하지만 법적제재는 거의 불가능하다고 여겼다. 즉, 이제까지 법률적으로 제재하지 못했던 것은 단지 적절한 법률의 부재만이 아니라 국가의 국외 수사 역량이 부족하여 국외 사이버공격 주체에 대해 특정하여 기소할 수 없었기 때문이다.

그런데 2018년 9월 미국 법무부와 연방수사국(FBI)은 소니픽처스 및 록히드마틴사 등에 대한 사이버공격 혐의로 북한 해커 박진혁을 기소하였다. 박진혁은 해킹그룹 '라자루스'의 일원으로 1984년 8월 15일 생으로 북한의 김책공업대학을 졸업하고 중국에서 조선엑스포 합영회사 소속으로 근무하면서 사이버공격에 가담한 것으로 밝혀졌다. 이렇게 북한 해커의 실명과 사진이 확보되어 기소에 이르게 된 것은 이번이 첫 사례였다. 미국정부는 기소와 동시에 체포영장을 발부하였고, 조선엑스포 합영회사·박진혁·라자루스에 대한 미국의 제재 조치가 시행되었다. 기소 직후, 박진혁이 북한으로 돌아가면서 아직까지 신병이 확보되지는 않았지만 미국정부가 북한 해커를 특정하고 신원까지 밝혀 기소한 것은 북한의 사이버공격에 대한 최초의 '법적제재 차원'이란 점에서 시사하는 바가 아주 크다.

미국정부의 북한 해커에 대한 기소를 보면서 앞으로 우리도 국외발 또는 북한 배후의 사이버공격을 당했을 때 미국과 같이 용의자를 특정하여 기소할 수 있을지에 대한 의문을 갖게 된다. 왜 미국은 국외 사이버공격 주체에 대한 기소가 가능하고 우리는 이제까지 여러 차례 북한의 사이버공격을 받는데 범인색출이나 기소가 가능하지 않았는지? 관련 법률이 부재해서인지 아니면 국제공조를 방해하는 다른 요소가 있는지? 알아보고 미국정부와 같이 법적으로 용의자를 특정하여 기소하기 위해서는 어떠한 법률과 절차 그리고 어떤 조건이 수반되어야 하는지를 이제까지 발생한 사건들을 토대로 알아보고자 한다.

제2절 미국의 국외 사이버공격 주체에 대한 법률적 조치

Ⅰ. 1986년 「전자통신 사생활보호법」

ECPA(Electronic Communication Privacy Act of 1986)는 정부기관에 의한 전화도청을 방지하기 위해 미국의회에 의해 만들어졌으며, 컴퓨터에 의한 데이터전송 접근도 금지하였다. 추후 저장된 전자통신 자료 접근 또한 금지하였으나 Pen trap[1] 조항에 의해 전화통신을 추적 할 수 있게 되었다. ECPA는 원래 일명 「도청방지법」(the Wiretap Statute)으로 불리는 1968년 제정된 '「옴니버스 범죄통제 및 안전한 거리법」 제3조(Title Ⅲ of the Omnibus Crime Control and Safe Street Act of 1968)'의 개정안으로 국가가 개인의 통신을 불법적으로 도청 할 수 없게 한 법이며, 사생활 보호를 위해 이동전화까지 포함하고 있다.

ECPA는 다시 1994년 「통신지원 및 법집행법」(Communication Assistance and Law Enforcement Act: CALEA)과 2001년 「미국애국자법」(US Patriot Act) · 2006년 「미국애국자법 수정안」(US Patriot Re-authorization Act) 그리고 2008년 「해외정보감시법」(Foreign Intelligence & Surveillance Act: FISA)에 의해서 개정되었다.

구체적으로 관련 조항을 살펴보면, 제1조는 전송 중인 '전화 · 구두 · 전자통신의 보호'에 대한 조항으로 수색영장의 필요성을 엄격하게 정하였다. 제2조는 '저장된 통신자료 보호'에 대한 것으로 컴퓨터저장 데이터를 말한다. 이 조항은 제1조에서 요구하는 (수색)영장주의 원칙보다는 다소 약한 조항이지만 영장을 청구하는데 있어서 더 높은 조건을 요구하지는 않는다. 제3조는 통신기록열람 · 함정 · 추적 장치의 사용을 금지하고 있는데, 법원의 영장 없이 전송되는 전자통신에 대한 녹음 · 전달 · 사용 등을 포함한다. 그리고 임직원에 대한

---

1 접속정보 등 위치추적에 관한 법률.

사생활 보호를 위해(Title Ⅲ of the Omnibus Crime Control and Safe Street Act of 1968 (of employers monitoring of employees phone calls)) 이동전화까지도 포함하였다(Legal Information Institute, 2019).

인터넷의 보급 후 ECPA 제1조가 일시적으로 저장되었다가 목적지에 도착하는 이메일 메시지를 보호하는지에 대해서는 여러 가지 의문점이 제기되었고 2004년 United States v. Councilman 사건[2]에서는 고용주(회사)가 연방 도청방지법을 위반하지 않았다고 판결하였다. 그 이유는 임시적으로 저장된 이메일은 전송중인 메시지가 아니라고 판결하였으나, 2005년 United States Court of Appeals for the First Circuit은 1심 판결을 파기하였다. 결국 이 사건은 ECPA와 상관이 없다고 기각되었다.

그리고 컴퓨터 압수수색에 있어서 BBS(전자블틴보드)[3]에 보내졌으나 수신인이 아직 읽지 않은 메시지에 대해서는 ECPA 제1조가 개정한 「연방 도청방지법(Federal Wiretap Act of 1968)」을 위반한 것이 아니라고 하고 있다. ECPA에 의하면 정부는 수색영장 없이 실시간으로 이동전화를 추적할 수 있지만, 이동전화 사용에 대한 시각적인 감시가 가능한 공공장소로 한정하고 있다.

2010년 '웹캠게이트'로 불리우는 Robbins v. Lower Merion School District 사건에서는 학교로부터 근신 받고 있는 학생에 대해 학교에서 지급한 노트북 웹캠으로 학생에게 사전에 고지하지 않은 채 침실까지도 몰래 관찰한 책임에 대해서 ECPA 위반으로 해당 학교가 소재한 교육청은 합의금으로 61만 달러를 피해학생에게 지불하도록 하였다.

ECPA 압수수색영장은 발부조건이 아주 까다롭다. 수사기관은 압수수색의 필요성과 영장발부의 타당성을 뒷받침할 상당한 증거를 제시하고 범죄에 관련된 특정정보나 압수 대상물이 특정한 장소에 있어 이를 수색해야 할 충분한 근거를 증명해 보여야 한다. 즉, ECPA 수색영장은 범죄수사에만 사용할 수

---

2 이메일 차단과 관련된 형사사건으로서, 이 사건의 초기 판결은 이메일 프라이버시와 ECPA의 효과성에 대한 우려를 불러일으킨 사건이었다.

3 전자 게시판으로서 PC통신에서 불특정 다수의 사용자들이 컴퓨터를 통해 정보와 편지를 교환하고 대화하거나 비상업적인 프로그램을 서로 공유하기 위한 시스템을 말한다.

있다. 수색영장에 수색 장소 및 압수대상에 대해서 반드시 명시해야만 한다. 수사기관에서 압수수색영장을 통해 요청할 수 있는 정보는 ECPA 소환장이나 영장을 통해 요청할 수 있는 정보와 동일하며 사용자의 검색어 정보를 비롯하여 이메일, 문서, 사진, 동영상 등과 다른 비공개 콘텐츠도 공개를 요청할 수 있다.

Ⅱ. 1994년 「통신지원 및 법집행법」

CALEA(Communication Assistance and Law Enforcement Act)는 '법집행기관의 감청'에 관한 법률로서 이 법의 목적은 범죄수사를 위해 통신사업자와 통신장비제조업체가 연방수사기관이 필요하면 언제나 어떤 통화든지 감청을 할 수 있도록 사전에 준비해 놓게 하는 법이다. 이 법으로 법집행기관이 전화내용도 들을 수 있고 통화 세부기록도 확보할 수 있게 되었다(Trope, 2014: 4-9). 그리고 통신업체가 새로운 장비 도입이나 소프트웨어를 교체할 때에도 수사기관의 감청업무가 방해 받아서는 안된다. 1995년 1월 발효되었을 때는 디지털 전화네트워크에 대한 감시에 국한되었으나, 2004년 미국법무부(United States Department of Justice), 재무부(Bureau of Alcohol, Tobacco, Firearms, and Explosives), 연방수사국(Federal Bureau of Investigation), 마약수사국(Drug Enforcement Administration)이 미국연방통신위원회(Federal Communications Commission)에 청원을 하여 인터넷과 VoIP 트래픽 감시 역시 이 법에 포함되었다(Figliola, 2005: 14). 이후 연방수사기관의 감청 건수와 전자메일이나 인터넷 감시는 엄청나게 증가하였다. CALEA는 원래 FBI가 증가하는 디지털전화통신 스위치가 항상 일정하게 작동하지 않을 수 있어서 감청이 불가능할 경우를 걱정하여 만들어진 법이기 때문에 항상 영장청구를 필요로 하지 않는다. 미국연방수사국(FBI)은 2007년까지 통신데이터 수집, 저장, 색인화 및 분석하는 DCSNet(Digital Collection System Network) 시스템에 3,400만 달러를 투자했다. 이 시스템은 포인트 앤드 클릭(point and click)으로 모든 정보통신기기에 대한 즉각적인 감청이 가능하다(Singel, 2007).

Ⅲ. 「미국 애국자법」

　　「미국 애국자법(US Patriot Act)」은 2001년 10월 26일 제정되었다. 9·11 테러 이후 만들어진 미국식 「테러방지법」(원래 명칭은 Anti Terrorism Legislation)으로 FBI가 대테러 활동을 위해서 일반가정 및 회사의 동의 없이 수색할 수 있게 하였고, 법원의 영장 없이 전화·이메일·재정정보를 수색할 수 있게 하였다. 법집행기관은 또한 도서관과 재정정보에 접근하여 열람할 수 있게 하였는데, 여기에 대해서 위법성에 대한 여러 차례의 소송이 있었고 연방법원은 몇 개의 조항에 대해서는 위헌이라고 판결하였다.

　　그럼에도 불구하고 이 법은 2006년 3월 2일 의회 통과 후, 같은 해 3월 9일과 10일 부시 대통령의 최종 서명에 의해 연장 시행되었다. 그리고 2011년 5월 26일 오바마 대통령이 「Patriot Sunsets Extension Act of 2011」에 서명하여 4년 연장하게 되었는데 여기에는 3가지 핵심조항이 포함되었는데 '이동 감청', '비즈니스 정보 열람', '외로운 늑대' 감시가 그것이다. 여기에서 '외로운 늑대'는 테러리스트 집단과 관련이 없는 개별 테러용의자를 뜻한다.

　　「US Patriot Act」는 2015년 6월 1일 소멸되고 2016년 6월 2일 제정한 「USA Freedom Act」로 대체되어 2019년까지 효력을 발휘하였다. 이 법 Section 215는 미국국가정보국(National Security Agency)이 대량의 통화정보를 함부로 수집할 수 없게 하고 특정한 개인의 정보를 얻기 위해서는 연방법원의 영장을 필요로 하게 하였다.

Ⅳ. 2008년 (개정) 「해외정보감시법」

　　「해외정보감시법(Foreign Intelligence Surveillance Act of 1978 Amendment Act of 2008: FISA Amendment Act(FAA))」(FISA)은 1978년 10월 25일 제정되었다. 이 법의 주요 내용은 미국을 외국의 스파이나 테러리스트로부터 보호하기 위해 물리적 또는 전자감시활동을 한다는 것이다. 9·11테러 사태 이후 여러 차례 수정을 했지만 중요한 점은 미국 FISC(Foreign Intelligence

Surveillance Court)의 감시영장만 받으면 언제든지 연방수사기관(FBI)이나 국가보안국(NSA)이 외국 공무원(foreign agent)이나 외국정부(foreign power)에 대해서 감시를 할 수 있다는 것이다. 그리고 2004년에는 Lone Wolf(외국인) 조항까지 추가하여 테러와 연관이 있는 단독 테러범에 대해서 외국정부나 테러집단과 관계가 없다 하여도 감시할 수 있게 하였다(Bond, 2012).

2008년 FISA를 개정한 「해외정보감시법」은 2013년 NSA 계약직 엔지니어로 근무한 에드워드 스노든의 폭로로 프리즘(PRISM) 같은 감시 프로그램을 폐쇄하는 데 필요한 법률적 근거가 되었다(Sanders, 2015).

FAA는 새로운 조항인 Title Ⅶ를 FISA에 추가했는데 이는 2008년 종료된 Protect America Act of 2007과 비슷한 내용으로서, 미국정부가 해외에 있는 외국인의 전자통신에 대해서 감청할 수 있게 한 조항이다. 이 법은 원래 2012년 12월 31일 종료하기로 되어 있었으나, 5년 연장되어 2017년 12월 31일까지 효력이 유지되었다.

FAA Section 702는 미국 법무부장관과 DNI(Director of National Inteligence) 국장에게 외국인에 한하여 국외에서 표적화(색출)를 허가할 수 있는 권한을 부여하였는데, 한번 허가하게 되면 1년간 유효하며 몇 가지 제한사항을 두었다. 그 제한 사항을 살펴보면 아래와 같다.

첫째, 목표대상이 미국 내에 있을 경우
둘째, 목표대상이 미국 내에 있을 가능성이 높은데 해외에 있다고 전제하고
셋째, 해외에 있는 미국인
넷째, 송신인과 수신인의 통신정보 수집 당시 미국 내에 있을 경우
다섯째, 수정헌법 4조에 부합해야 한다.

Section 702는 NSA가 PRISM 같은 해외감시프로그램을 통해 전 세계를 감시할 수 있게 허가해준 법률조항이다. 이 조항 전에는 대통령에 의해 통합적인 첩보활동을 허가하는 President's Surveillance Program(PSP)을 2001년 9·11테러 사건 이후부터 '테러와의 전쟁' 일환으로 사용해 왔다.

FAA조항들을 더 살펴보면,

  ⅰ. 개별 주에 대해서 연루된 정보통신사나 개인에 대해서 조사, 제재, 정보공
     개요구 등을 금지한다.
 ⅱ. 압수한 자료에 대한 폐기를 허가한다.
 ⅲ. 자료제공에 협조한 정보통신사업자에 대한 책임을 면한다.
 ⅳ. 국외 소재하는 목표에 대한 자세한 설명 요구조항 삭제
  ⅴ. FISA 법원이 접수한 영장신청서나 긴급히 통보받은 해외거주 미국인이 외
     국정부를 위해 일한다고 믿어지는 경우, 영장 없는 감시를 48시간에서 7일
     로 연장한다. 7일 이후 법원이 영장신청을 기각하거나 파기하면 수집한 정
     보는 증거로 사용할 수 없다. 법무부장관이 정보가 생명이나 인체에 심각
     한 해를 끼친다고 판단되면 추후에 증거로 제출할 수 있다.
 ⅵ. FISA 법원이 허가한 해외에 거주하는 미국인에 대한 감청
 ⅶ. 감시하고 있는 미국인이 미국으로 입국한 경우, 감시중단
ⅷ. 법원의 허가 없는 외국인의 미국 내 전화통화와 이메일 감시 불가
 ⅸ. FISA법원이 진행중이거나 종료된 감시에 대해 연장을 위해 30일간 심의
     한다.
  ⅹ. 긴급한 상황에서의 감청을 허가한다. 단 7일 이내에 필요한 서류를 제출
     해야 한다.
 xi. 정부가 비상시국을 들먹이며 감시법을 대체하려는 것을 금한다.
 xii. 모든 정보기관의 감찰관들이 President's Surveillance Program(PSP)에 참
     여하고 1년 안에 종합보고서를 제출해야 한다.

위에서 열거된 ECPA, CALEA, Patriot Act, FISA & FAA 같은 법률들이 오
래전부터 마련되어 있기에 미국 법집행기관이나 정보기관은 국외 사이버 공격
자들에 대한 추적과 색출이 가능하다. 그리고 해외에서의 정보활동과 감시활
동을 합법적으로 허가하는 FISA 법원이 있기에 해외에서 수집한 정보를 바탕
으로 용의자를 특정하고 기소할 수 있었다. 미국정부가 위와 같은 법률들을
만들어서 국가안보를 위협하는 사건들을 해결해 왔는데, 위의 각기 다른 법률
이 박진혁을 기소할 수 있는 법률적 기반을 직접적으로 제공했다기보다는 사

이버공격에 대한 특별법을 갑자기 만들어서 대응하지 않아도 오랜 시간 동안 발전해 온 법률들이 유기적으로 작동하여 동시대에 발생하고 있는 국가안보 위협사태에 효과적으로 적용시켜 대응하여 왔다.

제3절 미국의 해외 사이버안보 정보수집 활동 및 국제공조

I. 해외 사이버안보 정보수집 활동

2018년 9월 북한해커 박진혁에 대한 기소는 공식적으로는 미국연방수사국(FBI)가 수사하고 법무부가 기소한 것으로 발표되었지만 국외 사이버공격 주체에 대한 신원 및 소재파악은 2008년 개정된 미국 「해외정보감시법」(FISA Amendment Act(FAA))의 법률을 바탕으로 FISA 법원에서 약 100여 통의 압수수색영장을 발부 받아 1,000여 개의 이메일과 소셜미디어계정에 접속해서 수사하였으며, 용의자를 특정하기 위해서 국가보안국(NSA)의 해외 감청업무와 중앙정보부(CIA)의 해외 인적정보수집(HUMINT) 활동도 같이 전개하였다. 최근에 임명되는 국가보안국(NSA)의 국장들은 사이버사령관직을 겸직하고 있어 NSA와 US Cyber Command가 얼마나 긴밀히 협조하는지 추측할 수 있다. 그리고 국외 사이버공격 주체에 대한 수사에는 막대한 해외공작 비용이 들기에 미국이 아니고선 쉽게 나서서 할 수 있는 수사가 아니라고도 할 수 있다.

미국 정보기관의 해외 휴민트 활동이 북한 해커 박진혁을 특정하는 데까지 아주 중요한 역할을 했다. 이러한 정보기관의 현지 휴민트 활동 없이 사이버범죄를 담당하는 수사기관 간의 국제공조만으로는 박진혁을 용의자로 특정하여 기소하는 것은 쉽지 않다. 그리고 FBI 같은 법집행기관의 수사활동은 미국 내로 한정되어 있어서 외국에 나가서 직접 수사 활동을 할 수가 없다. 특히나 국외발 사이버 공격의 배후에 북한과 같은 국가집단이 있을 때에는 해외업무가 가능한 CIA가 담당한다.

한편, 해외공관에 파견된 FBI 수사관을 통해 상대국 수사기관이나 정보기관과의 긴밀한 공조를 통해 필요한 정보를 수집하고 증거를 얻을 수만 있다면 더 이상 바랄 것이 없겠지만 상대국가의 수사기관이나 정보기관의 역량과 정치적 상황 등으로 인해 큰 도움을 받지 못하는 경우에는 상대국에서 활동하고 있는 자국 화이트요원(상대국에 신분을 공개한 정보요원) 및 블랙요원(상대국에 정보를 공개하지 않은 정보요원)과 그 외의 정보자산을 총 동원하여 필요한 정보를 수집하면서 용의자를 찾아내고 특정해야 한다. 미국 CIA는 유관기관들과 공조하여 막대한 해외공작 자금을 써서 첨단감시기술과 현장요원들을 투입하여 수많은 북한 해커들을 감시하고 포위망을 좁혀 나가면서 결국에는 박진혁이 소니픽처스와 록히드마틴사의 해킹의 주범임을 확신하게 된 것이다. 다수의 북한 해커들 중에서도 박진혁으로 용의자를 특정하게 된 경위나 자세한 배경은 공개하지 않고 있다. 현재 소니픽처스 해킹 주범으로 알려진 박진혁은 북한으로 돌아가서 당국의 보호를 받고 있다.

Ⅱ. 국제사법공조

미국은 자국에 대한 국외 사이버공격의 주체에 대해 수사하기 위해서 MLAT(Mutual Legal Assistance Treaty: 상호사법공조조약)에 의하여 미국과 조약을 맺은 국가의 수사기관과의 국제사법공조로 범인을 색출하는 데 주력한다. 국제사법공조는 범죄 수사와 기소에 필요한 증거를 수집하기 위해 많은 국가들이 행하고 있다. 주로 외국의 수사기관으로부터 증인심문조서나 관련문서를 필요로 할 때 수사기관 간의 비공식적 협조요청을 의미한다. 국가 간의 외교적 예의를 바탕으로 한 증인 조사 의뢰를 요청하는 것으로 시작되어 이제는 수사기관 간의 직접적인 요청으로 이루어지고 있다. 국제사법공조 요청은 호혜주의[4]를 기본으로 이루어지는데 주로 쌍방이나 다자간협약을 맺어서 상대국 요청이 있으면 공조수사를 지원해야 한다. 간혹 정치적인 이유나 국가보안의 이유로 거절되는 경우도 있고 양국의 법률 차이로 다른 국가에서는 범죄로 처벌이 미약한 경우도 있다. 어떤 협약의 경우에는 상대방 국민에게 법률지원을

---

4 국제 무역에서 양국이 서로 대등한 관계에서 이익을 주고받는 원칙으로 서로 같은 수준의 우대조치를 승인해 무역을 확대할 목적으로 취해진다.

해주는 경우도 있다.

많은 국가들이 법무부를 통한 협약을 맺어 사법공조를 하거나 인터폴 (Interpol)과 같은 국제형사경찰 협력기구를 통해서 국제사법공조를 한다. 어떤 국가의 경우에는 협약은 맺지 않았지만 수사기관들 간의 핫라인을 통해서 비공식적인 공조를 하는 경우도 있다. 그러나 일부 개발도상국의 경우, 자국법이 사법공조나 상호법률지원을 하지 못하도록 정한 경우도 있어, 이런 경우 공조가 어려운 경우가 발생한다.

미국의 국제사법공조는 강대국의 입장에서 많은 국가에 공관을 두고 연방수사요원과 정보요원들을 현지 영사로 파견하여 공식적인 채널을 통해 주재국 수사기관 및 정보기관과 긴밀한 관계를 형성하여 국제사법공조가 필요한 경우 도움을 받아 일을 처리한다. 언론에 공개된 사건이 아닌 경우에는 비공식적으로 영사의 역량에 따라 주재국 수사와 정보기관의 협조를 받아 대부분의 사건들을 해결하고 이 사건들은 언론의 주목을 받지 않고 조용히 해결된다. 가장 효과적이고 효율적인 국제사법공조는 파견된 국가의 법집행기관이나 정보기관과의 긴밀한 관계를 바탕으로 소리 없이 해결하는 것이다.

국제적인 관심을 많이 받고 있던 불법 인터넷 암시장 '다크웹' 중 가장 큰 규모의 '알파베이'의 사이트 운영자 중 한 명인 캐나다인 '알렌사드르 카제스'는 2017년 7월 태국에서 체포되었고 해당 사이트는 즉시 폐쇄되었다. 알파베이 사이트 폐쇄는 미국·캐나다·태국 당국의 공조로 가능했다. 특히나 다크웹 이용 범죄자들은 토르(TOR) 같은 암호화된 네트워크를 이용하여 접속하기에 국제공조 없이는 추적이 상당히 어렵다. 토르는 전 세계에 흩어져 있는 3,000여 개의 서버에서 3개의 서버를 무작위로 선택하여 경유하여 다크웹 사이트에 접속한다. 미국·캐나다·태국 당국이 국제공조했다는 것은 최소한 용의자들의 통신이 이 세 나라를 경유했다고 볼 수 있다.

그 밖에 미국이 국제공조를 통해 해결한 사건 중에는 2019년 4월 11일 영국에서 폭로전문 사이트 '위키리크스' 운영자 '줄리안 어산지'를 런던 소재 에콰도르 대사관에서 체포한 것이다. 7년간 주영 에콰도르 대사관에 망명하여 지내던 어산지는 2017년 에콰도르 대통령으로 선출된 레닌 모레노에 의해서 외교적 보호조치 철회로 영국경찰이 대사관에 진입하여 체포하였으며 영국경찰은 미국정부의 송환요청에 따른 것이라고 발표했다. 미국은 오랜 시간이지만 자국의 이익에 반한 행위를 한 범죄자에 대해서는 인내심을 갖고 기다리면서 마침내 법적인 조치를 통해 응당한 대가를 지불하게 한다. 이런 추세로 보면, 러시아에 망명 중인 에드워드 스노든도 언젠가는 미국정부에 의해 체포될 가능성이 높다고 생각된다.

제4절 우리나라의 국외 사이버공격 주체에 대한 조치

Ⅰ. 국외 사이버공격 주체에 대한 수사

국가주요시설이나 민간영역의 심각한 피해를 초래한 국외 사이버공격 주체에 대한 수사는 악성코드에 대한 분석을 시작으로 범죄증거를 확보하고 범죄자 추적을 위해 2차 명령제어 서버를 찾는다. 이러한 과정을 통해서 대략 범죄의 목적이 어디에 있었고 공격 주체에 대해 어느 정도 특정할 수 있게 된다. 해외 IP인 경우 서버가 소재하고 있는 국가 수사기관이나 정보기관과의 긴밀한 공조가 필수적이다. 왜냐하면 다른 국가 내에서의 수사활동은 불법이기에 상대국의 협조 없이는 용의자를 추적하여 특정하거나 검거하는 것은 거의 불가능하다. 현재 사이버공격이나 사이버범죄에 대해서는 우방국 사이버범죄 수사기관 간의 핫라인 설치를 통해 어느 정도 공조하는 것으로 알려져 있다. 대검찰청 과학수사부 사이버수사과는 미국, 영국, 호주, 일본 등 세계 80여개국이 참여하는 'G7 24/7 High-tech Crime Network'의 한국 대표 창구다. 1997년 결성된 'G7 24/7 Network'는 사이버테러, 해킹, 개인정보 유출 같은 사이버범죄 정보와 증거를 실시간으로 주고받는 국제협력기구다. 2014년 말 한국수력원자력 내부문서가 악성코드 감염과 해킹으로 외부에 유출되는 사건이 발생했을 때 대검찰청 사이버수사과는 'G7 24/7 Network'를 통해 미국 측 창구인 미국 법무부 CCIPS(컴퓨터범죄 및 지적재산권과)에 협력 요청을 통해 페이스북과 트위터 측으로부터 범인 추적에 필요한 가입자 정보 및 로그인 자료 등을 빠르게 확보했다. 검찰은 악성코드와 인터넷 접속 IP 등을 분석해 북한 해커조직의 소행이라고 결론 내렸다.

경찰의 사이버범죄수사 역시 검찰의 사이버범죄수사와 크게 다르지 않지만, 단지 수사 주체가 다를 뿐이고 국제사법공조에 있어서 검찰이 'G7 24/7 Network'를 이용한다면 경찰은 인터폴(Interpol)과 각국 사이버수사대와의 핫라인을 통해 사이버범죄 수사를 하고 있다. 경찰청은 매년 국제사이버범죄 대응 심포지엄을 열어서 전 세계 법집행기관과 전문가들을 초청하여 사이버범죄 대응에 유용한 정보들을 교환한다. 이를 통해 정보교류는 물론이고 각국에서 참가한 사이버범죄 전문수사관들간의 친목을 다질 수 있는 기회이기도 하다. 국제 심포지엄을 통해 맺어진 관계는 국제사법공조의 든든한 밑거름이 되어 필요시에 아주 효과적으로 상대국 수사기관의 협조를 이끌어 낸다. 그러나 국외 사이버공격의 주체가 북한인 경우는 경찰이 담당하는 업무가 아니라 정보기관인 국정원이 담당하기에 국가안보를 위협하는 사이버범죄에 대해서는 경찰의 관여가 상대적으로 적다.

Ⅱ. 국외 사이버공격 주체에 대한 조치의 취약점

1. 법률적 한계

우리나라 법률은 미국 「FISA/FAA」법같이 해외정보 감시활동을 지원하는 구체적인 법률이 부재하고 해외에서 수집한 증거를 인정해주는 FISA법원 같은 국가안보에 초점을 맞춘 사법시스템이 없다. 그나마 북한을 포함한 국외발 사이버공격에 효율적으로 대응하려고 소위 '사이버테러방지법' 같은 것을 만들려고 해도 '정보감시'·'민간인 사찰' 등의 가능성이 있다 하여 수년간 국회에 표류중이다. 그리고 국내에서의 사이버공간 감시활동도 법률적 지원이 확실하지 않아서 잘못 활동하다가는 오히려 사이버 요원이나 수사관이 처벌받기 쉬운 상태이다. 그러므로 우리도 미국의 「FISA/FAA법」과 같이 합법적으로 해외정보 감시활동을 할 수 있는 법이 만들어져야 한다. 그리고 FISA 법원 같이 국가안보와 관련된 사건에 대한 수사에 필요한 영장을 바로 발급해 주는 일종의 '국가안보나 사이버안보 전담 재판부'가 필요하다. 현재는 사이버안보 활동을 규율하는 기본적 법률의 부재로 인해 범국가 차원의 포괄적인 정책 및 대응방안이 부족한 실정이다. 그러나 국가안보와 관련된 법률의 제정에는 국내외 정치적 환경을 고려해야 하고 또한 필요성 및 타당성 연구가 필요하기에 앞으로 더 많은 논의가 필요할 것으로 보인다, 이 문제는 형법 제정보다도 더 복잡하고 정치적인 환경의 영향을 많이 받기에 학문적·법률적인 논리만으로는 그 필요성이나 타당성에 대해서 만족할 만한 결과를 이끌어 내기 어려울 것으로 보인다.

그리고 우리나라는 「특정금융거래정보의 보고 및 이용 등에 관한 법률」, 일명 「FIU법」을 제정하여 금융정보분석원이 모든 금융기관의 신고에 따라 분석한 의심거래 및 고액현금거래 분석을 통한 데이터를 집계한 후 관계당국이 요청하는 경우 그 자료를 제공하고 있다. 이 법을 통하여 금융위원회 산하에 '금융정보분석원(FIU)'을 설립하여 테러자금 차단 및 자금세탁, 탈세관련 의심 금융거래 및 고액현금거래 정보를 금융사로부터 제공 받아서 분석하여 관련 기관에 제공하고 있다. 사이버테러 역시 막대한 자금이 소요되기 때문에 이러한 정보분석을 통하여 사이버테러 주체를 파악할 수 있을 것이다. 가상화폐가 통용되기 시작하면서 사이버테러를 자행하는 주체들이 가상화폐를 통하여 자금을 거래하는 경우가 늘어나고 있는데 지금까지는 그 거래에 대한 추적이나 조사가 거의 불가능 하였다. 기본적으로 가상화폐에 대한 인식이 부족하여 이에 대한 조치를 취할 수 있는 수단이 전무하였기 때문이다.

2020년 3월에 「특정금융거래정보의 보고 및 이용 등에 관한 법률」 일부 개정법률안이 국회 본회의를 통과하였다. 개정안은 가상자산 사업자에 대한 자금세탁 방지를 위한 의무를 부과하고, 금융회사가 가상자산 사업자와 금융거래를 수행할 때 준수해야 하는 사항들을 규정하고 있다. 이로 인해 가상자산 거래의 투명성이 강화되고, 범죄에 이용되는 가상화폐거래에 대한 추적 및 조사가 용이할 것으로 보여진다.

2. 국제사법공조의 한계

국외 사이버공격 주체에 대한 효과적인 대응을 위해서는 국제사법공조는 필수적이다. 왜냐하면 공격자나 증거가 모두 해외에 있기 때문이다. 그리고 타국가에서의 수사 활동의 제한으로 인해 상대국가 수사기관이나 정보기관의 협력 없이는 용의자를 특정하기 어렵고 법원에서 인정 받을 수 있는 증거수집도 거의 불가능하다. 앞서 언급했듯이 상대국 수사기관 및 정보기관과의 긴밀한 공조는 수사관 개인의 역량이나 기관과의 관계에 따라 다르게 나타날 수 있지만 국제법적인 지원이나 협약 가입을 통해 상호 협력의 의무를 공식적으로 마련해 놓으면 현장에서 일하는 수사관들 간의 공조가 훨씬 더 수월해진다. 이러한 관점에서 우리나라가 오랫동안 미뤄온 부다페스트협약 가입이 필요하다(정태진·이광민, 2019: 78).

부다페스트협약은 사이버범죄와 관련하여 각국의 형사 실체법 구성요건 및 관련된 조항들을 통일하고, 컴퓨터 시스템을 통해 저지른 기타 범죄 및 전자적 형태의 증거 수사와 기소에 필요한 형사절차법상의 권한을 규정하며, 빠르고 효과적인 국제협력 및 국제 형사사법공조 체제를 수립하는 것을 목적으로 한다(최혁두, 2018: 384).

사이버범죄협약의 제정 목적에는 사이버범죄에 대한 세세한 규정을 통해 범죄화하여 사회안전을 도모하려는 점 외에, 국가간·기업간의 상호협력, 형사사건에 대한 국제공조, 국내와 국제범죄에 대한 수사와 기소에 대한 신속한 지원을 통해 효과적으로 대응하고 기존의 형사사법공조와 범죄인인도조약을 더욱더 지원하고 사이버범죄정보 수집을 원활하게 하기 위해서 제정되었다. 즉, 사이버범죄대응에 있어서의 국제공조를 제정 목적으로 두고 있다(J. Clough., 2013: 699-700).

현재까지 우리나라는 「통신비밀보호법」 등 국내법과의 상충 문제로 부다페스트협약에 가입하지 않고 있다. 이러는 동안 북한 및 다른 나라의 범죄조직 및 해커들은 우리나라를 타깃으로 한 사이버공격을 감행하고 있으며, 그 공격의 수준이 점점 심각한 수준에 이르고 있는 것이 현실이다. 그러므로 더 이상 협약 가입을 미루지 말고 하루라도 빨리 가입국이 되어 국외 사이버공격에 대해서 과거보다 더 효율적이고 효과적으로 대응해야 할 것이다. 따라서 「통신비밀보호법」을 개정하여 국외로 사이버범죄 정보를 전달할 수 있는 법적 근거를 만들어서 국제사법공조의 발판을 마련하여야 한다.

3. 휴민트를 통한 해외정보수집 강화

국외 사이버공격 주체에 대해서 즉각적인 대응을 하기 위해서는 우리 정보기관의 사이버안보 전담요원들이 해외공관이나 주요거점 도시에 더 많이 파견되어야 한다. 강대국 정보기관들이 사이버안보 정보를 수집하기 위해 많은 인력과 예산을 투입하여 관련된 정보를 해외에서 수집하고 있는 반면, 우리 정보기관은 '사이버안보' 정보만을 수집하는 요원들이 따로 해외에 파견되어 있는 거 같지 않다. 그 이유는 현재 우리나라는 사이버테러나 공격의 대응에 있어서 휴민트(HUMINT)보다는 테킨트(TECHINT)가 더 중요하다고 여기고 있으며 이로 인해 정보수집 역량에 한계가 드러나고 있다. 테킨트(TECHINT)에 더 의존하고자 하는 것은 기술에 대한 기술의 대응을 의미하는데 실제적으로 키보드를 쳐가면서 사이버공격을 감행하는 것은 사람이고 법적으로 기소되어야 하는 것 역시 사람이기 때문에 공격행위자에 대한 정보수집이 더 중요하다 (정태진·임준태, 2014). 그리고 사이버공간이나 오프라인 공간에서 용의자를 특정하기 위해서는 발로 뛰는 인적정보수집 활동이 더 중요하다. 위키리크스 한국판에 의하면 미국의 사이버안보 전담 정보요원들이 국내 사이버안보 전문가들을 개별적으로 접촉하여 정보를 수집하고 약 70여 명의 외교관 자녀들을 파트타임으로 고용하여 OSINT(Open Source Intelligence: 공개출처정보) 활동을 하고 수집한 정보를 매일 본국에 전송한다고 소개했다(정태진·임준태, 2014: 300). 해외 휴민트(HUMINT) 활동을 강화하기 위해 가칭 'Overseas Cyber Security Enhancement Act' 같은 법을 만들어서 더 많은 정보요원을 해외에 파견하여 사이버안보 관련 정보를 선제적으로 수집하여 앞으로 발생하는 사이버공격에 대비하고 공격 주체에 대해서도 특정하여 기소해야 한다.

제5절 결론

미국의 법률과 제도를 통해서 국외 사이버공격 주체에 대한 조치를 위한 법적 과제가 무엇인지에 대해 알아보았다. ECPA, CALEA, Patriot Act, FISA/FAA 등 오래전부터 있었던 법들이 국외 사이버공격 주체에 대한 조치에도 사용할 수 있다는 것을 알았으며, 그 법들을 바탕으로 해외정보 감시활동을 하는 기관이나 종사자에 대해서도 FISA법원을 통해 엄격히 통제하고 관리하는 것을 살펴보았다.

그리고 사이버공격이나 사이버범죄에 대한 국제공조 상황을 이해하기 위해서 다크웹 사이트인 알파베이 폐쇄를 위해서 어떻게 미국이 캐나다와 태국 당국과 협력했는지도 간단히 살펴보았다. 과연 한국도 미국과 같은 법률을 만들 수 있을까? 앞으로 만들어서 사용하면 미국같이 국외 사이버공격 주체를 특정하고 기소할 수 있을까? 등에 대한 질문을 하게 된다. 그리고 효과적인 국제사법공조를 위한 경찰과 검찰의 노력도 살펴보았다.

또한 부다페스트협약 가입의 필요성과 당위성에 대해서도 논하였으며, 마지막으로 해외 휴민트 활동의 중요성도 논하였다. 앞으로 국외 사이버공격 주체에 대해서 특정하고 기소하려면 더 많은 사이버안보 전담 정보요원들이 해외에 파견되어야 하며, 이를 의해서 가칭 'Overseas Cyber Security Enhancement Act' 같은 법률 제정 및 국제사법공조를 위한 다양한 협약의 가입이 필요할 것으로 생각되며,「통신비밀보호법」및「특정금융거래정보의 보고 및 이용 등에 관한 법률」의 개정이 필요하다.

끝으로 우리나라도 미국과 같이 국가안보와 관련된 사건에 대한 수사를 효과적으로 할 수 있게 지원하는 법률적인 환경이 오래전부터 조성되었다면 국가정보기관이나 수사기관이 국민들에게 신뢰받는 환경 속에서 국외사이버공격 주체에 대해 적극적인 정보수집 활동과 수사를 할 수 있었을텐데 하는 아쉬움이 있다. 그러나 단지 이러한 법률적인 지원만으로 국외 사이버공격 주체를 색출하여 특정하고 수사할 수 있는 것은 아니다. 이를 뒷받침하는 국력이 필수 조건으로 갖춰져야 할 것이다.

⋮⋮ 참고문헌

신재헌, "사이버상의 안보위협에 대한 대응방안", 「한국경찰연구학회」 제15권 제3호, 2016, 75-104.

안종하, "국내 사이버보안 체계 진단 및 정책적 대응방안 연구", 「한국경찰연구학회」 제12권 제3호, 2013, 125-146.

엄응용 · 김효진, "사이버 테러에 대한 국내외의 법적 대응실태와 시사점", 「한국경찰연구학회」 제16권 제4호, 2017, 169-196.

정태진 · 이광민, "사이버범죄 대응을 위한 부다페스트협약 가입과 국제공조 연구", 「경찰학논총」 제14권 제2호, 2019, 65-84.

정태진 · 임준태, "인적정보 역량강화를 통한 사이버안보 및 범죄대응전략", 「한국경찰연구학회」 제13권 제4호, 2014, 289-314.

최혁두, "사이버범죄협약의 가입을 위한 이행입법 연구", 「치안행정연구」 제32권 제2호, 2018, 379-404.

MBN뉴스, "4 · 11 총선, 치안 공약은 사실상 실종", 2012. 4. 13일자.

경향비즈, "국경 없는 사이버 범죄? 장벽 없는 글로벌 공조!", 2018. 11. 20일자.

데일리시큐, "2019 국제 사이버범죄 대응 심포지엄 개최", 2019. 5. 22일자.

NK경제, "미국 FBI 북한 해커 공개 수배", 2018. 9. 7일자.

Bond, Kit., *FISA Amendments Act of 2008*, 2012.

Clough, J., "A world of difference: The Budapest Convention of Cybercrime and the Challenges of Harmonisation", *2nd International Serious and Organised Crime Conference, Brisbane*, 2013(29-30), 698-736.

Figliola, Patricia Moloney, Digital surveillance: the Communications Assistance for Law Enforcement Act, 2005.

Legal Information Institute, https://www.law.cornell.edu/uscode/text/18/2510, 2019.

Obama Signs Last-Minute Patriot Act Extension. Fox News(May 27, 2011).

Singel, Ryan, Point, Click … Eavesdrop: How the FBI Wiretap Net Operates, 2007.

Sanders, Katie, Fact-checking John Oliver's interview with Edward Snowden about NSA surveillance. Tampa Bay Times, 2015.

Stored Communications Act(SCA, 18 U.S.C. §2701 et seq.).

Trope, Konrad L., "US Government Eavesdropping on Electronic Communica－tions: Where Are We Going?", *SciTech Lawyer*, 10(2), 2014, 4-9.

United States v. Councilman, 373 F.3d 197(1st Cir. 2004).

제11장

영국의 수사 · 정보기관의 사이버안보 공조체계

정태진* **

제1절 서론

영국의 사이버안보는 사이버안보전략(Cyber Security Strategy of the United Kingdom, 2011)에 의하여, 내각(Cabinet Office)이 주도하여 사이버안보를 위한 정책을 수립하고 시행하고 있다.[1]

영국 사이버안보를 책임지고 있는 정보기관 GCHQ(Government Communications Headquarters)는 원래 제1차 세계대전 이후 GC & CS(Government Code & Cypher School)로 시작하여 제2차 세계대전 중에는 독일의 Enigma 암호를 깨는 쾌거를 이루었다.

현재 GCHQ는 두 개의 사무실로 구성되었는데 CSO(Composite Signals Organization)와 NCSC(National Cyber Security Centre)이다. CSO는 정보수집을 하

---

 * 이 논문은 이광민(국민대 교수)과 공저한 것임.
** 이 논문은 「경찰학논총」(원광대학교 경찰학연구소, 2020. 5. 22)에 게재한 것임. [원제] 영국의 수사 · 정보기관의 사이버안보 공조체계와 시사점
1 권오국 · 석재왕, "주요국의 사이버테러 대응체계와 시사점 분석 – 미국 · 영국 · 독일 사례의 비교를 중심으로 – ", 「한국경호경비학회」 제49권, 2016, 196쪽.

고 NCSC(National Cyber Security Centre: 국가사이버안전센터)는 국가사이버인프라에 공격을 감행하는 행위에 대해서 적극적으로 대응하고 있다. 그리고 NCSC는 별로도 CiSP(Cyber Security Information Sharing Partnership)[2] 프로그램을 운영하여 사이버위협정보에 대해서 정부기관 및 민간기업 등과 공유하고 있다. 영국은 GCHQ 공식 홈페이지에서도 밝히듯이 GCHQ가 경찰 및 법집행기관의 수사에 필요한 정보를 공유하고 지원한다.[3]

영국의 GCHQ는 사이버안보와 테러에 관련된 정보를 수집하여 MI5(국내정보를 담당하는 보안부) · MI6(국외정보를 담당하는 비밀정보부) · NCCU(National Cyber Crime Unit: 국가사이버범죄수사과) · 영국군대에 제공하여 대응케 하는데, 이는 GCHQ가 능동적인 공작업무를 하는 정보기관이 아니라 정보수집을 주요 임무로 하는 정보기관이라 우리나라 정보기관과는 좀 다르기 때문이다. 또한 영국의 MI5 · MI6 · NCCU · 영국군대는 GCHQ의 이러한 역할을 당연시하고 받아들이기 때문에 특별히 공조를 강조할 필요가 없을 정도로 잘 되고 있다. 지역경찰의 경우, 일반 사이버범죄에 대해서는 직접 수사를 하고 있으며 규모가 큰 사이버범죄나 사이버안보와 직결되는 정보는 NCA(National Crime Agency: 국가범죄수사청) 산하 NCCU[4]에 전달하여 처리하고 있다. NCA(National Crime Agency)는 2013년 기존의 SOCA(Serious Organised Crime Agency)를 대체한 수사기관으로 미국의 FBI와 비슷한 역할을 한다.

2011년 4월에 컴퓨터 범죄수사를 목적으로 런던경찰청 하이테크범죄국을 창설하고, 2005년에는 중대조직범죄수사청(Serious Organised Crime Agency: SOCA)을 창설하였다. 그러나 SOCA가 국가사무에 전념함으로써 민생 사이버범죄에 제대로 대응하지 못한다는 비판에 직면하여 2008년 중앙전자범죄대책단(Police Central e-crime Unit: PCeU)을 설립한 뒤, 2013년 국가범죄수사국(National Crime Agency: NCA)의 국가사이버범죄수사대로 통합시켰다.[5]

2 https://www.ncsc.gov.uk/cisp(검색일: 2020. 4. 2)
3 https://www.gchq.gov.uk/(검색일: 2020. 4. 2)
4 http://www.nationalcrimeagency.gov.uk/about-us/what-we-do/national-cyber-crime-unit(검색일: 2020. 4. 4)
5 권오국 · 석재왕, 앞의 논문, 2016, 197-198쪽.

영국의 모든 ROCUs(Regional Organised Crime Units: 지방단위 조직범죄수사단) 및 법집행기관 그리고 지역경찰까지 협력하여 활동하며 외국의 수사기관과 인터폴, 유로폴과의 협력에 있어서도 연락창구 역할을 하고 있다. 그리고 산하에 NCCU(National Cyber Crime Unit)을 두고 사이버범죄 대응업무를 하고 있다.

여기에서 우리가 알아야 할 것은 우리나라 정보기관은 군 정보기관을 제외하고는 국정원밖에 없는 것에 비해서 영국은 국내(MI5)·국외(MI6), 그리고 사이버안보 및 통신정보(GCHQ)를 나누어서 서로 각기 다른 정보영역을 맡아 활동하고 있어서 대등한 비교가 어렵고 수사기관의 경우에는 국가수사기관과 지역경찰로 나누어 이원적인 형태를 갖추고 있어서 이 역시 우리나라 수사기관과는 구조가 다르기에 대등한 비교가 어렵다. 그러나 우리나라 정보기관이나 수사기관이 영국과 비슷한 정보, 수사기관으로 개편되었을 경우를 대비했을 때는 두 기관 간의 효과적인 협력관계를 알아보는 것은 의미가 있다.

위에 언급한 바와 같이 정보기관인 GCHQ의 국가사이버 대응업무는 NCSC 위주로 이루어지기 때문에 GCHQ의 NCSC와 수사기관인 NCA의 NCCU의 공조체계가 어떻게 이루어지는지를 자세히 알아보면 이 연구에서 필요한 정보를 모두 얻은 것이라 할 수 있다.

제2절 영국 사이버안보 관련 법률 및 규정

GCHQ(Government Communications Headquarter)는 미국의 NSA와 같이 신호정보를 감지하는 일을 주요 임무로 하여 창설된 기구인데, 시대가 변하고 통신기술의 발전과 융합으로 인해 사이버안보 영역까지 책임지게 되었다. GCHQ가 사이버업무를 지원하는 근거에는 「1994년 정보활동법」(Intelligence Services Act 1994)이 있다. 이 법은 세 가지 중요한 조항을 포함하는데 아래와 같다.

- GCHQ는 외무부 산하에 있지만 독자적인 사무차관(Permanent Under Secretary of State: PUS)[6]의 지휘 아래에 있으며 아래와 같은 활동을 한다.
  (a) 전자기기를 통한 감시와 방해, 감청 그리고 기타 장비를 통해 만들어지거나 전달되는 정보나 암호화된 자료에 대한 정보수집
  (b) 이러한 통신정보에 대한 자문과 지원
    (i) 언어 및 기술적인 전문용어
    (ii) 대영제국의 안보와 국방에 관련된 암호해독 그리고 수상에 의하면 정해진 특수임무지원
- 위의 활동을 하기 위해서는
  (a) 대영제국의 안보, 특히나 국방과 외교정책과 밀접한 임무
  (b) 영국 영토 밖에서 활동하는 국민들의 경제활동에 이익을 주는 행위를 위해
  (c) 심각한 범죄에 대한 예방과 감지를 위한 지원활동을 목적으로 한다.
- 이 법률에 의하면 모든 군대 내의 사이버안보 관련 부서들은 GCHQ의 활동을 지원하게 되어 있다.

감청에 관해서는 「2000년 수사권에 관한 규정」(the Regulation of Investigatory Powers Act 2000)에 의하고 반드시 국무장관의 승인을 받아야 한다. 국무장관의 승인은 법원에서 사전영장을 받는 것과 같은 효력이 있다. 그리고 「1998년 인권법」(The Human Rights Act 1998)은 "GCHQ를 포함한 모든 정보기관들은 유럽연합이 규정한대로 모든 국민들의 인권을 존중해야 한다"고 명시하고 있다. 그러므로 이 법에 의하여 일반국민에 대한 영장 없는 무차별적인 감청은 행해지지 않고 있다.

NCSC(National Cyber Securiy Centre: 국가사이버안전센터)는 GCHQ에 속해 있는 센터로서 모든 기본적인 법률은 GCHQ의 관련 법률을 따른다. NCSC는 태생 자체가 GCHQ 산하의 CESG(the information assurance arm of GCHQ)와 The Centre for Cyber Assessment, CERT-UK, and The Centre for Protection of National Infrastructure 전문가들로 구성되어 있어서 국가기관 간의 협력은

---

6 https://ko.wikipedia.org/wiki/사무차관_(영국)(검색일: 2020. 4. 4)

시작부터 효과적으로 이루어졌다.[7] NCSC의 주요 업무에는 중소기업부터 대기업에 이르기까지 민간영역에 대한 통제가 아니라 지원업무인 보호와 자문 역할이 포함되어 있다.

　NCSC의 존재 목적은 크게 4가지로 볼 수 있다. 첫 번째로 사이버 공격에 효과적으로 대처하고 공격으로 인한 악영향을 최소로 막는다. 두 번째로 사이버안보에 관한 전체적인 모니터링을 통해 정부 및 민간부문에 존재하는 사이버안보의 구조적 취약성을 발견하고 대처하며, 관련 정보를 공유한다. 세 번째로 각 분야에 맞는 사이버안보 지침을 적용하고 사이버공격을 매크로 형식으로 자동으로 방어하는 시스템을 갖춘다. 네 번째로 국가 사이버안보 능력을 향상시키고 사이버안보와 관련하여 핵심과제에 대해서는 그 중심이 되어 해결책을 마련함으로써, 국민이 안전하게 온라인을 이용할 수 있도록 도모한다.[8]

　그리고 2018년 4월 NCSC와 법집행기관 간의 효율적인 대응을 위해 기존의 3개로 나눈 카테고리를 세분화하여 새로운 6개 카테고리로 나누었다.

　새로운 카테고리에 의하면,[9] 카테고리1은 "국가사이버위기사태(National Cyber Emergency)" 상태로 국가안보에 중대한 위협을 끼치고 사회적 · 경제적 불안과 생명까지도 잃게 되는 상황을 말한다. 이 상태가 되면 내각의 전략적인 리더쉽 아래 NCSC(National Cyber Securiy Centre: 국가사이버안전센터)가 전술적으로 법집행기관들과 협조하여 대응한다. 카테고리2인 "아주 중대한 사고(Highly significant incident)"는 중앙정부와 국가중요서비스에 영향을 끼치거나 많은 사람들이나 경제에 영향을 끼치는 상황이다. 이 상황에서는 NCSC가 독자적인 판단으로 법집행기관들과 대응할 수 있으며, 필요하다면 NCA(National Crime Agency: 국가범죄수사청)와 긴밀하게 협조하는 단계이다. 그리고 필요하면

7　https://www.ncsc.gov.uk/information/about-ncsc(검색일: 2020. 4. 6)

8　전용태, "영국의 사이버 보안체제의 현황과 정책대응 과제 - 중소기업의 사업 리스크의 관점에서 - ",「한국법학회」제18권 제3호, 2018, 543쪽.

9　https://www.newstatesman.com/spotlight/cyber/2018/04/ncsc-and-uk-law-enforcement-launch-new-cyber-attack-guidelines(검색일: 2020. 4. 6)

내각에 보고하여 지휘를 받게 될 수도 있으며, NCSC가 지방정부들 간의 조정 업무도 담당한다. 카테고리3인 "중대한 사고(Significant incident)"는 지방정부나 큰 조직에 영향을 끼치는 사고로 시간이 지나면 중앙정부까지 영향을 받을 수 있는 상황을 말한다. 일반적으로 NCSC가 법집행기관들(특히 NCA)과 협력 하여 처리한다. NCSC · NCA가 원거리에서 지원을 하면서 대응하지만 가끔씩 직접 현장에서 지원업무를 할 때도 있다. 카테고리4인 "상당한 사고(Substantial incident)"는 중간규모의 조직에 영향을 끼치는 사고로 언제든지 좀 더 크게 확대되거나 지방정부에 영향을 끼칠 수 있기에 예의주시해야 한다. 이 상황에서 는 NCSC나 ROCUs(Regional Organised Crime Units: 지방단위 조직범죄수사단) 단위의 법집행기관들이 나서서 대응하는데, 주로 원거리에서 실무지도를 하면서 개입을 하지만 예외적으로 현장지원을 나가기도 한다. 카테고리5인 "보통수준 사고(Moderate incident)"는 작은 규모의 조직을 대상으로 발생한다. 그러나 언제든지 중간규모나 큰 규모의 조직으로까지 영향을 끼칠 수 있다. 일반적으로 이 상황에서는 지역이나 ROCUs 법집행기관들이 필요에 따라 NCA의 지원을 받으면서 독자적으로 해결한다. 주로 직접적인 개입보다는 필요한 실무지도를 제공하고 예외적으로 현장지원을 나가기도 한다. 카테고리6인 "소규모 사고 (Localized incident)"는 개인이나 소규모 조직에 대한 사고로 주로 자동화된 복구나 지역경찰에 의하여 처리된다. 주로 원거리 지원으로 돕고 있고 예외적으로 현장지원을 나가기도 한다.

제3절 영국 국가사이버안보 공조 현황

영국에서의 사이버안보를 거시적인 틀에서 보면 수상이 일주일에 한번 소집하는 NSC(National Security Council)의 주례회의를 통해 각 기관의 수장들이 정보를 공유하고 협력할 부분을 찾아서 효과적으로 처리한다. 특히 국가안보회의에는 4개의 국가안보와 밀접한 산하 위원회가 있는데 아래와 같다.

- 위협, 재난, 복구, 비상사태
- 핵 억제 및 안보
- 국방과 안보전략(사이버안보 포함)
- 예산운영

	Category definition	Who responds?	What do they do?
Category 1 National cyber emergency	A cyber attack which causes sustained disruption of UK essential services or affects UK national security, leading to severe economic or social consequences or to loss of life.	Immediate, rapid and coordinated cross-government response. Strategic leadership from Ministers / Cabinet Office (COBR), tactical cross-government coordination by NCSC, working closely with Law Enforcement.	Coordinated on-site presence for evidence gathering, forensic acqufsition and support. Collocation of NCSC, Law Enforcement, Lead Government Departments and others where possible for enhanced response.
Category 2 Highly significant incident	A cyber attack which has a serious impact on central government, UK essential services, a large proportion of the UK population, or the UK economy.	Response typically led by NCSC (escalated to COBR if necessary), working closely with Law Enforcement (typically NCA) as required. Cross-government response coordinated by NCSC.	NCSC will often provide on-site response, investigation and analysis, aligned with Law Enforcement criminal investigation activities.
Category 3 Significant incident	A cyber attack which has a serious impact on a large organisation or on wider / local government, or which poses a considerable risk to central government or UK essential services.	Response typically led by NCSC, working with Law Enforcement (typically NCA) as required.	NCSC will provide remote support and analysis, standard guidance; on-site NCSC or NCA support may be provided.
Category 4 Substantial incident	A cyber attack which has a serious impact on a medium-sized organisation, or which poses a considerable risk to a large organisation or wider / local government.	Response led either by NCSC or by Law Enforcement (NCA or ROCU), dependent on the incident.	NCSC or Law Enforcement will provide remote support and standard guidance, or on-site support by exception.
Category 5 Moderate incident	A cyber attack on a small organisation, or which poses a considerable risk to a medium-sized organisation, or preliminary indications of cyber activity against a large organisation or the government.	Response led by Law Enforcement (likely ROCU or local Police Force), with NCA input as required.	Law Enforcement will provide remote support and standard guidance, with on-site response by exception.
Category 6 Localised incident	A cyber attack on an individual, or preliminary indications of cyber activity against a small or medium-sized organisation.	Automated Protect advice or local response led by Law Enforcement (likely local Police Force).	Remote support and provision of standard advice. On-site response by exception.

출처: https://www.ncsc.gov.uk/news/new-cyber-attack-categorisation-system-improve-uk-response-incidents

[그림] 사이버공격 카테고리와 대응체계

Ⅰ. GCHQ(정부통신본부) & NCA(국가범죄수사청)

GCHQ 정부통신본부(NCSC)와 NCA 국가범죄수사청(NCCU)의 공조는 사이버안보 실무 부서인 NCSC와 NCCU와의 공조라고 볼 수 있다. 정보기관에 속해 있는 NCSC(National Cyber Security Centre)와 수사기관에 속해 있는 NCCU의 협력은 상호우호적인 분위기에서 이루어지는데 대부분의 정보는 NCSC(National Cyber Crime Unit: 국가사이버범죄수사과)에서 NCA로 전해지는 편이다. 그 이유는 영국은 정보기관의 업무는 정보수집 위주로 되어 있고, 수사기관의 업무는 범죄수사 위주로 되어 있기 때문이다. 어떻게 보면 정보기관은 머리, 수사기관은 팔다리라고 볼 수 있다. 그렇지만 NCA(National Crime Agency: 국가

범죄수사국)가 사이버범죄와 관련된 정보에 대해서는 감지와 차단 역할을 잘 수행하고 있다. 다만 국가안보와 직결된 부분에 대해서는 NCSC가 좀 더 나은 GCHQ의 첨단정보시스템을 이용하여 정보수집한다는 것이다. 최근 NCSC와 NCA가 공동으로 발행한 "The Cyber Threat to UK Business 2017-2018"[10]을 보면 두 기관의 수장이 서로의 역할에 대하여 칭찬하는 것을 볼 수 있다. 이렇 듯 영국에서의 국가안보를 위한 정보기관과 수사기관의 공조는 공개적으로 자 연스럽고 당연한 업무의 일환이라고 볼 수 있다. 이 리포트에 의하면 영국기 업들에게 자주 발생하는 디도스 · 랜섬웨어 · 변종 악성웨어로부터 어떻게 기업 을 보호할 수 있는지 설명한다. 영국에서는 기업의 이익이 국익에 직결된다고 생각하고 정보기관과 수사기관이 발벗고 나서서 사이버보안 · 범죄로부터 기업 을 보호한다.

Ⅱ. NCCU(국가사이버수사대) & ROCU(지역조직범죄수사대) & 지역경찰

국가사이버수사대(NCCU)는 영국 내에서 발생하는 중대한 사이버범죄에 대응하기 위해 NCA 산하에 만든 조직으로 사이버범죄 대응 관련 기관들에 대 한 조정업무도 수행한다. 지역조직범죄수사대(ROCUs)를 비롯하여 런던경찰청 사이버범죄수사대 · 산업체 · 정부 · 외국 법집행기관 등과도 긴밀한 관계를 유 지하며 사이버위협정보 공유를 통해서 신속히 사이버위협을 제거한다. NCCU 는 사이버범죄 감소를 위해 파트너들과 협력하여 활동하고 강력하고 가시적인 수사력을 과시하면서 사이버범죄자들에 대해서 국내외적으로 추적하고 있다. 그리고 선제적인 치안활동을 통해 범죄인들의 취약점을 파고들어 범죄기회를 사전에 차단하고 있다.

NCA와 법집행기관들을 지원하여 인터넷이나 정보통신망을 범죄도구로 사용하는 자들을 추적한다. 그 밖에 기술적 · 전략적 그리고 정보지원과 각 지 방 ROCUs(Regional Organised Crime Units: 지방단위 조직범죄수사단)에 있는 사이

---

10 https://www.ncsc.gov.uk/cyberthreat(검색일: 2020. 4. 8)

버범죄수사대 교육을 제공한다.

최근 들어 영국의 사이버범죄 대응력은 산업체 파트너들에 대한 지원을 강화하여 그들 스스로 사이버범죄로부터 보호받을 수 있게 하는 것으로 전환했다. NCCU는 NCA(National Crime Agency: 국가범죄수사국)의 단일화된 정보망을 통해 파트너들과 함께 사이버를 이용하는 모든 타입의 범죄를 감시하고 범죄활동을 차단한다.

NCCU는 국가사이버안보 프로그램(National Cyber Security Programme: NCSP)[11]으로부터 예산지원을 받고 있다. 이 프로그램은 영국 전역의 사이버안보 발전과 정부차원의 변화을 지원한다. NCCU, ROCUs 그리고 지역경찰은 일상적으로도 아주 긴밀한 협조체제를 유지한다. 특히나 이들 조직들은 단지 지역 · 지방 · 국가 단위로 나뉘어져 있을 뿐 같은 유전자를 가진 경찰조직이기에 상호협력과 공조가 잘 이루어지고 있다.

Ⅲ. CPNI(국가기반시설보호센터) & NaCTSO(국가대테러보안처)

국가기반시설보호센터(Centre for Protection of National Infrastructure: CPNI)는 국가기반시설에 대한 보호를 책임지는 기관이고 국가대테러보안처(National Counter Terrorism Security Office: NaCTSO)는 대테러를 담당하는 전국경찰서장협의회 산하 경찰조직으로 전국에 190여 명의 경찰 대테러 자문요원들을 연결하여 각 지역마다 테러리즘에 대응하고 있다. 주요 임무에는 대중밀집지역보호, 위험한 현장이나 물질 감시, 중요인물보호, CPNI 협력 등이 있다.

그러므로 사이버안보와 관련해서는 CPNI와 NaCTSO는 긴밀히 협력하여 국가의 중요한 핵심 자산인 국가기반시설보호를 주요 임무로 수행한다. 2017년 6월에 CPNI와 NaCTSO가 같이 대중밀집지역보호에 대한 가이드를 발표했는데 물리적 보안 · 인적 보안 그리고 사이버보안에 대한 것으로 각기 다른 분야의 기업 · 연구소 · 조직 등에서 테러위협에 대해 어떻게 상황을 완화시키고

---

11 Strategic Defence and Security Review가 국가사이버안보를 위해 만든 프로그램 중 하나.

취약한 곳을 보완하는지에 대한 것이었다. 이렇게 영국의 대테러업무의 기초
는 대중 인식에 대한 변화와 발전을 위한 교육 프로그램 제공에 있다. 이를 위
해서 관련된 업무를 하는 기관들이 상호협력하여 최고의 지식과 정보를 토대
로 교육자료를 만들어 내고 있다.

제4절 영국 국가사이버안보 공조 관련 법률 및 전략

Ⅰ. 영국 네트워크 및 정보시스템 지침

1. 일반적인 소개

영국은 네트워크 및 정보 시스템의 보안에 관한 EU 지침(UK NIS Directive:
NIS 지침)을 이행하고 있다. 네트워크 및 정보 시스템과 이들이 지원하는 필수
서비스는 전기 및 수도 공급에서부터 의료 및 승객 및 화물 운송 제공에 이르
기까지 사회에서 중요한 역할을 하며, 그들의 신뢰성과 보안은 일상 활동에
필수적이다.

EU는 사이버보안 사고가 여러 회원국에 영향을 줄 수 있으며, 2013년에
는 사이버공격에 대한 유럽연합(EU)의 준비를 개선하겠다는 제안을 발표하였
다. 이 제안은 2016년 8월에 시행되었으며, 회원국은 지침을 각자의 국내법에
포함시키기 위한 기간으로 21개월을 부여받았다.

수많은 사이버보안 사고에서 볼 수 있듯이 이러한 시스템은 악의적인 행
위자에게 매력적인 표적이 될 수 있으며, 단일 실패 지점을 통해 혼란에 취약
할 수도 있다. 이러한 시스템에 대한 사고는 영국의 인프라 및 경제에 상당한
손실을 초래할 수 있다. 네트워크 및 정보 시스템 보안 사고의 규모·빈도 및
영향이 증가하고 있다. 2017년의 Wannacry Ransomware 공격, 2016년의 미
국 수도 시설 공격, 2015년의 우크라이나 전기 네트워크 공격 등의 사건이 미
친 영향을 살펴보면 규모 및 영향이 증가하는 것을 알 수 있다. 따라서 영국
전역의 네트워크 및 정보 시스템의 보안을 향상시킬 필요가 있으며, 그렇지

않을 경우 경제 · 사회 · 개인 복지에 심각한 손상을 초래할 수 있다.

2. NIS 지침은 무엇을 다루며 언제 영국 법률에 구현되는가?

NIS 지침은 EU 전역의 네트워크 및 정보시스템의 전반적인 보안 및 복원성을 높이는 것을 목표로 하고 있다. 이 지침은 법적 근거를 제공하는데, 영국 정부는 NIS 지침안을 국내법에 입법하기 위한 기한을 2018년 5월 9일로 정하였다. 영국 정부는 영국 법안에 지침을 바꿀 정부 계획에 대한 업계와 규제 기관 및 기타 이해 당사자들의 의견을 구하기 위해 2017년 여름에 공공상담을 실시하였다.

NIS 지침에 따라, 회원국은 사이버보안 사고를 관리하고 감독할 수 있도록 국가 프레임워크(Framework)를 마련해야 한다. 여기에는 국가 사이버보안 전략 · 컴퓨터 보안사고 대응팀(Computer Security Incident Response Team: CSIRT) 및 국가의 NIS 관할 기관 또는 관할 당국이 포함된다.

그리고 전략적 협력과 정보 교환을 지원하고 촉진하기 위해 회원국 간에 협력 단체를 구성한다. 회원국은 특정 네트워크 및 정보시스템 보안 사건에 대한 신속하고 효과적인 운영 협력을 촉진하고 위험에 대한 정보를 공유하기 위해 CSIRT(Computer Security Incident Response Team: 컴퓨터 보안사고 대응팀) 네트워크에 참여해야 한다.

유틸리티 · 의료 · 운송 및 디지털 인프라 부문과 같이 정보 네트워크에 크게 의존하는 중요한 분야의 조직이 각 회원국에 "필수 서비스 운영자(Operator of an Essential Service: OES)"로 식별되도록 해야 하며, OES는 네트워크 및 정보시스템에 대한 위험을 관리하기 위해 적절하고 비례적인 보안 조치를 취해야한다. 그리고 심각하고 중대한 사고일 때 관련 국가 기관에 신고해야 한다. 따라서 위의 조치를 이행하기 위해서는 관련 민간산업 및 기업의 참여는 지침의 이행을 위해서 반드시 필요하다.

3. 필수 서비스 : NIS 지침은 누구에게 적용되는가?

필수 서비스 운영자(OES) 또는 관할 기관(Competent Authorities: CAs)으로 식별된 회사 및 조직에게 지침이 적용된다. 영국에서 OES 및 CAs 목록을 식별하기 위한 기준은 NIS 규정에서 찾을 수 있다.

일부 부문은 기존 규정 내에서 NIS 지침(예 : 금융 및 민간 핵 부문)이 명시하는 규정과 동일한 또는 예정된 조항이 있는 경우 지침의 일부 측면에서 면제되며, 새롭게 만들어내는 사이버안보 관련 기술 지침은 광범위하게 적용될 것이며, 모든 부문에서 이를 참고해야 한다.

4. NIS 지침의 이행에 있어 NCSC(국가사이버안전센터)의 역할

국가사이버안전센터(NCSC)는 다음을 통해 정부 부서 · CAs 및 OES에 기술 지원 및 지침을 제공한다.

- 필수 서비스 보안을 위한 일련의 사이버보안 원칙
- 지원 지침 모음
- 우수 실행 지표를 통합한 사이버 평가 프레임워크(Cyber Assessment Framework: CAF)

구현 지침 및 지원을 통해 CAs는 다음을 수행할 수 있다.

- 각 분야에서 NCSC · NIS 원칙을 채택
- CAF를 사용하여 평가 계획을 수립하고 결과를 해석

NCSC는 NIS 지침을 지원하기 위해 다음 세 가지 역할을 수행한다.

- SPOC(Single Point of Contact): NIS의 EU 파트너와의 접촉을 위한 접촉점으로 행동하거나 정보 요청 및 연례 사고 통계를 제출하도록 조정
- CSIRT(Computer Security Incident Response Team: 컴퓨터 보안사고 대응팀): NIS 지침에 따라 보고할 수 있는 사건은 적절한 관할 당국에 보고하고, 사

이버보안 측면을 확인하거나 의심되는 경우 운영자는 NCSC에 적절한 조언
과 지원을 요청할 것을 강력히 권장
• 사이버보안에 대한 기술 당국: NCSC는 기술적 전문성 기관으로서 필수 서
비스 운영자(OES) 또는 관할 기관(CAs)을 통해 사이버보안 자문 및 지도로
지원하며, OES 및 CAs와 협력하여 필요한 경우 개별 분야에 대한 일반적
인 지침을 조정할 수 있음. 그리고 NCSC는 NIS 규제 역할을 수행하지 않음

5. 지침이 어떻게 사용되도록 의도되었는지 – 결과 기반 접근법

NIS 지침의 구현은 국가의 사이버보안을 실질적으로 향상시키는 메커니
즘을 마련할 수 있는 기회이다. NCSC(National Cyber Security Centre: 국가사이버
안전센터)는 효과적인 사이버 위험 관리를 장려하고 지원하기 위해 NIS 규정의
요구 사항이 정의되고 사용되도록 필수 서비스 운영자(OES) 또는 관할 기관
(CAs)과 건설적으로 협력하기 위해 노력하고 있으며, 이를 위해 NCSC의 방식
을 통해 사이버 보안을 형성하고 있다.

복잡한 주제를 지나치게 단순화할 위험이 있음을 인식하면서, 인식된 바
람직한 최종 상태로 변화를 추구할 때 사용할 수 있는 두 가지 기본 접근방식
이 있다. 첫 번째 접근법은 규정 준수 규칙을 작성하여 긴밀히 준수하면 바람
직한 최종 상태를 달성하게 되는 방식과 두 번째 접근법은 일관되게 의사 결
정을 유도하는 데 사용된다면 집합적으로 바람직한 최종 상태가 되는 일련의
원칙을 정의하는 방식이다.

이 두 가지 접근법의 장단점에 대해 많은 논의가 이루어졌지만, NIS 지침
에 따르면 NIS 지침의 맥락에서 사이버보안 향상을 추진하는 방법으로는 두
번째 접근방식인 원칙 기반 접근 방식이 더 효과적이라고 보고 있다.

지침이 효과적으로 작동하려면, 규범적 규칙 세트가 모든 우발적인 사건
을 처리해야 한다. 이것이 가능하고 규칙을 따르면 접근법은 필요한 것을 제
공할 수 있다. 그러나 복잡한 주제 영역과 급변하는 상황에서는 모든 사건을
처리하는 것이 불가능할 수 있다. 사이버보안을 포함하는 그러한 경우, 규범적
규칙을 고안하고 적용하려는 모든 시도는 의도하지 않은 결과와 자원의 잘못

할당된 오류 및 제한된 이익으로 이어질 가능성이 매우 크다.

앞서 살펴본 바와 같이, 사이버보안을 위한 효과적인 규범적 규칙 세트를 고안하는 것은 거의 불가능하지만, 사이버보안 의사결정을 위한 지침으로 일련의 원칙을 제시할 수는 있으며, 따라서 NCSC는 NIS 지침의 구현을 위한 일련의 원칙을 개발하였다.

NIS 사이버보안 원칙은 핵심 서비스 운영자에게 사이버보안을 위한 방법을 총체적으로 설명한다. 각 원칙에는 그 원리가 중요한 이유를 포함하여 사이버보안을 위한 세부 사항에 대한 서술이 수반된다. 또한 각 원칙은 조직이 사이버보안 방법을 결정할 때 일반적으로 고려해야 할 관련 요소 중 일부를 강조하고 공통의 사이버보안 문제를 해결할 수 있는 몇 가지 방법을 권장하는 관련 지침 모음으로 이루어져 있다.

일부 조직에서는 원칙과 지침이 너무 모호하다는 점을 우려할 수도 있지만, NCSC의 의도는 사이버보안을 달성하기 위해서 해야 할 모든 것을 망라하는 '해야 할 일' 목록을 작성하는 것이 아니라, 어떤 경우에도 완벽한 사이버안보는 달성할 수 없는 목표임을 인식하는 것이 중요하다는 것이다.

사이버보안을 이루려는 조직은 외부 사업보다 자신의 사업을 잘 이해하고 원칙에 명시된 결과를 달성하는 방법에 대해 정보에 입각하고 균형 잡힌 결정을 내릴 수 있어야 한다. 따라서 NCSC는 필수 서비스의 운영자가 다음과 같은 방법으로 원칙과 지침을 사용할 것으로 기대한다.

- 원리와 그것이 왜 중요한지 이해
- 조직의 원칙을 설명
- 이 원칙에 설명된 성과를 조직의 현재 관행과 비교
- 비교를 하기 위해 지침을 사용
- 단점을 확인
- 조직적 맥락을 사용하여 결점의 심각성을 이해하고 우선 순위를 부여
- 우선 순위 재조정을 구현
- 지침을 사용하여 개선 활동을 알림

6. NCSC(국가사이버안전센터)·관할 당국(CAs) 및 필수 서비스 운영자 (OES) 간의 관계

NIS 지침의 시행으로 영국의 사이버 보안 규정 범위가 크게 확대되었지만, 국가사이버안전센터(NCSC)의 역할이 근본적으로 바뀌지는 않았다. NIS에 의한 규제책임이 NCSC가 아니라 새로운 관할 기관(CAs)에 의해 수행된다. NIS를 포함한 일반적인 영국 사이버보안 규제 환경에서 NCSC의 목표는 모든 이해 당사자에게 신뢰할 수 있고 전문적이고 공정한 고문의 역할으로서 운영되는 것이다.

지침에 따라 사이버보안이 향상될 수 있도록 NCSC는 여러 가지 특정 방법으로 NIS와 CAs를 지원한다. 예를 들어, 사이버보안 표준 및 지침을 개발하고 적절한 교육에 참여하여 내부의 사이버보안 전문 지식을 구축하고 전문가를 갖추도록 지원함으로써, NIS와 CAs를 지원한다.

그러나 NCSC가 NIS의 범위에 속하는 대부분의 조직에서 누리고 있는 공개적이고 협력적인 관계로 인한 이점을 유지하기 위해 NCSC가 CAs와 함께 작동하는 방식을 결정하는 중요한 몇 가지 제약 사항이 있다.

NCSC가 CAs와 공유하는 사이버보안정보의 유형에 대한 강력한 제한이 있으며 이러한 제한은 NIS 규제 환경에서 산업 및 기타 조직에 민감한 정보를 처리하는 방법에 대한 우려를 해결하기 위해 고안되었다. 또한 NCSC는 NIS 표준에 대한 사이버보안 평가 방법에 대해 CAs에 조언을 제공하지만 CAs를 대신하여 규제 평가를 수행하지 않는다.

NCSC가 NIS와 CAs에 어떻게 관여하는지에 대한 자세한 내용은 CAs가 완전히 설립되었을 때 알 수 있을 것이다.

Ⅱ. 영국 사이버안보 전략 2016-2021

　　영국은 2016년 11월에 사이버안보 주무부처인 내각부(Cabinet Office)와 재무부(HMTreasury)가 공동으로 2016년부터 2021년까지 5년간의 사이버안보전략(National Cyber Security Strategy 2016-2021)을 발표하였다. 사이버안보 전략에 5년간 총 £1.9 Billion(약 2조 6,733억원)의 예산을 투입하겠다고 공표하였다. 영국의 사이버안보 전략은 다른 유럽국가들에 비해 강경한 공격 대응 방식을 채택하고 있다. 그리고 사이버안보 전략이 발표된 2016년 11월은 국민투표로 영국의 EU 탈퇴가 사실상 결정된 날이다.[12]

　　그 내용 중 중요한 부분 중 하나는, 다른 기관이나 분야와의 협력에 대한 부분으로, 각 분야의 기술 격차를 해소하기 위해 정부·고용주·전문 기관·기술 기관·교육 기관 및 학계로 구성된 기술 자문단을 구성하여 핵심 분야 간의 일관성을 강화한다는 내용이다. 그리고 이 그룹은 광범위한 디지털 기술 분야의 발전을 고려한 장기 전략 개발을 지원하여 사이버보안에 관한 사항이 전체적으로 통합되도록 하며, 필요에 따라 영국 전역에서 유사한 단체와 협력을 하고 있다.

　　영국정부는 이와 함께 즉각적인 개선을 가져오고 장기적인 기술 전략 개발을 알리기 위하여 다양한 계획에 투자하고 있다.

　　여기에는 다음의 사항이 포함된다.

- 전문 사이버보안 교육 및 훈련의 단계적 변화를 창출하기 위한 학교 프로그램을 수립한다. 필수 분야의 기술 격차를 해소하기 위해 에너지·금융 및 운송 분야에서 고등 및 학위 수준의 견습을 창출한다.
- 사이버보안과 관련된 직업을 위한 잠재력이 높은 인력을 재교육하기 위한 기금을 설립한다.

---

12 송은지·윤재석·오남호, "유럽 주요국 사이버보안 강화 정책 및 시사점 – 프랑스, 독일, 영국을 중심으로", 「주간기술동향」 제1784권, 2017, 9쪽.

- 양질의 사이버 대학 및 대학원 교육을 확인하고 지원하며, 전문 기술 격차를 확인하고 그 격차를 채우기 위한 지원을 하며, 기술 개발에서 대학이 수행하는 핵심 역할을 인정한다.
- 사이버보안 교육 교사의 전문성 개발을 지원한다. 이 작업은 사이버보안 교육 및 학습을 지원하는 사람들이 사이버보안 교육을 이해하는 데 도움을 주며, 사이버보안 교육 교사를 외부에서 인증하는 방법을 제공하는 데 도움이 된다.
- 2020년까지 로열 차터드(Royal Chartered)[13] 지위를 획득하고 업계에서 사이버보안에 대한 우수성을 강화하며, 국가 정책을 자문 · 형성하고 사이버안보 정책을 알리는 데 초점을 제공하는 것을 포함하며, 사이버보안 관련 직업을 개발한다.
- 국방부와 정부 전반에 걸쳐 사이버보안 관련 훈련 및 운동을 위한 "국방과학 아카데미"를 설립하여 전문 기술 및 광범위한 교육 문제를 해결한다.
- 정부 · 군대 · 산업계 및 학계 간의 훈련 및 교육의 협력 기회를 제공 · 개발하고 기술을 유지하고 실천할 수 있는 시설을 갖추는 것을 지원한다.
- 국가 안보를 지키기 위해 다양한 젊은 인재풀을 양성하기 위해 "CyberFirst 프로그램"[14]을 확대하기 위해 업계와 협력한다.
- 사이버보안 및 디지털 기술을 대학원 수준으로 표준을 설정하고, 품질을 향상시키며 현장에서의 기술 진보를 위한 확고한 기반을 제공한다. 그리고 교육 시스템 내 관련 교육 과정의 필수불가결한 요소로 임베디드(embedded)[15] 교육은 양면성 문제이기 때문에 이러한 이니셔티브(initiative)[16] 중 일부는 주

---

13 영국 왕실 공인.

14 영국정부와 GCHQ가 미래의 사이버보안 전문가를 양성하기 위해서 대학생들에게 학자금을 지원하여 운영하는 프로그램으로 대학생은 재학 중 연간 4,000파운드, 방학중에는 주중 250파운드 그리고 졸업 후에도 영국국민이면서 B학점 이상의 성적을 가지고 있으면 정부나 기업에 사이버보안전문가로 취업을 지원한다.

15 하드웨어나 소프트웨어가 다른 하드웨어나 소프트웨어의 일부로 내재되어 있는 것. 예로써, 내장형 컴퓨터 시스템은 메인프레임, 워크스테이션, 개인용 컴퓨터(PC) 등을 제외한 그 이외의 모든 컴퓨터 내장 제품을 의미하게 되어, 정보 가전은 물론 일반적인 가전이나 프린터 등의 주변 기기, 에어컨, 엘리베이터, 은행의 ATM(Automatic Teller Machine), 자동차의 EMI(Electronic Fuel Injection), 산업용 로봇 등 다양한 영역을 포함하며, 내장형 리눅스는 리눅스 운영 체제(OS)를 내장한 것을 뜻한다.

16 어떤 성과목표별로 목표를 달성하기 위한 이행과제 또는 실행계획.

로 영국에서만 적용된다. 이렇듯 교육 시스템 전반에 걸쳐 일관된 접근을
장려하기 위해 행정부와 협력한다.

Ⅲ. 시사점

영국의 사이버안보 전략은 핵심 기반시설의 안전을 확보하고 사이버 공
격 및 범죄에 대응하는 역량과 네트워크의 복원력을 강조하는 방향으로 법 제
정 및 정책의 방향을 유지하고 있다. 민간영역의 사이버활동과 경제 활성화를
우선시하고 있지만, 최근에는 국방부문에서 보복공격까지도 언급할 정도로 공
격적이고 적극적인 방어 수단을 명시하고 있다.[17] 동유럽에서 사이버공격이
가장 많이 발생하며, 이는 러시아의 지원을 받아서 그렇게 된 것이라고 러시
아를 직접적으로 언급하고 있으며, 사이버공격을 받았을 경우 보복공격 뿐만
아니라 같은 방식으로 공격을 하는 것을 영국 자체적으로 허용하고 있다. 이
는 사이버공격에 대한 예방적 차원을 벗어나 선제적 공격 및 보복공격까지도
활용하겠다는 의지를 표현하고 있는 것으로 보인다.[18]

한편, 사이버공격에 대한 방어를 하기 위해서 외교부와 국방부 산하에
GCHQ가 특별 프로그램을 수립하고, 사이버 부대를 창설하는 대응책을 마련
하였다. 그러나 사이버사령부를 창설하지는 않고 있다.[19] 최근에는 사이버공격
정보에 대한 규정을 확립한 '수사권 법안'이 통과됨으로써 프라이버시 보호보
다는 사이버테러와 사이버범죄를 막는 권한의 강화에 무게중심을 두고 있다.
그러나 민간기업 및 시민단체와 언론에서 제기한 일반 국민에 대한 광범위한
감시와 사생활 침해 문제가 영국 법원에서도 받아들여져서 관련 법률이 무효
화 되기도 하였다. 무효 판결로 인하여 관련 법률 제정과 시행에 들어간 사회
적 비용이 낭비되었으며, 훗날 다시 제정을 하기 위해서는 상당한 정치적 부

---

17 김상배, "세계 주요국의 사이버 안보 전략: 비교 국가전략론의 시각",「국제·지역연구」제
   26권 제3호, 2017, 93쪽.

18 송은지·윤재석·오남호, 앞의 논문, 2017, 12쪽.

19 김상배, 앞의 논문, 2017, 93-94쪽.

담을 이겨야 하는 상황에 처하게 되었다.[20]

제5절 결론 및 논의

영국에서의 사이버안보 공조는 정보기관 NCSC(National Cyber Security Centre: 국가사이버안전센터)에서 정보수집과 전달을 하면, 수사기관인 NCCU (National Cyber Crime Unit: 국가사이버범죄수사과)가 필요한 행동에 나선다. 일반 사이버범죄에 대해서는 수사기관이 정보수집부터 수사에 이르기까지 담당하지만, 국가안보와 관련된 정보는 NCSC를 통해 전달받아 활동한다. 그리고 수사기관들도 사이버안보와 관련하여 국가사이버안보 프로그램(NISP)으로부터 예산지원을 받아 활동하기에 국가안보와 관련된 정보들은 바로 NCSC로 전달되어진다. 그 밖에 지금까지는 EU의 회원국으로서 네트워크와 정보시스템을 보호하기 위해서 영국 네트워크와 정보시스템 지침(UK NIS Directive)을 만들어서 사이버안보 사고에 대비하며 NCSC는 필수 서비스 운영자(OES) 또는 관할기관(CAs)에게 기술지원과 지침을 제공하고 있다.

그러나 NCSC는 NIS지침을 가지고 규제 역할은 하지 않기에 OES나 CAs의 독립성은 훼손되지 않는다. 그 밖에 영국은 "사이버안보전략 2016-2021"을 발표하여 운영하는데 그 핵심은 사이버안보 교육 및 훈련이고 그 대상은 모든 국민이다. 그중에서도 특히 GCHQ(Government Communications Headquarters)가 운영중인 젊은 학생들을 대상으로 하는 미래의 사이버안보 전문가 양성(Cyber first) 프로그램은 주목할 만하다. 그리고 국방과학아카데미를 설립하여 민·관·군 산학연계 교육 프로그램으로 사이버안보 전문가들을 양성하고 있다.

영국의 사이버보안 강화 전략과 실행계획은 사이버 침해위협에 대한 대응과 복원에 초점을 두고 있으며, 사이버보안 관련 전략과 실행계획 및 이행사항을 매년 점검한다. 대표적으로 서비스대응기관의 국가적 인증체계인 "사

---

20 이해원, "영국의 사이버 안보 법제 변천 과정 및 시사점", 「법학연구」 제26권 제4호, 2018, 287-288쪽.

이버사고대응서비스인증(CIR)제도"를 통해서 주요기반시설사고에 적절한 조치를 취할 수 있는 장점이 있다.[21]

이와 같이 영국은 사이버안보 공조와 관련하여 명확한 법적인 역할 구분과 지침을 통해 실무자들이 어떻게 행동해야 하는지 정해져 있기에 업무에 있어서 혼선이 없으며, 또 이를 보완하는 지침을 통해서도 관련 기관들에게 정보기관의 역할이 무엇인지를 알려주고 있다.

지금까지 살펴본 영국의 사이버안보 체계를 토대로 국내 사이버안보 전략을 생각해 보면, 우선 사이버공격·사이버테러 및 사이버위협에 관한 민·관의 정보공유와 협력이 강화되어야 할 것이다. 그리고 사이버공격에 대한 효과적인 대응을 위한 체계적인 정보공유를 위한 프로세스 마련과 민·관을 아우르는 사이버공격에 대한 방어훈련을 해야한다.

마지막으로 국외 사이버공격에 효과적인 대응을 하기 위해서는 국제공조는 필수적이다. 사이버공격의 주체나 증거는 주로 국내가 아닌 국외에 있는 경우가 많기 때문이다. 그리고 타 국가에서의 수사 활동의 제한으로 인해 상대국가의 정보기관 및 수사기관과의 정보공유 및 협력없이는 사이버공격을 행한 용의자를 특정하기가 어렵고 법원에서 인정 받을 수 있는 증거수집도 거의 불가능하기 때문이다.[22]

따라서 우리나라도 영국에서 운영되고 있는 NIS지침을 우리의 실정에 맞게 "한국형"으로 만들고 GCHQ가 운영하고 있는 "미래 사이버안보 전문가" 양성 프로그램 같은 것을 도입하여 운영하면 국가사이버안보 발전에 도움이 되며 사이버공격에 대한 국제공조에 큰 발전이 있을 것으로 보인다.

---

21 박향미, "주요기반시설에 대한 주요국 사이버보안 수준 비교·분석 연구", 「정보보호학회논문지」 제27권 제1호, 2017, 170쪽.
22 정태진·이광민, "국외 사이버 공격 주체에 대한 조치를 위한 법적 관제 - 미국의 사례가 우리나라에 주는 시사점 -", 「한국경찰연구」 제19권 제1호, 2020. 291쪽.

⦙⦙⦙ 참고문헌

김상배, "세계 주요국의 사이버 안보 전략: 비교 국가전략론의 시각", 「국제ㆍ지역
　　　연구」 제26권 제3호, 국제학연구소, 2017.

권오국ㆍ석재왕, "주요국의 사이버테러 대응체계와 시사점 분석 – 미국ㆍ영국ㆍ독
　　　일 사례의 비교를 중심으로 –", 「시큐리티연구」 제49권, 한국경호경비학
　　　회, 2016.

박종재, "對美 협력을 통한 영국의 정보역량 강화동향 고찰", 「국가정보연구」 제12
　　　권 제2호, 한국국가정보학회, 2019.

박향미, "주요기반시설에 대한 주요국 사이버보안 수준 비교ㆍ분석 연구", 「정보보
　　　호학회논문지」 제27권 제1호, 한국정보보호학회, 2017.

배병환ㆍ송은지, "주요국 사이버보안 전략 비교ㆍ분석 및 시사점 – 미국, EU, 영국
　　　의 사이버보안 전략을 중심으로 –", 「정보통신방송정책」 제26권 제21호,
　　　정보통신정책연구원, 2014.

송은지ㆍ윤재석ㆍ오남호, "유럽 주요국 사이버보안 강화 정책 및 시사점 – 프랑스,
　　　독일, 영국을 중심으로", 「주간기술동향」 제1784권, 대전: 정보통신기술진
　　　흥센터, 2017.

이해원, "영국의 사이버 안보 법제 변천 과정 및 시사점", 「법학연구」 제26권 제4
　　　호, 경상대학교 법학연구소, 2018.

윤오준ㆍ조창섭ㆍ박정근ㆍ배선하ㆍ신용태, "주요국의 사이버위협정보 공유체계 분
　　　석을 통한 국내 적용모델 연구", 「정보ㆍ보안논문지」 제16권 제7호, 한국
　　　융합보안학회, 2016.

윤해성, "사이버테러 법제 현황과 대응방안", 「형사정책」 제54권, 한국형사정책학
　　　회, 2018.

정태진ㆍ이광민, "국외 사이버 공격 주체에 대한 조치를 위한 법적 관제 – 미국의
　　　사례가 우리나라에 주는 시사점 –", 「한국경찰연구」 제19권 제1호, 한국
　　　경찰연구학회, 2020.

주문호ㆍ권헌영ㆍ임종인, "주요국 사이버보안 거버넌스 분석과 정책적 시사점", 「정
　　　보보호학회논문지」 제28권 제5호, 한국정보보호학회, 2018.

Caravelli, J. & Jones, N., *Cyber security: Threats and responses for government and business*, Praeger, CA., 2019.

Carr, M. & Tanczer, L.M., "UK cybersecurity industrial policy: an analysis of drivers, market failures and interventions", *Journal of Cyber Policy* 3:3, 2018, 430-444.

Christou G., *National Cybersecurity Approaches in the European Union: The Case of the UK. In: Cybersecurity in the European Union*, New Security Challenges Series, Palgrave Macmillan, London, 2016.

Goldie, J. & Jahankhani, H., "Chapter 12: Ethical considerations and a proposed support process when employing people with autistic spectrum disorder in cyber security roles", *Cyber Security Practitioner's Guide*, 2020, 429-474.

Markopoulou, D., Papakonstantinou, H., Hert, P.D., "The new EU cybersecurity framework: The NIS Directive, ENISA's role and the General Data Protection Regulation", *Computer Law & Security Review*, 35:6, November 2019, 1-11.

Rajput B., *Integrated Cyber Crime and Cyber Security Model. In: Cyber Economic Crime in India, Springer Series on Asian Criminology and Criminal Justice Research*, Springer, Cham, Switzerland, 2020.

Saunders, J., "Tackling cybercrime. UK response", *Journal of Cyber Policy*, Vol.2 (1), 2017, 4-15.

Shukla, M. and Johnson, S.D. & Jones, P., *Does the NIS implementation strategy effectively address cyber security risks in the UK?*, 2019 International Conference on Cyber Security and Protection of Digital Services(Cyber Security), Oxford, United Kingdom, 2019, 1-11.

STODDART, K., "UK cyber security and critical national infrastructure protection", *International Affairs*, Vol. 92(5), 2016, 1079-1105.

Urquhart, L. & McAuley, D., "Avoiding the Internet of insecure industrial things", *Computer law & Securty Review*, 34:3, June 2018, 450-466.

찾아보기

집필진 약력

김재광
경희대학교 대학원 법학박사(행정법)
현재) 선문대학교 법경찰학과 교수
　　　 한국사이버안보법정책학회 회장
　　　 입법이론실무학회 회장
　　　 한국법학교수회 부회장(사무총장 역임)
　　　 중앙행정심판위원회 비상임위원
　　　 국무총리 소속 포항지진진상조사위원회 자문위원

박영철
경희대학교 대학원 법학박사(헌법)
현재) 용인송담대학교 법무경찰과 교수
　　　 한국사이버안보법정책학회 부회장
　　　 개인정보보호법학회 고문
　　　 한국헌법학회 이사

박인수
프랑스 Paris 2대학교 법학박사(헌법)
현재) 영남대학교 법학전문대학원 명예교수
　　　 한국사이버안보법정책학회 고문
　　　 한국공법학회 고문
　　　 경상북도 행정심판위원회 위원
　　　 대구광역시 민간위탁위원회 위원
　　　 대구지방법원 서부지원 국선변호사 관리위원회 위원
　　　 한국사학진흥재단 인권경영위원회 위원

이성엽
서울대학교 대학원 법학박사(행정법 전공)
현재) 고려대학교 기술경영전문대학원 교수
　　　 한국데이터법정책학회 회장
　　　 한국사이버안보법정책학회 부회장
　　　 고려대학교 기술법정책센터 센터장
　　　 국무총리 소속 정보통신전략위원회 위원
　　　 과학기술정보통신부 규제심사위원회 위원장

정준현
고려대학교 법학박사(공법: 행정법)
현재) 단국대학교 법과대학 교수
　　　 한국사이버안보법정책학회 명예회장
　　　 법제처 법령유권해석심의위원회 위원
　　　 경기도 지방노동위원회 심판담당 공익위원
　　　 방송통신위원회 개인정보 법령자문위원회 위원

정태진

리즈대학교 법학박사(사이버폴리싱)

현재) 평택대학교 피어선칼리지 조교수
　　　한국사이버안보법정책학회 총무이사
　　　국제범죄정보센터 정책위원장
　　　국가사이버안전센터 자문위원
　　　경찰청 보안국 자문위원
　　　공항운송기계협회 최고자문위원
　　　채널A 사회분야 전문가 자문위원

사이버안보와 법

초판발행　　　2021년 3월 14일

지은이　　　　한국사이버안보법정책학회
펴낸이　　　　안종만 · 안상준

편　집　　　　심성보
기획/마케팅　　오치웅
표지디자인　　박현정
제　작　　　　우인도 · 고철민 · 조영환

펴낸곳　　　　(주) **박영사**
　　　　　　　서울특별시 금천구 가산디지털2로 53, 210호(가산동, 한라시그마밸리)
　　　　　　　등록 1959. 3. 11. 제300-1959-1호(倫)

전　화　　　　02)733-6771
f a x　　　　02)736-4818
e-mail　　　　pys@pybook.co.kr
homepage　　www.pybook.co.kr
ISBN　　　　979-11-303-3833-0 93360

copyright©한국사이버안보법정책학회, 2021, Printed in Korea

정　가　　　　25,000원